KB145032

게임 테스팅 3/e

게임 테스팅 3/e

한 권으로 끝내는 게임 테스팅

찰스 슐츠 · 로버트 덴튼 브라이언트 지음 진석준 옮김

i!i
에이콘

에이콘출판의 기틀을 마련하신 故 정완재 선생님 (1935-2004)

| 지은이 소개 |

찰스 슐츠 Charles P. Schultz

마이크로소프트 공인 교육자이며 ASTQB 자격을 갖춘 테스터다. 20개 이상의 미국 특허를 보유하고 있기도 하다.

로버트 덴튼 브라이언트 Robert Denton Bryant

20년 이상의 경력을 가진 비디오 게임 테스터로, 역량을 향상하기 위해 끊임없이 노력해왔다. 텍사스 오스틴에 위치한 세인트 에드워즈 대학교에서 인터랙티브 게임 연구 프로그램을 관장하고 있다.

| 감사의 글 |

헤더 맥스웰 챈들러는 이 책의 개정판을 내기 위해 작가들에게 연락하고 책을 출판할 수
있도록 큰 도움을 주었다.

| 옮긴이 소개 |

진석준(bbjoony@gmail.com)

40년의 게임 경력을 보유한 중년 게이머이자 13년 차 게임 QA로, 현재 데브시스터즈의 QA에 몸담고 있다. 게임 QA와 소프트웨어 테스트에 관련된 글을 쓰고 번역하는 일을 즐겨서 하고 있다. 스스로 몸담은 게임 QA 분야가 좀 더 전문적이고 체계적으로 발전해갈 수 있도록 본인과 동료들의 역량을 발전시키는 데 많은 관심을 갖고 있다.

이제는 남녀노소 가리지 않고 언제 어디서나 게임을 즐기는 시대다. 게임을 개발하고 서비스하는 일이 본격적으로 싹을 틔우고 성장한 지 30년 가까운 세월이 지나고 있다. 게임을 디자인하고 개발하는 부분이 여타 IT 분야와 기본적인 스킬을 공유하고 있어 빠르게 성장하고 고도화된 반면, 게임의 품질을 측정하고 관리하는 주체인 게임 QA는 개인의 경험과 스킬을 공유하는 기회조차 상대적으로 드물었다.

이 책의 초판을 접한 것이 어느덧 10년 전의 일이다. 게임 테스트와 QA에 관한 자료가 목말랐던 당시 국내에서 관련 도서를 찾기란 거의 불가능에 가까웠다. 당시 아마존에서도 'Game QA' 혹은 'Game Testing'이라는 키워드로 검색했을 때 나오는 도서 역시 손에 꼽힐 정도였다. 한 달이 넘는 배송 기간 끝에 접하게 됐던 이 책의 첫 장에 나오던 "Don't Panic"과 "Trust No One"이라는 주제어를 보면서 무릎을 탁 쳤던 기억이 선명하다. 당시 속해 있던 QA 팀의 다른 리더들과 함께 이 책으로 스터디를 진행했었다. 모두가 책의 내용에 속속들이 공감하면서 즐겁게 스터디를 진행했던 기억이 새삼 떠오른다.

이후 PC 온라인 게임이 중심이던 업계는 빠르게 모바일 플랫폼 기반으로 재편됐고, 게임 개발과 QA 환경 역시 이런 플랫폼의 변화에 맞추어 끊임없이 변화해왔다. 이 책의 원서 역시 2판과 3판을 출간하면서 변화하는 게임 개발 환경에 맞는 내용을 추가해왔다. 끊임없이 변화하는 게임 개발과 서비스 환경에 맞추어 게임 QA와 테스트에 필요한 부분을 시기적절하게 보강하면서도, 초판부터 제공해왔던 기본적인 테스트 원리와 테스트 관리 업무에 대한 가이드를 제공하고 있어서 시간이 지나도 이 책의 가치는 전혀 떨어지지 않았다고 자부한다. 모쪼록 이 책이 조금이라도 독자분들의 궁금증을 해결하고, 또 고민거리를 던져주는 데 일조하기를 바란다.

평일 저녁과 주말의 여유 시간을 오롯이 번역과 자기 계발에 쓸 수 있도록 양해해준 아내와 늘 놀아주는 시간이 부족한 아들에게 진심 어린 미안함과 고마움을 전하고 싶다. 손이 느린 역자를 항상 이해해주고 기다려준 에이콘출판사 관계자 여러분에게도 이 자리를 빌려 다시 한번 송구함과 감사의 마음을 전하고 싶다. 기술 번역이라는 길에 항상 용기를 북

돌아주시는 에이콘출판사의 권성준 대표님과 황영주 상무님, 고렙의 김도균 수석님께도 존경 어린 감사의 말을 드리고 싶다. 마지막으로 아껴둔 가장 큰 감사는 이 책을 읽어주는 독자 여러분께 전하고 싶다.

Happy Testing!

| 차례 |

6장   게임 테스트 프로세스   161

7장   숫자로 본 테스트   189

이 책의 첫 번째 판이 나온 지 10년이 조금 지났지만 그 사이 비디오 게임의 세계는 엄청난 성장과 변화를 겪었다.

10년간 게임을 즐기는 플레이어는 물론, 게임 플랫폼과 비즈니스 모델도 기하급수적으로 늘어났다. 상점에서 박스에 포장한 게임을 팔던 시대에서 출발해 이제는 컴퓨터나 콘솔, 스마트폰으로 게임을 내려받는 시대가 됐다.

전 세계에서 수백만 달러를 벌어들이는 회사들이 몇 년 동안 공을 들여 서사시에 가까운 'AAA' 게임을 만들고 출시한다. 1인 개발자가 기발한 소규모의 모바일 게임을 출시하기도 한다. 지난 몇 년 동안 VR 시장의 개화를 위해 수많은 회사들이 천문학적인 비용을 사용하기도 했다. 〈포켓몬고〉는 AR 게임 시장의 가능성을 증명했다.

지금처럼 플레이어의 관심을 끌어내기 위해 수많은 게임들이 치열한 경쟁을 벌인 적이 없었다. 또한 지금처럼 게임의 품질과 안정성이 중요하다고 생각된 적이 없었다. 끊임없이 게임 패치가 수행되고, 업데이트와 추가 기능이 배포되고, 확장판과 DLC가 범람하는 상황에서는 게임 테스트 프로세스와 원리를 배우고 고수하는 것이 규모에 상관없이 모든 게임 개발 팀에게 중요한 일이 됐다. 이처럼 최근의 게임 개발은 영원히 돌아가는 수레바퀴처럼 보일 때도 있다. 테스트 역시 마찬가지다.

소프트웨어 엔지니어들은 앞으로도 끊임없이 코드에 오류를 만들어낼 것이다. 게임 디자이너들은 어딘가 취약점이 숨어 있는 기획안을 만들어올 것이다. 아티스트들 역시 계속 구멍 난 맵을 만들어낼 것이다. 이것이야말로 게임 테스터들이 게임을 창조적으로 파괴해 플레이어의 입장을 대변해야 하는 이유라고 할 수 있다. 게임 테스터들이야말로 실망과 혼란, 쓸데없는 시간 낭비로부터 플레이어들을 구해낼 수 있는 것이다. 그리고 이를 통해 게임이 플레이어에게 호평받고 사업적으로도 성공할 수 있도록 힘을 보태는 것이다. 〈왕좌의 게임〉에 등장하는 나이트 워치와 같이, 게임 개발이라는 왕국에서 우리는 이름 없고 눈에 띄지 않으며 한 번도 칭송된 적 없는 영웅들이다. 개정된 이 책 안에 포함된 내용들이 테스터로서, 테스터 매니저로서 아직 연마되지 않은 스킬들을 갈고 닦는 데 도움이 되길 바라 마지않는다. 게임 플레이어들이 당신의 수고로움을 일일이 알아주지 못할 수도 있다. 하지만 누군가 당신의 노고에 진심으로 감사하는 사람이 있다면, 그 역시 당신이 만든 게임을 즐기는 플레이어일 것이다.

찰스 슐츠
로버트 덴튼 브라이언트

추가 자료 다운로드

추가로 제공되는 자료는 에이콘출판사의 도서정보 페이지인 http://www.acornpub.co.kr/book/game-testing-3e에서 다운로드할 수 있다.

- 책의 예제에서 설명한 모든 툴과, 테스트 테이블 템플릿이나 플로우 다이어그램처럼 개인 혹은 그룹 프로젝트에서 바로 사용이 가능한 추가 리소스
- 컬러 스크린샷을 포함한 책 안의 모든 이미지
- 책에서 언급한 FIFA 게임의 비디오

정오표

한국어판의 정오표는 에이콘출판사의 도서정보 페이지 http://www.acornpub.co.kr/book/game-testing-3e에서 확인할 수 있다.

질문

이 책과 관련해 질문이 있다면 이 책의 옮긴이나 에이콘출판사 편집 팀(editor@acornpub.co.kr)으로 문의해주길 바란다.

게임 테스트의
두 가지 원칙

- 모든 테스터와 테스트 팀이 반드시 알아야 할 두 가지 원칙을 짚고 넘어간다.
- 첫 번째 원칙: 공황에 빠지지 마라.
- 두 번째 원칙: 아무도 믿지 마라.

공황에 빠지지 마라

게임을 만드는 프로젝트에서 공황에 빠지는 일은 결코 좋은 일이 아니다. 물론 공황에 빠지는 사람이 그런 상황을 선택할 수 있는 것도 아니고, 때로는 자신이 공황에 빠졌다는 사실을 알지 못할 때도 있다. '공황에 빠진다'는 것은 어떤 상황에서 비이성적인 상태가 되는 것을 말한다. 테스터가 공황에 빠진다면 프로젝트 전체가 손해를 입을 수도 있다. 테스터들이 말도 안 되는 요청을 받고 궁지에 빠져 있다면 "첫 번째 규칙을 상기해!"라고 말해 공황에 빠지지 않게 해줘야 한다.

스쿠버 다이버들은 게임 테스터들이 처하는 상황과 비슷한 상황을 만들어 스스로를 훈련시킨다. 제한된 리소스(물속에 가지고 들어갈 수 있는 장비들), 시간 제한(산소 공급), 따라야 할 원칙들(언제 물속으로 더 들어가고 올라와야 할지) 그리고 갑자기 나타나는 뜻밖의 상황(기대하지 않았던 바다 생물이라든지) 같은 것들이다. 윌리엄 모건^{William Morgan} 박사에 따르면, 휴양지에서 다이빙을 즐기던 도중 갑작스러운 공황에 빠지거나 그와 유사한 상황이 되었을 때 사고가 발생할 확률이 높고 심지어는 그로 인해 죽음에 이를 수 있다고 한다. 이런 공황 상황은 다이버가 아닌 사람들이 보기에도 심각해 보이는 것들이 원인이 되어 촉발될 수 있다. 그물에 걸리거나, 장비가 고장 나거나 혹은 갑자기 등장한 상어를 보고 공황에 빠질 수 있는 것이다. 모건 박사는 상어를 공격하는 것은 절대 이런 상황을 개선하는 데 도움이 되지 않는다고 말한다. 이런 다양한 원인들로 인해 때로는 반복적으로 공황에 빠지고 위험한 행동을 할 수 있는 것이다. 경험이 많은 스쿠버 다이버들도 종종 불명확한 이유로 공황에 빠지고는 한다[SCUBADOC].

엉망진창인 빌드를 테스트하거나, 중대한 결함을 발견하지 못했거나, 혹은 개발자에게 존재하지 않는 버그에 대한 보고서를 보내 그들에게 비웃음을 사는 것과 같은 행동이 당신에게 물리적인 피해를 주지는 않을 것이다. 하지만 이로 인해 막대한 추가 시간과 비용이 들 것이며, 이를 제대로 처리하지 못한다면 실적뿐만 아니라 평판도 얻지 못할 것이다.

게임 프로젝트를 진행하면서 공황에 빠질 때는 다음과 같다.

- 무언가 익숙하지 않은 일이 발생했을 때
- 준비되지 않은 일이 발생했을 때
- 압박에 시달릴 때
- 제대로 쉬지 못할 때
- 근시안적인 시각을 가질 때

무언가 익숙하지 않은 일이 발생했을 때

게임을 만드는 팀의 한 사람으로서 당신은 가끔씩 이전에는 해보지 못한 일을 해달라는 요청을 받게 될 것이다. 때로는 프로젝트 중간에 다른 사람이 수행해야 하는 테스트를 해달라는 요청을 받을 때도 있을 것이다. 때로는 고객에게 데모를 보여주기 바로 직전에 누군가가 수행해야 하는 역할을 대신 해달라는 요청을 받을 수도 있다. 이런 상황에 처한다면 당신이 이미 알고 있는 바에 따라 기본적인 것들을 수행하면 된다. 그리고 이미 그 일을 수행하고 있는 누군가를 관찰해 약간 색다른 방법을 선택하면 된다.

어떤 경우에는 이전에 한 번도 해보지 못한 일을 완수해달라는 요청도 받을 것이다. 예를 들어 설치 과정을 100% 자동화하라거나, 게임 안의 외국어를 검증할 수 있는 도구를 작성해달라는 요청 같은 것을 받을 수도 있다. 아마 이런 요구사항은 아무도 이전에 달성해본 적이 없을 것이다. 이런 경우 정상적인 방법으로 이를 수행하려고 할 필요는 없다. 그렇다고 뭔가 새로운 시나리오를 고안해낼 필요도 없고 영웅이 될 필요도 없다. 만약 이런 상황이 익숙하지 않다면, 당신이 내리는 최선의 결정에 따라 행동하면 된다. 하지만 그 어떤 선택을 하게 되더라도 절대로 정상적인 방법은 아닐 것이다. 적절하게 도움을 요청할 줄 알아야 하며 겸손할 줄도 알아야 한다. 당신이 모든 것을 떠안을 필요도 없고 모든 요구사항에 '네'라고 대답해서도 안 된다. 당신이 쌓아온 권위와 신뢰를 잃을 필요가 전혀 없다. 그 일을 먼저 수행해본 사람과 당신에게 도움을 줄 수 있는 사람을 우선 찾아라. 실패할 게 뻔한 일의 책임을 시려고 하지 마라. 인터넷을 통해서도 이런 경험을 먼저 한 사람들 중에서 그들의 경험을 나누고자 하는 사람들의 조언을 얻을 수 있을 것이다.

 6장 '게임 테스트 프로세스'에서는 이런 익숙하지 않은 환경하에서도 지속적으로 테스트를 수행하고 결과를 얻을 수 있는 방법을 알려줄 것이다.

준비되지 않은 일이 발생했을 때

프로젝트를 진행하는 동안 기대하지 않았던 일들이 수없이 많이 일어날 것이다. 이는 반드시 기대해도 좋다! 게임 라이프 사이클 동안 다양한 부서에서 다양한 관점의 테스트를 필요로 한다. 눈에 보이는 것들뿐만 아니라 게임에는 아주 많은 다양한 기술들이 구현되어 있다. 3D 그래픽, 오디오, 사용자 인터페이스, 멀티스레딩, 파일 시스템 등 일일이 나열하기조차 힘들다. 만약 이런 다양한 테스트 업무를 소화할 수 있는 준비가 되지 않았고, 또한 이들을 성공적으로 수행하는 데 필요한 스킬을 보유하고 있지 못하다면 스타가 될 가능성 보다는 업무에 발목을 잡힐 가능성이 더 크다.

끊임없는 공부와 인내, 그리고 경험이야말로 모든 것을 준비할 수 있게 해주는 기본적인 요소다. 프로젝트를 진행하는 동안 게임 코드에 대해 더 많이 알려고 노력해야 한다. 차세대 게임이 어떤 모습이어야 하며 또 어떤 기술이 각광을 받는지 알기 위해 항상 업계의 최근

소식을 접해야 한다. 당신이 테스트를 수행하는 분야의 요구사항 분석과 디자인에 있어서 전문가가 되어야 한다. 그리고 당신의 업무가 아닌 분야에 대해서도 지식을 쌓아나가야 한다. 비록 그럴 가능성이 낮다고 하더라도 다른 사람을 대신해 그 자리로 이동할 수도 있고 좀 더 높은 상급자가 될 수도 있다. 이런 일들을 항상 준비하고 있어야 한다.

 5장 '테스트 단계'에서는 게임 테스터로 성공하기 위해 스스로 준비할 수 있는 것들을 알려 줄 것이다. 또한 언젠가 마주칠 수 있는 테스트 환경, 프로젝트, 다양한 역할과 직업에 대 해서도 알아본다.

압박에 시달릴 때

압박은 아래 세 가지 요소에서 비롯된다.

- 스케줄(프로젝트를 완성해야 하는 기간)
- 예산(프로젝트에 소모되는 경비)
- 인력(게임 개발에 할당된 사람들의 유형과 투입량)

프로젝트가 진행되는 동안 이 세 가지 리소스에 대한 압박을 예방할 수 있는 것은 존재하지 않는다. 이 세 가지 요소는 테스터인 당신이 제어할 수 있는 성질의 것이 아니다. 일반적으로 이 요소들은 사업 환경에 의해 달라지고 프로젝트 매니저에 의해 결정된다. 하지만 어떤 경우라도 당신이 영향을 받을 수밖에 없다. 그림 1.1은 프로젝트 안에서 균형 잡힌 리소스 상태를 보여준다.

삼각형의 한 꼭짓점이 움직이면 프로젝트는 압박을 받을 수밖에 없다. 삼각형의 꼭짓점 중 하나가 아주 작은 상태에서 프로젝트가 시작할 수도 있고, 프로젝트가 진행되는 도중에도 꼭짓점의 상태는 얼마든지 변할 수 있다. 예를 들어 자금이 다른 게임에 투입될 수도 있고, 개발자들이 프로젝트를 떠나 회사를 설립할 수도 있으며, 지금 만들고 있는 게임의 경쟁작 출시 일정 때문에 일정에 대한 압박을 받을 수도 있다. 그림 1.2는 예산 감축이 어떻게 게임 프로젝트의 스케줄과 인력에 압박을 가하는지를 보여준다.

▲ 그림 1.1 균형 잡힌 리소스 상태

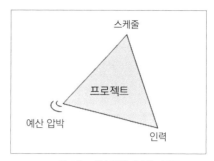

▲ 그림 1.2 예산 압박이 있는 경우

삼각형 모델에서 보이는 세 가지 요소가 최초에 생각했던 것보다 늘어나는 것도 또 다른 압박이라고 볼 수 있다. 대부분 이런 경우는 처음 계획했던 것에 비해 레벨이나 캐릭터를 추가하거나 혹은 새롭게 출시되는 하드웨어의 장점을 살리기 위해 구 버전의 그래픽 엔진 대신 새로운 엔진을 채택하는 것과 같이 내부의 요구사항 때문에 발생한다. 처음 계획했던 것보다 더 많은 플랫폼을 지원하기 위해 혹은 새롭게 출시된 게임과 비슷한 수준으로 레벨이나 캐릭터의 개수를 맞추기 위해, 혹은 온라인을 지원하지 않은 채 출시된 게임이 향후 온라인 플레이를 지원하기 위해 처음에는 계획되지 않았던 다양한 변경들이 가해진다. 그림 1.3은 프로젝트의 범위가 증가함으로써 어떻게 예산과 인력에 부담을 주는지를 설명하고 있다.

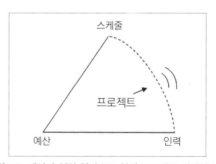

▲ 그림 1.3 예산과 인력 압박으로 인해 프로젝트 기간이 늘어남

프로젝트에 압박이 있을 때 누군가가 나서서 이를 대신 처리해주기를 바랄 수도 있다. 누군가는 다음과 같이 말하면서 당신이 어떤 역할을 해주길 바랄 것이다.

- 나/우리는 지금 즉시 …이 필요합니다.

- 난 상관없어요.

- 그건 그때고, 지금은 지금이죠.

- 어떻게 해야 할지 한번 풀어봅시다.

- 되도록 만들어야죠.

- 해봅시다.

- 우린 그럴 여유가 없어요.

- 문제될 건 없어요. 하지만…

한 번에 하나 이상의 요구를 여러 사람에게 받아야 하는 경우도 있다. 당신이 활용할 수 있는 스케줄과 예산, 인력이 어느 정도인지를 항상 확인하라. 일반적으로 하는 업무량에 맞추어, 즉 당신의 삼각형에 맞추어 그들의 요구를 적절하게 줄이도록 해라. 가능한 최대한의 파급 효과를 낼 수 있는 가장 효과적인 일부터 처리하라. 하나의 빌드에 모든 기능을 포함해 배포하는 대신, 지속적인 업데이트를 통해 산출물의 기능을 점점 증가시켜나가는 애자일 개발 방법론과 테스트 프랙티스를 활용하는 것도 고려해봄 직하다.

 2장 '게임 테스터 되기'에서는 테스터로서 어떤 일을 수행해야 하는지, 그리고 게임의 품질에 어떻게 영향을 미칠 수 있는지 알아본다.

14장 '리그레션 테스트와 테스트 재사용'에서는 기대하지 않았던 추가적인 테스트를 신속하게 완료해야 할 때, 그리고 더 많은 게임을 테스트해야 할 때 이에 효과적으로 대처할 수 있는 기법을 알아본다.

제대로 쉬지 못할 때

30시간을 줄곧 이어서 해야 하는 테스트를 수행하거나, 한 주에 100시간 이상 테스트 업무를 수행하는 것은 결과적으로는 결함을 찾는 효과적인 방법처럼 보일 수도 있다.

개발자들이 이 정도로 일을 한다면 테스터들 역시 그 시간을 함께 보내야 할 것이다. 하지만 그렇게 많은 시간을 업무에 할애하는 것이 게임을 배포하는 데 도움이 되진 않는다. 테스터들이 실수하는 것만큼이나 프로젝트에는 도움이 되지 않는 일이다.

잘못된 빌드를 테스트하거나, 혹은 정상적으로 설치되지 않은 빌드를 테스트함으로써 실제 필드에서는 존재하지 않는 문제를 보고하게 되면 개발자들이 불필요한 검증 작업을 거치면서 소중한 시간을 허비하게 된다. 어쩔 수 없이 밤을 새거나 주말에 테스트를 해야 한다면, 테스트 전과 후에 사용할 체크리스트를 작성하는 것이 좋다. 만약 함께 일하는 동료가 있다면 그에게 당신의 작업을 체크하게 하고, 마찬가지로 당신 역시 상대방의 작업을 체크하는 것이 좋다. 또한 작업 상황을 꼼꼼하게 기록한다면 단순히 밤을 새서 멍한 기억력에 의지할 때보다 실수의 여지를 줄일 수 있을 것이다. 이는 마치 우주선을 발사하기 전에 사전 체크리스트를 활용하는 것과 같은 것이다. 만약 무언가가 잘못됐다면 카운트다운을 중지해야 한다. 그리고 테스트 교범에서도 말하고 있지만, 다시 처음으로 돌아가 잘못된 것을 바로잡아야 한다. 테스트가 완료된 다음에는 그 결과와 현상을 기록한다. 다음 글상자와 같은 기본적인 체크리스트를 활용해 각지의 프로젝트에 맞게 수정해 활용할 수 있을 것이다.

심야 테스트 체크리스트

사전 체크

적합한 테스트 버전인가?

테스트 버전: _____

적합한 테스트 빌드를 사용하고 있는가?

빌드 버전: _____

하드웨어는 적합하게 설정되어 있는가?

설명: _____

적절한 게임 컨트롤러와 설정을 사용하고 있는가?

설명: _____

사용한 설치 옵션이 있는가?

설명: _____

테스트 케이스를 수행하기 전에 게임은 적절한 초기 상태였는가?

설명: _____

사후 체크

모든 테스트 스텝을 순서대로 수행했는가?

테스트 완료와 결과를 기록했는가?

찾아낸 모든 문제를 기록했는가?

문제를 보고했다면, 필요한 모든 항목을 기재했는가?

실수를 발견해내는 연습을 하는 것과 동시에, 한 번에 실수를 사전에 방지할 수 있는 전략에 대해서도 연구해야 한다. 게임 플랫폼과 테스트 환경에 따라 다르기는 하지만 테스트 전략의 일부 혹은 전부를 탐색적 테스트 같은 유연한 테스트 전략으로 바꾸는 것도 선택 가능한 옵션이다.

 15장 '탐색적 게임 테스트'에서는 프로젝트의 모든 단계에서 결함을 찾아내는 데 사용되는 유연한 기법들을 알아본다.

근시안적 시각을 가질 때

공황 증상은 자기 주변의 것에만 너무 집중했을 때 발생할 수 있다. 수많은 게임 프로젝트가 출시까지 여러 달이 걸리며 이를 고려해 오늘 무엇을 어떻게 해야 할지를 결정해야 한다. 테스터가 다시 한번 바른 마음가짐을 가질 수 있게 해주는 질문 중 하나가 바로 "지금이 테스트할 마지막 기회인가?"라는 것이다. 만약 그 답이 "아니요"라면, 반복되는 테스트 전략과 환경, 테스트 결과에서 도출할 수 있는 피드백, 예산 등의 모든 정황을 고려해 현재의 상황을 개선할 수 있는 최선의 방법을 논의해봐야 한다.

훌륭한 스포츠 팀은 공황 상태를 극복해내는 방법을 알고 있는 팀이다. 그들은 경기에서 지고 있다고 해도 역전에 성공해 결국은 그 경기에서 이기리라는 확신을 항상 갖고 있다. 그 이유는 a) 그런 상황에 익숙하며, b) 훈련과 비디오 판독, 여러 경험을 통해 항상 이런 상황에 대비해왔고, c) 충분히 쉬었으며, d) 즉시 점수를 따라잡아야 한다는 압박을 느끼지 않기 때문이다. 늘 지기만 하는 팀은 앞서 말한 이유 중의 하나 혹은 여러 개가 부족한 경우일 것이다.

 5장 '테스트 단계'에서는 게임 코드의 성숙도에 따라 어떤 테스트들이 수행돼야 하는지에 대해 알아본다. 이를 통해 특정한 상황에 적합한 테스트가 무엇인지 파악할 수 있을 것이다. 또한 게임이 출시된 이후에라도 필요한 테스트가 있다면 수행이 가능하다는 사실도 알게 될 것이다.

아무도 믿지 마라

아주 냉소적인 말처럼 들리겠지만, 프로젝트에 안에서 테스트가 수행된다는 것은 곧 믿을수 없는 것들이 최소한 몇 개는 존재한다는 뜻이다. 3장 '왜 테스트가 중요한가'에서 이 주제를 더 자세히 다룰 것이다. 다음과 같이 신뢰와 관련된 문제들로 인해 게임 프로젝트에서 테스터가 필요한 것이다.

- 퍼블리셔publisher는 절대 당신의 게임이 정해진 시간 안에 약속된 기능이 제대로 구현되어 배포될 것이라고 믿지 않는다. 그래서 개발 진척 상황과 마일스톤에 맞추어 대금을 나누어 지불하는 방식의 계약을 체결하는 것이다.
- 매체와 대중들 역시 당신의 게임이 약속한 만큼 재미있고 훌륭한 게임이 될 거라고 생각하지 않는다. 그래서 그들은 미리 스크린샷과 데모를 보여줄 것을 요구하고, 그에 대해 비판하며 당신의 작업이 진행됨에 따라 산출물에 대한 논의를 웹사이트와 소셜 미디어에서 진행하게 되는 것이다.
- 프로젝트 매니저는 결함 없이 코드가 작성될 것이라고 믿지 않는다. 그래서 테스트 계획이 수립되며, 자금이 투입되고, 필요한 인력이 구성되는 것이다. 여기에는 서드파티 QA와 조직 내부의 테스트 부서에서 수행하는 작업 모두가 포함된다.
- 퍼블리셔들은 개발 QA가 모든 결함을 찾아낼 수 있을 거라고 믿지 않는다. 따라서 자체적인 테스트 팀을 구성하거나, 일반 대중들이 결함을 발견해 보고할 수 있도록 베타 테스트를 수행하기도 한다.

위에서 열거한 것들을 개인적인 신뢰 문제로 받아들이면 안 된다. 이는 사업과 기술, 그리고 회사 간의 경쟁과 밀접한 관련이 있는 일들이다. 급박한 상황에서 상당한 자금이 오가고 투자자들은 프로젝트에서 손실을 입고 싶어 하지 않는다. 게임을 만드는 데 정말 필요한 기술이 프로젝트를 시작할 무렵에는 개발되어 있지 않을 수도 있고, 따라서 지금까지한 번도 출시된 적이 없는 게임을 당신의 팀이 새롭게 만들어내야 하는 경우도 있다. 게임을 해체하고 또 여러 번 실패함으로써, 이 게임이 정상적으로 동작할 것이라는 자신감을 얻을 수 있다. 제대로 된 게임을 만들지 않는다면 불평과 불만에 희생되는 일만 생길 뿐이다. 이런 일이 프로젝트에 일어나지 않게 하는 것이 당신의 사명이다.

균형 잡기

테스트 계획과 의사결정의 기반이 된 것들을 다시 돌아볼 필요가 있다. 들리는 소문이나 다른 사람들의 의견, 그리고 감정들로 인해 정말로 해야 할 일에 집중하지 못하게 되는 경우가 종종 발생한다. 테스트 업무에 테스트 기법을 사용하고, 테스트 결과를 문서화함으로써 객관적인 게임 테스트 환경을 조성할 수 있다.

테스트 결과를 측정하고 분석함으로써 게임의 강점과 약점을 알아낼 수 있다. 이미 출시된 게임이나 오래된 게임에서도 동일한 효과를 얻을 수 있다. 가장 믿음이 가지 않는 부분, 즉 가장 약점이 많아 보이는 부분이야말로 세심한 주의를 기울여 테스트와 리테스트, 분석 작업이 수행돼야 하는 부분이다. 그림 1.4가 이 상관관계를 잘 보여주고 있다.

가장 많이 신뢰할 수 있는 부분, 즉 가장 강점이 있는 부분은 그림 1.5에서 볼 수 있듯이 상대적으로 주의를 덜 기울여도 된다. 믿을 수 있다는 것을 확인하기 위해 종종 리테스트만 수행하면 된다.

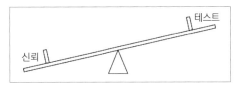

▲ 그림 1.4 낮은 신뢰는 곧 더 많은 테스트를 의미한다.

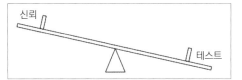

▲ 그림 1.5 높은 신뢰가 가능하다면 테스트를 더 많이 수행할 필요가 없다.

 4장 '소프트웨어 품질'에서는 게임 코드를 얼마나 신뢰할 수 있는지 평가할 수 있는 기본적인 원리와 방법을 소개한다.

7장 '숫자로 본 테스트'에서는 일반적으로 수집 가능한 테스트 데이터를 통해 품질을 측정하는 방법과, 문제가 발생하는 특정 부분을 좀 더 집중적으로 살펴보기 위해 이 측정 자료들을 분석하는 방법을 알아본다.

말장난

테스트 팀 외부에서 들려오는 조언들을 경계하는 것이 좋다. 물론 좋은 의도를 가진 사람들이 효과적인 지름길을 소개해 게임 개발이 빠르게 진행될 수는 있지만, 그로 인해 버그를 발견하지 못하고 이를 수정하지 못한다면 이는 누구도 원하지 않은 상황일 것이다. 그런 사람들이 당신에게 하는 말을 믿지 마라. 동시에 그 사람에게 당신이 적대적으로 보일 수 있는 선 역시 넘어서는 안 된다. 비록 어떤 경우에는 테스터에게 절대 도움이 되지 않는 방법처럼 보이지만, 팀 전체가 더 나은 게임을 개발하기 위해 함께 일하고 있다는 사실을 잊어서는 안 된다.

어떤 현상이 발생했을 때 일반적으로 하는 말들은 대략 다음과 같다. "X가 발생했으니, Y를 해라(혹은 하지 마라)." 예를 들어보자.

- "코드 몇 줄만 바뀌었거든요. 그러니까 인스펙트 같은 거 할 필요 없습니다."
- "새로 만든 오디오 시스템은 이전 방식이랑 똑같이 동작해요. 그러니 이전에 수행했던 테스트들만 한 번 더 해보면 될 겁니다."
- "몇 가지 외국어 스트링만 추가했습니다. 한 가지 외국어만 검증해서 괜찮으면 다른 것들도 괜찮을 거에요."

그리고 다음과 같은 변형도 존재한다.

- "변경사항 몇 가지 안 되거든요. 그러니 〈이 부분에 기능 이름을 넣으면 된다〉에 대한 테스트는 걱정 안 해도 됩니다."
- "테스트 케이스 한두 개 정도만 수행해보고 동작하는지 결과를 알려주세요."
- "이거 오늘 출시해야 하거든요. 그러니까…"

 아마 다른 사람들로부터 어떤 것은 테스트해야 되고 어떤 것은 하지 않아도 되는지를 여러 번 듣게 될 것이다. 이 경우 그와 반대로 행동한다면, 수없이 많은 버그를 발견할 수 있을 것이다.

'아무도 믿지 마라'라는 말을 '요청받은 일을 하지 마라'로 곡해해서는 안 된다. 테스트 리드나 프로젝트 매니저가 어떤 종류의 테스트를 완수해주기를 바란다면, 최선을 다해 그 일을 완료한 다음 당신이 믿지 못하는 부분에 대한 일을 시작하라. "요청하신 테스트는 완료했습니다. 그리고 토너먼트 모드도 좀 들여다봤는데 여기서 몇 가지 문제를 발견했습니다. 다음에는 이 부분에 대한 테스트를 해야 할 것 같네요."라고 말해서 영웅이 될 것인가, 아니면 "토너먼트 모드에 대한 새로운 테스트를 수행해보느라 당신이 요청한 테스트는 할 시간이 없었어요."라고 말할 것인가?

마지막 기회

당신이 수행한 테스트를 조사하고 이를 개선함으로써 결함을 찾아내는 스킬 면에서 좀 더 많은 신뢰를 얻어낼 수 있을 것이다. 신뢰가 오만함으로 이어지지 않도록 해야 하며, 또한 신뢰를 받는다고 해서 스스로 완벽하다고 느껴서도 안 된다. 최소한 어느 정도는 스스로를 경계할 필요가 있다. 관리자로부터, 개발자와 다른 테스터들로부터, 그리고 당신 자신으로부터의 조언을 받아들일 여유를 갖고 있어야 한다. 예를 들어 당신이 이미 한창 테스트 중인 빌드가 올바른 빌드인지 의문이 든다면, 주저하지 말고 바로 체크해보라. 때로는 처음으로 돌아가 모든 것을 다시 시작해야 할지도 모른다. 하지만 그것이 잘못된 결과를 보고해 다른 사람들로 하여금 소중한 시간을 허비하게 하는 것보다는 훨씬 나은 결과를 가져올 것이다.

게임 개발 프로세스가 진행되면서 관리자와 개발자들은 게임의 품질에 점점 만족하고 다음 마일스톤, 궁극적으로는 최종 출시까지 모든 것이 잘 준비되어 가고 있다는 이야기를 듣고 싶어 할 것이다. 테스터로서 당신은 절대 현실에 안주해서는 안 된다. 종종 나는 팀원들에게 "마치 이번 릴리스가 결함을 발견할 마지막 기회인 것처럼 생각하라."라고 말하며 힘을 북돋아준다. 새로운 테스트를 수행할지 안 할지에 대한 마찰도 생기고, 그렇게 중요한 문제가 왜 그렇게 늦게 발견됐느냐는 불만도 듣게 될 것이다. 결함이 뒤늦게 발견되는 이유는 여러 가지다. 때로는 테스트를 제대로 수행하지 못해서 그런 결과가 나온 것처럼 보이기도 한다. 몇 가지 경우를 살펴보자.

- 결함 자체가 발견하기 바로 직전에 늦게 발생하는 경우
- 테스트 초기에 발견된 결함으로 인해 뒤늦게 발견된 결함에 접근이 쉽지 않은 경우
- 게임을 테스트하면 할수록 결함이 발견되는 부분에 익숙해지며, 따라서 시간이 지날수록 프로젝트에서 미묘한 문제를 찾아내기 힘든 것은 자연스러운 현상임

그 어떤 결함도 테스터가 직접적인 원인이 되어 발생하지는 않는다.

 10장 '클린룸 테스트'와 12장 '애드혹 테스트와 게임 플레이 테스트'에서는 직관과 인사이트에 기반해 테스트를 수행하는 방법을 살펴본다.

신탁 자금

여러 방법을 통해 어떤 것을 믿지 말아야 하는지를 다른 사람보다 빨리 깨달을 수 있다. 당신이 개발자에게 어떤 일을 요청할 때 다음과 같이 답하는 개발자가 있을 것이다.

테스터: "테스트를 수행하면서 특별히 집중해서 봐야 할 부분이 있을까요?"

개발자: "음, 퍼지 소드 퀘스트의 로직을 새로 만들었거든요. 그 부분을 봐주시면 될 것 같아요."

시스템의 특별한 부분을 언급하고 사람들이 어떻게 그에 반응하는지를 관찰하면 테스트를 어떻게 풀어가야 한지에 대한 실마리를 훨씬 더 많이 찾아낼 수 있다. 저런 질문을 받았을 때 눈을 이리저리 굴린다면 뭔가 의심스러운 것이다. 새로운 무기가 제대로 동작을 하지 않을 수도 있고, 멀티플레이어가 이전처럼 동작하지 않을 수도 있다.

 3장에서는 게임에서 테스트가 왜 중요한지 알아본다. 어떤 것들이 게임을 망치는지, 그리고 당신은 테스터로서 어떻게 대처해야 하는지를 알아본다.

기브 앤 테이크

지금까지 집중하면서 이 글을 읽었다면 그리고 당신이 게임 테스터가 되려고 하거나 그런 경험이 있는 사람이라면, 공황에 빠지지 않기 위한 방법, 즉 지금 테스트하는 빌드를 가장 마지막 빌드가 아닌 것처럼 생각하는 것과 아무도 믿지 않는 것, 즉 각각의 릴리스를 마치 마지막인 것처럼 다루는 방법 사이에 명백한 모순이 존재한다는 사실을 눈치챘을 것이다. 스포츠에 비교해보면 어떻게 이런 개념이 공존할 수 있는지를 쉽게 설명할 수 있다.

야구에서 주자가 없는 상황에서는 아무리 좋은 타자가 타석에 올라간다고 하너라도 6짐을 올릴 수는 없다. 모든 타자가, 모든 이닝에서 상황에 맞게 플레이해서 최대한의 득점을 올려야 하는 것이다. 타자와 주자 모두 인내심을 가지고 기술을 연마해야 하며, 감독의 전략을 수용하고 따라야만 한다. 만약 모든 타자가 홈런을 욕심낸다면 삼진을 당하기 쉽고 상대편 투수의 체력까지 보존해줄 것이다.

동시에 타자와 주자는 모두 가능한 최대한의 성과를 얻기 위해 공격적인 노력을 기울여야 한다. 투구의 유형을 분석하고, 완벽하게 스윙을 하고, 안타가 나오면 최선을 다해 빨리 질주해야 한다. 이런 노력들이 쌓여 팀의 승리를 달성할 수 있으며, 하나의 안타, 하나의 타점이 팀의 승리와 패배를 좌우한다는 사실을 주지하고 있어야 하는 것이다.

따라서 당신은 테스터로서 다음과 같은 일을 동시에 수행할 수 있을 것이다.

- 당신에게 할당된 일이 무엇인지에 기반해 팀에서 당신의 역할을 인지한다.
- 당신의 업무를 정확하게 공격적으로 수행한다.
- 가장 중요한 테스트를 먼저 수행한다.
- 결함을 많이 발견할 수 있는 테스트를 수행한다.
- 가능한 한 감정에 얽매이지 않고 객관적인 의사결정을 한다.

 13장 '결함 트리거'에서는 어떻게 테스트가 결함을 노출시키는지 살펴보고, 당신이 수행하는 테스트에서 이 가능성을 높이는 방법을 알아본다. 동시에 어떤 테스트가 가장 중요한지, 어떤 테스트가 가장 자주 수행돼야 하는지도 살펴본다.

남은 이야기

이 책의 나머지 부분에서는 우리가 살펴본 두 가지 원칙을 실제 게임에 적용하는 방법을 설명할 것이다. 한꺼번에 모든 것을 잘하려고 하지 마라. 이미 당신은 스스로 성과를 내는 훌륭한 테스터다. 이 책을 통해 이미 보유하고 있는 기술을 새롭게 고찰해보고, 8~15장에서 다루고 있는 기법 중 수행하는 프로젝트에 가장 적합한 것을 골라 연습해보라. 이를 통해 새로운 인사이트를 얻을 수 있을 것이다.

이 책을 읽으면서도 두 가지 원칙을 적용해보라. 이 책에서 말하는 바가 언제 어디서나 적용될 수 있다고 믿지 마라. 만약 적용해본 결과가 엉뚱하다면 그 이유를 찾아보라. 어떤 것을 시도해보고 이를 계속 사용할지 혹은 좀 더 가다듬을지, 그리고 아예 새로운 방법을 시도할시 처음부터 다시 시도해볼지를 결정할 수 있도록 과정과 결과를 측정하고 평가하라. 최종 결정을 내리기 전에는 반드시 '기법을 적절하게 수행하고 있다는 확신을 갖기 전까지는 스스로를 과신하지 말라'는 격언을 곱씹어봐야 한다. 이를 고려한다면 이 기법이 당신에게 도움이 되는지 판단할 수 있을 것이다. 또한 이 책에서 설명하는 방법들이 쓸 만하다는 사실도 알게 될 것이다.

명심하라. 모든 사람이 게임이 출시되기 전에 훌륭한 게임 테스터인 당신이 문제를 찾아낼 수 있을 거라고 믿고 있다. 그들을 공황에 빠지게 해서는 안 된다.

 8장 '조합 테스트'와 9장 '테스트 플로우 다이어그램', 11장 '테스트 트리'에서는 중요한 세 가지 테스트 기법을 알아볼 것이다. 이를 통해 프로젝트의 초기부터 체계적으로 게임의 기능을 탐색하는 일이 얼마나 중요한지 알 수 있을 것이다.

요약

1장에서는 게임 테스트의 두 가지 원칙과 이 책의 나머지 부분들이 이와 어떤 연관이 있는지 살펴봤다. 공황 상태와 신뢰는 성공적인 게임 테스트를 방해하는 요소들이다. 앞서 살펴본 두 가지 원칙을 기억하고 적용함으로써 최선의 결과를 얻을 수 있을 것이다.

공황에 빠지면,

- 엉뚱한 판단과 결정을 해버린다.
- 신뢰할 수 없는 테스트 결과를 도출해낸다.
- 짧은 기간 동안 너무 과도한 강조를 한다.

공황으로 인해 프로젝트는 다음과 같은 비용을 허비한다.

- 불필요한 재작업
- 쓸데없는 작업과 노력
- 자신감과 신뢰의 상실

다음과 같은 방법으로 공황 상태를 피해나갈 수 있다.

- 언제 도움이 필요하고 어떻게 도움을 받을 수 있는지 인지한다.
- 기대하지 않았던 일에도 대비한다.
- 절차를 따른다.
- 충분하게 휴식을 취한다.

다음 항목들은 절대로 믿지 마라.

- 다른 사람에게 전해 들은 말
- 의견
- 감정

다음 항목들에 의존하라.

- 진실
- 결과
- 경험

모든 게임 빌드를 마치 다음과 같은 상황인 것처럼 테스트하라.

- 마지막 빌드가 아닌 것처럼
- 마지막 빌드인 것처럼

게임 테스터 되기

2장에서 다루는 내용

- 테스트 대 플레이
- 버그 식별하기
- 버그 보고하기
- 수정 확인하기

게임 테스터가 되려면 우선 게임 플레이어가 되어야 한다. 대부분의 게임 테스터들이 이 직업을 갖게 된 계기 역시 그들이 게임 플레이어였기 때문이다. 상상해보라. 그냥 게임을 하는데 돈을 받는다니! 게임을 즐기든, 혹은 테스트를 하든 당신이 원하는 일을 원하는 시간만큼 수행하기는 어렵다. 사회에서는 정해진 시간 안에 어떤 일을 완벽하게 해달라는 요구를 받기 마련이며, 이로 인해 가끔은 늦게까지 회사에 남아 있기도 해야 하는 법이다. 중요한 릴리스가 가까워질수록, 테스트와 업무량은 점점 늘어가기 마련이다.

게임을 즐기고 플레이하는 것만으로는 좋은 테스터가 되기 어렵다. 물론 버그를 발견하는 능력도 있어야 하지만 이와 함께 다른 분야의 능력, 즉 버그를 문서화하고 보고하는 능력, 테스트 진척 상황을 공유하는 능력, 그리고 개발자로 하여금 버그를 발견하고 수정하게 만드는 능력 역시 필요하다. 이러한 일들이 게임이 출시되기까지 끊임없이 반복되는 것이다.

이 말을 기억하라. 'PIANo TV', 즉 플레이하고^{Play}, 식별하고^{Identify}, 진술하고^{Amplify}, 공유하고^{Notify}, 그리고 가능하다면^{optionally} 증명하고^{Testify} 검증하라^{Verify}.

게임 플레이

집에서 게임을 하는 건 즐겁다. 어떤 게임을, 언제, 어떻게 플레이할지 선택할 수 있기 때문이다. 게임을 테스트하는 일 역시 즐거울 수는 있지만 무엇을, 언제, 어떻게 할 수 있는지에 대한 선택의 폭이 좁다. 게임을 플레이할 때는 항상 어떤 목적이 있기 마련이다. 게임내의 어떤 지역을 탐험해보거나, 특정한 법칙이 적용됐는지를 확인하거나 혹은 특정한 종류의 문제가 발생하는지를 찾아보는 것이다.

보통 자신에게 할당된 테스트를 수행하는 것에서부터 게임 테스터의 업무가 시작된다. 그중 일부는 아주 구체적이면서 지속적인 단계를 거쳐서 수행되는 것도 있을 것이다. 당신의 관찰력이 얼마나 세밀하며 디테일에 주의를 기울이느냐에 따라 이런 정도가 달라진다. 특히 사용자 인터페이스^{UI, user interface} 테스트에 있어서 이런 부분이 도드라진다.

아래는 2010년 스퀘어 에닉스^{Square Enix}에서 출시한 〈송 서머너: 노래되지 않은 영웅들 – 앙코르^{Song Summoner: The Unsung Heroes - Encore}〉라는 게임에서 캐릭터를 선택하는 부분의 UI에 대한 테스트 샘플이다(캐릭터 갤러리는 그림 2.1에서 확인할 수 있다).

1. 마을로 진입해 '부대 편집^{Edit Trooper}'을 선택하고 부대 편집 화면으로 진입한다.

    □ 목록에서 메인 캐릭터의 그림이 그의 이름(지기^{Ziggy})과 함께 가장 먼저 표시되는지 확인한다. 이름은 이미지 위로 노출돼야 한다. 이미지 프레임과 배경이 캐릭터의 현재 상태를 표시하고 있는지 확인한다(이 경우에는 '골드^{Gold}'여야 한다).

    □ 슬라이드 바의 원형 표시가 가장 왼쪽에 위치하고 있는지 확인한다. 바의 왼쪽에 숫자 1이 표시돼야 하며, 오른쪽 슬라이드 바의 끝에는 게임을 진행하면서 획득한 캐릭터의 숫자가 표시돼야 한다(예를 들어, 이 경우에는 83).

    □ 지기의 캐릭터 클래스가 '유능한 지휘자^{Capable Conductor}'임을 확인한다. 이 명칭은 좌하단 화면에 위치한 박스 안에서 좌상단에 표시돼야 한다.

▲ 그림 2.1 〈송 서머너〉의 부대 편집 및 선택 화면은 캐릭터 갤러리의 초기 상태를 보여준다.

    □ 무브먼트^{Movement}, 레인지^{Range}, HP와 SP를 표시하는 수치가 정상적으로 표시되는
지 확인한다.

    □ 캐릭터의 능력치를 보여주는 화면에서 지기의 미니어처 버전 아바타가 표시되는지
확인한다. 아바타의 오른쪽에는 작은 음표가 함께 표시돼야 한다.

2. 오른쪽에서 왼쪽으로 화면을 스와이핑해서 하나의 캐릭터를 넘긴다.

    □ 목록에서 두 번째 캐릭터가 표시되는지 확인한다. 그의 이름이 이미지 위로 노출돼
야 한다. 마찬가지로 이미지 프레임과 배경이 그의 현재 상태를 표시하고 있는지 확
인한다.

    □ 슬라이드 바의 원형 표시가 왼쪽에서 조금 오른쪽으로 움직였는지 확인한다. 오른
쪽 슬라이드 바의 끝에 표시되는 숫자가 변경되지 않았음을 확인해야 한다.

    □ 새로 선택된 캐릭터의 클래스가 좌하단 화면에 위치한 박스 안에서 좌상단에 표시되
는지 확인한다.

    □ 새로 선택된 캐릭터의 무브먼트, 레인지, HP와 SP를 표시하는 수치가 정상적으로
표시되는지 확인한다.

    □ 새로운 캐릭터의 아바타가 능력치를 표시하는 부분의 오른쪽에 정상적으로 표시되
는지 확인한다. 아바타의 오른쪽에는 작은 음표가 함께 표시돼야 한다.

3. 원형 표시에 손가락을 올리고 이를 살짝 오른쪽으로 끌어 세 번째 캐릭터의 이미지가 화면 중앙에 나타나게 한다.

☐ 2번 단계에서 수행한 것과 동일한 항목을 체크한다. 이번에는 세 번째 캐릭터의 정보가 제대로 표시되는지에 초점을 맞춘다.

4. 이번에는 오른쪽에서 왼쪽으로 스와이핑을 해 1개의 캐릭터를 넘긴다.

☐ 2번 단계에서 수행한 것과 동일한 항목을 체크한다.

5. 원형 표시에 손가락을 올리고 이를 살짝 왼쪽으로 끌어 첫 번째 캐릭터의 이미지가 화면 중앙에 나타나게 한다.

☐ 1번 단계에서 수행한 것과 동일한 항목을 체크한다.

6. 그림 2.2에서 보이는 것과 같이 양방향으로 끝까지 스크롤을 수행해본다(필요하다면 여러 번 수행해도 무방하다).

▲ 그림 2.2 〈송 서머너〉의 부대 편집 화면이 캐릭터 갤러리의 마지막 캐릭터를 보여주고 있다.

☐ 마지막 캐릭터의 그림이 목록에서 첫 번째로 등장하는지 확인한다. 캐릭터 이름이 이미지 위로 표시돼야 한다. 이미지 프레임과 배경이 캐릭터의 현재 상태를 표시하고 있는지 확인한다.

□ 슬라이드 바의 원형 표시가 가장 오른쪽에 위치하고 있는지 확인한다. 바의 왼쪽에 숫자 1이 표시돼야 하며, 오른쪽 슬라이드 바의 끝에 표시되는 숫자는 게임을 진행하면서 획득한 캐릭터의 숫자와 동일해야 한다.

□ 마지막 캐릭터의 클래스가 좌하단 화면에 위치한 박스의 좌상단에 표시되는지 확인한다.

□ 마지막 캐릭터의 무브먼트, 레인지, HP와 SP를 표시하는 수치가 정상적으로 표시되는지 확인한다.

□ 캐릭터의 능력치를 보여주는 화면에서 마지막 캐릭터의 미니어처 버전 아바타가 표시되는지 확인한다. 아바타의 오른쪽에는 작은 음표가 함께 표시돼야 한다.

7. 원형 표시에 손가락을 올리고 이를 왼쪽 끝까지 끌어 첫 번째 캐릭터의 이미지가 화면 중앙에 나타나게 한다.

□ 1번 단계와 동일한 항목을 체크한다.

8. 원형 표시에 손가락을 올리고 이를 오른쪽 끝까지 끌어 첫 번째 캐릭터의 이미지가 화면 중앙에 나타나게 한다.

□ 6번 단계와 동일한 항목을 체크한다.

9. 부대 목록의 첫 화면이 나올 때까지 왼쪽에서 오른쪽으로 스크롤한다(필요하다면 여러 번 수행해도 무방하다).

□ 1번 단계와 동일한 항목을 체크한다.

지금까지 본 바와 같이 각각 수행하기 위해 주어진 단계가 있고 각 단계에서 체크해야 할 자세한 항목들이 있음을 알 수 있을 것이다. 테스트 케이스가 길수록, 특히 반복해서 수행해야 하는 테스트가 많은 경우 쉽게 지루해질 수 있다. 이런 지루한 상황에도 잠들지 않고 미묘한 문제를 찾아내려면, 집중력을 가지고 각각의 테스트를 처음 수행하는 것처럼 대하는 마음가짐이 필요하다.

체크리스트나 아웃라인의 형태를 빌려 훨씬 유연한 형태로 테스트를 할당할 수 있다. 이런 종류의 테스트는 테스트를 수행하는 개인이 지닌 게임 지식과 경험, 그리고 스킬에 훨씬 많은 부분을 의존한다.

대전 격투 게임에서 스페셜 무브나 필살기를 테스트하는 경우는 체크리스트를 사용해야 하는 전형적인 경우라고 할 수 있다. 아래의 체크리스트 예제를 살펴보자. 이 체크리스트는 히징스 소프트웨어^{Hijinx Software}가 출시한 〈스트리트 파이터 무브^{Street Fighter Moves}〉앱 (안드로이드/iOS)[SFMOVESET 10]에서 춘리^{Chun Li}로 〈울트라 스트리트 파이터 IV^{Ultra Street Fighter IV}〉를 플레이할 때 사용하는 스페셜 공격을 다루고 있다. 효과적으로 이 테스트를 완료하려면, 아래의 각 기술을 시전하기 위해 적절한 상황을 만들고 그 상황에서 적절한 타이밍에 스틱을 움직이고 버튼을 누를 수 있어야 한다.

- 기공권
- 학선축
- 스피닝 버드 킥
- 천열각
- 봉선화
- 기공장

체크리스트는 일련의 연결된 게임 행위를 검증하는 데 초점이 맞춰지는 반면, 아웃라인은 목표에 도달하기 위해 자세한 단계를 거칠 필요 없이 좀 더 광범위한 결과에 대한 테스트를 수행하는 데 용이하게 사용될 수 있다. 2015년 12월 mafiawars.wikia.com에 따르면, 징가^{Zynga}의 페이스북 게임인 〈마피아 워즈^{Mafia Wars}〉에는 모두 199개의 도전 과제가 있었다. 각 과제를 완수하기 위해 수도 없이 버튼을 누르고, 각기 다른 지역에서 전투를 벌이고, 돈을 모으고, 도전 과제를 해제하고 이를 달성하는 데 필요한 레벨에 도달하기 위해 얼마나 많은 노력을 기울여야 하는지를 상상해보라. 테스터로서 당신은 올바른 테스트 전략을 수립하고 획득한 포인트를 효율적으로 사용할 수 있을 정도로 게임을 잘 파악하고 있어야 한다. 또한 각 도전 과제를 달성할 수 있을 정도로 충분히 게임을 잘 플레이할 수 있어야 한다. 17개의 뉴욕 과제에 사용할 수 있는 간단한 아웃라인 포맷을 살펴보자.

▼ 표 2.1 〈마피아 워즈〉 도전 과제 – 뉴욕

도전 과제	요구사항
원 다운(One Down)	뉴욕에서 최소 하나의 스테이지를 클리어하라.
더 도와드릴 게 있나요?	뉴욕의 모든 직업을 클리어하라.
암드 앤 데인저러스(Armed & Dangerous)	토미건을 10개 수집하라.
개인 함대	마을에서 500개의 차를 수집하라.
처음이 가장 어려운 법	$1,000,000를 모아라(은행 수수료 제외).
개인 긴급구제	$1,000,000,000를 모아라(은행 수수료 제외).
트릴리온	$1,000,000,000,000를 모아라(은행 수수료 제외).
황금알	$10,000,000,000,000를 모아라(은행 수수료 제외).
1조보다 많은 건?	999조 달러를 모아라.
수집가	컬렉션 세트를 하나 이상 수집하라.
큐레이터	뉴욕 컬렉션 세트를 최소 9개 이상 수집하라.
슬럼가의 영주	레벨 30 다세대 주택을 보유하라.
나이프를 던지는 사람	10개의 버터플라이 나이프를 훔쳐라.
엉클 샘	50명의 연방 요원을 보유하라.
지주	뉴욕의 부동산 하나를 보유하라.
대지주	뉴욕의 모든 부동산을 레벨 25 이상으로 업그레이드하라.
부동산 거물	뉴욕의 모든 부동산을 레벨 100 이상으로 업그레이드하라.

당신이 수행할 테스트를 직접 작성하고 이를 수행할 수도 있고, 다른 사람이 당신이 수행할 테스트를 작성하는 경우도 있다. 이 책의 뒷부분에서 테스트를 디자인하는 일반적인 방법을 배울 수 있을 것이다. 하지만 항상 하나의 방법을 사용할 수 있는 건 아니라는 점도 명심해야 한다. 테스트에 형식이 정해져 있지 않다면 어떤 테스트를 수행해야 하는지 설명하고, 지금까지 수행해왔던 테스트가 어떤 것인지를 기록하기 위해 테스트 케이스와 체크리스트, 혹은 아웃라인 템플릿 중에서 적절한 것을 선택할 수도 있다.

버그 식별하기

게임을 테스트하는 데는 크게 두 가지의 목적이 있다. 첫 번째는 게임의 코드나 디자인에 내재되어 있는 결함을 찾아내는 것이다. 두 번째는 게임의 어떤 부분이 제대로 동작하고 있음을 증명하기 위한 것이다. 테스트를 통해 더 이상의 문제를 찾아낼 수 없다면 'Pass' 처리된다. 만약 문제가 발견된다면 'Fail' 처리된다.

테스트의 또 다른 결과로는 'Block'도 가능하다. 이는 발견된 문제로 인해 다른 부분의 테스트가 불가능하다는 것을 의미한다. PC 버전의 〈바이오쇼크 2$^{Bioshock\ 2}$〉 멀티플레이어 메뉴에서 친구 초대를 받아들이면 크래시가 발생한다. 이 이슈로 인해 초대 이후의 멀티플레이어 모드에 대한 추가적인 테스트가 블록 처리되는 것이다[STEAMCOMMUNITY 13].

또 다른 결과로는 'N/A$^{Not\ Available}$'가 있다. 이는 테스트해야 하는 대상이 현재 버전의 게임에는 포함되어 있지 않음을 의미한다. 게임에 포함돼야 하는 모든 기능이나 콘텐츠가 아직 통합되지 않았을 수도 있다. 이로 인해 레벨이나 아이템, 추가적인 기능이나 캐릭터들이 테스트 버전 배포 이후에 추가될 수 있다. 또한 플랫폼에 따라 당신이 테스트하고자 하는 버전에 특정 항목들이 포함되지 않는 경우도 있다. 예를 들어, 〈UFC 언디스퓨티드 2010$^{UFC\ Undisputed\ 2010}$〉에서 5개의 얼티밋 파이트 모드$^{Ultimate\ Fight\ Mode}$ 이벤트와 3명의 강력한 파이터들은 PS3 버전에서만 사용이 가능하다[UFC 10].

심판의 날이 다가왔다

같은 게임의 같은 부분을 테스트한다고 하더라도 모든 테스터가 같은 문제를 검출해낼 수 있는 것은 아니다. 마찬가지로, 모든 테스터가 동일한 방식으로 동일한 테스트를 수행하지도 않는다. 심리학의 측면에서 MBTI$^{Myers-Briggs\ Type\ Indicator}$ 같은 방법을 사용해 왜 이러한 현상이 발생하는지 설명할 수 있다. 이를 통해 각 카테고리에 속하는 사람들을 판단자^{Judger}나 지각자^{Perceiver}로 나눌 수 있다.

판단자의 정의

판단자는 아주 구조적이고 질서 정연하며, 예측이 가능한 상황을 좋아한다. 만약 판단자가 제대로 정리되지 않은 환경에서 일한다면, 이를 정리하려고 하거나 혹은 이런 정리되지 않은 환경이 그들의 생산성에 좋지 않은 영향을 미치고 있다고 끊임없이 불만을 제기할 것이다. 판단자는 잘 통제된 환경에서 훨씬 좋은 성과를 낸다. 판단자는 일이 먼 저이고 휴식은 그다음이다.

지각자의 정의

지각자는 좀 더 느긋하다. 이들은 경험하는 것을 좋아하며, 따라서 현재 벌어지고 있는 일보다 아직 벌어지지 않은 일을 더 기대하고 좋아한다. 지각자들은 어떤 것에 제약을 받는 환경을 좋아하지 않으며, 다이내믹하고 끊임없이 변하는 환경을 선호한다. 지각자 들은 혼란스러운 상황에서도 일을 할 수 있다. 사실 그들은 예측을 할 수 없고 창의적인 사고를 자극할 수 있는 혼돈스러운 상태를 더 좋아한다. 지각자들은 그들에게 유연한 근무 환경을 제공해줄 수 있는 고용주를 찾기 마련이다. 이들은 즐기는 것을 좋아하며, 그들의 직장이 즐겁고 인습에 얽매이지 않을 때 행복해한다[Suite.IO].

 스스로가 판단자나 지각자가 아닌 다른 무엇이라고 생각해본 적이 있는가? Personality Test Center[PERSON 01]에서 비공식적이기는 하지만 각자의 기질을 테스트해볼 수 있다.

하나의 유형이 다른 유형에 대비해 달라 보이는 특징은 테스트 방법을 통해서도 잘 나타나 며, 발견할 수 있는 결함의 성격도 달라진다. 예를 들어 판단자는 단계별로 수행되는 테스 트와 수행해야 할 양이 많은 테스트, 게임 내의 텍스트나 사용자 매뉴얼, 그리고 역사적인 사실과 일치하지 않는 항목들을 발견해내는 데 강점이 있다. 이에 비해 지각자는 게임을 가지고 이것저것 해보기를 즐기며 테스트하기 쉽지 않은 일반적이지 않은 상황들을 재현 하거나 플레이 가능성playability의 문제를 보고하고 게임의 전반적인 내용에 대한 코멘트를 하는 데 강점이 있다. 판단자는 '게임이 정확하게 동작하는지' 검증하는 곳에, 지각자는 '게 임이 재미있는지' 검증하는 곳에 배치하는 것이 좋다.

이와 반대로 판단자와 지각자가 익숙하게 수행하지 못하는 부분도 있기 마련이다. 판단자 는 사전에 작성되지 않은 테스트에서 문제를 발견하기 힘들 것이다. 지각자는 일련의 반복 적인 테스트를 통해서만 발견이 가능한 문제를 수월하게 발견하지는 못할 것이다. 또한 사 전에 테스트를 미리 작성하지 않음으로써 좀 더 자유롭게 테스트를 수행할 수 있는 반면,

어떻게 버그를 발견해냈는지를 자세하게 설명하지 못하는 경향도 있다.

어떤 사람이 100% 명확하게 어떤 범주에 속한다고 말하기는 힘들다. 하지만 어느 정도는 한 유형에 가깝다고 말할 수 있다. 그렇다고 이를 벗어나기 힘든 한계로 만들어서는 안 된다. 당신이 품질을 향상할 수 있는 분야를 더욱 잘 알기 위해 지식을 쌓아나가야 한다. 이를 통해 당신이 맡은 테스트에서 좀 더 많은 버그를 발견해낼 수 있을 것이다. 시기적절한 상황에서 양쪽의 성향을 모두 활용할 수 있어야 한다. 만약 어떤 사람이 발견한 버그를 보고 '와! 난 한 번도 이렇게 해본 적이 없는데!'라고 생각한다면 그 사람에게 가서 어떻게 그런 생각을 할 수 있었는지를 물어봐야 한다. 이런 과정을 자주 거쳐야 스스로 다음과 같은 질문을 거쳐 비슷한 유형의 버그를 발견해낼 수 있을 것이다. "저 사람은 이것을 어떻게 테스트할까?" 또한 당신이 어떻게 버그를 발견해냈는지도 공유해야 한다. 『Computer Related Risks』[Neumann 94]와 『Fatal Defect』[Peterson 96]를 읽어본다면 좀 더 많은 인사이트를 얻을 수 있을 것이다. 이 책들은 게임 외의 분야에서 발생한 풍부한 사례와 분석을 제공하고 있다.

표 2.2는 개인의 성향에 따라 발견할 수 있는 버그의 유형과 이를 발견하기 위한 최적의 테스트는 어떤 것들이 있는지를 보여준다.

▼ 표 2.2 테스터 성향 비교

판단자	지각자
…을 위해 테스트를 수행함	… 하기 위한 방법을 찾음
전통적인 게임 플레이	비전통적인 게임 플레이
반복적 테스트	다양한 테스트
사용자 매뉴얼, 스크립트 테스트	게임 플레이, 사용성 테스트
사실에 기반한 정확성 검증	게임을 통한 경험이 현실적인지 검증
단계별 혹은 체크리스트 기반 테스트	정해진 결말이 없거나 아웃라인 기반의 테스트
결함을 발견하기 위해 과도하게 테스트의 디테일에 의존하는 경향이 있음	원래 테스트의 목적에서 벗어나는 경향이 있음
게임의 콘텐츠를 염려함	게임과 관련된 환경을 염려함

문제 진술하기

일반적으로 'amplify'라는 단어는 어떤 것을 더 크게 혹은 더 널리 증폭시키는 것을 의미한다. 하지만 결함의 경우에는 '증폭시키다'라는 의미보다는 '좀 더 자세하게 진술하다'라고 해석하는 편이 더 어울릴 것 같다. 이 경우 당신이 발견한 결함을 진술한다는 건, 당신이 발견한 버그를 개발자가 제일 먼저 수정할 수 있게 만들어 문제 해결에 소비되는 시간과 비용을 줄이는 것을 의미한다.

만약 기본적인 기능 수행만으로도 발생이 가능한 크래시를 발견했다면, 이를 수정하도록 만드는 데 큰 어려움이 없을 것이다. 하지만 크래시를 유발하는 방법이 모호하거나, 프로젝트가 거의 끝나갈 무렵에 심각한 크래시를 발견할 수도 있다. 크래시를 발생시키는 원인을 바로 찾아내어 수정하기 힘들다면 당신이 발견한 크래시는 다른 결함들보다 우선순위가 떨어지게 된다. 이 두 경우 모두 당신이 발견한 결함의 '수정 가능성^{fixability}'을 극대화할 수 있는 방법이 존재한다.

얼리 버드

테스트할 아이템들이 활용 가능해지는 시점에서 최대한 빨리 테스트를 수행함으로써 결함을 조기에 발견할 수 있다. 만약 필요한 정보를 어떻게 얻어야 하는지 모른다면 우선 각각의 빌드에 구현된 내용이 어떤 것인지를 개발자나 빌드 엔지니어에게 요청해야 한다.

- 새로운 레벨, 캐릭터, 아이템, 컷신과 기타 새롭게 구현된 항목들
- 새로운 애니메이션, 라이트닝, 물리 효과, 파티클 이펙트
- 기능이 추가되거나 결함이 수정된 코드
- 새로운 서브시스템, 미들웨어, 엔진, 드라이버
- 새로운 대화, 텍스트, 번역
- 새로운 음악과 사운드 이펙트, 보이스 오버, 오디오 액세서리

모든 곳을 살펴보라

게임의 특정 부분에서 버그를 발견했다면 꼭 그곳에서만 발견되는 버그가 아닐 수도 있다는 점을 명심해야 한다. 만약 그 부분을 둘러보는 것을 그만두고 버그를 성급하게 등록하고 다른 테스트로 넘어가 버린다면, 동일한 버그를 발생시킬 수 있는 다른 장소나 시나리오를 간과해버리는 것일 수도 있다. 모든 버그가 게임이 출시되기 전에 수정된다면 가장 이상적일 것이다. 하지만 현실에서는 거의 불가능한 일에 가깝다. 눈에 잘 띄지 않는 부분에 버그가 숨어 있다가 출시 이후 라이브 단계에서 발견되는 경우를 어렵지 않게 발견할 수 있다.

다음과 같은 방법을 통해 좀 더 다양한 곳에서 동일한 버그를 검출해낼 수 있다.

- 비슷한 오류가 발생할 수 있는 게임 내의 모든 영역 조사하기
- 동일한 결함 클래스와 함수 혹은 서브루틴을 호출하는 코드의 모든 영역 조사하기
- 결함이 검출된 아이템이나 항목을 사용하는 모든 게임 기능 조사하기
- 결함이 발견된 항목과 동일한 속성을 공유하는 모든 아이템, 레벨, 캐릭터를 조사하기(예를 들어 캐릭터 종류, 무기 유형, 지형에 눈이 등장하는 모든 레벨 등)

그런 다음, 아래와 같은 2단계를 거쳐서 버그의 재현율을 증가시킨다.

1. 결함을 노출시키는 데 불필요한 모든 단계를 제거한다.
2. 버그 재현에 핵심적인 단계를 포함하는 좀 더 재현율이 높고 일반적인 시나리오를 조사한다.

팀에 보고하기

문제를 발견하고 이로 인해 게임에 미치는 영향을 가능한 모든 방법을 동원해 설명할 수 있다면 이런 정보를 저장하고 개발자에게 이를 알려줄 필요가 있다. 일반적으로 프로젝트를 진행하는 팀에서는 이를 위해 결함 추적 시스템^{BTS, Bug Tracking System}을 사용한다. 도구의 설치와 관리를 직접 신경 쓸 필요는 없다고 하더라도, 발견한 결함을 어떻게 등록하고

이를 폐쇄할 수 있는지를 숙지할 필요가 있다. 이번 절이 각 도구의 완벽한 튜토리얼은 아니지만 최소한의 안내와 함께 다음 주제를 다루고자 한다.

- 결함 추적 시스템의 활용
- 훌륭한 결함 보고서를 작성하는 데 필요한 정보들
- 일반적인 실수와 누락 방지하기
- 보고한 결함에 집중하고 이를 수정할 수 있게 하는 방법

그림 2.3은 결함 추적 도구인 맨티스허브^{MantisHub}의 새 결함 등록 창을 보여준다. 이 창의 가장 중요한 부분은 화면 오른쪽의 사이드바에 위치한 기능들이다. 별표(*)로 표시된 영역들은 반드시 채워야 하는 필수 영역들이다. 결함을 등록하기 전에 이 영역들은 반드시 필요한 정보들로 채워져야 한다.

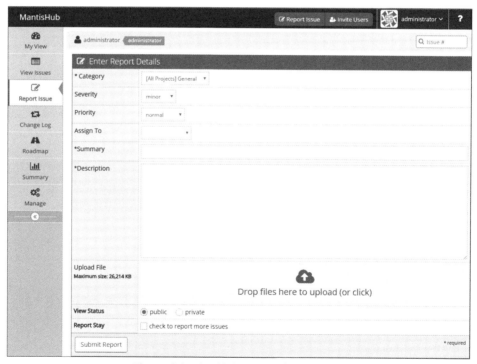

▲ 그림 2.3 맨티스허브의 '이슈 보고하기(Report Issue)' 양식

일반적인 기능과 이슈 보기^{View Issues} 필터를 제공하는 것은 마이크로소프트 아웃룩과 비슷

하다. 더 많은 관심을 기울여야 하는 이슈는 어떤 것들인지, 그리고 이들을 어떻게 검색해

야 하는지, 필요하다면 이들을 변경하는 방법들을 쉽게 이해하고 적용할 수 있을 것이다.

데이터 입력 화면이야말로 테스터에게 가장 중요한 부분이다. 앞으로 작업이 수행돼야 하

는 핵심 영역을 지금부터 살펴볼 것이다. 맨티스허브의 다른 기능을 좀 더 알고 싶다면,

https://www.mantisbt.org/demo.php[MANTIS 16]의 데모를 살펴보길 권한다.

설명하기

문제의 등록은 제목을 짓는 것부터 시작한다. 일반적이거나 광범위한 의미의 제목들, 예를

들어 '게임을 재시작해야 함'이나 '멀티플레이어 로비에 문제 있음'과 같은 제목은 문제를

수정해야 하는 개발자들의 주의를 끌 만큼 충분한 정보를 제공하는 문장이 아니다. 신문

1면의 머리기사 제목이 '어떤 범죄가 발생했음'이라든가 '팀이 이겼다'라는 단순한 구문이

라면 어떨까? 당최 무슨 소리인지 알아듣기 힘들 것이다. 제목에서는 문제의 핵심에 접근

할 수 있는 구체적인 단서를 한두 개 제공해줘야 한다.

신문의 스포츠 면을 들여다보자. 특별한 상황 없이 한 팀이 다른 팀을 이겼다면 '양키스가

레드삭스를 꺾었다'라는 정도의 제목을 볼 수 있을 것이다. 하지만 뭔가 주목할 만한 일이

발생했다면 그 부분을 좀 더 상세하게 설명할 것이다. 예를 들어, '말린스가 양키스의 연승

을 저지했다'라는 식의 제목이 나올 것이다. 당신이 발견한 버그를 읽는 사람의 주의를 끌

수 있는 이벤트로 만들어야 하는 것이다.

그림 2.4는 아이폰과 아이패드에서 구동되는 두들 볼링^{Doodle Bowling}의 무료 버전을 플레

이하는 도중 발견된 문제의 제목과 내용을 보여준다. 여기서 제목은 무엇이 어디에서 일어

났는지를 언급하고 있다. 제목에서는 항상 '무엇이' 일어났는지에 대해서는 필수적으로 설

명이 되어야 하고, 여기에 더해 '누가', '어디서', '언제', '어떻게'의 항목이 한두 개 정도 추가

될 필요가 있다.

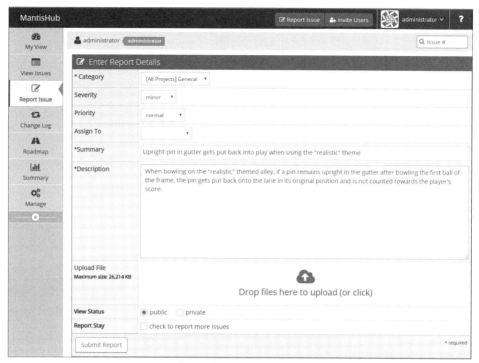

▲ **그림 2.4** 결함의 제목과 그에 대한 설명

설명^{Description} 부분에는 이 모든 항목이 포함돼야 한다. 누가(컴퓨터 인공지능이나 NPC에 대비되는 개념의 게임 플레이어가), 무엇을(홈에 빠진 핀이 다시 설치된다), 어디서('리얼리스틱' 테마의 볼링장에서), 언제(남은 핀을 처리하는 두 번째 프레임에서), 어떻게(핀이 바로 선 상태로 바뀐다)의 정보가 명시돼야 하는 것이다. 그리고 이런 상황을 회피하거나 개선할 수 있는 방법이 있는지에 대해서도 기록을 남겨야 한다. 이런 문제가 발생했을 때 이를 극복하고 문제로 인해 발생한 효과를 최소화할 수 있는 방법도 기록한다. 여기에는 두 가지 목적이 있다. 첫 번째 목적은 프로젝트 리드로 하여금 이 문제를 수정하는 일이 얼마나 중요한지를 가늠하게 하는 것이다. 두 번째 목적은 개발자에게 문제가 어떻게 발생했으며 어떻게 이를 수정할 수 있는지 단서를 제공하기 위한 것이다. 버그가 정말 제대로 수정됐는지 확인하기 위해 어느 범위까지 확인해야 하는지 알 수 있게 된다.

당신이 발견한 결함을 자세하게 설명할 수 있는 또 다른 방법은 어떻게 이를 찾아냈는지 단계별로 명시하는 것이다. 그렇다고 '컴퓨터에 전원을 넣었다'부터 시작할 필요는 없다.

하지만 문제를 재현하기 위해 필요하다고 생각되는 모든 단계가 포함돼야 한다. '홈에 빠진 핀' 문제에 대한 적합한 설명은 다음과 같을 것이다.

'리얼리스틱' 두들 볼링 테마를 선택한다.
홈에 핀이 떨어져 똑바로 서는 상태가 될 때까지 플레이를 지속한다.
핀이 다시 세팅됐을 때, 홈에 떨어진 핀이 다시 원래 위치로 돌아오는지 확인한다.

동일한 문제가 재현되지 않을 것이라고 예상되는 항목에 대한 정보도 추가될 필요가 있다. 예를 들어, 두·번째 공을 던진 다음에도 홈에 떨어진 핀이 똑바로 서 있을 것인가?

심각도 정하기

결함을 살펴보고 이를 처리하려면 적절한 결함 심각도^{Severity}가 선정돼야 하며, 이는 결함을 보고하고 수정하는 과정에서 핵심적인 역할을 수행한다. 버그의 심각도를 선택하는 항목이 필수적인 것이 아닐지라도, 신중하게 결정해 심각도를 선정하는 것이 좋다. 이를 통해 팀은 해당 버그가 얼마나 급하게 수정돼야 하는지, 그리고 누가 이 이슈를 가장 잘 처리할 수 있을지 결정할 수 있게 된다. 사소함, 보통, 중요함 등의 심각도가 플랫폼이나 디바이스에 따라 어떻게 결정되는지 살펴볼 것이다. 그림 2.5는 심각도를 '중요함'으로 설정하는 것을 보여준다.

테스터라고 해서 계획된 대로 동작하지 않는 결함들만 찾아내서는 안 된다. 개선이 필요하거나, 혹은 게임을 더 좋게 만들기 위해 추가로 필요한 것들도 발견할 수 있다. 이런 종류의 이슈들은 각각 '사소함'이나 '새 기능 요구'로 분류될 수 있다.

이와 유사하게, 다음과 같은 항목들을 '새 기능 요구' 항목으로 분류할 수 있다.

- 후속작에 대한 아이디어
- 향후에 이런 플랫폼으로 이식했으면 좋겠다는 의견
- 새로운 유형의 컨트롤러를 사용했으면 좋겠다는 제안
- 게임을 설치하고 난 다음 다운로드 형태로 제공했으면 하는 기능이나 아이템

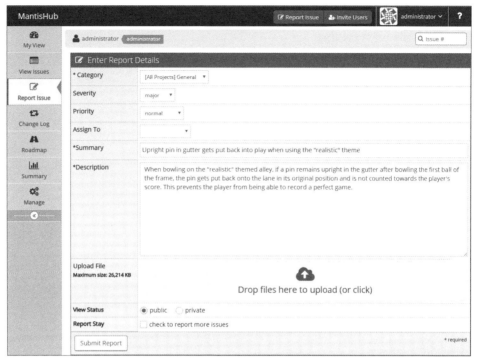

▲ 그림 2.5 심각도 선택하기

테스터로서 해야 하는 또 다른 일은 바로 문서를 점검하는 것이다. 실제로 게임 안에 구현된 항목들이 문서와 일치하는지, 또 어떤 것들이 문서와 대비해 구현되지 않는지를 살펴볼 필요도 있다. 또 때로는 매뉴얼에 누락된 페이지가 있거나 게임 내의 대화가 잘못 표시되고 있는지 등을 살펴봐야 한다. 이러한 문제들은 '오타text'로 분류될 수 있다.

우선순위 정하기

프로젝트에서 어느 부분이 중요한지에 따라 결함의 우선순위(혹은 심각도)를 부여한다. 그림 2.6은 결함에 우선순위를 부여하기 위한 풀다운 메뉴를 보여준다.

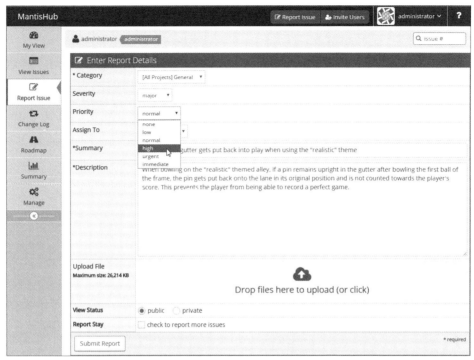

▲ 그림 2.6 결함 우선순위 정하기

프로젝트에 따라 우선순위의 명칭과 그 의미는 달라질 수 있지만 기본 개념은 어디서나 동일하다. 사전에 정의된 선택지에 의해 중요도를 판단하고 그에 따라 순위를 부여해야 한다. 예를 들어 '긴급Urgent'은 게임이 멈추거나 중단된 상황을 의미하며, 이를 복구하거나 회피해서 진행할 방법이 없는 상황을 의미한다. 이런 긴급 버그들은 사이드 이펙트를 유발할 가능성도 높다. 새롭게 획득한 승리 기록이나 아이템을 비롯해 지금까지 진행된 모든 플레이어의 기록이 유실될 가능성도 있다. 만약 멀티플레이어 게임에서 당신의 캐릭터가 갑자기 동작을 멈춰버린다면 플레이어가 죽음에 이를 수 있다. 당신과 싸우고 있던 호드horde1가 당신의 캐릭터 체력이 0에 이를 때까지 맘 놓고 당신을 때릴 수 있는 것이다.

'높음High' 순위에 속하는 버그는 플레이어에게 심각한 결과를 초래하는 문제를 일으킨다. 예를 들어, 퀘스트를 성공적으로 수행했으나 그 보상으로 제공되는 아이템을 획득하지 못

---

1   '호드'는 〈월드 오브 워크래프트(World of Warcraft)〉의 세계관에 등장하는 종족으로, '얼라이언스(Alliance)'와 반대되는 진영에 속해 있다. - 옮긴이

하는 문제가 이 범주에 속한다. 또한 명확하지 않은 재현 환경을 가진 '긴급' 순위에 해당하는 증상들도 이 순위에 해당한다. 대부분의 테스터들은 자신이 발견한 버그를 처음 등록할 때 순위를 낮추지 않는 경향이 있다. 특히 멀티플레이어 게임에서는 더더욱 그런 경향이 두드러진다. 악의적인 플레이어들이 이런 유형의 버그를 활용해 이득을 취할 수 있으며, 명확하지 않았던 재현 과정이 출시 이후에 밝혀지고 사용자들 사이에 확산된다면 예측하기 힘든 피해를 입을 수도 있다. 이런 종류의 대표적인 결함으로 PC 기반 온라인 게임인 〈애쉬론즈 콜Asheron's Call〉에서 플레이어들이 그들의 캐릭터를 죽이고 고의적으로 게임 서버에 크래시를 유발한 사례가 있다. 이후 서버가 복구되면서 캐릭터의 시체에서 희귀한 아이템을 복사할 수 있었던 것이다. 2001년 1월에 발생한 이 결함에 대해 개발자가 작성한 핫픽스 노트를 참조해보라.

핫픽스 노트

2001년 1월 23일

오늘의 핫픽스에 대해 상세하게 설명할 필요가 있을 것 같습니다. 그리고 이로 인해 플레이어 여러분들이 어떤 영향을 받게 되는지도 설명하고 싶습니다.

월요일 늦은 저녁, 플레이어가 그들의 캐릭터를 생성한 서버에 고의적으로 크래시를 발생시키는 버그가 발견됐습니다. 사람들이 이 버그를 악용해 데이터베이스에 마지막으로 캐릭터를 저장한 순간으로 돌아가 아이템을 복사할 수 있다는 사실도 밝혀졌습니다. 고의적으로 서버에 크래시를 발생시킴으로써 해당 서버에서 플레이하던 다른 모든 플레이어 역시 크래시가 발생해 진행하던 모든 기록을 유실하고 마지막으로 저장한 순간으로 돌아갈 수밖에 없었습니다. 우리는 이 버그를 발견하고 추가적인 크래시와 아이템 복사가 발생하는 것을 막기 위해 서버를 내릴 수밖에 없었습니다.

이 버그를 악용해 서버에 크래시를 유발한 모든 플레이어를 조사해서 찾아낼 수 있었다는 것은 듣던 중 반가운 소식이라고 할 수 있을 겁니다. 과거에도 언급했던 것처럼 〈애쉬론즈 콜〉이 상업적으로 유포된 다음 개발사가 수정할 수 없는 버그나 수정한 부분을 배포하기 전에 이를 악용하는 사용자들에 대한 우리의 정책은 한결같습니다. 우리의 실수로 일어난 일에 대해 이를 악용한 이들에게 책임을 묻는 대신 가능한 한 빨리 이 문제를 해결하기 위해 최선을 다하는 것입니다. 이 버그로 인해 게임의 성능과 안정성이 심각하게 영향을 받았을 것이라 예상하고 있습니다.

이 버그를 반복적으로 사용해 서버를 다운시킨 플레이어는 게임에서 제명될 것입니다. 이런 형태의 행동을 취하고 싶지는 않지만, 이러한 방법으로 다른 플레이어의 게임 플레이를 방해하는 행위는 용납할 수 없다는 점을 모든 플레이어에게 알려주는 것이 중요하다고 판단했습니다.

이번에 발생한 버그에 대해 깊은 유감을 표합니다. 또한 이로 인해 플레이어들에게 미친 심각한 결과들에 대해 진심으로 사과드립니다.

〈애쉬론즈 콜〉 팀[ASHERON 01]

'보통' 수준의 결함들은 눈에 띄는 수준의 문제를 발생시키지만 플레이어의 보상이나 진행 정도에는 영향을 미치지 않는다. 버그를 살펴보고 바로 수정이 가능한지, 다음 패치가 되어서야 이를 수정할 수 있을지, 혹은 현재 있는 그대로의 버그를 게임 내에 유지할 수밖에 없는지의 차이로 '높음' 수준과 '보통' 수준의 버그가 결정되기도 한다. 프로젝트 리드가 직접 순위를 부여하지 않는 한 어느 정도의 수준이 적합할지 명확하게 판단하기 어려울 때는 일단 '높음' 수준의 우선순위를 부여해서 다른 사람들이 해당 버그의 수준을 판단해 점차 버그 수준이 낮아질 수 있게 해보라. 하지만 이 전략을 남발해서는 안 된다. 매번 그렇다면 당신이 찾아내는 모든 버그의 수준이 심각하지 않다고 받아들여질 것이다.

'낮음' 수준의 버그는 일반적으로 아주 사소한 결함을 의미하며, 대부분이 게임 플레이에 영향을 미치지 않는다. 불가능한 조건에서나 혹은 개인의 취향에 따른 이슈도 '낮음' 수준의 문제로 구분된다. FIFA 15 얼티밋 팀에서는 새로운 시즌의 토너먼트에서 승리하면 트로피와 보상을 지급한다. 승리한 플레이어는 다음과 같은 창을 통해 어떤 트로피와 보상을 받게 되는지 알 수 있다. 일반적으로는 그림 2.7에서 보이는 것과 같이 3000 코인과 1개의 프리미엄 골드 점보 팩이 보상으로 지급된다. 하지만 때때로 그림 2.8과 같이 이 보상 정보가 깨져서 보이는 경우가 발생한다.

▲ 그림 2.7 정확하게 표시된 토너먼트 승리 보상 정보

▲ 그림 2.8 잘못 표시된 토너먼트 보상 정보

많은 게임 회사에서 '심각도'라는 개념을 '우선순위'와 함께 사용하고 있다. 이 경우 심각도는 버그가 플레이어에게 어떤 잠재적인 영향을 미칠 것인가를 판단하는 기준으로 사용되며, 우선순위는 개발 팀에서 어떤 결함을 가장 빨리 수정해야 하느냐를 판단하는 기준으로 사용된다. 때에 따라서는 심각도는 낮지만 아주 눈에 띄는 결함이 있을 수도 있다. 메인 메뉴의 게임 타이틀에 오타가 있거나 하는 경우가 여기에 속한다. 또한 아주 심각한 결함이지만 우선순위는 낮은 문제도 있다. 플레이어가 게임을 즐기는 도중 나타날 가능성이 전혀 없는 문제, 즉 콘솔 게임기의 연도 표시가 서기 3000년이 되어야 나타나는 크래시 같은 문제들이 여기에 속한다고 할 수 있다. 결함이 발생했을 때 플레이어가 이를 극복할 수 있는 방법이 있는지, 그리고 결함을 수정하기가 쉬운지 어려운지, 그에 따른 리스크는 없는지 등이 우선순위를 결정하는 데 영향을 미칠 수 있다. 이러한 요소들은 심각도를 결정하는 데는 영향을 미치지 않는다. 이런 관계에 따라, 심각도는 일반적으로 결함을 발견해 등록하는 사람이 결정하고, 우선순위는 대부분 CCB나 프로젝트 매니저가 결정한다.

항상 도움을 주라

마지막으로 해야 할 일은 문제를 수정하거나 문제에 대해 알아보려고 하는 사람들에게 도움을 줄 수 있도록 다른 모든 항목을 채우고 문제 수정에 필요한 추가적인 정보를 제공하는 것이다. 예를 들어, 두들 볼링에 나온 문제가 버전 1.6에서 처음 등장했다는 것과 같은 정보들이 가능하다면 추가로 제공돼야 한다.

문제를 자세하게 설명하는 것에 더해, 일반적인 결함 추적 시스템에서는 파일 첨부 기능을 통해 문제 수정에 도움이 되는 파일을 제공할 수 있게 해준다. 다음 내용이 포함된 파일을 첨부하거나 링크를 제공해야 한다.

- 서버 로그
- 스크린샷
- 인터넷 매체나 카페의 글
- 사운드 파일
- 캐릭터 세이브 파일
- 문제가 발생하기 이전의 이벤트나 버그가 발생했을 때의 상황을 포함한 디지털 레코딩 파일(오디오 포함)
- 디버거의 코드 트레이스
- 게임 플랫폼, 미들웨어나 하드웨어에 기록된 로그 파일
- 운영체제에서 띄우는 팝업이나 에러 코드
- 안드로이드의 이클립스, 애플의 XCode IDE나 마이크로소프트의 윈도우 모바일 SDK 같은 모바일 개발 환경에서 시뮬레이터가 캡처한 데이터

그림 2.9와 그림 2.10은 두들 볼링 버그 리포트에 첨부된 2개의 스크린샷을 보여준다. 버그가 발생하기 전과 후의 상황을 보여주고 있으며(홈에 빠진 핀이 다시 정상 위치로 올라와 있다), 플레이어의 점수에 미치는 영향도 스크린의 하단에서 보여주고 있다.

▲ 그림 2.9 첫 번째 공을 던진 다음 좌상단의 홈에 핀이 서 있다(마크 안드레올리(Marc Andreoli), 게임리조트(GameResort) LLC의 승인을 얻음).

▲ 그림 2.10 두 번째 프레임에서 핀이 다시 정상적으로 레인에 올라와 있다(마크 안드레올리, 게임리조트 LLC의 승인을 얻음).

모든 결함 추적 시스템이 맨티스와 동일한 구조나 사용자 인터페이스를 제공하지는 않는다. 팀에서 사용하는 결함 추적 시스템의 기본적인 사용법을 제대로 배우기 위해 노력해야하며, 이미 동일한 도구를 사용해본 경험이 있는 다른 테스터나 테스트 리드에게 결함 보고에 어떤 것들이 필요한지 물어봐야 한다. 만일 사용하는 결함 추적 시스템이 버그 등록 시 자동으로 메일을 보내는 기능이 없다면, 수동으로 일일이 메일을 보낼 필요도 있을 것이다. 별도의 결함 추적 시스템을 사용하지 않는다면 공유된 스프레드시트 형식을 결함 보고에 사용하는 경우도 있다.

 좀 더 다양한 결함 추적 도구와 이들이 제공하는 옵션에 관심이 있다면 ApTest의 '버그와 결함 추적 도구(Bug and Defect Tracking Tools)'(http://www.aptest.com/bugtrack.html)[APTEST 10]를 참조하라.

Pass 혹은 Fail?

테스터의 입장에서는 결과적으로 'Fail'로 기록되는 테스트가 좋은 것일지도 모르겠다. 하지만 프로젝트에 참여하고 있는 사람들에게 어떤 항목들이 Pass 처리됐는지를 알려주는 것도 그만큼이나 중요하다. 당연히 테스트 결과에는 어떤 것이 Pass 했고 어떤 것이 Fail 처리됐는지가 명백하게 기술돼야 한다. 'Block'이나 'N/A' Not Available' 같은 값도 포함될 수 있다. 'Block'은 현존하는 결함이나 문제로 인해 1개 혹은 여러 개의 다른 테스트를 수행할 수 없는 경우에 사용한다. 'N/A'는 테스트를 통해 검증돼야 하는 기능이나 게임의 일부가 테스트하는 버전의 게임에서 사용할 수 없을 때를 가리킨다. 예를 들어 게임 내 버그로 인해 멀티플레이어 서버에 접속할 수 없다면, 멀티플레이어 시나리오에 대한 테스트는 'Block' 처리된다. 아직 게임에 추가되지 않은 레벨로 인해 테스트를 수행할 수 없는 경우에는 'N/A'로 처리될 수 있다.

일반적으로 이러한 정보는 테스트 리드에게 전달돼야 하며, 버그가 발견될 때마다 빠르게 전달되는 것이 중요하다. 직접 종이에 기록하거나, PC나 온라인상의 스프레드시트 혹은 다른 포맷을 활용하는 것이 좋다. 이러한 정보들을 통해 매일 누가 어떤 테스트를 수행해야 하는지 알 수 있을 뿐만 아니라, 다음 빌드를 위해 어떤 부분들이 테스트돼야 하는지도 알 수 있다.

 테스트를 수행하는 도중에도 어떤 버전이 테스트되는지, 어떤 디바이스와 시스템이 테스트에 사용되는지 등을 항상 체크해야 한다. 이전에 수행했던 테스트를 다시 수행하거나, 지금까지의 게임을 다시 수행하지 않고 새로운 게임을 시도해보기 위해 다양한 '세이브' 파일을 활용하는 것도 좋다. 당신이 발견한 버그의 목록을 별도로 관리해야 한다. 프로젝트가 진행되는 내내 각 결함 상태가 업데이트되고 추적돼야 한다. 버그가 수정되지 않았음에도 불구하고 시스템상에서 사라지거나 이동하는 바람에 책임지는 사람이 없어지는 경우가 허다하다. 각 게임 버전에 맞는 세이브 파일을 어떻게 기록하고 관리할지를 고민해야 한다. 그렇지 않다면 새로운 버전에서 오래된 세이브 파일을 구동함으로써 잘못된 결과를 얻을 수도 있다.

다른 사람들에게 증명하기

등록하는 결함이 많아지면 그중 어떤 것이 바로 수정될지 알 수 없게 된다. 당신이 찾아낸 소중한 결함들의 운명은 자비 없는 CCB^{Change Control Board}의 손에 의해 좌우되기 십상이다. 회사마다 이 조직의 명칭은 다를 수 있지만 프로젝트 데드라인에 맞추어 최상의 게임을 출시하기 위해 어떤 결함이 우선적으로 수정돼야 하는지, 수정과 개선 작업은 잘 진행되고 있는지를 관리하는 조직이 있기 마련이다. 이 조직을 통해 프로젝트 초반에 발견된 버그들이 후반에 발견된 버그에 비해 수정이 쉽다는 사실을 알 수 있을 것이다. 많은 개발자가 버그를 수정하다가 게임의 다른 부분을 망칠 수도 있고, 결함 수정에 너무 많은 시간을 빼앗겨 적당한 출시 시기를 놓칠 수 있다는 두려움으로 인해 프로젝트의 말미에 결함을 수정하는 작업의 어려움을 호소한다. 반면 이것은 바로 당신이 중요한 결함을 빨리 찾아내야 하는 이유가 된다.

CCB는 일반적으로 개발 팀, 테스트 팀, 그리고 프로젝트 관리 팀의 대표자로 구성된다. 소규모 게임 팀에서는 버그를 살펴보기 위해 팀 전원이 이 회의에 참석할 수도 있다. 좀 더 큰 규모의 개발사라면 프로젝트 매니저와 형상 관리자^{configuration manager}(빌드를 생성하고, 게임 코드 파일에 레이블을 부여하며, 이를 프로젝트 폴더나 다른 형태의 코드 저장소에 저장하는 업무를 수행하는 사람)를 포함한 다양한 팀의 리드들이 포함될 것이다. 여기서 당신이 발견한 결함은 CCB의 관심을 받기 위해 다른 사람들이 발견한 결함과 경쟁하게 된다. 결함의 종류와 우선순위가 관심을 받는 데 중요한 역할을 한다. 또한 버그를 재현하는 과정과 해당 버그를 수정하는 것이 중요한 이유를 상세하게 설명한다면 좀 더 높은 관심과 주의를 받을 수 있을 것이다.

최종적으로 수정돼야 하는 결함을 선택하기 위한 다양한 전략이 수행되며, 이를 통해 하나의 결함이라도 각기 다른 결과를 갖게 된다. 만약 CCB의 책임자와 같이 오직 한 사람이 우선순위를 부여하는 경우에는 다양한 시각을 가진 다른 사람들, 즉 프로듀서, 디자이너, 개발자, 테스터와 같은 사람들이 각각의 점수를 부여하고 그 평균을 내는 것보다 낮은 우선순위(최종적으로 '덜 심각하다'라고 판단하게 됨)를 갖게 된다.

당신이 참여하는 프로젝트가 특정한 목적을 갖고 있거나 출시에 필요한 명백한 기준이 정해져 있다면 이런 기준을 충족하기 위해 등록되는 버그들의 우선순위나 심각도를 낮춰달라는 압력을 받을 수 있다. 이런 경우 왜 이 결함이 보통이 아닌 심각 수준의 심각도를 가져야 하는지 충분하게 설명함으로써 이런 압박을 극복해내야 한다.

결함의 '소유권ownership'을 누가 갖고 있느냐는 해결하기 어려운 또 다른 문제 중의 하나다. 당신은 버그를 발견하고 보고하는 사람이다. 프로젝트의 다른 사람들은 이 버그를 적합한 절차에 따라 수정할 책임이 있다. 당신이 발견한 결함이 비록 먼저 수정되지 않았거나, 당신만큼 다른 사람들이 그 버그에 흥미를 보이지 않더라도 이를 개인적인 감정으로 받아들일 필요가 전혀 없다.

수정을 검증하라

테스터로서 당신의 임무가 버그를 발견하고 보고하는 데서 끝나는 것은 아니다. 개발자가 버그를 재현하고, 수정을 시도해보고, 버그를 수정한 다음 제대로 수정됐는지를 확인하는 리테스트re-test 까지 수행하거나 이를 도와줄 필요가 있다. 때로는 개발자가 만든 특별한 빌드에서 테스트를 수행하고 이후 메인 버전에 개발자의 수정이 제대로 반영됐는지를 확인하기 위해 해당 테스트를 다시 수행해야 하는 경우도 있을 것이다.

좀 더 다양한 버그를 발견하고 더 많은 테스트를 수행하기 위해 판단자 혹은 인지자로서 당신이 가진 지식과 역량을 발휘할 필요가 있다. 여기에는 게임을 파악하고 충분히 살펴봄으로써 게임에 대한 인사이트를 갖게 되는 것도 포함된다. 또한 동시에 당신이 지닌 독특한 성향을 가장 잘 활용할 수 있는 업무와 위치를 맡아야 한다.

버그를 발견하면 이를 식별하고 다른 부분에서도 동일한 버그가 발견되는지, 얼마나 자주 발생하는지 확인할 필요가 있다. 이 과정이 끝나야 버그를 결함 추적 시스템에 등록할 준비가 완료되는 것이다. 주의를 끌 만한 제목을 달고 자세한 설명을 제공해야 한다. 문제의 증거가 될 수 있고 재현하는 데 도움을 주며, 결함을 좀 더 쉽게 처리할 수 있도록 다양한 파일들을 첨부해야 한다. 버그 리포트의 내용이 부실하다면 CCB에서 문제에 적절한 우선순위를 부여하고, 개발자들이 문제를 재현하고, 그 근본 원인을 찾아 이를 수정하는 과정에 많은 시간이 소모된다. 그뿐 아니라 이로 인해 당신 역시 이를 다시 재현하고 조사하는 데 많은 시간을 빼앗겨 다른 문제를 찾아볼 시간이 줄어들 것이다.

테스트를 수행하는 동안은 마치 녹음을 하듯이, 결함이 발견됐을 때의 모든 정황을 버그 리포트에 포함해야 한다. 스크린샷이나 로그 파일이 많은 도움을 줄 것이다.

모든 프로젝트의 모든 과정에서 버그를 발견해 등록하고, 테스트 결과를 보고하고, 개발자 와 함께 다시 버그를 조사하고, 수정이 반영된 빌드에서 테스트를 한두 번 더 실행해봄으 로써 좀 더 나은 수정 빌드를 만들게 될 것이다.

연습문제

1. 원칙 2는 무엇인가?

2. 다음 항목을 판단자와 인지자의 행동으로 구별해보라.

    a. 사용자 매뉴얼에서 오타 찾아내기

    b. 단지 어떤 일이 벌어지는지 알기 위해 캐릭터의 모든 스킬 세트를 0으로 맞춘 캐릭 터 만들기

    c. AK-47이 정확한 비율로 발사되지 않는다고 보고하기

    d. 맵의 바깥쪽에서 스케이터를 얻는 방법 알아내기

3. 다음 중에서 버그 리포트의 제목으로 적절한 것은 무엇인가?

    a. 게임 크래시

    b. 멀티플레이어 모드에서 버그 발견

    c. 패스트캣Fastkat 차량을 메인 체임버의 남쪽 복도로 몰고 갈 수 없음

    d. 캐릭터가 갑자기 죽음

4. 다음 중에서 버그에 대한 설명에 포함돼야 하는 것은 무엇인가?

    a. 어디서 버그가 발견됐는가

    b. 어떻게 버그가 발생했는가

    c. 게임의 어떤 캐릭터로 인해 문제가 발생했는가

d. 게임에서 결함이 무슨 작용을 하는가

e. 상기의 모든 항목들

5. 회사에서 당신이 받은 첫 업무는 일인칭 슈팅 게임을 테스트하는 것이다. 당신의 캐릭터는 무거운 장갑으로 무장한 사이보그이며, 나이프와 메가주카라는 무기의 탄약을 가지고 두 번째 스테이지에 위치하고 있다. 당신이 메가주카를 발견하고, 이를 들어 발사했지만 발사가 되지 않았다. 탄약은 0을 표시하고 있다. 당신은 적합한 탄약을 갖고 있는 상태에서 무기를 획득하면 무기가 자동 장전된다는 사실을 알고 있다. 이 결함에서 당신이 '집중해서' 보고해야 할 사실은 무엇인가?

6. 이 장의 '게임 플레이' 절을 따라 하면서 발견할 수 있는 문제에는 어떤 것들이 있는가?

7. 아웃라인 폼을 사용해 단계별 테스트를 다시 작성해보라. 그럼으로써 얻을 수 있는 장점은 무엇인가? 그리고 단점은 무엇인가?

참고문헌

[SFMOVESET 10] *Street Fighter Moves* app for Android and iOS, Hijinx Software, accessed December 2015.

[APTEST 10] ApTest. Bug and defect tracking tools. Available online at http://www.aptest.com/bugtrack.html, accessed December 2015.

[ASHERON 15] OG's crashing Darktide server to exploit. Available online at https://www.asheronscall.com/en/forumslshowthread.php?64575-0G-s-crashing-Darktide-server-to-exploit, accessed February 2016.

[Neumann 94] Neumann, Peter G. 1994. *Computer related risks*, Addison-Wesley Professional.

[PERSON 10] Personality Test Center. Available online at http://www.personalitytest.net/cgi-bin/q.pl, accessed December 2015.

[Peterson 96] Peterson, Ivars. 1996. *Fatal defect: Chasing killer computer bugs*, Vintage.

[STEAMCOMMUNITY 13] Steam Community. BioShock2 v1.03. Available online at http://www.fileplanet.com/209922/200000/fileinfo/lBioShock-2---Patch-v1.03, accessed February, 2016.

[SUITE.IO] suite.io *Judgers and Perceivers at Work*. Available online at http://suite.io/joni-rose/6ts273, accessed December 2015.

[MANTIS 16] Mantis Bug Tracker. Available online at https://www.mantisbt.org/demo.php, accessed February, 2016.

[UFC 10] PlayStation.Blog. UFC Undisputed 2010 - PlayStation 3 Exclusive Content. Available online at http://blog.eu.playstation.com/2010/04/30/ufc-undisputed-2010-playstation-3-exclusive-content/, accessed December 2015.

왜 테스트가 중요한가

3장에서 이야기하는 내용은 "왜 테스트가 중요한가?"라는 질문에 대한 답변이다. 이 답변에는 다음과 같은 내용이 포함된다.

- 게임 소프트웨어는 항상 뭔가 잘못되기 마련이다.

- 실수를 범할 기회는 많다.

- 게임 소프트웨어는 복잡하다.

- 사람이 게임 소프트웨어를 만들고, 사람은 항상 실수를 한다.

- 게임을 만들기 위해 도구를 사용하는데, 이 도구는 완벽하지 않다.

- 성공하는 게임을 만들기 위해서는 엄청난 비용이 들어간다.

- 다양한 설정과 디바이스를 지원하는 여러 플랫폼에서 게임이 동작해야 한다.

- 사람들은 당신이 만드는 게임에서 더 많은 것을 원한다.

- 수백만 명이 온라인에서 동시에 플레이를 하고 이를 위해 매월 일정한 금액을 지불한다면 그런 유형의 게임들은 훨씬 더 잘 동작해야 한다.
- 출판물에서, 앱스토어에서, 그리고 인터넷에서 당신이 만든 게임을 비난하려고 준비 중인 비평가들은 항상 있기 마련이다.
- 게임은 재미있어야 하며 기대치를 충족해야 함과 동시에 제때 출시돼야 한다.

테스트가 중요한 이유에 대한 이 모든 답변을 정리할 수 있는 짧고 간단한 대답은 바로 '게임이 잘못 만들어지기 때문'이라는 것이다. 만약 게임이 잘못 만들어지는 메커니즘이나 패턴을 파악할 수 있다면 어떤 종류의 문제를 살펴봐야 하는지, 아울러 최고의 게임 테스터가 되기 위해 어떤 테스트에 집중해야 하는지도 파악이 가능할 것이다. 게임 테스트에 가장 신경을 써야 할 사람들이 누구인지를 알아보면 이 질문이 이해될 것이다.

누가 신경을 쓰는가?

게임 퍼블리셔에게 테스트는 아주 중요하다. 플레이어들이 경험할 수 있는 모든 문제를 조사하고 처리하기 위해 인력과 비용을 투입해 테스트를 수행해야 하며, 공식적인 출시 이전에도 몇 번의 베타 테스트를 계획하고 진행해야 하기 때문이다. 특히 콘솔 게임을 제작하는 사람들에게 테스트는 훨씬 더 엄격하고 중요한 의미를 지닌다. 그들은 특정 콘솔에서 동작하는 게임을 출시하기 전에 그에 적합한 품질 기준을 맞출 필요가 있기 때문이다. 모바일 게임의 경우에는 단말기 제작사와 무선 통신 사업자의 승인을 얻기 위해 그들이 요구하는 항목을 준수할 필요가 있다.

테스트는 또한 개발 팀에게도 중요하다. 이들은 테스터들을 통해 코드에서 발생한 문제를 찾아낸다. 심각한 결함을 놓쳤을 때 테스터들은 비난을 감수한다. 만약 결함을 놓칠 경우, 누군가는 테스터들이 이렇게 허술하게 테스트를 하면서 월급은 받아가느냐며 불평을 늘어놓기도 한다.

계약과 관련된 합의나 최고의 게임을 출시하기 위해 필요한 소프트웨어의 복잡한 기술적 측면에서도 테스트는 아주 중요하다. 당신이 속한 팀, 혹은 회사 소속이 아닌 다른 사람들도 게임을 아주 면밀하게 조사하거나 이를 홍보한다. 모든 일이 잘 진행돼서 이들이 심각한 버그를 발견하지 못한다면 당신은 아마 신으로 추앙받을지도 모른다. 하지만 그 반대의 경우라면 매출과 수익 모두 공중으로 날아가 버릴 것이다.

이 모든 인력과 자금, 그리고 세심한 관리에도 불구하고 늘 그렇듯이 게임은 제대로 만들어지지 않는다.

결함 타이핑

사람들은 일단 제쳐두고 소프트웨어부터 살펴보자. 소프트웨어는 다양한 방법으로 정상적으로 동작하지 않을 수 있다. 결함을 카테고리별로 나누면 무엇이 원인이 되어 결함이 발생하며 어떤 경로로 발견됐는지, 더 나아가 향후에 어떻게 이를 예방할 수 있을지 알 수 있다. IBM이 개발한 ODC$^{Orthogonal\ Defect\ Classification}$(직교 결함 분류)는 이런 목적으로 개발된 것이다. 이 시스템은 개발 행위가 일어나는 곳에 따라 다양한 카테고리를 분류하고 있다. 이 장에서는 총 8개의 결함 유형을 분류하고, 게임의 어떤 결함들이 여기에 속하는지 알아볼 것이다. 결함 유형은 결함이 어떻게 코드에서 발생했느냐에 따라 분류된다. 잘못된 구현이나 단순한 코드 누락의 결과로 결함이 발생한다는 사실을 명심해야 한다. 다음의 ODC 결함 유형은 게임 코드에서 발생할 수 있는 소프트웨어 요소를 분류한 것이다.

- 함수^{Function}
- 할당^{Assignment}
- 체킹^{Checking}
- 타이밍^{Timing}
- 빌드^{Build}/패키지^{Package}/머지^{Merge}
- 알고리즘^{Algorithm}
- 문서화^{Documentation}
- 인터페이스^{Interface}

만약 이 목록을 기억하기 힘들다면 앞 글자만 따서 FACT BADI라고 외워도 된다('Fact Baddie'처럼 들린다).

이 장에서 다루는 결함 예제는 2004년 7월에 발표된 〈다크 에이지 오브 카멜롯Dark Age of Camelot〉의 버전 1.70i 릴리스 노트에 기록되어 있는 것이다[JEUX 04]. 〈월드 오브 워크래프트〉가 발매되기 이전에 출시된 이 작품은 MMORPGMassive Multiplayer Online Role Playing Game 장르에 속하며, 게임 속에서 사용자의 경험을 지속적으로 강화하고 확장하기 위한 수정과 개선 작업이 끊임없이 진행된 작품이다. 그 결과로 버그를 수정하고 콘텐츠를 추가하거나 고치기 위한 패치 작업이 빈번하게 수행됐다. 이를 통해 게임이 처음 출시됐을 때의 모습과 달리 점점 안정화되어 가는 모습을 자세하게 살펴볼 수 있었다.

결함에 대한 설명만으로는 코드 내부에서 결함이 어떻게 발생했는지 알 수 있는 방법이 없다. 결함 유형 분류가 바로 이 부분을 설명해줄 수 있는 것이다. 실제 게임에서 버그가 어떻게 발생했는지 알기 위해 개발사의 결함 추적 시스템에 접속할 수는 없으므로, 예를 하나 들어 결함 유형에 대해 알아보자.

아래 살펴볼 항목은 〈다크 에이지 오브 카멜롯〉의 패치에 포함된 일부 픽스의 내용이며, 이 장 전체에 걸쳐 우리가 살펴볼 내용이다.

"사라지기Vanish라는 렐름 능력을 사용할 경우 슈퍼 스텔스가 몇 초 동안 지속되는지를 보여준다."

만약 이 문장을 통해 해당 능력이 어떻게 동작해야 하는지 예상할 수 있다면, 여기서 문제가 발생했을 때 다음과 같이 보고해야 할 것이다.

"'사라지기'라는 렐름 능력을 사용해도 슈퍼 스텔스가 몇 초 동안 지속되는지를 보여주지 않는다."

사라지기 능력의 자세한 정보는 다음과 같다.

스텔서stealther에게 슈퍼 스텔스라는 사라지는 능력을 부여하며, 중간에 어떤 방법으로도 효과를 사라지게 할 수 없다. 또한 DoTDamage over Time나 출혈 같은 효과를 멈추고 크라우드 컨트롤CC, crowd control1에 대한 면역을 제공한다. 이 능력은 레벨에 따라 1초에서 5초까지 지속된다. 또한 스텔서는 다음과 같이 이동 속도도 증가된다. 스텔서는 이 능력을 사용한 후 30초 동안은 상대방을 공격할 수 없다.

효과:

레벨 1 – 노멀 스피드, 1초 동안 무적

레벨 2 – 스피드 1, 2초 동안 무적

레벨 3 – 스피드 5, 5초 동안 무적

유형: 액티브

재사용 대기 시간: 10분

사라지기를 사용할 수 있는 클래스: 인필트레이터Infiltrator, 섀도블레이드Shadowblade [ZAM 11]

함수

함수Function 에러는 사용자가 게임을 체험하는 방식과 게임의 기능에 영향을 미칠 수 있다. 때로 특정한 기능을 제공하는 코드가 누락되거나 정확하게 구현되지 않은 경우가 발생한다.

다음 페이지의 가상 코드를 통해 '사라지기' 기능을 설정하고 초기화한다고 가정해보자. 사라지기 능력의 레벨은 사라지기 능력의 특정한 핸들러 루틴으로 상속된다. 이 루틴을 통해 해당 능력을 활성화하는 데 필요한 모든 함수를 호출할 수 있는 것이다. g_vanishSpeed와 g_vanishTime 배열이 각각의 단계에 해당하는 값을 저장한다. 이 값은 레벨 0의 값 0에서부터 시작한다. 동일한 능력을 사용하는 모든 캐릭터에게 동일한 영향을 미치므로 이 배열들은 접두어 'g_'를 사용해 전역에서 사용이 가능하다는 것을 표시한다. 대문자로 표시되는 값들은 이들이 상수임을 나타낸다.

---

1   크라우드 컨트롤(crowd control)은 '군중 제어' 혹은 '군중 통제'라고도 하며, 적을 원하는 대로 움직이지 못하게 하는 효과나 기술을 통칭한다. 〈리그 오브 레전드〉에 등장하는 슬로우(Slow), 스네어(Snare), 에어본(Airbone), 넉백(Knock-Back) 등의 기술이 여기에 속한다. – 옮긴이

```
void HandleVanish(level)
{
    if (level == 0)
        return; // 플레이어가 이 능력을 보유하고 있지 않으면 이 코드에서 벗어남
    PurgeEffects(damageOverTime);
    IncreaseSpeed(g_vanishSpeed[level]);
    SetAttack(SUSPEND, 30SECONDS);
    StartTimer(g_vanishTime[level]);
    return;
} // 앗! 사용자에게 시간이 얼마나 남아 있는지를 보고하지 않았음 - 그저 눈치채지 못하고 있기를 바랄 뿐
```

이 코드에는 스킬 효과가 지속되는 시간을 보여주는 루틴 호출이 누락되어 있다. 이것이 이 코드에서 발견할 수 있는 함수형 결함이다. 아마도 이 코드 블록은 다른 스킬의 코드에서 갖다 붙이면서 'vanish' 전역을 추가한 것일 수도 있다. 하지만 애석하게도 이를 표시해주는 코드가 적절하게 작성되지 못한 것이다. 아마 이 스킬이 어떻게 동작해야 하는지에 대한 커뮤니케이션이 잘못됐을 수도 있고, 이 부분을 담당한 프로그래머가 스킬과 관련된 타이머가 표시돼야 한다는 사실을 모르고 있었을 수도 있다.

이에 대한 개선책으로 사용자에게 얼마나 오랫동안 이 스킬을 사용할 수 있는지 보여주는 함수가 작성돼야 한다. 이 과정에서도 하나 혹은 그 이상의 잘못된 값을 호출할 수도 있다.

```
ShowDuration(FALSE, g_vanishTime[level]);
```

할당

프로그램에 의해 사용되는 값의 초기화가 잘못되어 있거나 설정이 올바르지 않은 경우, 혹은 필요한 값이 정상적으로 할당되지 않은 경우 이들은 할당Assignment과 관련된 결함으로 분류된다. 게임에서 새로운 레벨이나 새로운 게임 모드가 로딩될 때 다수의 할당 작업이 게임 내부에서 수행된다. 이런 예를 다양한 게임 장르에서 한번 찾아보자.

스포츠

- 팀 스케줄
- 각 게임에서 점수 초기화하기
- 팀 구성 초기화하기
- 게임이 진행되는 코트, 필드, 링크
- 게임이 주간 혹은 야간에 진행되는지 여부와 기상 조건

RPG^{Role Playing Game}와 어드벤처

- 맵의 시작 지점
- 속성, 스킬, 아이템과 능력의 디폴트 수치
- 현재 맵의 초기화된 데이터
- 진행치 초기화

레이싱

- 트랙 및 서킷 데이터 초기화
- 출발 지점에서 연료 및 에너지 초기화 양
- 파워업 아이템 및 장애물의 배치
- 게임이 주간 혹은 야간에 진행되는지 여부와 기상 조건

카지노 게임, 카드 수집 게임, 보드 게임

- 최초 시작 시 보유하고 있는 포인트 혹은 게임 머니의 양
- 최초에 보유하는 카드의 개수 및 배치
- 토너먼트에서의 최초 랭킹과 시드 배치
- 게임 테이블에서의 위치와 턴 순서

격투 게임

- 최초 체력과 에너지
- 링 혹은 아레나에서의 최초 위치
- 토너먼트에서의 최초 랭킹과 시드 배치
- 게임이 진행되는 링, 아레나

전략

- 유닛의 최초 할당
- 리소스의 최초 할당
- 유닛과 리소스의 시작 위치
- 현재 시나리오의 목적

일인칭 슈팅 게임^{FPS, First Person Shooters}

- 최초 헬스와 에너지
- 게임 시작 시 장비하는 무기와 탄약
- 플레이어의 시작 위치
- CPU 상대방의 숫자와 체력

퍼즐 게임

- 최초로 시작하는 퍼즐의 구성
- 퍼즐을 푸는 데 주어진 시간과 완성 기준
- 퍼즐 조각 혹은 달성하는 목표의 포인트 값
- 퍼즐이 진행되는 속도

앞서 살펴본 항목들에서 변경이 발생한다면 반드시 플레이어나 CPU가 볼 수 있는 결과에도 영향을 미치게 된다. 게임 프로그래머들은 이렇게 게임에 영향을 미칠 수 있는 요소들에 항상 세심한 주의를 기울여야 한다. 게임 밸런스를 제대로 맞추려면 최초에 어떤 값이 디폴트로 설정되는지가 매우 중요하다.

사라지기 결함 역시 할당이 잘못된 문제일 수 있다. 앞서 살펴본 가상 코드에서도 알 수 있듯이, 사라지기 스킬은 데이터 구조의 설정에 따라 활성화되고 이를 다른 스킬의 핸들링 루틴으로 상속한다.

```
ABILITY_STRUCT realmAbility;
realmAbility.ability = VANISH_ABILITY;
reamAbility.purge = DAMAGE_OVER_TIME_PURGE;
realmAbility.level = g_currentCharacterLevel[VANISH_ABILITY];
```

```
reamAbility.speed = g_vanishSpeed[realmAbility.level]
realmAbility.attackDelay = 30SECONDS;
realmAbility.duration = g_vanishTime[realmAbility.level];
realmAbility.displayDuration = FALSE; // 잘못된 플래그 값
HandleAbility(realmAbility);
```

위와 같은 코드에서는 `displayDuration` 플래그의 할당이 잘못되어 나타난 문제일 수도 있다. 일반적으로 복사 붙여넣기의 과정에서 문제가 발생하는 경우가 많으며, 프로그래머의 실수나 잘못된 해석으로 인해 문제가 발생하기도 한다. 요구사항을 잘못 해석해 문제가 발생하는 경우도 있다.

체킹

체킹Checking 유형의 결함은 이전에 사용했던 유용한 값을 적합하게 검증하지 못하는 경우에 발생한다. 조건에 대한 체크가 이뤄지지 않았거나 정의된 대로 적합하게 수행되지 못했을 때 발생할 수 있다. C로 코드를 작성하는 경우 잘못된 체크의 사례는 다음과 같다.

- 2개의 값을 비교하는 데 '==' 대신에 '='를 사용하는 경우
- 여러 개의 비교 연산자가 괄호 안에 들어가 있지 않을 때 연산자 순위를 잘못 계산하는 경우
- '<' 대신 '<='를 사용하는 것과 같은 'off by one' 에러
- 특정 주소(pointer) 대신 어떤 값(*pointer)이 NULL과 비교되는 경우: 저장된 변수로부터 혹은 함수 호출로 인해 반환되는 값 모두에 해당함
- strcpy[2] 같은 C 라이브러리 함수 호출로 인해 체크되지 않는 값이 호출되는 경우

자, 이제 다시 우리가 살펴보던 사라지기 버그로 돌아가 보자. 다음의 체킹 결함 시나리오는 사라지기 스킬을 다루는 핸들러가 이펙트 지속 시간을 보여주는 플래그를 잘못 체크하거나, 혹은 이펙트 지속 시간을 결정하는 것과 상관없는 잘못된 플래그를 체크하는 경우를 보여주고 있다.

---

2   strcpy는 문자열 전체를 복사하는 함수로, 경계 검사를 수행하지 않는다. http://kaheeyah.blog.me/70188393402 참조 – 옮긴이

```
HandleAbility (ABILITY_STRUCT ability)
{
    PurgeEffect(ability.purge);
    if (ability.attackDelay > 0)
        StartAttackDelayTimer(ability.attackDelay);
    if (ability.immunityDuration == TRUE)
    // 반드시 ability.displayImmunityDuration을 체크해야 한다!
        DisplayAbilityDuration(ability.immunityDuration);
}
```

타이밍

타이밍^{Timing} 결함은 리소스를 공유하거나 실시간으로 리소스가 관리돼야 하는 경우와 관계가 있다. 하드디스크에 게임 정보를 저장하는 경우와 같이 시작 시점이나 종료 시점을 요구하는 프로세스도 존재한다. 이런 데이터를 다루는 동작은 독립적인 프로세스가 완료될 때까지 방해받아서는 안 된다. 프로세스가 진행되는 동안 애니메이션이 추가된 컷신이나 저장되는 상황을 표시해주는 프로그레스 바가 포함되어 있는 스플래시^{splash} 스크린[3]을 띄워준다면 사용자가 이를 쉽게 인지할 수 있을 것이다. 저장하는 동작이 완료되면 게임이 계속 진행된다. 다시 게임을 진행하기 전에 오디오와 그래픽을 로딩해 필요할 때 이를 적절하게 보여주는 것도 타이밍에 민감한 부분에 포함된다. 최근에는 이런 기능의 대부분이 게이밍 하드웨어에 의해 처리되며, 이 과정이 완료됐음을 알리는 알람을 소프트웨어에 보내게 된다. 플래그가 준비됐다거나, 이벤트 핸들러로 보낼 이벤트나 데이터를 사용할 루틴이 준비됐다는 알람이 여기에 속한다.

 FMOD의 다중 플랫폼 오디오 엔진[GAMEDEV 04]은 이러한 오디오 이벤트 알람 스키마를 설정하고 활용하는 방법을 설명하고 있다. 개발자는 FMOD를 초기화해 노래의 연주를 시작할 수 있다. 이러한 초기화 과정에는 핸들을 반환하는 노래를 로딩하고, 핸들을 PlaySong 함수로 전달하는 과정이 포함된다. 도시나 아레나, 행성과 같이 게임을 진행하는 환경이 변경되는 경우처럼 연주를 중단해야 하는 이벤트가 감지되면, StopSong 함수가 이름 그대로의 동작을 수행하며 FreeSong을 사용하던 핸들이 자유로워질 수 있다.

---

3   게임을 최초 구동할 때 보이는 로고와 타이틀 이미지, 혹은 게임을 저장할 때 보이는 화면 등을 통칭한다. − 옮긴이

사용자 입력과 관련해서도 타이밍을 고려할 부분들이 있다. 더블 클릭이나 반복되는 버튼 프레스는 게임에서 특별한 동작을 유발할 수 있다. 게임 플랫폼의 OS에 이런 특별한 동작을 처리할 수 있는 메커니즘이 있어야 한다. 만일 그렇지 않다면 이를 처리하기 위한 게임 코드를 직접 작성해야 한다.

MMORPG와 멀티플레이어 모바일 게임에서는 다양한 정보가 플레이어와 게임 서버를 오고 간다. 이런 정보들은 싱크가 맞아야 하며 적절한 순서대로 처리돼야 한다. 그렇지 않을 경우 게임 안에서 일어나는 행동에서 오류가 발생할 수 있다. 때로는 게임 소프트웨어가 이런 정보들이 업데이트되는 동안 어떤 일이 발생할지 미리 예측하고 그에 적합한 행동을 수행하기도 한다. 당신의 캐릭터가 뛰어다닐 때 움직임이 끊기거나, 혹은 갑자기 캐릭터가 어느 시점 이전으로 이동하는 것 같은 고무줄 효과$^{rubber\ band\ effect}$가 발생하기도 한다.

다시 사라지기 버그로 돌아와서, 타이밍과 관련된 결함이 나타날 만한 시나리오를 검토해보자. 이 경우 사라지기 스킬을 시전하기 시작할 때 하나의 함수가 수행되고, 애니메이션 플레이가 종료될 때 전역 변수인 g_animationDone이 설정된다고 가정해보자. g_animationDone이 TRUE라면, 애니메이션이 플레이되는 기간이 표시돼야 한다. ShowDuration 함수가 사라지기 애니메이션이 완료됐음을 표시하는 인디케이터를 기다리지 않고 호출된다면 타이밍 결함이 발생할 수 있다. 이 경우 화면에 어떤 것이 표시되더라도 그 위에 애니메이션이 겹쳐서 표시될 수 있다. 결함을 포함한 코드는 다음과 같다.

```
StartAnimation(VANISH_ABILITY);
ShowDuration(TRUE, g_vanishImmunityTime[level]);
```

이 코드는 다음과 같이 수정할 필요가 있다.

```
StartAnimation(VANISH_ABILITY);
while(g_animationDone == FALSE)
    ; // TRUE 값이 나올 때까지 기다린다.
ShowDuration(TRUE, g_vanishImmunityTime[level]);
```

빌드/패키지/머지

빌드/패키지/머지 혹은 더 간단히 말해 빌드[Build] 결함은 게임 소스 코드 라이브러리를 사용할 때, 게임 파일의 변경사항을 관리할 때, 혹은 빌드의 버전을 식별하거나 제어하는 과정에서 비롯되는 결함을 의미한다.

빌드를 만드는 과정은 소스 코드와 그래픽, 텍스트, 사운드 파일 같은 게임 에셋을 링크하고 컴파일해 실행 가능한 게임을 만드는 과정을 말한다. 형상 관리[configuration management] 소프트웨어를 통해 게임 파일을 관리하고 제어할 수 있다. 각각의 파일은 하나 혹은 그 이상의 에셋이나 코드 모듈을 포함하고 있다. 각 파일의 고유한 인스턴스는 고유한 버전 식별자로 구별된다.

형상 명세[configuration specification] 혹은 '컨피그 스펙[config spec]'을 통해 어떤 버전의 파일이 빌드에 포함돼야 하느냐가 설명된다. 빌드에 포함돼야 하는 모든 파일의 개별 버전을 명시하는 것은 상당한 시간이 소비되는 일이며, 그 과정에서 에러가 발생하기도 쉽다. 따라서 수많은 형상 관리 시스템이 각 버전에 레이블을 제공한다. 컨피그 스펙에서는 특정한 파일 버전의 그룹이 하나의 레이블로 식별된다.

표 3.1은 전형적인 레이블의 예를 보여준다. 당신이 속한 팀은 아마 예제와 다른 이름을 사용할 수도 있다. 하지만 비슷한 기능을 수행하는 한, 이름이 크게 다르지는 않을 것이다.

▼ 표 3.1 일반적인 레이블과 활용 예

레이블	활용 예
[DevBuild]	프로그래머들이 새로운 아이디어를 구현하거나 버그를 수정하기 위해 사용 중인 파일을 식별함
[PcOnly]	게임이 다양한 플랫폼을 지원하는 경우 하나의 플랫폼을 지원하기 위해 만들어진 파일
[TestRelease]	테스터들에게 배포하기 위한 파일을 식별함. 프로그래머들이 반영한 부분이 명확하게 동작해야 한다. 테스트가 성공적이라면 다음 과정은 이 레이블을 '공식적인' 릴리스 넘버로 바꾸는 것이다.
[Release1.1]	성공적인 빌드 배포와 테스트를 거친 다음, 어떤 파일들이 사용됐는지를 '기억하기' 위해 릴리스 레이블이 사용된다. 이후 어떤 부분이 심각한 손상을 입어 새로운 문제를 디버깅해야 할 때, 혹은 앞 버전으로 복구하기 위한 롤백이 필요할 때 매우 유용하다.

각 파일은 메인라인^{mainline} 이라고 불리는 패스를 통해 이어진다. 버전 트리^{version tree}는 모든 버전의 파일과 그 관계를 메인라인을 중심으로 보여준다. 그림 3.1은 버전 트리에서 메인라인에 새로운 버전이 추가되는 것을 보여준다.

메인라인상에 존재하는 기존 버전에서 추출된 새로운 버전의 파일들을 **브랜치**^{branch} 라고 부른다. 브랜치상의 파일들 역시 첫 번째 브랜치에서 독립적으로 발전해온 새로운 브랜치를 가질 수 있다. 그림 3.2는 브랜치에 숫자를 부여하는 방법과 이를 메인라인에서 표시하는 법을 보여준다.

하나 혹은 그 이상의 브랜치에서 가해지는 수정은 **통합**^{merge} 이라고 부르는 프로세스를 통해 다른 변경사항과 동시에 결합될 수 있다. 머지 작업은 수동 혹은 자동으로 수행이 가능하며, 형상 관리 시스템의 도움을 얻어 수행하는 것도 가능하다. 형상 관리 시스템에서는 동시에 통합돼야 하는 2개의 파일에서 어떤 부분이 다른지 하이라이트해 보여주는 기능 등을 제공한다. 그림 3.3은 어떻게 버전 트리가 브랜치와 통합되는지 보여준다.

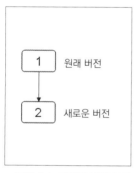

▲ **그림 3.1** 간단한 버전 트리 상에서의 메인라인

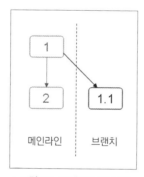

▲ **그림 3.2** 브랜치를 갖고 있는 버전 트리

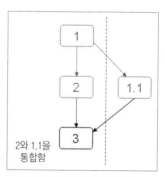

▲ **그림 3.3** 메인라인으로 통합

프로그래머가 형상 관리 시스템을 사용해 파일을 변경하면 우선 파일은 체크 아웃^{check out} 상태가 된다. 그런 다음 프로그래머가 변경사항에 만족해 새로운 파일을 새로운 버전으로 반환한다면 파일은 체크 인^{check in} 상태가 된다. 만약 그 과정에서 프로그래머의 마음이 바뀐다면, 체크 아웃이 취소되고 어떠한 변경도 가해지지 않은 상태의 원래 버전으로 돌아갈 수 있다.

이러한 상황에서 어떤 실수가 만들어질 수 있는지 살펴보자.

충분히 실행 가능한 빌드를 만들어놓고도 형상 명세상에서 잘못된 버전이나 레이블을 부여한다면 의도한 대로 동작하지 않을 수도 있다. 단 하나의 파일만 잘못됐을 수도 있고, 단 하나의 특별한 시나리오에서 특정한 유형의 문자만 사용되는 기능이 포함되어 있을 수도 있다. 이런 실수들을 밝혀내기 위해 게임 테스터들이 필요한 것이다.

형상 관리 시스템에는 문제가 없지만 일부 프로그래머들이 빌드에 필요한 파일의 버전을 잘못 기록하는 경우도 발생한다. 레이블을 빼먹거나 이전 버전의 레이블을 변경하지 않고 그대로 사용하거나, 혹은 정확하게 입력하지 않아 컨피그 스펙에 있는 레이블과 일치하지 않는 경우가 발생한다.

여러 버전과 브랜치를 통합하는 복잡한 과정에서 다른 유형의 문제가 발생하기도 한다. 통합되는 각 버전에서 일부 코드가 동시에 변경되면, 이 파일들을 통합하고 각각의 기능성을 유지하기 위해 세심한 배려가 필요하다. 통합 과정에서 통합되는 다른 버전으로 인해 코드의 일부가 삭제되는 경우에는 훨씬 더 복잡한 문제가 발생할 수 있다. 만약 사람이 직접 이런 통합 과정을 수행한다면, 빌드 컴퓨터가 수행할 때보다 훨씬 더 많은 문제가 발생할 것이다.

때로는 코드를 통해 빌드에 문제가 있다는 것을 알 수 있다. 통합해야 하는 코드상에 '// 배포하기 전에 이 부분을 삭제해야 한다'와 같은 주석이 있다고 가정해보자. 이는 곧 프로그래머가 레이블을 바꿔야 한다는 사실을 쉽게 잊어버리거나 빌드 프로세스가 시작되기 전에 더 새로운 버전의 파일을 시스템에 통합해야 하는지 체크해야 한다는 것을 의미할 수도 있다.

그림 3.3에서와 같은 상황이라면, 사라지기와 관련된 코드에 다음과 같은 문제가 발생할 수 있다.

1. 버전 1과 2는 사라지기 기간을 표시하지 않는다.
2. 버전 1.1에서 사라지기 기간을 표시하는 기능이 추가됐다.
3. 버전 2와 1.1을 통합해 버전 3을 만들었다. 하지만 이 과정에서 사라지기 기간을 표시하는 버전 1.1의 코드가 삭제됐다.

사라지기 스킬이 제대로 표시되지 않는 문제와 관련해, 다음과 같은 빌드 결함 시나리오가 가능하다.

- 버전 3을 만든 통합 과정에서 사라지기 기간을 표시하는 버전 1.1의 코드가 삭제됐다. 버전 3을 배포했으나 사라지기 스킬이 유지되는 기간이 표시되지 않는다.
- 버전 1.1과 버전 2는 정상적으로 통합됐고, 따라서 버전 3의 코드는 정상적으로 사라지기 스킬이 유지되는 시간을 표시한다. 하지만 빌드 명세에 사용된 레이블이 버전 2에서 버전 3으로 정상적으로 변경되지 않았고, 따라서 버전 2 빌드가 배포되어 결과적으로 스킬 유지 시간이 정상적으로 표시되지 않는다.
- 버전 1.1과 버전 2는 정상적으로 통합됐고, 따라서 버전 3의 코드는 정상적으로 사라지기 스킬이 유지되는 시간을 표시한다. 빌드 명세의 레이블도 버전 2에서 버전 3으로 정상적으로 변경됐다. 하지만 빌드 명세가 레이블을 사용하는 대신 버전 2의 파일에 하드 코딩되어 있었다. 따라서 결과적으로 스킬 유지 시간이 정상적으로 표시되지 않는다.

알고리즘

알고리즘^{Algorithm} 결함에는 연산이나 결정 프로세스로 인해 나타나는 비효율성이나 정확도와 관련된 문제들이 포함된다. 예를 들어 어떤 결과에 도달하게 되는 프로세스, 즉 그 문제의 답은 42라는 결과를 얻게 되는 것이나 어떤 과정을 통해 문이 열리는 것과 같이 특정한 결과에 도달하기 위해 거쳐야 하는 프로세스를 알고리즘이라고 생각하면 될 것이다. 모든 게임은 사실 제대로 동작하는지를 신경 쓰지 않아도 되는 수많은 알고리즘으로 구성되어 있는 셈이다. 알고리즘이 정확하게 디자인되지 않았다면 사람들이 게임에서 기대하지 않았던 경험을 하게 될 것이다. 다양한 장르의 게임에서 다음과 같은 알고리즘 결함의 형태를 찾아볼 수 있다.

스포츠
- CPU의 플레이, 진영, 선수 교체
- CPU의 트레이드 결정
- 코치가 부르는 작전 타임이나 전략 결정

- 게임 내 양 팀에 소속된 각 AI의 행동
- 필드나 코트, 빙판 등의 다양한 장소에서 다양한 움직임을 따라가야 하는 카메라 앵글의 변경
- 심판의 페널티 부여와 판정
- 플레이어의 부상
- 시즌이 진행되는 동안의 플레이어 능력치 개발
- 스페셜 파워업, 보상 그리고 모드의 제공

RPG, 어드벤처
- 적이나 동료 캐릭터의 대화와 그에 따른 반응
- 적이나 동료 캐릭터의 전투 개시와 전투 액션
- 스킬, 아머^{armor}, 무기 유형과 체력에 기반한 대미지 계산
- 주사위 던지기의 결과 저장하기
- 잠입이나 크래프팅^{crafting}, 설득 등의 스킬 사용 결과 계산하기
- 경험치와 보너스 계산
- 기술 사용에 필요한 비용, 효과가 지속되는 기간, 그리고 효과
- 기술과 아이템을 얻기 위해 필요한 비용과 획득 조건
- 무기와 기술이 적용되는 범위, 효과가 미치는 범위, 그리고 대미지

레이싱
- CPU 드라이버의 특성, 결정과 행동: 언제 피트인에 들어가는지, 언제 파워업 아이템을 사용하는지
- 자동차에 미치는 대미지의 계산, 대미지를 입은 자동차의 행동
- 자동차가 입은 손상 렌더링
- 자동 기어 변환
- 트랙 표면이나 모래벽, 날씨와 같은 환경에서 발생하는 효과
- CPU 드라이버의 조롱

카지노 게임, 카드 수집 게임, 보드 게임

- 상대방 플레이어의 스타일, 스킬 사용 수준
- 게임의 규칙 적용하기
- 블랙잭에서 딜러는 항상 스테이^{stay} 해야 한다는 것과 같은 하우스 규칙^{house rule}
- 베팅 옵션과 지불금, 보상
- 공평한 분배. 예를 들어 카드나 주사위, 룰렛의 숫자들이 공평하게 분배돼야 한다.

격투 게임

- 상대방 CPU의 공격과 방어 선택
- CPU 팀의 선택과 게임 진행 도중 선수 교체
- 환경에 의한 영향을 포함한 대미지/포인트 계산
- 격투 이펙트를 계산하고 렌더링하는 것
- 대미지를 계산하고 표현하는 것
- 스페셜 무브와 연속기를 사용할 수 있게 만드는 것

전략 게임

- 상대방 CPU의 이동과 전투 선택
- CPU 유닛의 생성과 배치에 대한 결정
- 리소스와 유닛 생성 규칙(필요한 사전조건과 리소스 등)
- 대미지와 이펙트 계산
- 새로운 유닛, 무기, 기술, 장비의 사용

일인칭 슈팅 게임

- 상대방 CPU와 팀 동료의 AI
- 적이나 동료 캐릭터의 전투 개시와 전투 액션
- 스킬, 아머, 무기 유형과 체력에 기반한 대미지 계산
- 무기와 기술이 적용되는 범위, 효과가 미치는 범위, 그리고 대미지
- 환경이 플레이어의 스피드와 대미지, 탄환의 굴절과 집중에 미치는 영향. 예를 들어

〈언리얼 토너먼트^{Unreal Tournament}〉에 등장하는 Flak Cannon[4]의 탄환은 벽에 맞고 굴절된다.

퍼즐 게임

- 포인트, 보너스 활성화와 계산
- 라운드 완료 기준이나 다음 레벨로 이동 가능한 기준을 결정하는 것
- 특정 단어를 맞추거나 블록의 특정한 숫자를 맞추는 것처럼 퍼즐의 목표를 완료했는지 결정하는 것
- 스페셜 파워업, 보상 그리고 모드의 제공

게임을 하나의 장르로 구분하기 힘든 경우에는 각기 다른 알고리즘이 혼재되어 있는 경우도 있다. 예를 들어, 닌텐도 DS로 출시된 〈포켓몬 소울 실버와 하트 골드^{Pokémon Soul Silver and Heart Gold}〉는 포켓몬을 훈련시켜 업그레이드하는 스토리라인에 초점이 맞춰져 있다. 하지만 꾸미기와 경쟁 모드도 동시에 포함되어 있으며, 지뢰 찾기 스타일의 미니 게임도 포함되어 있다. 〈언리얼 토너먼트 3〉도 전형적인 FPS로 분류되지만, 토너먼트의 다양한 스테이지에는 어드벤처와 스포츠 게임의 요소도 함께 포함되어 있다. 콘솔과 모바일 디바이스에서 플레이 가능한 FIFA 얼티밋 팀 모드에서도 승리를 통해 얻게 되는 가상 화폐로 트레이딩 카드를 구매해야만 한다.

그래픽 렌더링 엔진과 루틴, 메시 오버레이 코드, z 버퍼 오더링^{z-buffer ordering}, 충돌 감지와 새로운 화면을 렌더링하기 위한 단계를 최소화하려는 시도에서도 알고리즘과 관련된 결함이 발생할 수 있다.

사라지기 버그와 관련해서는 다음과 같은 알고리즘 결함 시나리오를 생각해볼 수 있다. 사라지기 효과가 지속되는 시간을 보여주는 값을 특정한 배열이나 파일에서 가져오는 것이 아니라 독립적으로 계산하는 과정에서 발생한 것으로 간주하는 것이다. 또한 그 계산의 결과가 0이나 그 이하의 값이 나온다면 화면상에 표시되는 것은 아무것도 없을 것이다. 만약

---

4   Falk Cannon은 일반적으로 대공포를 통칭하지만, 〈언리얼 토너먼트〉에서 등장하는 Flak Cannon은 휴대형 산탄 무기를 말한다. 대공포 역시 일정 고도에서 폭발해 산탄 형태의 대미지를 주는 것이 일반적이다. 지근 사거리에서는 높은 대미지를 주지만, 사거리가 멀어질수록 그 대미지가 약해진다. 유튜브에 올라와 있는 Flak Cannon 동영상 가이드 링크를 참조하라. https://www.youtube.com/watch?v=YZKyHtDlyfE – 옮긴이

계산의 결과로 항상 0이나 음수가 도출되거나 계산 과정 자체가 아예 누락돼버린다면 이 경우 역시 아무것도 표시되지 않을 것이다.

사라지기 효과와 함께 제공되는 무적 시간은 레벨 1에서 1초, 레벨 2에서 2초, 레벨 3에서 5초 동안 지속된다. 이는 다음과 같은 방정식으로 표현할 수 있다.

```
vanishDuration = (2 << level) - level;
```

레벨 1에서는 2 − 1 = 1로 계산이 가능하다. 레벨 2에서는 4 − 2 = 2로 계산된다. 그리고 레벨 3에서는 8 − 3 = 5로 계산된다. 이 공식을 통해 명세에 기록된 결과를 정확하게 얻을 수 있다.

자, 여기서 만약 누군가의 의도하지 않은 실수로 << 연산자 대신 %를 썼다면 어떻게 될까? 레벨 1에서는 0 − 1 = −1, 레벨 2에서는 0 − 2 = −2, 레벨 3에서는 2 − 5 = −3이라는 결과가 나올 것이다. 정상적으로 작성된 코드가 무적 시간을 제대로 표시해주는 반면, 이 경우라면 무적 시간이 제대로 표시되지 않을 것이다. 이처럼 알고리즘 결함은 심각한 결과를 초래할 수 있으므로 반드시 해결해야 하는 결함들이다.

문서화

문서화^{Documention}와 관련된 결함은 게임에 반영되는 고정된 데이터 에셋에서 주로 발생한다. 여기에는 다음과 같은 텍스트, 오디오, 그래픽 파일 콘텐츠들이 포함된다.

텍스트

- 다이얼로그
- 사용자 인터페이스 항목들(레이블, 경고, 게임 내 대사 등)
- 도움말 항목
- 설명
- 퀘스트 저널

오디오

- 사운드 이펙트
- 배경 음악
- 대화(휴먼, 에일리언, 동물)
- 잔잔한 배경 사운드(흐르는 물, 지저귀는 새소리 등)
- 게임 내 음악

비디오

- 시네마틱 동영상
- 컷신
- 환경 오브젝트
- 레벨 선명도
- 보디 파트와 의상 선택
- 아이템(무기, 차량 등)

이런 특별한 유형의 결함들은 잘못된 코드 작성으로 인해 나타나는 것이 아니다. 파일로부터 추출되는 데이터 자체에 문제가 있거나 이를 정의하는 상수에 문제가 있는 것이다. 이 데이터들은 화면에 그림을 그리거나 텍스트를 출력하고 오디오 파일을 재생하기 위해, 혹은 파일에 데이터를 저장하기 위해 끊임없이 구문이나 함수에 의해 호출되는 것들이다. 이런 종류의 결함은 텍스트를 읽거나 오디오를 듣다가, 혹은 파일을 체크하거나 그래픽에 세심한 주의를 기울였을 때에만 발견이 가능하다.

파일에 기록되는 스트링 상수 역시 이런 문서화 오류의 잠재적인 형태라고 볼 수 있다. 게임이 다양한 언어를 지원하는 경우 스트링 상수를 직접 코드에 삽입하면 결함을 발생시킬 수 있다. 이 경우에는 비록 하나의 언어에서 모든 것이 정상적으로 보일지라도 사용자가 다른 언어를 선택했을 때 그에 걸맞게 번역된 언어를 제공할 수 있는 방법이 없는 것이다.

이 절에서 살펴볼 예제는 사라지기 버그를 우회하는 방법이다. 아울러 〈다크 에이지 오브 카멜롯〉 1.70i에서 '추가된 항목과 수정된 버그들'에 명시되어 수정된 버그도 함께 살펴볼

것이다.[5]

- 만약 지속적인 대미지를 입어 죽게 되면 "사망한 적이 당신에게 X만큼의 대미지를 입히고 있다."라는 메시지가 출력된다.

이 문제는 상황에 맞는 특정한 구문이 출력되는 대신 NULL 스트링으로 대체되거나 스트링이 존재하지 않는 경우라고 볼 수 있다. 다음 릴리스에서는 이 상황을 정확하게 설명하는 메시지가 출력됐을 것이다. 이 외에도 다양한 이유로 이런 텍스트 문제가 발생할 수 있다. 메시지가 출력되는 조건이 '… 죽게 되면 …'인 것에 주의하자. 따라서 텍스트가 표시되기 전에 이 조건을 충족하는지 체크하는 과정이 필요하다. 여기서 기억해야 할 점은 결함에 대한 설명만으로는 어떤 유형의 결함인지 판단하기가 쉽지 않다는 것이다. 어떤 개발자는 아주 어렵게 코드를 작성해서 어떻게 결함이 발생했는지 규명하기조차 쉽지 않은 경우도 있다.

- 버그 리포트 제출 메시지, 자동 훈련 메시지, 그리고 묘지 에러 메시지에 대한 문법적인 수정이 가해졌다.

이 부분은 명백한 문서화 관련 결함으로 보인다. 어느 조건에서 어떤 부분이 정확하지 않은지에 대한 자세한 설명을 찾을 수 없다. 에러가 문법과 관련된 것임을 알 수 있으므로 이와 관련된 텍스트가 제공됐어야 했다. 이 문장 자체가 결함이 있어 보인다.

- 사보타지 ML로 공성 장비를 조사할 때 더 이상 정확하지 않은 메시지를 출력하지 않는다.

게임 내에서 시보타지 마스터 레벨의 능력을 사용하면서 /dclvc 커맨드를 사용했을 때의 문제를 설명하고 있다. 간단히 말하자면, 텍스트를 수정함으로써 문서화 결함을 수정한 것이다. 가능성은 낮지만 또 다른 문제 발생 원인으로 조사와 관련된 텍스트가 사보타지와 비슷한 다른 스킬과 헷갈려 사용됐을 수도 있다. 포인터 배열에 관한 인덱스가 잘못돼서 이런 문제가 발생할 가능성도 있다. 또한 할당이나 함수가 잘못 설정돼서 발생했을 가능성이 높다.

---

5   공식 사이트에서 더 이상 해당 빌드 노트를 제공하지 않는다. – 옮긴이

인터페이스

마지막으로 살펴볼 ODC 결함 유형은 인터페이스^{Interface}와 관련된 것들이다. 정보가 전달되고 교환되는 과정 어디에서나 이런 유형의 문제가 발생할 수 있다. 인터페이스 결함은 코드 내부에서 하나의 모듈이 다른 모듈을 호출하는 과정에서 무언가 잘못됐을 때 발생한다. 호출 루틴에서 의도한 것과 상이한 파라미터가 전달된다면 의도하지 않았던 결과가 도출된다. 인터페이스 결함 역시 다양한 방식으로 발생할 수 있다. 다음과 같은 논리적 카테고리로 뷰류가 가능하다.

1. 하나 혹은 그 이상의 잘못된 인숫값으로 함수를 호출할 때

2. 잘못된 순서의 인숫값으로 함수를 호출할 때

3. 인수 없이 함수를 호출할 때

4. 무효한 값으로 함수를 호출할 때

5. 비트 연산이 거꾸로 된 파라미터 값으로 함수를 호출할 경우

6. 의도한 값보다 증가한 인수로 함수를 호출할 때

7. 의도한 값보다 줄어든 인수로 함수를 호출할 때

위와 같은 경우들을 사라지기 버그에 대입해보자. 앞에서 살펴본 것과 동일하게 ShowDuration 함수를 사용하고 다음과 같이 정의한다.

```
void ShowDuration(BOOLEAN_T bShow, int duration);
```

이 루틴은 어떤 값도 반환하지 않으며, 값을 보여줄지 결정하기 위해 사전에 정의된 불린 타입 변수를 사용한다. duration 변수는 0보다 클 경우 표시된다. 앞서 살펴본 인터페이스 유형 결함의 일곱 가지 발생 원인을 여기에 대입해보면 다음과 같다.

1. `ShowDuration(TRUE, g_vanishSpeed[level]);`
   이 경우는 기간을 구하기 위해 잘못된 전역 배열(기간이 아닌 스피드)을 사용했다. 0 값이 전달된다면, 잘못된 값이 표시되거나 아무것도 표시되지 않을 가능성이 있다.

2. `ShowDuration(g_vanishDuration[level], TRUE);`

#define 구문을 통해 BOOLEAN_T 데이터 유형을 int로 정의했다면, ShowDuration 내부의 값에서 첫 번째 파라미터는 TRUE인지 비교되고, TRUE 값(두 번째 파라미터)이 표시해야 하는 숫자로 사용될 것이다. 만약 기간을 표시하는 값이 #define을 통해 정의된 TRUE와 매치되지 않는다면, 아무런 값도 표시되지 않을 것이다. 마찬가지로, #define을 통해 TRUE에 0 값이 할당됐다면 아무것도 표시되지 않을 것이다. ShowDuration에 할당된 값이 0이나 그 이하라면 아무것도 표시되지 않기 때문이다.

3. `ShowDuration(TRUE);`

기간을 표시하는 어떤 값도 제공되지 않는다. 만약 ShowDuration 루틴 안에서 지역 변수의 결과로 디폴트가 0으로 설정되어 있다면, 어떤 값도 표시되지 않을 것이다.

4. `ShowDuration(TRUE, g_vanishDuration[level] | 0x8000);`

이 코드는 필요 이상으로 복잡해서 문제인 경우다. 기간을 나타내는 값 중에서 고차의 비트 값이 시간을 표시하는 값을 설정하는 플래그가 된다는 가정하에서 작성됐다. 이는 예전에 구현됐던 함수에서 남아 있거나 다른 함수를 구현하는 데 사용됐던 코드를 재사용하는 과정에서 야기된 문제일 수 있다. 상기 코드는 의도한 결과를 표시하는 대신 기간을 나타내는 값의 부호 비트를 바꾸고 이를 무효화한다. ShowDuration 내부에 사용된 값이 0보다 적으므로, 이 역시 제대로 표시되지 않을 것이다.

5. `ShowDuration(TRUE, g_vanishDuration[level] ^ TRUE);`

상상할 수 있는 좀 더 복잡한 경우를 이 코드에서 찾아볼 수 있다. 여기서는 기간을 표시하는 값에 EOR^Exclusive OR 연산자가 수행되는 경우다. 앞서와 동일하게 이 경우 역시 기간을 표시하는 값의 특정 비트 일부를 값을 표시할지 말지를 결정하는 인디케이터로 사용한다. 이 경우 TRUE가 0xFFFF라면, 기간을 표시하는 값의 모든 비트를 반대로 바꿔 줄 것이며 이를 통해 음수가 처리될 것이다. 따라서 값이 달라지고 정상적으로 표시되지 않을 것이다.

6. `ShowDuration(FALSE, g_vanishDuration[level+1]);`

첫 번째 duration 동안 배열 요소 1에서부터 시작해 레벨 값이 순차적으로 증가하는 잘못된 어섬션^assumption의 예다. level이 3이라면, 그 결과로 0 duration이 도출된다. 왜

냐하면 g_vanishDuration[4]가 정의되지 않았기 때문이다. 이를 통해 기간을 표시하는 값이 제대로 표시될 수 없게 된다.

7. `ShowDuration(FALSE, g_vanishDuration[level-1]);`

앞선 예와 반대로 첫 번째 duration 동안 배열 요소 0에서부터 레벨 값이 순차적으로 줄 어드는 잘못된 어섬션의 예다. `level`이 1이라면 0을 반환하고 이로 인해 정상적인 값이 표시되지 않는다.

지금까지 살펴본 예들이 현실에서는 설득력이 없을 수도 있다. 하지만 이를 통해 하나의 함수 호출에 사용된 잘못된 파라미터 하나가 폭탄을 터뜨리는 도화선이 될 수 있다는 사실 을 알 수 있을 것이다. 잘못된 행동 하나가 미묘하고 감지되기 쉽지 않거나 심각한 인터페 이스 결함을 만들어낼 수 있다.

테스트는 언제 어디서나 수행된다

누군가가 게임을 즐기고 있다는 것은 그 사람이 동시에 테스트도 수행하고 있다는 말이다. 누군가가 게임에서 문제를 찾아낸다면 이는 감명 깊은 일이 아닐 수 없다. 베타 릴리스는 말 그대로 테스트를 목적으로 배포되는 게임이다. 베타 릴리스 빌드라고 해서 이를 배포하 기 전에 테스트를 하지 않았을까? 하지만 그럼에도 불구하고 베타 테스터들이 결함을 찾아 낼 수 있는 이유는 뭘까? 일반 사용자에게 공식적인 배포가 된 다음에도 테스트는 여전히 수행된다. PC와 온라인 게임에서는 개발사가 버그를 수정하기 위해 긴급 패치를 제작하고 는 한다. 반면 콘솔 게임에서는 게임 카트리지와 CD-ROM상에 버그가 그대로 살아 있는 상태로 출시하고 유지할 수밖에 없다. 모바일 개발자들은 이미 발견된 문제를 수정하는 데 시간을 들이다가 정작 다음 게임을 만드는 데 시간을 투자할 수 없게 된다. 어떤 경우에는 패치가 잘못될 수도 있고 새로운 문제를 만들어내서 또 다른 패치를 해야 하는 경우도 발 생한다. 이렇듯 라이브 단계에서 발생하는 모든 버그는 게임 개발사에 고용된 테스터와 자 발적으로 지원한 테스터의 눈을 피해 살아남은 것이다.

게임 개발 팀의 수많은 노력에도 불구하고 여전히 게임에는 오류가 발생한다. 이 장에서 설명한 8개의 ODC 결함 유형에 속하는 버그들로 인해 게임이 망가지기 시작하는 것이다. 함수, 할당, 체킹, 타이밍, 빌드/패키지/통합, 알고리즘, 문서화, 인터페이스가 바로 그것이다.

뱅자맹 콩스탕^{Benjamin Constant}의 일기에는 다음과 같은 문장이 나온다. "밀수업자와 경찰 사이에는 많은 공통점이 있다. 밀수업자에게는 어떻게 숨겨야 하는지가 가장 큰 관건이다. 경찰은 어떻게 찾아야 하는지를 잘 알아야 한다." 이번 장에서는 밀수업자들이 버그를 숨기는 방법을 알아봤으며, 이를 통해 훌륭한 게임 테스트 경찰로 거듭날 수 있을 것이다.

연습문제

1. 게임 테스트는 중요한가?

2. 테스터가 발견하기 가장 어려운 종류의 결함은 무엇인가? 그 이유는 무엇인가?

3. 〈심즈^{The Sims}〉나 〈주 타이쿤^{Zoo Tycoon}〉 같은 시뮬레이션 게임에서 발생할 가능성이 있는 할당 결함을 다섯 가지 나열해보라.

4. 시뮬레이션 게임에서 발견할 수 있는 알고리즘 결함을 다섯 가지 나열해보라.

5. 다음은 〈캐슬 울펜슈타인: 에너미 테리토리^{Castle Wolfenstein: Enemy Territory}〉[WOLFENSTEIN 04] 중에서 공개된 코드 일부다. ODC 결함 유형에 맞는 코드의 라인 넘버를 찾아보라.

```
/*
===============
RespawnItem
===============
*/
(0) void RespawnItem( gentity_t *ent ) {
(1)     // randomly select from teamed entities
(2)     if (ent->team) {
(3)         gentity_t *master;
(4)         int count;
(5)         int choice;

(6)         if ( !ent->teammaster ) {
```

```
(7)              G_Error( "RespawnItem: bad teammaster");
(8)          }
(9)          master = ent->teammaster;

(10)         for ( count = 0, ent = master;
(11)              ent;
(12)              ent = ent->teamchain, count++)
(13)              ;

(14)         choice = rand() % count;

(15)         for ( count = 0, ent = master;
(16)              count < choice;
(17)              ent = ent->teamchain, count++)
(18)              ;
(19)     }

(20)     ent->r.contents = CONTENTS_TRIGGER;
(21)     //ent->s.eFlags &= ~EF_NODRAW;
(22)     ent->flags &= ~FL_NODRAW;
(23)     ent->r.svFlags &= ~SVF_NOCLIENT;
(24)     trap_LinkEntity (ent);

(25)     // play the normal respawn sound only to nearby clients
(26)     G_AddEvent( ent, EV_ITEM_RESPAWN, 0 );

(27)     ent->nextthink = 0;
}
```

6. 재미있지 않은가? 〈울펜슈타인〉의 다른 코드에서도 동일한 문제를 수행해보자.

```
/*
============
G_SpawnItem

Sets the clipping size and plants the object on the floor.

Items can't be immediately dropped to floor, because they
might be on an entity that hasn't spawned yet.
============
*/
```

```
(0) void G_SpawnItem (gentity_t *ent, gitem_t *item) {
(1)     char *noise;

(2)     G_SpawnFloat( "random", "0", &ent->random );
(3)     G_SpawnFloat( "wait", "0", &ent->wait );

(4)     ent->item = item;
(5)     // some movers spawn on the second frame, so delay item
(6)     // spawns until the third frame so they can ride trains
(7)     ent->nextthink = level.time + FRAMETIME * 2;
(8)     ent->think = FinishSpawningItem;

(9)     if(G_SpawnString("noise", 0, &noise))
(10)        ent->noise_index = G_SoundIndex(noise);

(11)        ent->physicsBounce = 0.50; // items are bouncy

(12)        if(ent->model) {
(13)            ent->s.modelindex2 = G_ModelIndex(ent->model);
(14)        }

(15)        if ( item->giType == IT_TEAM ) {
(16)            G_SpawnInt("count", "1", &ent->s.density);
(17)            G_SpawnInt("speedscale", "100", & ent->splashDamage);
(18)        if( !ent->splashDamage ) {
(19)            ent->splashDamage = 100;
(20)        }
(21)    }
}
```

소프트웨어 품질

소프트웨어 품질은 제품이 의도한 대로 기능을 얼마나 잘 수행하는지에 따라 결정된다. 게임 소프트웨어의 경우에는 플레이어가 얼마나 양질의 경험을 할 수 있는지에 더해, 게임의 기능 자체가 얼마나 잘 구현됐는지도 이 범주에 포함돼야 한다. 게임의 품질을 평가하고, 측정하고, 또한 향상하기 위해서는 아주 다양한 행위들이 수행돼야 한다.

필립 크로스비^{Philip Crosby}가 쓴 『Quality is Free』라는 책에서도 나오듯이, 말 그대로 '품질은 공짜다'[Crosby80]. 품질을 향상하는 과정에서 이 명제야말로 대전제가 돼야 한다. 만약 품질을 향상하기 위해 비용을 들여서 수행하는 어떤 행동이 궁극적으로 비용을 절감하는 효과를 가져오지 못한다면, 이를 좀 더 적은 비용으로 수행할 방법을 찾거나 더 효율적인 방법을 찾아야 한다. 그렇게 할 수 없다면 아무리 품질 향상과 관련된 행위라고 할지라도 그만둬야 한다.

게임 품질 요소

무엇이 '훌륭한' 게임을 만드는지에 대해서는 게임을 즐기는 사람마다 각기 기준이 다를 것이다. 게임을 즐기는 다수의 사람들이 공통적으로 중요하다고 생각하는 요소들은 다음과 같다.

- 스토리의 품질
- 게임 메카닉의 품질
- 스타일이나 사실성 같은 인게임 오디오와 시각적인 효과의 품질
- 다운로드 및 업데이트와 관련된 품질
- 시각적인 스타일의 아름다움
- 유머와 과장된 표현의 사용
- 인간과 유사한 NPC[non-player character]나 AI[Artificial Intelligence]

게임이 이해하기 쉽고 사용이 용이한 인터페이스를 갖춰야 하는 것은 두말할 나위가 없다. 여기에는 플레이가 진행되는 동안 화면에 표시되는 그래픽 사용자 인터페이스와 게임을 진행하기 위해 플레이어에게 필요한 게임 컨트롤 모두가 포함된다. 사용자 인터페이스는 OSD[on-screen display]나 메뉴 같은 복합적인 요소로 구성된다. 게임 컨트롤은 게임을 하는 동안 플레이어가 그들의 캐릭터, 즉 하나의 팀이나 자동차, 군대를 움직이고 조종하는 데 필요한 방식을 의미한다. 게임을 좀 더 다양하게 즐기기 위한 카메라 시점의 변경이나 라이팅 효과의 설정 등도 포함된다. 게임은 또한 해당 장르에 특화되어 있는 다양한 컨트롤러, 즉 비행 시뮬레이션을 위한 조이스틱이나 리듬 비트 게임을 위한 일렉 기타 모양의 컨트롤러, 자동차 경주 게임을 위한 스티어링 휠과 같은 장비를 지원해야 한다.

플랫폼에 따라 다른 메모리 사용량과 그에 따른 제약에서도 게임을 원활하게 구동하는 게임 코드와 에셋 역시 사용자의 품질 인식에 중요한 영향을 미치는 요소다. 카트리지, CD-ROM, DVD, 디지털 다운로드 혹은 가상 현실 콘텐츠와 같이 게임이 제공되는 형태에 따라 허용되는 메모리의 크기도 달라지며 이 범위 안에서 충분히 게임이 원활하게 구동될 수 있게 해야 한다.

많은 메모리를 필요로 하는 게임은 다양한 게임 에셋들이 메모리에 저장됐다가 호출되는 과정에서 상당한 시간이 소모되므로 게임 자체의 성능에도 영향을 미칠 수 있다. 원거리에 위치한 서버에서 게임 콘솔이나 PC, 혹은 모바일 게임 디바이스로 에셋이 전송돼야 하는 경우에는 그 성능 차이가 더 현격해질 수 있다. 만약 게임 코드와 에셋이 가장 저렴한 디바이스의 한정된 메모리 범위 안에서 구현이 불가능하다면 해당 게임의 시장 점유율과 잠재 이익은 줄어들 수밖에 없을 것이다.

휴대용 디바이스와 콘솔 게임기들은 PC처럼 메모리를 업그레이드하기에 적합하지 않다. 게임은 보드에 고정되어 있는 칩이나 해당 디바이스를 지원하는 외장형 메모리, 하드 드라이브 같은 형태로 구현된 메모리 안에서 구동돼야 한다. 메모리의 관점에서 살펴볼 때 모바일 게임이 가장 제약이 심하고 게임의 라이프 사이클이 진행될수록 점점 더 많은 메모리를 사용하는 경향이 있다. 따라서 모바일과 콘솔 게임을 즐기는 사용자들은 그들의 하드웨어가 제공하는 사용 가능한 메모리의 한계점에 다다랐을 때 조금 덜 중요하다고 생각하거나 자주 사용하지 않는 게임을 지우고 그들의 시선을 강탈한 새로운 게임을 설치해야 할지 결정해야만 한다.

'코드 크런칭code crunching' 단계에서 발생하는 모든 업무는 게임 개발 사이클의 후반부에 발생할수록 더 비싼 비용을 지불해야 한다. 이 단계에서 발생한 문제를 줄이는 데만 비용이 소모되는 것이 아니다. 미디어나 제한된 메모리 안에서 구동되도록 잘못 작성된 게임 코드를 수정하고 에셋을 다시 만드는 작업은 필연적으로 새롭고 더 찾기 힘든 버그를 프로젝트 막바지에 만들어낼 수밖에 없다. 게임 개발과 프로젝트 관리, 결함 추적, 형상 관리와 테스트라는 모든 측면에서 막대한 비용이 지불돼야 하는 것이다.

게임 품질 평가

실제 게임의 품질은 게임의 디자인과 이를 코드에 지속적으로 구현하는 데에서 얻어진다. 어떤 것이 만들어졌고, 어떤 것이 만들어져야 하느냐의 차이를 알아내기 위해 이를 평가하는 행위가 반드시 수행돼야 한다. 이를 통해 알게 된 차이점은 게임이 배포되기 전에, 혹은 게임이 배포된 이후에라도 수정돼야 한다.

게임을 평가할 수 있는 가장 좋은 수단은 바로 테스트다. 이를 통해 게임 코드가 실제로 의도한 기능을 수행하는지 판단할 수 있다. 사실 테스트가 게임 내 결함을 찾을 수 있는 가장 경제적인 수단은 아니다. 문제를 찾아내는 가장 좋은 방법은 그것이 만들어지자마자 바로 찾아내는 것이다.

게임 산출물이 만들어지자마자 피어 리뷰peers review를 수행한다면 해당 부분이 게임의 다른 부분과 통합되기 전에 즉각적인 피드백을 제공하고 이를 통해 문제점을 즉시 수정할 수 있는 기회를 제공할 수 있다. 만약 프로젝트의 마지막 단계에서 이러한 결함을 찾아내고 수정해야 한다면 이 과정은 훨씬 어려워지고 비용이 많이 들어갈 것이다.

피어 리뷰에는 다양한 사람들이 참가한다. 가끔은 테스터들도 참가해달라는 요청을 받는다. 참여 요청을 받았음에도 불구하고 리뷰를 수행하는 데 필요한 시간과 노력을 기울이지 않는다면 당신과 당신의 팀은 점점 더 피어 리뷰에 초대받기 힘들어질 것이다. 만일 초대를 받는다면 이를 심각하고 진지하게 받아들여야 할 것이다.

워크스루

워크스루walkthrough는 피어 리뷰의 한 형태다. 일반적으로 워크스루의 개요는 다음과 같다.

1. 리더(예를 들어, 디자이너)가 회의실을 예약하고 워크스루 시간을 잡는다.
2. 리더는 리뷰 대상에 대한 범위, 목적 그리고 특별히 고려해야 될 만한 상황 등을 설명하면서 회의를 시작한다.
3. 리더는 문서화된 텍스트와 다이어그램들을 나열하고 발표한다.
4. 참석자들이 질문하고 이슈를 제기한다.
5. 워크스루 동안 제기된 새로운 이슈들은 회의 중간에 기록된다.

회의실은 참가하는 사람들의 숫자에 맞게 안락한 공간이어야 하며 발표용 프로젝터를 갖추고 있어야 한다. 리더와 참가자들이 질문하고 답하기 위해 화이트보드나 커다란 종이를 올릴 수 있는 거치대도 필요하다. 참가자의 숫자는 6~8명 정도가 적당하다. 워크스루가 팀 회의로 바뀌어서는 안 된다. 워크스루에서 만들어내는 산출물에서 영향을 받을 수 있는 부서의 대표자들이 참여하는 회의가 돼야 한다. 예를 들어, 코드 디자인에 관한 워크스루에는 굳이 아트 팀의 누군가가 참여할 필요는 없다. 하지만 그래픽 서브시스템 디자인에 관한 발표가 있다면 숙련된 게임 아티스트가 참석해야만 한다. 테스트 팀에 영향을 줄 수 있는 모든 워크스루에 반드시 테스트 리드가 초대될 필요는 없다. 만약 그런 일이 벌어진다면 리드가 가진 게임에 관한 지식과 워크스루를 통해 얻은 경험들이 원활하게 다른 테스터들에게 전달되지 않을 것이다. 테스트 리드는 모든 워크스루에 참여하느라 너무 많은 시간을 소비하게 될 것이며, 오히려 본업인 테스트 리딩에 충분한 시간을 할애하지 못하게 될 것이다. 테스트 리드와 협의해 그 대신 참석할 수 있는 또 다른 대표자를 찾아보는 것이 좋다. 만약 당신이 테스트 리드라면, 당신을 대신해 참석할 수 있는 역량 있는 사람들을 보내는 편이 좋을 것이다.

테스트 워크스루를 수행한다면 그와 관련된 개발자 한두 명을 반드시 초대해야 한다. 테스트를 통해 확인하려는 바가 개발을 통해 의도된 바와 일치하는지 확인하는 일은 아주 중요하며, 개발자를 워크스루에 참여시킴으로써 이를 확인하는 좋은 기회를 갖게 되는 셈이다. 그 반대로, 테스터 스스로 디자인이나 코드와 관련된 워크스루에 초대받을 수 있도록 만들어야 한다. 이를 위해 당신의 팀이 게임 디자인과 프로그래밍 언어의 기본적인 것들을 배우고 가다듬어나갈 수 있게 해야 한다. 비록 디자이너나 개발자들이 만든 산출물에 어떤 추가적인 코멘트를 하지 못한다고 하더라도, 워크스루를 통해 배운 것을 활용해 당신이 수행하는 테스트 자체를 더 좋은 것으로 만들 수 있기 때문이다.

또한 당신의 팀원들을 필요한 워크스루에 참가시켜 멘토링을 수행하거나 역량을 향상할 수 있는 기회로 삼아야 한다. 워크스루에 참여한 '손님'들은 회의가 진행되는 동안 그들의 질문과 코멘트에 제약을 받게 된다. 또한 이들은 회의의 '주인'과 함께 회의가 진행되는 동안 제기되는 모든 질문, 예를 들어 사용하고 있는 디자인 방법론 같은 것들을 살피고 공부할 기회를 갖게 된다. 모든 워크스루에서 이런 것들이 수행될 수 있는 것은 아니지만, 워크스루에서 다루는 주제에 관해 기본적인 지식이 있는 사람들이 참석한다면 해당 분야의 리드로 발전할 수 있는 기회를 만들어줄 것이다.

다양한 프로젝트 안건에 따라 각각 워크스루에 초대할 수 있는 분야의 대표자들은 다음과 같다.

- **기술 디자인 문서**^{TDD, Technical Design Document} : 테크 리드, 아트 디렉터, 프로듀서, 프로젝트 매니저
- **스토리보드**: 프로듀서, 개발 리드, 아티스트
- **소프트웨어 품질 보증 계획**^{SQAP, Software Quality Assurance Plan} : 프로젝트 매니저, 프로듀서, 개발 리드, 테스트 리드, QA 리드, 개발자
- **코드 디자인, 그래픽**: 관련 핵심 개발자, 아트 대표자, 테스트 대표자
- **코드 디자인, 그리고 이와 관련된 다른 항목들**: 관련 핵심 개발자, 테스트 대표자
- **코드**: 핵심 개발자, 핵심 테스터
- **테스트 계획**: 프로젝트 매니저, 프로듀서, 개발 리드, 핵심 테스터
- **테스트**: 기능 개발자, 핵심 테스터

워크스루를 통해 논의할 수 있는 주제는 다음과 같다.

- 구현 가능한 항목
- 상호작용
- 적합한 영역
- 앞선 작업 산출물에 대한 추적성
- 완성도

회의가 진행되는 동안 제기되는 모든 질문은 기록돼야 한다. 때론 발표하는 사람이 간단한 대화를 통해 자신의 실수를 인지할 수 있다. 워크스루야말로 이런 기회를 제공하는 적절한 수단이 될 수 있다. 참석자 한 사람이 기록자의 역할을 수행해 발표 주제를 이해하는 데 필요한 이슈와 발표 내용을 기록한다. 다른 참석자들은 이런 정보를 활용해 하위 행위^{downstream activity}, 즉 코딩이나 테스트를 수행한다. 리더는 각각의 이슈를 적절하게 정리해야 하며, 워크스루를 개최한 지 일주일 안에 회의록을 팀에 배포해야 한다. 워크스루에서 만들어진 산출물에 기반한 다른 작업들이 수행되기 전에 QA는 해당 이슈들이 적절하게 처리됐는지 확인해야 한다. 이와 관련된 기록 역시 참가자들에게 배포돼야 한다.

리뷰

리뷰는 워크스루에 비해 좀 더 긴밀하게 진행된다. 더 적은 사람들이(일반적으로 4~6명 정도) 참석하며, 리뷰어들의 발언에 좀 더 많은 시간이 할애된다.

리뷰어들은 회의 이전에 의견을 준비해야 하며 이를 리더에게 제출해야 한다. 이를 통해 실제 회의가 수행되기 전에 그들의 의견을 미리 확인할 수 있다. 메일이나 메신저 등을 통해 의견을 제출하는 것이 편집하기도 쉽고 이해를 돕기에 편하다. 만약 이런 방법이 아니라 직접 손으로 쓴 메모를 제출하고 싶다면 리더가 언제 이를 받을 수 있는지 사전에 알려줘야 한다. 리뷰 리더는 이렇게 제출된 의견을 모아 리뷰에서 다룰 문서를 작성하기도 한다. 이는 필수 항목은 아니다.

리뷰는 저자와 리뷰어가 토론하는 자리가 될 수도 있고, 리더가 제출된 의견에 궁금한 점이 있어 개인적으로 리뷰어를 만나 질문을 던지는 자리가 될 수도 있다. 저자와 리뷰어가 토론하는 형태의 리뷰라면, 저자는 리뷰 회의 이전에 리뷰어들이 제출한 의견들을 검토하고 동의할 수 없거나 질문해야 할 이슈들을 간추려 어느 정도의 시간이 소모될지를 정한다. 리뷰 회의는 화상 회의 솔루션을 사용해 가상으로도 수행될 수 있다. 이는 독립된 공간과 시간대에 속한 여러 스튜디오가 한 프로젝트에 참여하는 경우 유용하다.

회의가 진행되는 동안 일반적으로 리뷰 리더가 회의록을 작성하고 각 아이템의 해결 방법을 팀에 배포한다. 리뷰어의 의견이 저자와 다른 경우도 있다. 이런 경우 기술적인 문제에 관한 결정은 저자가 수행하고, 절차상의 문제라면 QA에 의해 해결될 수 있다.

체크리스트 기반의 리뷰

리뷰의 또 다른 형태는 오직 두 사람, 즉 저자와 리뷰어 사이에 수행되는 것이다. 이 경우 리뷰어는 저자의 산출물에 실수나 누락된 것은 없는지 체크하기 위해 체크리스트를 사용한다. 체크리스트는 꼼꼼하게 작성돼야 하며, 리뷰의 대상이 되는 산출물에서 일반적으로 범하기 쉬운 실수들에 기반해 작성돼야 한다. 요구사항, 코드 그리고 테스트 리뷰 같은 다양한 종류의 리뷰에서 각기 다른 체크리스트를 사용한다. 게임 프로젝트에서도 게임에 특화된 체크리스트를 사용한다. 또한 체크리스트는 늘 새롭게 나타나는 실수의 양상을 반영할 수 있도록 끊임없이 개선돼야 한다. 체크리스트를 사용해 리뷰를 진행하는 동안 리스트에 없는 실수가 발견됐다면 이 역시 기록되고 다음 버전의 체크리스트에 반영돼야 한다. 기술의 변화나 체크리스트를 작성하는 사람의 변화, 그리고 방법론의 변화 등으로 인해 체크리스트에 새로운 아이템이 추가된다.

인스펙션

인스펙션은 리뷰보다 더 구조적인 기법이다. 페이건 인스펙션^{Fagan Inspections}이야말로 다른 인스펙션 방법들이 유래한 근본적인 방법론이라고 할 수 있다. 페이건 인스펙션은 1970년대 마이클 페이건^{Michael Fagan}이 IBM에 재직할 당시 일구어낸 성과를 토대로 정의한 것이며, 현재는 페이건 디펙트 프리 프로세스^{Fagan Defect-Free Process}를 구성하는 일부로 남아있다. [FAGAN16]을 통해 더 많은 내용을 살펴볼 수 있을 것이다.

페이건 인스펙션은 다음과 같이 진행된다.

1. 계획^{Planning}
2. 오버뷰^{Overview}
3. 준비^{Preparation}
4. 회의^{Meeting}
5. 재작업^{Rework}
6. 후속조치^{Follow-up}
7. 원인 분석^{Causal Analysis}

인스펙션 회의의 참가자는 4명으로 제한되며, 각 세션은 2시간을 넘길 수 없다. 상대적으로 규모가 큰 작업들은 좀 더 작은 규모의 여러 세션으로 분할돼야 한다. 이 가이드라인이 지켜지지 않는다면 인스펙션의 효율은 점점 더 떨어질 것이다. 1시간에 얼마나 많은 페이지나 코드를 인스펙션할 수 있는지 측정하는 방법을 통해 인스펙션의 효율을 가늠하기 힘들다면, 인스펙션의 처음 10개 항목 혹은 그와 비슷한 분량을 정해 이를 인스펙션하는 데 얼마나 많은 시간이 소모되는지 측정한다. 이를 토대로 향후에 수행할 인스펙션에 얼마나 많은 세션과 시간이 필요할지 계산할 수 있을 것이다.

페이건 인스펙션에서 모든 참가자는 고유한 역할을 수행한다. 모더레이터^{Moderator}는 저자와 구별되며 인스펙션을 진행하고 인스펙션의 대상이 사전 정의된 기준을 충족하는지 점검한다. 체크리스트 리뷰를 수행하는 것과 동시에 인스펙션할 대상들을 점검할 기준을 만들어놓아야 한다. 대상이 기준을 충족하면 모더레이터는 리뷰 회의 일정을 수립하고 리뷰에 앞서 수행되는 '오버뷰' 세션을 준비한다. 오버뷰 참가자들은 인스펙션의 범위와 목적을 논의한다. 아울러 참가자들은 각자 질문을 던질 수 있는데, 오버뷰에서 바로 답변이 가능할 수도 있고 이후 인스펙션 회의에서 답변이 가능할 수도 있다. 일반적으로 오버뷰와 인스펙션 회의 사이에는 이틀 정도의 공백이 있다. 이는 리뷰어들에게 적절한 준비 시간을 주기 위한 것이다.

각 인스펙터들은 인스펙션 회의에서 수행할 역할을 분담한다. 독자는 인스펙션 대상을 자신의 관점에서 관찰하고 설명해야 한다. 이 단계에서는 대상에 구현된 모든 정보와 행위에 대해 다양한 커뮤니케이션이 수행된다. 이를 통해 독자는 인스펙션의 대상이 저자가 의도한 기능에 부합하는지 판단한다. 예를 들어, 다음과 같은 코드를 인스펙션한다고 가정해 보자.

```
LoadLevel(level[17], highRes, 0);
```

일단 'high res와 zero 값을 갖는 레벨 17의 LoadLevel을 호출하라'라고 해석할 수 있다. 인스펙션에 더 적합한 해석은 '반환값을 체크하지 말고 LoadLevel을 호출하라. 17번 상수 인덱스와 저장된 highRes 값, 그리고 하드 코딩된 0을 사용하는 레벨 정보를 전달하라'가 될 수 있다. 두 번째 해석은 다음과 같은 잠재적인 이슈를 제기한다.

1. LoadLevel의 반환값이 검증되지 않았다. 성공을 표시하는 값을 반환하거나, 혹은 당신이 로드하려고 했던 레벨이 실제로 로드됐는지 확인하기 위한 레벨 넘버를 반환해야 하지 않는가?

2. 레벨을 표시하기 위해 상수 인덱스를 사용하는 것은 그리 좋은 방법이 아니다. 레벨 넘버는 이 코드가 소유하고 있는 루틴을 경유해 도출된 값을 설정하는 것이 좋다. 향후 레벨 넘버링을 재조정해야 하는 경우를 고려해 숫자 17보다는 좀 더 구체적인 정보를 전달할 수 있는 HAIKUDUNGEON 같은 상숫값으로 교체하는 것도 좋은 방법이다.

3. 값 '0'은 이 값이 할당된 함수나 파라미터에 대한 어떠한 설명도 제공하지 않는다.

테스트 케이스를 읽을 때도 비슷한 결과를 얻을 수 있다. 다른 사람들이 당신이 작성한 테스트 스텝을 문자 그대로 읽어들인다면 테스트 케이스가 작성된 의도를 정확하게 인지하지 못할 수도 있다.

테스터가 꼭 테스트 팀에 소속된 사람일 필요는 없다. 인스펙트 대상 자체에 모순은 없는지, 혹은 기반이 되는 프로젝트 문서와 일치하는지와 같은 의문을 제기할 수 있는 사람이라면 누구나 수행할 수 있는 역할이다. 인스펙트 대상이 향후의 프로젝트에도 얼마나 적합할지, 그리고 어떻게 테스트될 수 있는지 예상할 수 있다면 이 또한 큰 도움이 된다.

기록자^{Recorder}는 인스펙션이 진행되는 동안 제기된 이슈에 대해 자세한 기록을 남긴다. 기록자는 참여하는 4명 중 누구라도 수행할 수 있는 부차적인 역할이다. 독자가 기록자를 맡는 것보다는 모더레이터가 기록자의 역할을 함께 수행하는 것이 더 좋은 선택이라고 할 수 있다. 모더레이터는 현재 논의하고 있는 대상에 대해서만 논의가 이뤄지도록 제한하는 역할도 수행해야 한다.

회의가 진행되는 동안 참가자들은 그들의 역할에 제약이 있다는 느낌을 받지 않아야 한다. 이들은 발생 가능성이 있는 이슈에 대해 논의하고, 인스펙션 대상을 어떻게 해석할지에만 집중할 수 있어야 한다. '유령 인스펙터^{Phantom Inspector}'를 참여시키는 것도 인스펙션을 성공적으로 수행할 수 있는 방법이다. '유령 인스펙터'라는 단어는 실제 사람을 칭하는 것도 아니고, 그렇다고 초자연적인 증상을 의미하는 것도 아니다. 이 단어는 인스펙션 팀이 한데 모이고 서로의 역할을 이해함으로써 얻게 되는 부가적인 효과를 설명하는 단어다. 즉, 4명이 모여 6명의 효과를 내는 인스펙션을 수행했다면 이 인스펙션에는 2명의 유령 인스펙터가 참가한 것이다.

인스펙션 회의가 종료되면 모더레이터는 재작업이 수행돼야 하는지 결정한다. 또한 모더레이터는 저자와 함께 이슈가 종결될 때까지 이슈를 확인한다. 변화의 규모나 복잡함에 따라 추가적인 인스펙션이 필요할 수도 있다.

이 프로세스의 최종 단계에는 제품(인스펙트된 아이템) 결함의 원인 분석과 함께 인스펙션 프로세스(오버뷰, 준비, 회의, 그 밖의 단계들)의 문제점에 대한 분석도 포함된다. 어떻게 해야 오버뷰 작업이 더 도움이 될 것인지, 혹은 더 정확한 컴파일러 플래그^{flag}를 사용해 특정한 코드 결함을 커밋하기 전에 표시하는 것이 필요한지와 같은 문제들이 논의될 수 있다.

게임 표준

QA 팀이 수행해야 하는 다양한 업무 중에서도 가장 중요한 일 중 하나는 바로 프로젝드 산출물이 적합한 포맷을 따르게 하는 것이다. 여기에는 게임에 적용되는 다양한 표준을 준수하는지 확인하는 일도 포함된다. 사용자 인터페이스 표준과 코딩 표준은 게임 소프트웨어에 적용될 수 있는 두 가지 종류의 표준이다.

사용자 인터페이스 표준

사용자 인터페이스$^{UI, user interface}$ 표준은 플레이어가 하나의 게임을 그 자체로 인식할 수 있도록 도와준다.

나음은 롭 카미노$^{Rob Camino}$가 2004년 GDC에서 발표한 '크로스 플랫폼 사용자 인터페이스 개발$^{Cross-Platform User Interface Development}$'[CAMINOS04]에서 발췌한 사용자 인터페이스 표준의 몇 가지 예다. QA는 테스트하는 게임이 다음과 같은 표준 항목과 특성을 갖고 있는지 확인할 필요가 있다.

1. 여유 공간을 만드는 데 비용이 들더라도 텍스트는 크고 굵어야 한다.
2. 모든 활자의 크기는 동일해야 한다.
3. 소문자 사용을 피하라. 대신 작은 크기의 대문자를 사용한다.
4. 가능하다면 폰트의 아웃라인을 사용하라.

5. 화면상의 키보드는 실제 키보드와 외관이 비슷해야 한다.

6. 알파벳, 기호 그리고 액센트 문자 그룹을 화면상의 키보드에서 세 구역으로 나누어 설정한다.

7. 완료^{Done}, 스페이스^{Space}, 백스페이스^{Backspace}, Caps Lock, 그리고 문자 그룹 간의 전환 같은 일반적인 기능은 게임 컨트롤러에서 사용 가능한 버튼에 할당돼야 한다.

8. 스페이스와 백스페이스 키보드 기능을 왼쪽과 오른쪽 숄더 버튼에 할당하라.

9. 각 메뉴는 한 화면 안에 맞게 구성돼야 한다.

10. 커서는 현재 선택된 메뉴 아이템으로 주목을 끌기 위해 화려하게 표시돼야 한다.

11. 수평적인 메뉴 구성은 피하라.

12. 수직적인 메뉴에는 6~8개 이상의 아이템이 있어서는 안 되며, 각 아이템은 버튼을 가져야 한다.

13. 메뉴는 순환적이어야 하며, 플레이어가 반복해서 메뉴를 살펴보며 선택할 수 있게 해야 한다.

14. 텍스트 로컬라이제이션^{localization}을 위한 여유 공간을 남겨놓아야 한다. 독일어 같은 일부 언어는 게임에 최초로 사용된 언어보다 단어당 더 많은 글자를 필요로 한다.

15. 기능이 명시된 텍스트와 버튼을 선으로 연결하는 대신 기능이 명시된 텍스트 바로 옆에 버튼 아이콘을 배치해야 한다.

16. 컨트롤러상에서 버튼 아이콘의 위치를 보여줘야 한다.

17. 버튼 기능에서 썸스틱$^{thumb-stick}$[1] 버튼의 기능들을 분리하라.

일반적으로 F1 버튼이 도움말 기능을 의미하는 것과 같이 각 키보드에 거의 표준에 가까운 기능이 할당돼야 한다. 또한 진동 기능을 지원하는 게임 컨트롤러의 경우 진동 기능을 활성화 혹은 비활성화하기 위한 옵션을 제공하는 것처럼 버튼 및 기능 할당에 유연성을 제공해야 한다.

---

1   썸스틱은 주로 콘솔 게임용 패드 컨트롤러에 붙어 있는 아날로그 조이스틱을 말한다. 주로 양손 엄지손가락으로 이 스틱을 컨트롤한다. - 옮긴이

앞서 살펴본 표준 항목들을 사용해 각 화면을 검증하는 체크리스트를 만들 수 있다. 체크리스트에는 담당 QA의 이름과 평가 날짜, 소프트웨어 빌드의 이름, 체크된 항목과 화면의 이름 같은 다양한 정보가 포함되어 있어야 한다. UI 항목이 코딩되어 배포 빌드에 포함될 때까지 기다릴 필요는 없다. 표준에 맞게 UI가 디자인됐는지 개발자와 함께 체크해봐야 한다. 코드가 배포된 다음에야 구현된 항목들이 개발자의 의도와 부합되는지 확인이 가능한 것들도 있다. 이런 사항들도 UI 표준이 충족되는지 확인하는 목적으로 만들어진 테스트 스위트에 포함돼야 한다.

앞서 살펴본 항목들 중 일부는 당신이 테스트하는 게임에 완벽하게 적용될 수도 있고 일부는 그렇지 못할 것이다. 게임과 게임을 즐기는 사용자들의 상황에 적합한 항목을 사용하면 된다. 중요한 것은 지켜야 하는 표준을 설정하고 각 아이템들이 이 표준을 준수하도록 만들며, 정기적으로 팀이 표준을 준수하는지 확인하는 것이다.

코딩 표준

코딩 표준은 게임 코드가 작성될 때부터 결함이 발생하는 것을 방지해줄 수 있다. 코딩 표준에는 일반적으로 다음과 같은 항목이 포함된다.

- 파일 이름 규정
- 헤더 파일
- 주석과 들여쓰기 스타일
- 매크로와 상수의 사용
- 전역 변수의 사용

코딩 표준 때문에 코드의 내용보다 형식적인 면에 더 많은 주의를 기울이게 된다고 비판하는 사람들도 있다. 이에 반해 개발 도구를 만드는 회사들은 지속적으로 색과 그래프 같은 시각적인 수단을 사용해 코딩을 도와주는 도구를 제공하고 있다. 이 두 진영의 목적은 사실 동일하다. 개발자들이 처음부터 코드를 정확하게 작성하도록 만들고 싶은 것이다.

코딩 표준은 단지 포맷에 관한 규제만은 아니다. 많은 규칙이 이식성^{portability}, 명확성^{clarity}, 모듈성^{modularity}, 재사용성^{reusability} 같은 중요한 이슈를 설명하기 위해 만들어졌다. 하나의

프로젝트에 여러 지역이나 국가에 흩어져 있는 팀이 참가해야 한다면 코딩 표준의 의미는
더욱 커진다. 한 팀에서는 SUCCESS를 0으로 정의하고 다른 팀에서는 1로 정의해 발생한 결
함을 추적하는 것만큼이나 재미없는 일도 없을 것이다.

컴퓨터 어소시에이트 잉그레스Computer Associates Ingres 프로젝트의 C 코딩 표준을 살펴보자.

- 시스템 의존성을 갖는 값을 상수로 사용하지 마라. 대신 이를 상징할 수 있는 단어를
  사용하라(예를 들어, 4294967295 대신 UINT_MAX를 사용하라).
- 상수 유형을 적합하게 표시해야 한다. 예를 들이, long형 상수는 ((long)1)과 같이
  정의돼야 한다.
- NULL 포인터 값으로 문자 0을 사용하지 마라.
- 새로운 유형을 선언하기 위해 #define이 아니라 TYPEDEF를 사용하라.

테스터들은 특정한 상황에서 어떻게 코드 오류가 발생하는지에 대해 단서를 제공해주는
이런 표준을 숙지해야 한다. 예를 들어, 특정 시스템과 관련 있는 값들이 하드 코딩되어 있
다면 해당 시스템에서는 오류가 발생하지만 다른 종류의 시스템에서는 오류가 발생하지
않는 상황도 마주하게 될 것이다. 따라서 시스템과 관련되어 있는 값을 사용하는 기능은
반드시 다른 종류의 시스템에서도 테스트돼야 한다.

프로그래머가 코딩 표준을 준수하고 있는지 점검하는 것도 QA가 수행해야 하는 역할이다.
게임 코드에서 샘플 파일을 추출하고 해당 코드가 표준을 준수하는지 확인하기 위해 수동 혹
은 자동으로 테스트를 수행한다. 만약 당신이 퍼블리셔 QA 혹은 서드 파티 QA라면 원격에
서 파일 접속을 시도해 프로그래머들이 표준을 준수하고 있는지 확인할 수도 있다. 또한 프로
그램 팀이 표준을 준수하고 있다는 증거 제출을 요구해 이러한 업무를 대체할 수도 있다.

게임 품질 측정

좋은 게임이란 대체 얼마나 좋은 것인가? 코드에 얼마나 많은 결함이 내재되어 있는지 측
정할 수 있다면 게임이 얼마나 좋은지 판단하는 데 분명 도움이 될 것이다. 제품에서 결함
을 찾아내는 능력도 고려할 대상이다. 식스 시그마six sigma를 통해 게임의 규모에 따라 얼

마나 많은 결함이 있을지 예측할 수 있는 반면, 페이즈 컨테인먼트^{phase containment}는 고객에게 전달될 때까지 얼마나 많은 결함을 찾아낼 수 있으며, 또한 얼마나 많은 결함이 살아남아 고객에게까지 전달될 수 있는지 예측하도록 도와준다.

식스 시그마 소프트웨어

식스 시그마를 게임에 적용해 출시 가능한 정도의 품질이 어느 정도인지 결정할 수 있다. 일반적으로 이 측정법은 소프트웨어에서 주석(NCSL^{non-commented source lines}이라고도 불림)을 제외한 백만 라인의 코드당 얼마나 많은 결함이 있는지 측정한다. 코드 라인^{LOC, lines of code}은 C, C++, 자바, 비주얼 베이직 같은 다양한 언어들의 추상화 정도가 다르기 때문에 AELOC^{assembly-equivalent lines of code}를 사용해 규정한다. 각 언어가 얼마나 추상적이냐를 나타내는 값이 곱해지는 값이 된다. 예를 들어 일반적인 C 코드는 AELOC 3~4 정도의 값을 갖고, 펄 코드는 약 15 AELOC를 갖는다. 각각의 특정한 개발 환경에 따라 별도로 이런 요소를 측정해야 하며, 이를 활용해 향후의 작업이 어떻게 전개될지 예측이 가능해진다. 향후 다른 언어를 사용해 개발을 진행한다면 해당 부분에 사용된 언어에 맞는 LOC를 곱하기만 하면 된다.

 어셈블리 코드는 PC나 게임 콘솔, 휴대폰 같은 디바이스의 마이크로프로세서가 이해하는 가장 낮은 레벨의 언어라고 할 수 있다. 어셈블리 등가(assembly-equivalence)는 어떤 언어를 사용해 게임이 만들어졌더라도 이를 컴파일링해서 만들어지는 어셈블리 언어의 라인 수를 표시할 때 사용한다.

표 4.1은 시그마 3과 시그마 6 사이의 소프트웨어 품질 측정을 달성하기 위해 요구되는 결함 비율을 보여준다. 6 시그마(백만 라인의 코드에서 단지 3.6개의 결함만이 발견되는 수준)는 일반적으로 탁월한 성과로 간주되며, 5.5 시그마 정도의 수준이면 아주 훌륭한 것이다. 백만 라인 정도의 코드가 나사^{NASA}에서 만드는 소프트웨어에서나 가능한 일이라고 생각한다면 큰 오산이다. 모바일 게임도 쉽게 10만 라인 정도의 코드가 작성된다.

AELOC당 배포되는 결함의 수				시그마 값
20,000	100,000	250,000	1,000,000	
124	621	1552	6210	4.0
93	466	1165	4660	4.1
69	347	867	3470	4.2
51	256	640	2560	4.3
37	187	467	1870	4.4
27	135	337	1350	4.5
19	96	242	968	4.6
13	68	171	687	4.7
9	48	120	483	4.8
6	33	84	337	4.9
4	23	58	233	5.0
3	15	39	159	5.1
2	10	27	108	5.2
1	7	18	72	5.3
	4	12	48	5.4
	3	8	32	5.5
	2	5	21	5.6
	1	3	13	5.7
		2	9	5.8
		1	5	5.9
0	0	0	3	〉6.0

이미 알려져 있는 결함만을 기반으로 시그마 수준을 측정하려 해서는 안 된다. 눈에 보이는 결함만으로 판단한다는 것은 곧 게임 안에 존재하지만 찾아내지 못한 결함들은 전혀 고려하지 않고 있음을 의미한다. 아울러 우리가 찾아내지 못했지만 실제로 이런 결함을 겪고 있는 고객의 상황 역시 고려되지 않은 것이다. 시그마 수준을 계산할 때는 발견됐으나 수정되지 않은 결함들, 고객이 겪고 있는 결함들, 그리고 아직 발견되지 않았지만 게임 내에

잔존하고 있을 것이라고 예측되는 결함들도 포함시켜야만 한다. 시그마 수준을 측정하려면 제품 출시 이후 6~18개월 정도 지나기를 기다렸다가 측정하는 것이 좋다. 출시 이후 지속적으로 만족할 만한 결과를 얻고 있다면, 지금까지 잘된 것은 반복하고 잘못된 것은 개선하는 방식으로 프로젝트를 운영하면 된다. 만약 지금까지의 결과가 그리 좋지 않다면, 어떤 변화를 통해 지금까지 반복한 실수를 피할 수 있을지 심도 깊게 살펴볼 수 있는 좋은 기회가 될 것이다. 우선 프로젝트 기간 동안 QA가 찾아낸 결함 목록을 살펴보는 것부터 시작하는 것이 좋다.

페이즈 컨테인먼트

페이즈 컨테인먼트는 프로젝트의 어떤 단계에서 발생한 결점을 찾아내는 능력을 의미한다. 페이즈 컨테인먼트 효율$^{PCE, Phase Containment Effectiveness}$은 이것이 얼마나 잘 수행됐는지 측정하는 것이다.

프로젝트의 어떤 단계에서 발견된 결점들은 내부 단계 결점$^{in-phase fault}$ 혹은 '에러^{error}'라고 칭한다. 하나의 단계가 끝날 때까지 그 안에서 발견되지 못한 결점들이 살아남아 '결함^{defect}'이 된다. 결점이 있는 부분을 인지하지 못하고 후속 작업이 진행된다면 결함이 발생한다고 정의할 수 있다. 〈이것이 스파이널 탭이다$^{This is Spinal Tap}$〉라는 영화를 보면 45cm 크기의 스톤헨지^{Stonehenge}**2** 모형이 등장한다. 원래 모형 제작 단위로 '피트'가 사용됐어야 했는데 실제로는 '인치'가 사용되어 거의 1/10 크기의 모형이 등장하고 있는 것이다. 누군가가 피트 대신 인치가 사용됐다고 공연 전에 알려주기만 했다면 영화만큼 재미있는 상황은 벌어지지 않았을 것이다.

일반적으로 에러는 리뷰나 워크스루, 인스펙션을 통해 발견된다. 결함은 주로 출시 이전의 테스트나 출시 이후 이를 접하게 되는 사용자들에 의해 발견된다. 결함 역시 리뷰를 통해 발견될 수 있다. 예를 들어, 코드 인스펙션에서 발견된 이슈는 실제로 부정확한 디자인이

---

2   로브 라이너 감독의 1984년 작 영화인 〈이것이 스파이널 탭이다〉에 나오는 내용으로, 대규모 락밴드 공연장에서 피트와 인치를 잘못 계산해 실제 18피트(약 5m 48cm) 규모의 스톤헨지 모형이 내려와야 하는데(핑크플로이드의 초기 공연에 피라미드 같은 거대 인공 조형물을 본뜬 모형을 무대 장치로 활용한 것을 패러디한 것임) 18인치(45cm)의 모형이 내려와 관객으로 하여금 실소를 머금게 하는 장면을 말한다. – 옮긴이

나 요구사항의 결과일 수도 있다. 사전에 발생한 결점을 기반으로 다른 작업이 수행된다면 그 결과로 결함이 발생할 수밖에 없다.

PCE는 각 개발 단계에서 발견된 결점들을 보여줌으로써 이들에 대한 보고와 추적을 가능하게 해준다. 각 단계에서 발견된 결점의 개수를 단계의 이름이 적힌 행에 적는다. 코딩과 관련된 결점을 요구사항 단계에서 발견할 수는 없다. 요구사항을 정리하는 단계에서는 그어떤 코드도 존재하지 않기 때문이다. 내부 단계 결점의 개수를 모든 단계에서 발견된 결점의 합으로 나누면 해당 단계의 PCE를 계산할 수 있다. 그림 4.1에서 디자인 단계의 PCE는 디자인 단계에서 발견된 결점의 개수 93을 디자인에 의해 만들어진 모든 결점의 개수, 즉 93 + 6 + 24 = 123으로 나누어 구할 수 있다. 그 결과는 93/123 = 0.76이다. 그림 4.2는 각 단계별 코드 PCE를 요약해 그래프로 보여준다.

결점이 발견된 단계

생성 단계	요구사항	디자인	코딩	테스트	PCE
요구사항	114	27	4	15	0.71
디자인		93	6	24	0.76
코딩			213	105	0.67
총합	114	120	223	144	

▲ 그림 4.1 게임 코드 페이즈 컨테인먼트 데이터

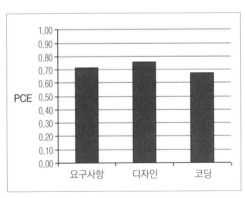

▲ 그림 4.2 게임 코드 페이즈 컨테인먼트 그래프

테스트 결과는 그림 4.3에서 보이는 것과 같이 카테고리별로 세분화될 수 있다. 테스트 카테고리들이 PCE 값을 계산하는 데 직접적인 영향을 미치지는 않지만, 빌드가 배포될 때마다 어떤 영역에서 어떤 문제가 발생하고 있는지를 좀 더 원활하게 파악할 수 있도록 해준다. 이 데이터를 통해 어떤 테스트 업무를 추가적으로 수행해 결함을 더 많이 찾아낼 수 있는지 알 수 있다. 이를 통해 PCE 값도 더 줄일 수 있다. 그림 4.3을 보면 베타 테스트 칸에는 0 값이 들어 있다. 따라서 요구사항, 디자인 그리고 코딩 PCE 값은 현재 시점을 기준으로 얻을 수 있는 최댓값을 보여주고 있는 것이다. 만약 베타 테스트를 통해 새로운 결함들이 발견된다면 이 결함들 역시 앞선 단계에서 생성된 것들이므로 각 단계의 PCE 값은 줄어들 수밖에 없을 것이다.

결점이 발견된 단계

생성 단계	요구사항	디자인	코딩	테스트				PCE
				개발 테스트	데모	알파	베타	0.71
요구사항	114	27	4	11	3	1		0.76
디자인		93	6	19	5	0		0.67
코딩			213	90	10	5		
총합	114	120	223	120	18	6	0	

▲ 그림 4.3 테스트 영역이 추가된 게임 코드 페이즈 컨테인먼트 데이터

앞서 살펴본 사례를 통해 테스트 팀이 게임 코드 내의 결함을 얼마나 잘 찾아낼 수 있는지 이해하는 데 도움이 됐다면, 테스터가 만들어내는 산출물에도 동일하게 적용이 가능할 것이다. 그림 4.4는 테스트 산출물에 대한 PCE 데이터의 예를 보여준다. 그림 4.5는 그림 4.4의 PCE 데이터 예를 그래프로 표시한 것이다.

결점이 발견된 단계

생성 단계	디자인	스크립팅	코딩	수행	PCE
디자인	211	56	23	7	0.71
스크립팅		403	37	16	0.88
코딩			123	24	0.84
총합	211	459	183	47	

▲ 그림 4.4 게임 테스트 페이즈 컨테인먼트 데이터

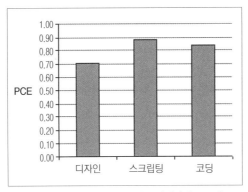

▲ **그림 4.5** 게임 테스트 페이즈 컨테인먼트 그래프

테스트 PCE 데이터가 보여주고 있는 것처럼 게임 코드에 대한 테스트가 수행되기 전까지 전혀 인지할 수 없는 결점들도 있다. 이런 문제들은 테스트를 수행하는 테스터에 의해 테스트 결함으로 밝혀질 수 있다. 또는 분석이나 리테스트를 통해 코드가 아닌 테스트가 잘못됐다는 사실이 밝혀지기 전까지는 실제 코드 결함이 아니지만 코드 결함이라고 치부될 수도 있다. 이런 결함들을 찾아내기까지 얼마나 많은 시간이 걸릴지 상상할 수 없을 것이다.

PCE는 테스트가 얼마나 잘 수행됐는지 측정하는 지표가 아니라는 사실을 명심해야 한다. 이것은 테스트를 디자인하고 스크립트를 작성하고 테스트 코드를 만드는 과정에서 발생하는 결점을 얼마나 잘 찾아낼 수 있는지 측정하는 것이다. 어떤 실수라도 발견되는 즉시 바로 수정돼야 한다. 발견되지 못한 테스트상의 실수는 곧 게임의 품질 자체에 영향을 미칠 수 있다. 테스트가 누락되거나 테스트 결과를 잘못 처리함으로 인해 결국은 돈을 내고 게임을 즐기는 고객에게까지 버그가 전달될 수 있는 것이다.

식스 시그마와 PCE를 동시에 향상할 수 있는 방법을 모색해야 한다. 만약 모든 단계에서 100%의 컨테인먼트를 달성했다면 각 단계별로 테스트를 한 번씩만 수행해도 되고 그 모든 테스트가 성공한 것으로 처리될 것이다. 고객들은 어떤 문제도 마주할 수 없을 것이며, 패치를 할 이유도 없을 것이다. 이를 통해 상당한 시간과 비용을 절약할 수 있을 것이다. PCE는 만들어진 결점과 발견된 결점의 상관 관계이므로 PCE를 낮춤으로써 두 가지 포인트를 모두 공략할 수 있다. 프로그래머는 결점 생산을 방지하기 위해 그들의 능력을 향상할 수 있으며, 테스터와 QA는 결함을 찾아내는 능력을 향상할 수 있다. PCE를 낮추기 위한 기본적인 전략은 다음과 같다.

- 테스트 대상에 대한 이해를 높이고 적합한 훈련 과정을 제공한다.
- 성공적인 성과를 내고 있는 팀 구성원을 다른 구성원들의 멘토로 삼는다.
- 성공적인 성과를 내고 있는 사람들의 방법론을 문서화하고 이를 팀 내에 공유한다.
- 현재의 방법론과 표준을 준수하도록 유도한다.
- 'by design'[3] 항목을 표준에 추가해 결점을 방지한다.
- 산출물을 만드는 과정에서 사전에 관련된 문법을 인지하고 이를 색으로 구별해주는 방식의 도구를 도입한다.
- 산출물을 생성한 다음 컴파일러와 메모리 누수를 체크해주는 도구를 도입한다.

품질 계획

모든 게임 프로젝트는 프로젝트가 진행되는 동안 어떻게 품질이 측정되고 추적될 것인가에 대한 계획을 수립해야 한다. 일반적으로 소프트웨어 품질 보증 계획[SQAP, Software Quality Assurance Plan]을 통해 이런 내용이 정리된다. 사실 SQAP에는 게임 테스트에 관한 내용은 하나도 없다. 이 문서는 오직 소프트웨어의 테스트 계획만을 다루고 있다. SQAP는 독립적인 모니터링과 제품 품질의 수정, 그리고 프로세스 품질 이슈 같은 항목들과 연관되어 있다. 여기에는 다음과 같은 항목이 포함되어 있으며, 대부분은 이 장에서 더 자세하게 다룰 것이다.

- QA 인력
- 제품에 사용돼야 할 표준
- 수행돼야 할 리뷰와 감사
- 작성돼야 하는 QA 기록과 보고서
- QA 문제 보고와 수정 활동
- QA 도구, 기법, 그리고 방법론
- QA 메트릭스

---

3 일반적으로 테스터가 버그로 등록했으나 검토 결과 디자이너나 개발자가 의도한 것일 때, BTS의 상태를 'by design'으로 변경한다. – 옮긴이

- 부품 공급자 제어
- QA 기록 수집, 유지보수 그리고 재사용
- 필요한 QA 훈련
- QA 리스크 관리

 이 책과 함께 제공하는 자료에서는 이러한 항목들이 포함된 SQAP 템플릿 문서[SQAP11]를 제공하고 있으니 참조하기 바란다.

QA 인력

SQAP는 QA 팀을 어떻게 구성할 것인가부터 설명하고 있다. QA 보고서를 직접 작성하는 최일선의 QA 엔지니어는 어떤 사람이며, 또한 그 보고서의 작성 책임자는 누구인지를 명시한다. QA 보고 라인이 게임 개발과 관련된 스태프들로부터 독립적이라는 사실을 확실하게 밝혀줘야 한다. 이를 통해 QA 이슈를 더 상부로 보고할 수 있게 되며, 프로젝트가 진행되는 동안 다른 부서와 어떤 관계를 맺고 유지해야 하는지 이해할 수 있게 된다. QA 매니저와 개발 디렉터가 좋은 관계를 유지한다면 이는 QA와 개발자 모두에게 긍정적인 영향을 미칠 것이다.

QA 팀원 모두에게 해당 프로젝트에서 맡게 될 역할을 설명해줘야 한다. 그들 각각이 수행해야 하는 업무를 가능한 한 상세하게 설명해줘야 한다. 어떤 사람에게 회사의 UI 표준에 맞추어 사용자 인터페이스가 만들어졌는지 확인하는 작업을 맡겨야 한다면 우선 회사의 UI 표준이 어떤 것인지 자세하게 설명해야 할 것이다. 정적 코드 분석 도구를 사용해 코드 샘플을 점검해야 한다면 역시 그 업무 내용을 자세하게 설명해줘야 한다. 목록이나 표를 사용해 이러한 업무 정보를 기록해야 한다.

엄밀하게 말해서 QA와 테스트는 분리되고 구별되는 직능이라고 할 수 있다. QA가 감사^{auditing}와 추적^{tracking} 그리고 보고^{reporting}와 좀 더 깊은 관련이 있는 반면, 테스트는 게임 안에 존재하는 결함을 찾아내고자 부단히 테스트를 수행하는 것과 관련이 있다. 규모와 역량에 따라 어떤 팀에서는 QA와 테스트 팀이 분리되지 않는 경우도 있다. 비록 일부 혹은 전체 구성원이 양쪽의 일 모두를 수행한다고 하더라도 본질적으로 이 두 업무는 독립적으로 진행되는 것이 좋다.

표준

이 절에서는 두 가지 표준을 설명할 것이다. 첫 번째는 제품 표준^{product standards}이며, 두 번째는 프로세스 표준^{process standards}이다. 제품 표준은 게임 프로젝트 산출물의 기능에 적용된다. 여기에는 코드와 그래픽뿐만 아니라, 출력되는 다양한 형태의 인쇄물도 포함된다. 프로세스 표준은 어떤 것을 만들어내는 방식에 적용된다. 여기에는 파일 네이밍 표준, 코드 포맷 표준, 기술 디자인 문서와 같이 프로젝트 기간 동안 끊임없이 업데이트돼야 하는 문서들노 포함된다. 모든 표준은 또한 그 표준이 적용돼야 하는 대상을 명시해야 한다. 그 이후에 QA들이 어떻게 이를 모니터링하고, 표준과 일치하지 않는 사항에 대해 어떻게 조치해야 하는지도 설명해줘야 한다.

리뷰와 감사

QA에 의해 수행되는 리뷰는 개발자가 코드를 대상으로, 혹은 테스터가 테스트 디자인을 대상으로 수행하는 것과는 다르다. 일반적으로 QA 리뷰는 QA 엔지니어 한 사람에 의해 수행되며, 체크리스트나 표준을 가지고 작업 산출물이나 현재 진행 중인 프로세스를 평가한다. QA 리뷰와 감사는 게임 프로젝트 내의 모든 단계와 그룹을 대상으로 한다. 프로젝트 문서, 프로젝트 계획, 코드, 테스트, 테스트 결과, 디자인, 그리고 사용자 문서 안에 포함된 모든 것이 QA 리뷰의 대상이 된다. QA는 또한 팀이 사용하는 작업 프로시저에 대해 감사를 수행한다. 여기에는 코드 인스펙션 프로세스, 파일 백업 프로시저, 그리고 도구를 사용해 게임 성능을 측정하는 것도 포함된다.

리뷰와 감사는 프로세스의 산출물에 대해 수행된다. 문서상에서 채워져야 할 모든 영역이 적합한 유형의 데이터로 채워졌는지, 그리고 검수에 필요한 사인을 받았는지 등을 체크하는 것이다. 감사의 또 다른 방법은 실제로 수행되는 프로세스 자체를 관찰하는 것이다. 피어 리뷰, 테스트 프로시저, 그리고 주(週) 단위로 이뤄지는 백업 과정을 감사하는 것이 효과적이다. 백업된 파일을 복구하는 것과 같이 자주 발생하지 않는 상황은 그런 일이 필요할 때 해당 기능이 정상적으로 동작하는지를 확인하기 위해 QA에 의해 한 번 정도 수행될 수 있다.

QA 스스로 독립적으로 수행할 수 있는 리뷰가 필요하다. 만약 동시에 여러 개의 게임 프로젝트가 진행되고 있다면 각 프로젝트의 QA 팀이 각기 다른 프로젝트 팀의 산출물을 리뷰할 수도 있다. 이를 통해 SQAP에서 명시된 일들이 잘 수행되고 있는지 확인하고, 이에 대한 피드백과 의견을 나눈다. 만약 다른 QA 팀이 존재하지 않는다면 테스트 부서나 아트, 개발 팀 등 다른 부서의 사람에게 체크리스트를 사용해 QA 산출물을 리뷰해달라고 요청할 수도 있다.

SQAP에서 명시된 QA 업무는 QA 구성원들이 할당된 모든 업무를 원활하게 수행할 수 있는 충분한 시간을 가질 수 있도록 계획돼야 한다. 전체 프로젝트 스케줄과 마일스톤에 이런 업무 시간이 반영돼야 하며, 이를 통해 감사가 계획된 시점을 파악하고 해당 기간에 감사의 대상이 되는 제품이나 업무를 언제까지 완료해야 할지 파악할 수 있게 된다.

다른 사람들의 작업을 방해할 수 있는 QA 활동들, 예를 들어 백업을 리스토어하거나 누군가와 한 달 동안 TDD 업데이트를 리뷰하는 것과 같은 업무는 전체 프로젝트 스케줄에 반영돼야 한다. 이를 통해 해당 업무의 영향을 받는 사람들이 미리 감사를 준비하거나 참가하는 데 필요한 시간을 벌어야 한다. 코드 리뷰 같은 업무에는 굳이 이런 준비가 필요하지 않다. 코드 리뷰는 QA가 참가하지 않아도 수행이 가능하기 때문이다.

피드백과 보고서

SQAP에는 SQA 업무가 진행되는 동안 어떤 종류의 보고서가 발행돼야 하며 이를 통해 부서 간에 어떤 커뮤니케이션이 수행돼야 하는지 명시되어 있다. 또한 보고에는 계획 대비 SQA 업무가 얼마나 진행됐는지, 그리고 현재 상태는 어떤지가 반드시 포함돼야 한다. 또한 얼마나 자주 QA 팀의 결과가 보고되는지, 그리고 어떤 방식으로 보고되는지도 기록돼야 한다. 주의를 기울여야 하는 항목들은 주기적으로 보고돼야 한다. 자주 수행하지 않는 감사와 리뷰 같은 경우는 더 오랜 간격을 두고 보고돼도 상관없다. 예를 들어, QA 팀은 테스트 결과에 대한 감사 보고서는 주간으로 발행하지만 백업 및 리스토어 과정에 대한 감사 보고서는 분기마다 발행할 수 있다. 테스트 결과 감사는 테스트가 시작하자마자 바로 수행 돼야 하며, 프로젝트의 전체 기간에 걸쳐서 지속돼야 한다. 백업 및 리스토어 업무에 대한 감사는 개발이 시작되면 바로 시작할 수 있다. SQA 보고는 공식적인 것도 있고 비공식적 인 것도 있다. 일부 보고서는 메일을 통해 팀에 공유된다. 나머지는 분기별로 수행되는 프 로젝트 품질 리뷰 회의에서 회사의 경영진을 대상으로 수행되는 발표를 통해 취합되기도 한다.

문제 보고와 수정 활동

SQA는 QA 엔지니어가 만족하기 위해 만들어지는 것이 아니다. SQA의 핵심은 프로젝트 를 수행하는 팀에게 반복적인 피드백을 제공함으로써 그들이 올바른 방식으로 일을 진행 하는 것이 중요함을 계속 상기시키는 것이다. 여기에는 중요한 기록과 문서를 보존하고 최 신 상태로 유지하는 일도 포함된다. 팀이나 게임 개발사가 어떤 프로세스와 산출물을 기록 하고 이를 최신의 상태로 유지해야 할지 결정하는 것은 QA에 달려 있다. SQA 활동을 통 해 적합하지 않은 무언가를 찾아낸다면 그와 관련된 문제 보고가 수반돼야 한다.

문제 보고서는 소프트웨어에서 테스트 도중 결함을 발견했을 때 작성하는 버그 리포트와 아주 흡사하다. 이들은 어느 조직 혹은 개인이 문제에 대한 책임이 있는지를 반드시 명시 해야 하며, 이슈를 해결하기 위한 타임 프레임을 제시해야 한다. SQAP는 일치하지 않는 데이터와 통계 중 어떤 것들이 보고돼야 하고 언제 어떻게 이 문제들이 리뷰돼야 하는지도 정의한다.

여러 사례에서도 알 수 있듯이 불행하게도 프로젝트 구성원들 중 일부는 SQA와 관련된 문 제를 해결하는 데 시간을 쓰는 것을 내켜 하지 않는다. 이런 사람들은 그들이 수행하는 개 발이나 테스트, 아트워크 같은 일만을 '진짜 일'이라고 생각한다. 이런 사람들 때문에라도 해결되지 못한 이슈를 상급자에게 보고하는 기준과 프로세스를 만드는 것이 좋다. 개발 도 구나 매뉴얼처럼 제품을 출시하는 것과 관계는 있으나 게임 팀 내부에서 해결할 수 없는 문제들 역시 이와 비슷한 방법을 통해 해결될 수 있다.

규정 준수와 관련된 이슈를 설명할 때는 그와 동시에 이로 인해 발생할 수 있는 부정적인 경향이나 패턴의 원인을 분석하고 이를 개선하기 위한 방법도 함께 제안해야 한다. 여기에는 스케줄의 불이행 같은 프로세스 이슈와 게임 에셋을 저장하는 데 필요한 물리 공간이 예산을 초과했다는 것과 같은 생산 관련 이슈도 포함돼야 한다. SQAP에는 어떻게 QA 팀이 이러한 문제의 원인을 발견하고 처리해야 하는지 기록해야 한다.

도구, 기법 그리고 방법론

개발 팀이나 테스트 팀과 마찬가지로 QA 팀 역시 도구를 활용함으로써 여러 장점을 얻을 수 있다. QA 프로젝트 계획과 추적은 프로젝트의 다른 팀들과 협력을 통해 수행되므로 동일한 프로젝트의 다른 팀과 같은 프로젝트 관리 도구를 사용하는 것이 좋다. 마찬가지로, QA 감사와 리뷰를 통해 발견된 이슈를 추적하고 관리하는 것 역시 코드와 테스트 결함에 사용된 것과 동일한 시스템에서 수행돼야 한다. QA 이슈를 만들고 처리하기 위해 기존과 다른 템플릿이나 구조가 필요할지도 모른다. 그럼에도 불구하고 프로젝트 팀 전체가 동일한 도구를 사용하는 것은 적게는 팀 전체의 소프트웨어 라이선스와 운영 비용을 절감해주는 효과를 가져오며, 더 크게는 다른 팀들이 QA 이슈에 쉽게 접근하고 업데이트할 수 있도록 만들어준다.

QA가 프로젝트와 프로세스의 결과를 분석하는 데는 통계학적인 방법론이 유용할 수 있다. 이런 방법론들 중 다수가 도구에 의해 지원된다. 이러한 도구와 방법론은 SQAP에서 먼저 정의돼야 한다. 예를 들어, 결과 보고서상의 파레토 차트*Pareto Charts* 그래프는 내림차순으로 표시돼야 한다. 왼쪽에 위치한 가장 긴 바는 가장 빈번하게 발생하는 이슈를 의미하는데, 이 이슈에 가장 먼저 시간을 할애해야 한다. 이런 이슈들을 성공적으로 수정할 수 있다면 해당 수치는 내려가고 다른 이슈들이 차트의 왼쪽 끝자리를 대신하게 될 것이다. 그 자리에는 언제나 하나의 이슈가 자리 잡고 있을 것이기 때문에 적당한 시간이 되면 여기서 손을 뗄 필요가 있다. 이는 당신의 방을 청소하는 것과 비슷하다. 적절한 어느 시점에 결과가 '충분히 훌륭하다'라고 결정하지 않으면 평생 그 일을 마무리할 수 없는 것이다.

그림 4.6의 파레토 차트는 주요 게임 서브시스템에서 라인당 발견된 결함의 숫자를 보여준다. 자동화 검사 도구를 사용할 경우 가장 효과적인 부분이 어디인지 파악할 수 있다는 것

도 이런 차트가 제공하는 장점이다. 새로운 기술을 도입할 때는 구매뿐만 아니라 교육 비용 같은 추가 경비도 고려해야 하기 때문에 가장 큰 효과를 기대할 수 있는 부분에 우선 도입돼야 한다. 그림과 같은 경우라면 렌더링과 관련된 코드에서부터 도구가 도입돼야 한다.

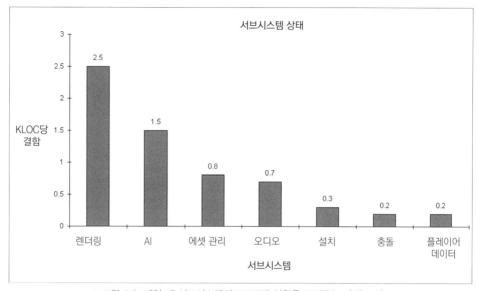

▲ **그림 4.6** 게임 내 서브시스템의 KLOC당 결함을 보여주는 파레토 차트

또 다른 유용한 기법 중 하나는 제품 혹은 프로세스에 대한 컨트롤 차트를 작성하는 것이다. 컨트롤 차트를 통해 데이터의 평균값과 허용 범위를 확인할 수 있다. 허용 범위 밖의 결괏값도 나머지 결괏값과 동일한 과정을 거쳐서 도출된 것이다. 특정한 방법으로 사각형 스탬프를 찍는 기계가 있다고 가정해보자. 늘 같은 곳에 찍혀 있어야 하는 도장이 가끔씩 완전히 다른 곳에 찍혀서 나오는 경우가 발생할 것이다. QA가 이런 결과를 봤다면 그 이유를 알아내고 싶을 것이다. 가끔씩 어이없는 결과가 도출된다는 점에서 소프트웨어도 이와 같다. 컨트롤 차트는 조사해서 그 원인을 이해할 필요가 있는 결과를 보여준다. 누군가가 단순히 잘못된 데이터(날짜, 시간, 용량, 결함 등)를 입력해서 나온 결과일 수도 있다. 그림 4.7은 게임에서 매주 발생한 추가 혹은 삭제된 코드 부분의 컨트롤 차트 예를 보여준다. 수치는 KLOC이다.

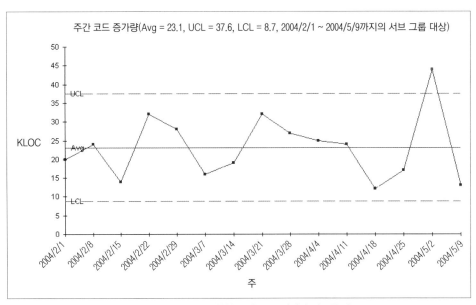

주간 코드 증가량(Avg = 23.1, UCL = 37.6, LCL = 8.7, 2004/2/1 ~ 2004/5/9까지의 서브 그룹 대상)

▲ 그림 4.7 KLOC로 표현한 주간 코드 변경량 컨트롤 차트

차트의 중앙을 가로지르는 실선은 데이터의 평균값이다. 2개의 점선으로 표시된 UCL 및 LCL은 각각 상부 관리 한계선$^{Upper\ Control\ Limit}$과 하부 관리 한계선$^{Lower\ Control\ Limit}$을 표시 한다. 이러한 값들도 모두 데이터 세트에서 계산되는 것이다. 2004년 5월 2일자 데이터 값 이 UCL을 초과했다. 여기가 바로 조사돼야 하는 항목이다.

 그림 4.7과 그림 4.8에 나오는 파레토 차트와 컨트롤 차트는 각각 SPC for Excel[SPC11] 을 사용해 작성됐다. 해당 사이트에서 데모 버전을 내려받을 수 있을 것이다.

한 프로젝트에서 한 주 동안 제출된 결함의 수가 눈에 띄게 줄어든 적이 있다. 이것은 개발 자에게는 좋은 결과이지만 테스터에게는 그렇지 못하다. 신속하게 조사가 수행됐고 그 결 과 특히 많은 결함을 보고하던 테스터 버드가 그 주에 휴가를 냈다는 사실이 밝혀졌다. 팀 의 다른 사람들이 제출한 테스트 데이터는 일반적인 범위 안에 있었다. 허용할 수 있는 범 위 안에서 발생한 좋지 않은 결과는 반드시 그 발생 원인이 규명돼야 하며, 향후에도 일어 나지 않도록 방지돼야 한다. 특히 좋은 결과가 나왔다면 그 원인이 반드시 규명되어 다음 에도 동일한 결과를 얻을 수 있게 해야 한다. 이러한 목적을 위해 필요한 도구와 기법이

SQAP에 명시돼야 한다. 테스터당 결함과 같이 어쩔 수 없이 발생하는 개인 편차를 감안하기 위해서는 다양한 방법으로 데이터가 보고돼야 한다. 이런 방법들이 원래의 차트를 대체하거나 추가되어 사용될 수 있다.

공급자 제어

게임은 단지 소프트웨어로만 구성된 것은 아니며 고객에게 다양한 형태의 경험을 제공한다. 상점에서 볼 수 있는 광고, 게임 패키징, 사용자 매뉴얼, 그리고 게임 내에 등장하는 미디어 모두가 이러한 사용자 경험의 일부라고 할 수 있다. 대개 이러한 아이템들은 외부 인력에 의해 만들어진다. 이들이 당신의 '공급자supplier'라고 할 수 있다. 이러한 외부 작업들 역시 내부 작업에서 만들어지는 것과 동일한 실수를 범하게 된다. 게임 안에서 사용되는 게임 엔진, 미들웨어, 아트, 오디오 파일 같은 소프트웨어나 게임 에셋들이 모두 여기에 해당한다.

외부에서 공급되는 소프트웨어와 에셋 모두에 대해 QA는 이 아이템들이 사용하기 적합한지 결정한다. 이는 내부 산출물을 평가하는 것과 동일한 방식으로 수행된다. 여기에 더해 QA 팀은 공급자의 온라인 사이트를 방문해 그들의 프로세스를 평가하고 양질의 제품을 공급할 수 있는지 결정하기도 한다. 식품점을 방문하면 투명한 상자 안에 멋지게 장식된 음식들을 볼 수 있다. 아마 그 전에 식품 검사관이 해당 음식이 상하지는 않았는지, 그리고 음식들이 깨끗하고 건강한 환경에서 만들어졌는지 확인하기 위해 음식이 만들어진 공장을 검사했을 것이다. 마찬가지로 동일한 프로세스가 다른 회사로부터 공급되는 소프트웨어와 에셋에 적용되는 것이다.

훈련 및 교육

새로운 도구와 기법 그리고 장비들이 프로젝트의 개발 단계에서 사용된다면, 한 명 혹은 그 이상의 QA 인원이 새로운 것들에 정통해야 하며 이로 인해 영향을 받는 산출물과 업무를 감사할 수 있어야 한다. 새로운 기술로 인해 QA가 준비해야 하는 것들도 바뀐다. 새로운 감사 체크리스트가 만들어져야 하며, 감사와 보고 과정에서 사용되는 새로운 레코드 타입을 정의해야 한다.

QA 훈련은 QA가 새로운 기법을 사용한 제품이나 프로세스와 관련된 작업을 수행할 수 있도록 반드시 계획되고 제때에 수행돼야 한다. 만약 내부적으로 이미 관련된 교육을 진행하고 있다면 QA를 위한 추가적인 자리를 마련해야 한다. 팀이 스스로 무언가를 개발했다면 개발자들로부터 이를 공유받는 자리를 만들어야 한다. 튜토리얼을 제공하는 도구나 개발 환경이 있다면 QA용 라이선스를 얻어 해당 튜토리얼을 수행할 시간을 갖게 해야 한다.

QA의 업무 수행에 필요하다고 판명된 새로운 도구와 기법에는 반드시 적합한 훈련이 수반돼야 한다. 어떤 것들이 필요한지 판단하고 SQAP 안에 이 내용을 문서화한 다음, 훈련에 필요한 비용을 지원받아야 한다.

리스크 관리

리스크 관리는 그 자체로도 하나의 과학이다. 게임 개발에 관련된 모든 리스크 요소에 더해 QA 팀의 업무를 방해할 수 있는 리스크 요소도 있다. 일반적인 SQA 리스크 요소는 다음과 같다.

- 프로젝트 산출물이 감사 계획된 것과 일치하지 않음
- QA 인력이 테스트 같은 직무로 전환됨
- 독립적인 QA 보고 체계의 부재
- QA에 의해 제기된 이슈들의 수정 및 종료를 수행하는 것에 대한 조직적인 합의의 부재
- 새로운 QA 기법을 도입하기에 불충분한 예산
- 새로운 개발 및 QA 기법 훈련을 위한 불충분한 예산

SQAP에 내재한 리스크를 모두 보여주기엔 위 항목들로는 불충분하다. 각 리스크의 잠재적인 영향력을 파악하고, 만약 그러한 리스크들이 발생했거나 지속될 때 어떻게 적절하게 대처할지 기록한 액션 플랜도 준비해야 한다.

요약

소프트웨어 품질은 확실히 테스트에 의해 영향을 받는다. 하지만 테스트보다도 더 신속하게, 그리고 비용을 줄이면서 품질에 좋은 영향을 끼칠 수 있는 요소들도 존재한다. 다양한 형태의 피어 리뷰를 통해 결함이 프로젝트의 다음 단계로 넘어가기 전에 찾아낼 수 있다. 표준은 테스트로 검출되기 힘든 내재된 결함을 방지하기 위해 정의된 것이며, QA는 이런 표준의 준수를 강요할 수 있다. 식스 시그마나 페이즈 컨테인먼트 같은 측정 기법을 통해 개선 목표를 정할 수 있을 것이다.

소프트웨어 품질 보증 조직은 이러한 기법과 측정 방법이 사용되고 있는지 확인하고 이를 장려하기 위한 계획을 수행해야 한다. 게임의 품질이 형편없는 상태로 출시됐을 때의 상황과 수습 비용을 고려한다면 이런 품질 보증 활동에 드는 비용은 훨씬 적을 것이다.

 소프트웨어 품질에 관한 더 많은 정보를 원한다면, ASQ(American Society for Quality)의 웹 페이지(http://www.asq.org)를 방문해보라.

연습문제

1. 게임 코드의 크기가 200,000 AELOC라고 가정하자. 이를 배포할 당시 알려진 결함의 개수는 35개다. 그리고 이를 구매한 사용자로부터 추가적으로 17개의 결함이 보고됐다. 코드의 시그마 수준은 어느 정도인가?

2. 페이건 인스펙션에서 모더레이터 역할과 워크스루 리더 역할의 차이점을 설명하라.

3. 그림 4.3에 베타 테스트 단계에서 발견된 결함을 다음과 같이 추가하자.
   요구사항: 5, 디자인: 4, 코딩: 3
   이 경우 변경된 요구사항, 디자인, 코딩 페이즈의 PCE는 얼마인가?

4. SPC 데모 도구를 사용해 테스트 케이스 리뷰 비율에 대한 컨트롤 차트를 만들어보라. 시간당 얼마나 많은 페이지를 봤는지를 기준으로 한다.

리뷰 1: 8.5

리뷰 2: 6.1

리뷰 3: 7.3

리뷰 4: 4.5

리뷰 5: 13.2

리뷰 6: 9.1

허용 범위를 벗어나는 리뷰는 어느 것인가? 또한 어느 리뷰의 상태가 좋은 것이며 어떤 것이 좋지 않은지 설명해보라. 높거나 낮은 리뷰 비율이 어떻게 해당 리뷰에서 발견되는 결함의 개수에 영향을 미치는가?

참고문헌

[CAMINOS04] Gamasutra, "Cross−Platform User Interface Development," available online at http://www.gamasutra.com/gdc2004/features/20040326/caminos_01.shtml, June 2016.

[Crosby80] Crosby, Philip, *Quality is Free*, Signet, 1980

[FAGAN16] Michael Fagan Associates, "Improved Fagan Inspections and Continuous Process Improvement," available online at http://www.mfagan.com, June 2016

[SPCI6] BPI Consulting, LLC, "SPC for Excel:Statistical Analysis Software," available online at https://www.spcforexcel.com/spc−software, June 2016.

[SQAP11] sqap.pdf, "Software Quality Assurance Plan (SQAP) Template," available online at www.scribd.com/doc/7428795/IEEE−Software−Quality−Assurance−Plan−Template, accessed June, 2016.

테스트 단계

게임은 작게는 개발에 단지 몇 주가 소요되는 캐주얼 게임에서부터 크게는 개발에만 4~5년이 걸리는 대규모 MMORPG에 이르기까지 크기가 다양하다. 게임의 용량이나 개발 기간과 상관없이 모든 게임은 다음과 같은 기본적인 개발 단계를 따라야 한다.

1. 프리 프로덕션
2. 알파
3. 베타
4. 골드
5. 포스트 릴리스

마치 서스펜스 스릴러의 구성처럼 각 시퀀스는 시간이 지나면서 점차 더 빨리 발생하고 앞 단계에 비해 흥분이 고조되고 스트레스도 가중된다. 그림 5.1은 중간 규모 정도의 예산이 투입될 것이라고 예측되는 가상 모바일 레이싱 게임의 대략적인 타임라인을 보여준다.

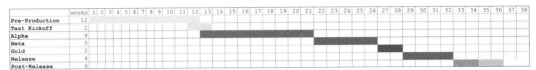

▲ 그림 5.1 가상의 모바일 레이싱 게임 타임라인

이어지는 절들에서는 왜 이렇게 단계를 나누는 것이 프로젝트에서 중요한 일인지, 그리고 각 단계를 왜 구별해야 하는지를 알아본다.

프리 프로덕션

팀에서 어떤 역할을 맡고 언제 프로젝트에 합류했는지에 따라 다르지만 어떤 사람들은 게임에서 중요한 부분이 개발된 다음부터 테스트가 시작된다고 생각할 수 있다. 결론부터 말하자면 프로젝트가 시작될 때부터 테스트도 동시에 시작돼야 한다. 처음 시작할 때는 '테스터'가 아닌 다른 사람들이 테스트를 수행하는 경우도 있다. 하지만 프로젝트가 시작되고 코드, 스크립트 그리고 게임 에셋들이 만들어지기 시작하면 이들은 반드시 제대로 평가되고 분석돼야 하며 문제가 있다면 수정돼야 한다.

프로젝트 초기에 일어난 일들이 이후에 수행되는 테스트가 얼마나 잘 진행될지 결정한다. 게임이 향후 다양한 테스트를 수행하기에 용이한지, 그리고 테스트 자체가 조직적으로 실행될 수 있는지도 포함된다. 가장 중요한 건, 프로젝트 초반 테스트 업무에 좀 더 많은 시간과 노력이 투자될 수 있다면 프로젝트가 진행될수록 QA 팀과 개발 팀 모두가 야근을 하지 않고 집에 일찍 들어갈 수 있다는 사실이다. 얼리 테스트를 수행하지 않아 발생한 틈을 메우기 위해 개발 후반부에 더 많은 테스터를 투입하고 더 많은 초과 근무를 수행하는 것은 훨씬 어렵고 비용도 많이 들어가기 십상이다.

게임 안에 내재된 품질을 테스트할 수는 없다. 게임의 품질은 코드, 아트, 오디오, 그리고 게임과 플레이어 사이의 끊임없는 피드백, 즉 '재미 요소fun factor'라고 부르는 것들이 소프트웨어 안에 함께 어우러져 구현되는 것이다. 테스트를 통해 할 수 있는 일은 개발 팀에게 그런 소프트웨어의 어느 부분이 잘못됐는지를 말해주는 것뿐이다. 테스트를 좀 더 빨리, 그리고 좀 더 훌륭하게 수행함으로써 발견된 문제를 좀 더 빠르고 저렴하게 수정할 수 있게 되는 것이다.

"이 편지에 답장을 주시면 게임에 투입되는 예산을 20% 혹은 그 이상 절약할 수 있도록 쿠폰을 드립니다!"라는 편지를 프로젝트 초반에 받았다고 생각해보자. 실현 가능하다면 누구라도 당연히 이 편지에 답장을 보내고 싶을 것이다. 만약 프로젝트 마지막까지 테스트를 수행하고 있지 않다면 앞서 말한 쿠폰을 가지고 있으면서 우푯값이 아까워서 답장을 하지 않는 것이나 마찬가지다.

계획 업무

프로젝트가 시작되면 동시에 테스트 계획도 수립돼야 한다. 테스트 계획에는 다음과 같은 업무들이 포함돼야 한다.

프로젝트에서 필요한 테스트 영역 결정

테스트 매니저는 얼마나 많은 시간과 인력, 비용이 테스트 업무에 투입돼야 하는지 파악하기 위해 게임 디자인 문서GDD, game design document와 기술 디자인 문서TDD, technical design document, 그리고 프로젝트 스케줄을 검토해야 한다. 게임을 배포하기 위해서는 테스트를 철저하게 수행할 필요가 있다.

다음의 [확장팩 계획] 글상자는 연초에 출시된 실시간 전략 시뮬레이션 게임의 확장팩을 출시하려는 소규모 퍼블리셔가 작성한 테스트 범위에 대한 간단한 메모다.

메모

To: 담당 프로듀서
From: QA 매니저
RE: RTS 확장팩 테스트 계획 요약

요약

지난주에 GDD를 평가해서 전달해드렸습니다. 문서에 나온 테스트 범위가 변경되지 않았다면 확장팩을 테스트하는 데 1,760시간이 걸릴 것 같습니다. 여기에는 다음과 같은 항목들이 고려됐습니다.

- 50일가량의 개발 스케줄
- 4명으로 구성된 테스트 팀
- 10%의 초과 근무
- 릴리스 이후에 패치 테스트가 없다고 전제함

싱글 플레이어(900시간)

QA에게 할당된 시간의 대부분이 새로운 캠페인을 테스트하는 데 할애될 것입니다. 미션의 스토리 모드에는 상당히 많은 자막이 등장하므로 테스터들은 사용자들이 게임에 몰입할 수 있는지 확인하기 위해 이런 자막을 건너뛰면서 테스트를 수행할 것입니다.

개발자들이 아직 게임에 치트 기능을 구현하지 않았고 앞 버전에서 저장한 게임을 제대로 불러올 수 없는 증상을 자주 경험했습니다. 이런 이유로 캠페인 모드를 테스트하는 데 대부분의 시간이 소요될 것으로 예상됩니다.

멀티플레이어(650시간)

멀티플레이어 테스트는 다음과 같이 수행될 것입니다.

1. 새로운 유닛과 타일 세트가 정상적으로 구현됐는지 확인
2. 새로운 맵 디버깅
3. '인터페이스 스트림라인' 디버그(디자인 문서에서 새로운 기능으로 소개됨)
4. 게임 크기에 대한 스트레스 테스트
5. 군대 규모에 대한 스트레스 테스트
6. 게임 시간에 대한 스트레스 테스트(허용되는 만큼)
7. 밸런스 테스트

확장팩에는 신규 유닛 12개가 포함되어 있으므로 높은 수준의 밸런스 테스트를 수행할 필요가 있습니다. 만약 신규 유닛이 눈에 띄게 강하거나 혹은 그 반대일 경우, 이를 버그로 간주할 것입니다. 새로운 유닛에 대비해 기존에 존재하던 50개 유닛의 가치가 어떻게 변경될지 평가할 만한 시간과 인력은 없습니다. 이 부분은 디자인 팀과 릴리스 이후 사용자들의 피드백에 의존해야 할 것 같습니다.

테스트 매트릭스(210시간)

해당 제품은 콘솔용이 아닌 PC 기반 게임이기 때문에 퍼스트 파티first-party TRC 컴포넌트를 적용하지 않을 것입니다. 하지만 이와 유사한 수준의 최종 빌드 배포 기준을 제공할 것이며, 이는 우리가 가진 다양한 PC 기반 제품의 경험과 다른 PC 게임 퍼블리셔가 가진 표준에 의거해 작성될 것입니다.

해당 게임에는 다음과 같은 표준 매트릭스가 적용될 것입니다.

1. 설치/삭제 매트릭스(이전 버전과의 상호운용성에 초점을 맞춤)
2. 윈도우 핵심 매트릭스
3. 퍼블리셔 표준 매트릭스
4. 멀티플레이어 접속 매트릭스

또한 원본 게임을 테스트하면서 만들었던 유닛 매트릭스를 확장팩에 등장하는 새로운 유닛들에게도 적용하고, 필요하다면 업데이트할 예정입니다.

호환성 테스트(0시간)

게임을 구동할 수 있는 최소 시스템 요구사항이 원본 게임과 동일하므로 호환성 테스트를 수행하기 위한 서드 파티 하드웨어 호환성 랩 사용을 요청하지 않을 것입니다. 테스트를 진행하는 도중에 사용하고 있는 다양한 하드웨어에서 시스템과 관련된 버그가 발생한다면 해당 시점에서 추가적인 예산이 필요한지 고려해 호환성 테스트의 수행 여부를 검토할 것입니다.

초과 근무(tbd)

이 제품은 회사에서 중급 제품으로 분류되므로 QA는 초과 근무로 인해 비용이 발생하지 않도록 최대한 노력할 것입니다. 제품 생산이 지연될 수 있을 정도의 심각한 장애가 발생할 경우에만 초과 근무를 고려할 것입니다.

리드 테스터 지명하기

누군가에게 리드 테스터 역할을 부여하는 것은 결코 간단한 일이 아니다. 리드 테스터의 경험과 스킬이야말로 테스트 업무를 수행하는 데 막대한 영향을 미치기 때문이다. 아마 프로젝트 전체 기간 중에서 테스트 매니저가 내려야 하는 가장 중요한 결정일 것이다. 리드 테스터는 다음과 같은 덕목을 지니고 있어야 한다.

- **리더**로서 테스트 팀에 동기를 부여하고 일에 집중하게 해 생산적인 팀을 만들 수 있어야 한다.
- **팀의 구성원**으로서 제품 생산 프로세스에서 테스터의 역할이 지대하다는 사실을 인지하고 있어야 한다.

- **커뮤니케이터**로서 명확하고 간결하게 정보를 수집하고 제공할 수 있어야 한다.
- **정치가**로서 갈등이 발생했을 때, 그리고 앞으로 발생한 갈등을 관리할 수 있어야 한다.

테스트 매니저, 혹은 리드 테스터는 선임 테스터 primary tester 라고도 부르는 '부 리드 테스터'[1] 를 지명할 수 있다. 대규모 테스트 조직에서는 한 사람 이상의 선임 테스트가 임명되는 경우가 흔하며 각자가 특정한 기능을 담당하는 소규모의 팀, 예를 들어 멀티플레이어, 프랜차이즈 모드, 튜토리얼, 맵 에디터 등을 담당하는 조직을 리딩한다.

페이즈 시작 기준 마련하기

계약서나 디자인 문서, 혹은 생산 계획에 단계마다 수행돼야 하는 테스트의 기준이 명시되어 있다면 가장 이상적일 것이다. 하지만 이런 이상적인 경우는 알다시피 현실에서는 극히 드물다.

리드 테스터는 활용 가능한 모든 문서를 입수해 CBT, OBT 및 정식 런칭에 대비한 명세를 작성해야 한다. 각 단계의 테스트 시작 기준을 명확하게 마련함으로써 프로젝트 후반에 유관부서로부터 무언의 압박이 시작될 때 이를 효과적으로 회피할 수 있을 것이다. 테스트 매니저가 이 기준을 승인하면 프로젝트 팀의 모든 시니어 구성원에게 기준이 배포돼야 한다.

각 테스트 단계를 규정하기 위해 다음과 같은 세 가지 항목이 필요하다.

1. **시작 기준** entry criteria : 특정한 테스트 단계에 진입하기 전에 빌드가 반드시 패스해야 하는 일련의 테스트가 있다. 예를 들어, CBT 진입 테스트를 패스하기 전까지는 게임을 CBT 단계라고 볼 수 없다.
2. **종료 기준** exit criteria : 특정 테스트 단계를 완료하기 전에 빌드가 반드시 패스해야 하는 일련의 테스트들
3. **목표 일정** target date : 특정한 단계를 시작하기 위해 개발 팀과 테스트 팀이 지켜야 하는 일정

---

1 국내에서는 리드 테스터 역할을 팀장이 수행하는 경우 파트장이라는 직책을 부 리드 테스터에게 부여하는 경우가 많다. – 옮긴이

게임 디자인 회의에 참가하기

이전 장에서도 언급했듯이 프로젝트 초반부터 테스트 팀이 제 역할을 수행할 수 있다면 모든 이해관계자에게 도움이 된다. 리드 테스터나 선임 테스터는 정기적으로 게임 디자인을 리뷰하는 회의에 참가해야 한다. 이들의 역할이 게임을 디자인하는 것은 아니지만 가장 최신의 디자인 변경 내용을 숙지하는 것이 좋으며, 프로젝트 매니저에게 추후 변경되는 기능으로 인해 발생할 수 있는 잠재적인 기술 관련 이슈나 테스트 이슈에 대해 조언할 수 있다. 게임에서 변경되는 내용들로 인해 테스트 플로우도 변경된다. 리드 테스터가 디자인 변경사항을 빠르게 인지하면 할수록 이런 변경에 걸맞게 테스트 계획도 쉽게 변경할 수 있다.

결함 추적 데이터베이스 설정하기

만약 결함에 관한 데이터베이스가 제대로 설정되어 있지 않다면 이를 사용할 때마다 쓸데없는 시간이 낭비되고 프로젝트 전체에도 리소스 낭비를 불러온다. 이런 측면에서 이는 매우 중요한 작업이라고 할 수 있다. 그림 5.2는 버그 데이터베이스의 전형적인 시작 화면을 보여준다. '기대하지 않은 결과'라는 버그 유형 명칭을 눈여겨보자. 사실 모든 버그는 기대하지 않은 결과가 아닌가?

리드 테스터와 프로젝트 매니저는 팀 구성원들이 각자 맡은 부분에 대해 데이터베이스 편집 권한을 가질 수 있도록 합의해야 한다. 또한 리드 테스터는 프로젝트 매니저에게 버그를 할당할 개발자 명단을 요청해야 한다. 버그 할당은 리드 테스터와 프로젝트 매니저를 포함해 새로운 버그가 발견됐을 때 리뷰를 진행하고 개발 팀의 가장 적합한 사람에게 이를 할당할 수 있는 사람이라면 누구나 수행할 수 있다. 프로그래머, 아티스트, 혹은 개발 팀의 다른 모든 사람이 자신에게 어떤 버그가 할당됐는지 알아야 하며 그들에게 할당된 버그를 수정해야 한다. 이 과정을 거치고 나면 수정된 버그를 다시 리드 테스터에게 할당해 다음 빌드에서 수정된 부분을 검증할 수 있게 한다.

버그 데이터베이스가 내부 혹은 외부의 인터넷 망에 존재하든지 상관없이 직접 접속하거나 원격에서 소수의 더미 데이터를 만들어 이를 검증하고 모든 패스워드와 접속 권한을 이중으로 체크해보는 것이 좋다. 버그 데이터에 접속할 수 있는 권한을 가진 모든 사람에게 접속에 필요한 비밀번호가 제공돼야 한다. 리드 테스터는 이들이 프로젝트 팀에서 수행하

는 역할에 기반해 이슈에 대한 편집 권한을 부여하거나 제거할 수 있어야 한다. 다음의
[BTS 관리 팁] 글상자를 참조하라.

```
Battle Realms                    Test Team ☐ Public Beta Test   ☒ Publisher   ☐ Developer

Bug #  Crave 111      Bug Reporter  Bob Bryant         Date Entered  6/26/2001    Time Entered  4:58:08 PM

Bug Status  In Progress      Bug Severity    B    Bug Type:  Unexpected Result   Replication Rate:  100%

GameType  LAN            Game Version  Version 2.03        Clan              Serpent

Game Component  Interface        Map Level         N/A        Scenario            N/A

Brief Description

Game Lobby:  Serpent host changes to Wolf when Dragon player joins game.

Full Description

1. From Main Menu, Choose Multiplayer.
2. Choose LAN.
3. Click "Create Player."
4. Create a new player.  Choose Serpent clan.  Keep all other default settings.
5. Save this new player and click "Back."
6. Create a two-player game.
7. As Player 2 joins your game, watch your clan setting on the player list.

-> You change to Wolf clan as Player 2 joins game.

Assigned To                               Fix Type

Notes
```

▲ 그림 5.2 버그 데이터베이스의 초기 화면

BTS 관리 팁

리드 테스터만이 버그 추적 시스템의 편집 권한을 갖고 있다면 이를 유용한 도구라고 할 수 없을 것
이다. 만약 그런 BTS가 존재한다면 아주 정적일뿐더러 프로젝트의 현 상황에 대한 생생한 정보를
전달하는 도구로 적합하지 않을 것이다. 그렇다고 팀의 모든 사람이 접속할 수 있는 BTS도 딱히 훌
륭한 도구라고 평가하기는 어렵다. 그럴 경우 혼란하고 유용한 정보라고는 찾아볼 수 없는 쓸모없는
도구가 될 가능성이 높다.

리드 테스터는 BTS를 설정할 때 팀 구성원들이 특정한 결함에 대해 서로 효율적으로 커뮤니케이션
할 수 있게 함과 동시에, 어떤 업무를 먼저 처리해야 하는지 쉽게 결정할 수 있도록 필요한 정보가
잘 전달되게 해야 한다. 프로그래머는 '개발자 코멘트' 항목이나 '노트' 항목에 코멘트를 달거나 궁금
한 것을 물어볼 필요가 있다. 프로그래머들에게 임의로 해당 이슈를 폐쇄할 수 있는 권한이 주어져
서는 안 된다. 테스터들은 '간단한 설명' 칸이나 '상세 설명' 창에 버그를 설명할 수는 있지만 '할당'
항목에 누가 이 버그를 처리해야 하는지를 직접 설정해서는 안 될 것이다.[2]

---

2 발견된 버그의 카테고리가 명확하고 해당 카테고리의 결함을 할당받을 개발자가 명시되어 있다면 결함을 등록하면서 바
로 적절한 개발자에게 할당하는 것도 가능하다. - 옮긴이

BTS를 효과적으로 사용하기 위한 팁을 추천하자면 다음과 같다.

- **상태**: 상태는 리드 테스터만이 수정할 수 있다. 이 항목의 디폴트 값은 '신규^{New}'여야 하며, 상태가 이 값일 때 테스터들은 버그를 입력한다. 리드 테스터는 등록된 이슈를 리뷰하고 상태를 '오픈^{Open}'으로 변환하고 개발 팀의 적정한 사람에게 이를 할당한다.
- **심각도**: 심각도는 리드 테스터나 선임 테스터에 의해 수정될 수 있어야 한다. 심각도의 정도가 어떤 결함을 먼저 수정해야 하는지를 의미하는 우선순위와 같은 것이 아님을 명심해야 한다. 테스터들은 그들이 찾아낸 버그에 높은 심각도를 부여하려는 경향이 있다. 테스트 팀 리더는 이런 증상을 막기 위해 등록된 이슈를 꼼꼼하게 리뷰하고 적절한 심각도를 부여해야 한다.
- **우선순위**: 우선순위는 프로젝트 매니저와 개발 팀의 선임 개발자들이 수정할 수 있어야 한다. 프로젝트 매니저는 이 항목을 활용해 개발 팀의 각 구성원들에게 어떤 업무를 먼저 처리해야 하는지 보여줄 수 있다. 게임 업계에서도 애자일 개발 방법론이 인기를 끌면서 프로젝트 매니저들이 매일 혹은 매 시간 단위로 업무의 우선순위를 변경해야 하는 경우도 발생하고 있다. 이런 경우에는 프로젝트 매니저들이 우선순위를 결정할 수 있게 해줘야 한다.
- **카테고리**: 카테고리 항목은 테스터들이 입력하고 리드 테스터 혹은 선임 테스터들이 수정할 수 있어야 한다. 카테고리에는 PvP, PvE, 퀘스트와 같이 게임 콘텐츠에 따라, 혹은 기능 및 호환성, UI와 같이 일반적인 소프트웨어 특성을 구별해 버그의 성격을 규정할 수 있는 특정한 정보들이 포함된다.
- **간단한/상세 설명**: 이 항목은 테스터들이 입력하고 리드 테스터 혹은 선임 테스터들이 수정할 수 있다. 이 항목이야말로 버그 묘사에 대한 핵심이며, 반드시 재현에 필요한 정보를 포함하고 있어야 한다. 이 항목이 버그에 대한 게시판이 되어서는 안 된다. 게시판 역할을 할 게시물들은 코멘트 항목에 기록돼야 한다.
- **할당**: 이슈 할당은 리드 테스터와 개발 팀 전원이 수정할 수 있어야 한다. 일반적으로 리드 테스터는 신규 이슈를 프로젝트 매니저에게 할당하고 프로젝트 매니저는 버그를 리뷰한 다음 이를 수정할 수 있는 개발자나 아티스트에게 해당 결함을 할당한다. 버그가 수정되면 이를 확인하기 위해 프로젝트 매니저에게 다시 할당하거나 다음 빌드에서 수정된 부분을 확인하고 폐쇄하기 위해 리드 테스터에게 할당할 수도 있다.
- **개발자 코멘트**: 이 항목은 프로젝트 매니저나 개발 팀 모두가 편집 가능해야 한다.
- **QA 코멘트**: 테스터, 리드 테스터, 선임 테스터 모두가 편집 가능해야 한다.

테스트 계획 초안 작성과 테스트 디자인

리드 테스터가 테스트 문서의 초안을 작성하는 시점에서 가장 중요한 것은 게임 디자인에 관한 최신 정보를 가능한 한 자세하게 확보하는 것이다. 테스트 계획 문서는 향후 어떤 테스트가 수행돼야 하는지, 어떤 테스트 스위트와 매트릭스가 작성돼야 하는지 정의한다. 좀 더 자세한 내용은 6장 '게임 테스트 프로세스'를 참조하길 바란다. 여기서 핵심은 프로젝트의 어느 부분에 이 책에서 다루는 테스트 방법론을 적용할 수 있느냐 하는 것이다. 기억하라. 사전에 계획함으로써 형편없는 결과를 미연에 방지할 수 있다.

테스트 계획

테스트 계획test plan은 QA 팀에게 대본과 같은 것이다. 이 문서는 인력과 시간, 도구와 장비 등의 팀 리소스를 고려해 설정된 팀의 목표와 이를 달성하기 위한 방법을 명시한다. 테스트 목표는 일반적으로 시간과 범위를 고려해 설정된다. 테스트는 게임이 최종 출시에 앞서 수행되거나 혹은 그 앞의 마일스톤에서 완료돼야 하는 업무로 상정된다. 테스트 목표를 달성하는 데 방해가 되는 그 어떤 리스크도 모두 테스트 계획에서는 사전에 판명돼야 한다. 또한 이러한 리스크들이 발생했을 때 이를 어떻게 처리할지도 함께 명시돼야 한다. 일반적으로 게임 서브시스템 1개마다 하나의 테스트 계획을 수립한다. 필요하다면 여러 개의 게임 기능과 빌드를 대상으로 1개의 테스트 계획이 수립될 수도 있다. 만약 여러 스튜디오에서 동시에 개발하는 게임이라면 테스트 계획을 통해 각 팀이 어떤 테스트 업무를 책임지고 수행해야 하는지 사전에 정할 수 있다. 부록 B에 테스트 계획 기본 문서가 포함되어 있다. 이 책과 함께 제공되는 자료에는 프로젝트에 바로 적용할 수 있는 테스트 계획 문서 템플릿의 링크가 있으니 참고하기 바란다.

테스트 케이스

테스트 케이스test case는 테스터 한 명 혹은 여러 명의 테스트가 수행하는 개별 테스트를 설명하는 것이다. 각각의 테스트 케이스는 목표를 갖고 있어야 하며, 테스트 케이스에 이 부분도 명시돼야 한다. 또한 이 목표를 달성하기 위해 어떤 동작들이 수행돼야 하는지 명시돼야 한다. 테스트 케이스에 명시된 각각의 동작들을 테스트 스텝test step이라고 부른다. 테스트 조직이 갖고 있는 표준에 따라 테스트 케이스가 얼마나 디테일한지 결정된다. 테스터들은 테스트 계획에서 본인에게 할당된 부분에 대해 테스트 케이스를 디자인하고 이를 문서로 작성한다. 이렇게 만들어진 테스트 케이스는 테스터들이 담당한 부분을 철저하게 커버해야 한다.

테스트 스위트

테스트 스위트^{test suite}는 좀 더 자세한 테스트 수행을 위해 연관된 테스트 케이스들을 하나로 묶은 것을 말한다. 테스트 스위트는 게임에서 어떤 동작이 수행돼야 하는지 순서에 따라 설명하고, 각 단계의 결과에서 어떤 항목들이 체크돼야 하는지 명시한다. 테스트를 수동으로 수행할 때 혹은 테스트 자동화를 목적으로 코드를 작성할 때 충분한 정보가 제공돼야 한다. 테스트 케이스는 앞 단계의 테스트 케이스로부터 영향을 받기도 한다. 스위트 내부의 각 테스트 케이스는 독립적으로 수행이 가능해야 하며, 동일한 스위트 내에 있는 다른 테스트로부터 영향을 받지 않는 것이 이상적이다. 테스트 케이스를 하나의 챕터라고 본다면 테스트 스위트는 이들을 하나로 묶어 좀 더 자세하고 응집된 하나의 이야기를 풀어내는 한 권의 책이라고 생각하면 될 것이다.

테스트가 시작되기 전의 테스트

아마 테스터라면 개발 팀으로부터 부분적으로 동작하는 프로토 빌드^{proto-build}를 건네받고 본격적으로 코드를 작성하기 전에 그들이 작성한 이 간단한 코드가 의도한 대로 동작하는지 확인해달라는 요청을 받은 적이 있을 것이다. 이런 테스트를 모듈 테스트^{module test}[3]라고도 한다. 이 경우 각각의 코드 모듈을 테스트하는 것이지 하나의 완벽한 게임 빌드를 테스트하는 것이 아니기 때문이다.

이 단계에서는 코드를 하나의 기능이나 모듈로 간주하고 그에 맞는 테스트가 수행되며 게임 디자인은 그때그때 상황에 맞춰 수정된다. 끊임없는 수정 작업으로 인해 테스터들은 인내심을 가져야 하며, 수정이 있을 때마다 테스터가 작성해야 하는 문서도 다시 작성돼야한다. 반복적인 프로세스에서 게임 디자인이 항상 변경되는 것처럼 게임 테스트와 관련된 산출물 역시 반복적으로 수행되고 수정돼야 한다.

모듈 테스트가 수행되는 동안 모듈 테스트의 좁은 테스트 범위를 벗어나는 버그를 등록하기 쉽지 않다. 개발 팀이 첫 번째 알파 버전의 빌드를 배포하기 전까지는 게임 빌드 수준의

---

3   이렇게 개발사 혹은 개발 조직 내부에서 수행되는 단위별 기능 테스트는 퍼블리싱 QA와 대비해 개발 QA라고도 부른다. – 옮긴이

결함을 찾는 테스트는 시작되지 않은 것이라고 봐야 한다.

리소스 현황과 계획에 맞추어 리드 테스터는 필요한 팀 구성원을 채용해야 한다. 팀이 제대로 구성되면 이제 테스트 킥오프가 시작된다.

테스트 킥오프

킥오프는 게임 개발 과정에 여러 긍정적인 영향을 끼칠 수 있다. 개발 프로세스를 좀 더 개선하고, 문제를 좀 더 효과적으로 해결하고, 일정을 단축하는 계기가 될 수 있는 것이다. 프로젝트 킥오프 회의에서 다양한 경험을 가진 테스트 팀의 구성원들 각자가 어떤 일을 수행해야 하는지 설명할 필요는 없다. 오히려 각 단계별 테스트가 시작하는 시점에 테스트 팀만 킥오프 회의를 따로 하는 편이 훨씬 도움이 된다. 각 테스트의 테스트 킥오프는 개별 테스터들에 의해 수행되기도 한다. 테스트 킥오프는 조직이 장애물을 사전에 식별하고, 이를 줄일 수 있는 새로운 프로세스를 디자인하고, 이 방법이 제대로 구현됐음을 확인하는 반복적인 프로세스로부터 신속하게 결과를 얻을 수 있는 방법을 설명해주고 있는 것이다.

테스트 킥오프 활동은 크게 두 가지로 구분된다. 첫 번째는 테스터들이 킥오프를 준비하는 기간이며, 두 번째는 킥오프 목록에 따라 수행되는 킥오프 미팅 그 자체다. 킥오프 준비 단계와 킥오프 목록은 테스트 킥오프 체크리스트에 명시돼야 하며, 이는 그림 5.3과 유사할 것이다.

테스터들은 테스트 킥오프 체크리스트를 활용해 다음 사항을 준비해야 한다.

1. 테스트돼야 하는 기능에 대한 요구사항이나 문서를 사전에 읽어본다.
2. 테스트에 필요한 장비와 파일, 프로그램을 준비한다.
3. 테스트가 수행 가능한지, 그리고 어떤 것을 밝힐 수 있는지 알아내기 위해 테스트 케이스를 꼼꼼하게 읽어본다.

테스트 킥오프 체크리스트

버전 01.00

게임/기능 _____

테스터 _____ 일정 _____

테스터 준비사항

☐ 테스트 대상이 되는 기능의 요구사항을 검토할 것

☐ 테스트 장비 목록에 따라 필요한 장비를 준비할 것

      게임 플랫폼 하드웨어

      모니터

      케이블

      컨트롤러

      세이브 파일

      업데이트/패치/모드

      테스트 도구

☐ 테스트 스크립트/보고서를 읽어볼 것

킥오프 아젠다

킥오프 리더

- 기능에 대한 개요를 제공할 것

- 기능에 관한 질문에 설명할 것

- 필요하다면 추가적인 설명을 제공할 것

- 적절한 제안을 요청할 것

- 테스트 수행에 관한 질문에 답하고 이슈가 있을 경우 이를 설명할 것

▲ **그림 5.3** 테스트 킥오프 체크리스트

테스터들이 테스트를 준비하는 동안 겪게 될 문제나 궁금한 점에 대해서는 선배 테스트 전문가들에게 도움을 받는 것이 좋다. 테스트 리드를 포함한 선배들은 테스트 케이스의 원저자이며 게임 기능과 관련해 이미 경험을 많이 해본 사람들이다. 테스트 전문가들은 최근에 발생한 결함 히스토리와 테스트되는 기능에 대해 잘 알고 있을 것이다.

익숙하기 때문에 중요한 일을 별것 아닌 듯이 다루고, 과도한 자신감으로 인해 부주의해진다는 이유만으로 오랜 경험을 가진 테스터들이 이런 준비 과정에서 제외돼서는 안 된다. 이런 준비 과정은 킥오프 미팅을 하기 전에 완벽하게 마무리돼야 한다.

테스터가 준비 과정을 완료하면 테스트 리드는 다음과 같은 과정을 거쳐 킥오프 미팅을 진행한다.

1. 기능을 간단히 설명한다.

2. 기능에 대한 질문에 답한다.

3. 필요하다면 추가적인 설명을 한다.

4. 적절한 제안이 있는지 요청하고 확인한다.

5. 테스트 수행에 관한 질문에 답하고 이슈가 있을 경우 이를 설명한다.

6. 킥오프 문서에 중요한 이슈를 기록하고 회의가 종료된 다음 이를 테스터들에게 배포한다.

체크리스트에 있는 항목을 준비하고 킥오프 미팅에 참가함으로써 얻을 수 있는 이점은 다음과 같다.

- **준비와 장비**: 장비를 마련하고 질문을 하는 데 소비하는 시간 없이 전체 테스트 시간을 오롯이 테스트에 할애할 수 있다.
- **기대 결과의 사전 인지**: 테스터들이 게임이나 모듈의 기대 결과를 인지함으로써 잘못된 것이 어떻게 올바른 방향으로 바뀌고 있는지 알 수 있게 한다.
- **테스트 환경 문제 해결**: 앞서 수행된 테스트 절차상의 문제를 해결함으로써 테스트 환경이나 과정의 불일치로 인해 다시 테스트를 수행해야 하는 부담을 줄인다.
- **토론의 기회 제공**: 아주 기초적인 과정에서부터 테스트를 발전시키고 테스트의 참여도를 향상하며 테스트 프로세스에 대한 애착을 길러주기 위한 토론의 기회를 제공할 수 있다.

테스트 킥오프는 테스트와 테스트 품질, 테스트 수행에 대한 이해를 증가시킬 수 있는 훌륭한 기회다. 킥오프 프로세스가 수행되지 않는다면 이러한 기회들이 쉽사리 제공되지 않거나, 제공된다고 해도 한참 뒤의 테스트 페이즈에서나 가능할 것이다. 테스트 킥오프는

'프리 모텀pre-mortem', 즉 테스트를 모두 완료한 다음 포스트 모텀post-mortem을 통해 주요한 이슈를 파악하는 것이 아니라, 테스트를 수행하기 전에 이 주요한 이슈를 간파하기 위한 프로세스임을 잊지 말아야 한다. 킥오프 회의를 기록하고 분석함으로써 현재 수행되고 있는 테스트 페이즈에서 발생할 수 있는 시스템 이슈들이 식별되고 해결될 수 있다. 수많은 킥오프를 거치면서 배울 수 있었던 교훈은 체크리스트, 그룹 회의, 혹은 이메일 등의 다양한 수단을 통해 커뮤니케이션을 수행해야 하며 다음 프로젝트가 아닌 지금 수행하고 있는 프로젝트에 적용할 수 있는 개선안을 제안해야 한다는 것이다.

각 프로젝트의 킥오프 결과를 취합하고 평가함으로써 향후에 불필요한 테스트 업무를 미연에 방지할 수 있다. 테스트 킥오프 결과를 세심하게 분석하고 킥오프 미팅을 활용해 시간을 절약함으로써 추후 수행될 다양한 테스트의 품질을 향상할 수 있는 것이다. 테스트 킥오프를 폭넓게 활용함으로써 효율적으로 테스트 일정 관리를 할 수 있고, 더 많은 결함을 찾아낼 수 있으며, 이를 통해 게임의 품질 역시 향상할 수 있는 것이다.

테스트 킥오프를 수행함으로써 유발되는 다음과 같은 장점을 활용해 핵심적인 테스트 수행에 필요한 시간을 줄일 수 있다.

- **실수를 줄일 수 있다**: 테스트 킥오프는 테스터들이 테스트 수행에 필요한 장비를 완벽하게 갖추고 특정 테스트를 수행하는 목적과 세부 내용을 이해하기 전까지 테스트를 수행할 수 없도록 규정하고 있다. 이를 통해 훨씬 정확하고 신속한 테스트 결과를 얻을 수 있게 된다.
- **시간을 절약할 수 있다**: 준비 단계의 일환으로 테스터는 테스트 케이스와 요구사항에 대해 리뷰 작업을 수행한다. 이를 통해 테스트 대상에 대한 오해와 적절하지 못한 테스트 수행을 줄일 수 있다. 또한 이는 테스트를 재실행하거나 백업하는 데 소모되는 리소스도 줄여준다.
- **모든 업무가 쓸 만한 결과를 도출한다**: 통계에 따르면 테스트 킥오프를 계획하고 수행하는 데 시간을 포함한다고 해도 전체 테스트 사이클 시간을 줄여주는 효과를 보여준다.
- **진실을 말하는 것이 권장된다**: 테스터 한 사람 한 사람에게 테스트 킥오프를 준비하게 하는 것이 그룹으로 킥오프를 준비하는 것보다 더 자발적인 참여를 이끌어낼 수 있

다. 킥오프 리더는 테스터들이 편안한 상태로 회의에 참가하게 하고 이를 통해 킥오프의 목적을 항상 염두에 둘 수 있게 해줘야 한다. 테스터들이 그들의 피드백으로 게임이 더 나아지는 모습을 확인할 수 있다면 의견과 아이디어를 좀 더 과감하게 개진할 수 있을 것이다.

- **소모적인 논쟁보다 건설적인 토론을 만들어낸다**: 테스트 킥오프 미팅은 참가하는 모든 테스터가 발전할 수 있는 계기가 될 수 있다. 참가하는 모든 테스터와 킥오프 리더는 회의 기간 동안 제기되고 기록되는 모든 이슈를 설명할 책임이 있다. 킥오프 아젠다 위주로 회의를 진행함으로써 테스트와 관련된 이슈만 다룰 수 있게 된다.

 회의를 해서 시간을 절약할 수 있다는 아이디어는 사실 대부분의 사람들에게 직관적으로 다가가지 못할 것이다. 우리는 킥오프 미팅을 수행하는 테스트와 킥오프 미팅을 수행하지 않는 테스트를 동시에 수행해본 적이 있다. 통계에 따르면, 킥오프 미팅을 수행한 테스트가 그렇지 못한 테스트에 비해 1.4배 정도 높은 효율을 보였다. 즉, 킥오프 미팅을 한 테스터는 그렇지 못한 테스터에 비해 40%가량 많은 테스트를 수행할 수 있었던 것이다.

테스트 킥오프를 수행함으로써 테스트 수행에 이득이 되는 것과 마찬가지로 테스트를 디자인하는 과정에서도 킥오프 미팅을 수행하면 동일한 효과를 얻을 수 있다. 테스트 플로우 다이어그램^{TFD, test flow diagram}와 조합 테이블^{combinatorial table}, 테스트 트리, 테스트 케이스나 체크리스트와 같이 테스트에 사용되는 도구들을 디자인하는 과정 역시 킥오프 프로세스를 사용함으로써 효율적인 수행이 가능하다. 이 과정에서 사용되는 아젠다와 체크리스트는 그림 5.4와 거의 비슷하다.

 이 장에서 예로 든 2개의 킥오프 체크리스트는 이 책과 함께 제공되는 자료에도 수록되어 있다.

게임 테스트 디자인 킥오프 체크리스트

버전 01.00

게임/기능 _____

테스터 _____ 일정 _____

테스트 디자이너 준비사항

☐ 테스트돼야 하는 기능의 요구사항 문서를 검토할 것

☐ 유사한 기능이나 게임에 존재하는 기존 테스트 스크립트를 읽어볼 것

킥오프 아젠다

킥오프 리더

- 기능에 대한 개요를 제공할 것

- 기능에 관한 질문에 설명할 것

- 필요하다면 추가적인 설명을 제공할 것

- 적절한 제안을 요청할 것

- 테스트 케이스에 관한 질문에 답하고 이슈가 있을 경우 이를 설명할 것

▲ 그림 5.4 테스트 디자인 킥오프 체크리스트

알파 테스트

자, 이제 바빠질 시간이다. 프로젝트 매니저가 당신에게 알파 빌드를 전달해준 것이다. 이 제 당신은 수령한 빌드가 테스트 계획 단계에서 만든 알파 빌드 수령 기준에 맞는지 평가 해야 한다. 따분해 보이는 테스트 작업이 드디어 시작되는 것이다.

알파 테스트가 진행되는 전 기간 동안 게임 디자인은 세밀하게 다듬어질 것이다. 다양한 기능들이 테스트를 목적으로 플레이되고 이를 통해 수정되거나 혹은 폐기된다. 누락됐던 에셋들도 추가된다. 각기 다른 프로그래머들이 개발한 시스템들이 한데 모인다. 아주 흥미 로운 시간이다.

코드 팀과 아트 팀의 모든 사람이 빌드에 들어갈 새로운 작업을 시작할 것이며 또한 새로 운 버그들을 만들어낼 것이다. 이는 곧 테스터가 할 일이 많아진다는 것을 의미한다. 때로

는 너무 과하게 일이 많아 보일 때도 있을 것이다(첫 번째 원칙, '공황에 빠지지 마라'를 기억하자). 이 단계에서 가장 중요한 것은 테스트 스위트를 엄격하게 고수해야 한다는 것이다. 고정된 테스트 스위트는 혼란스러워 보이는 상황을 바로잡을 수 있는 잣대가 된다.

알파 테스트가 진행되는 동안 모든 게임 모듈은 한 번 이상 테스트돼야 하며, 프레임 레이트나 로딩 타임 같은 성능 베이스라인이 설정돼야 한다. 이런 베이스라인은 배포에 적합한 표준 성능에 도달하기 위해 얼마나 더 많은 작업이 필요한지 계산하는 데 도움이 된다. 예를 들어 개발 초기에는 초당 30프레임, 심지어는 15프레임 정도면 충분하다고 생각할 수 있지만, 배포 빌드에서는 반드시 고정된 60프레임을 준수해야 하며 이는 평소보다 많은 애니메이션과 이펙트가 연출되는 화면에서도 엄격하게 지켜져야 하는 것이다.

알파 단계 진입 기준

아래의 알파 단계 진입 기준은 일반적으로 콘솔 게임에 적용되는 것들이다.

1. **주요 게임 기능들이 모두 구현되고 테스트돼야 한다.** 테스트를 목적으로 일부는 분리된 모듈 상태를 유지하기도 한다.

2. **게임을 시작하고 종료할 수 있는 유효한 경로를 탐색할 수 있어야 한다.** 이 조건은 게임이 선형적^{linear}이거나 혹은 선형적인 컴포넌트(예를 들어, 스포츠 게임의 커리어 모드)를 갖고 있다는 전제하에 적용이 가능하다. 대부분의 게임은 비선형적인 요소를 갖고 있으며, 이로 인해 리드 테스터와 프로젝트 매니저는 목표한 콘텐츠 중에서 어떤 것이 가장 먼저 우선 충족돼야 하는지 결정해야 한다. 예를 들어, 12개의 미니 게임 중에서 앞선 3개를 먼저 완료해야 하는 것과 같다.

3. **코드는 플랫폼의 기술 요구사항 체크리스트의 최소 50%를 충족해야 한다.** 콘솔 게임은 각 플랫폼 제조사들이 만든 다양한 표준을 충족하고 그들이 이런 표준을 기반으로 수행하는 테스트를 만족시켜야 한다. 만약 플레이스테이션 4 게임을 만든다고 가정한다면, SCEA$^{Sony\ Computer\ Entertainment\ America}$의 포맷 QA 팀에서 해당 게임이 플랫폼 기준에 적합한지 판단하기 위해 플레이스테이션 기술 요구사항 체크리스트$^{TRC,\ Technical\ Requirements\ Checklist}$를 기반으로 테스트를 수행할 것이다. 게임 저장 프로세스가 진행되는 동안 상

태를 나타내거나 오류가 발생했을 때 이를 표현하는 단어가 아주 정확해야 한다는 것과 같이, 여기에 사용되는 요구사항들은 상당히 까다롭기로 유명하다.

4. **기본적인 인터페이스가 완성되고 이에 대한 문서가 QA에게 제공돼야 한다.** 메인 메뉴와 대부분의 그 하위 메뉴, 그리고 인게임 인터페이스, HUD^{Heads-Up Display} 등이 마무리되고 다듬어지지 않았더라도 최소한의 기능은 수행할 수 있어야 한다. 문서가 제공돼야 한다는 것은 곧 이 새로운 기능들이 어떻게 동작하는지, 키 설정은 어떻게 바뀌었는지, 그리고 치트 코드는 어떻게 사용돼야 하는지 등에 대한 설명이 제공돼야 한다는 뜻이다.

5. **게임이 주로 사용되는 하드웨어와 소프트웨어 설정에 대한 호환성을 제공해야 한다.** 즉, 다양한 콘솔 플랫폼을 제공하는 게임의 경우 최초로 출시되는 버전이 목표한 플랫폼에서 제대로 동작해야 한다는 뜻이다. PC 게임이라면 이 기준을 통해 게임이 정상적으로 구동됨을 보장하는 다양한 시스템 스펙과 설정을 명시해야 한다. 예를 들어 CPU의 속도, 메모리 용량 등이 명시돼야 하는 것이다.

6. **특정한 레벨을 불러올 수 있는 레벨 스크립팅이 구현돼야 한다.** 싱글 플레이어의 스토리 모드가 구현되기 전에 이 부분이 반드시 구현돼야 한다. 테스터가 수동으로 특정 레벨을 불러와야 하는 알파 빌드 수준 이전의 빌드라면 이 기준에 부합하지 않을 것이다.

7. **주요 컨트롤러와 주변 장치들이 정상적으로 동작해야 한다.** 소니나 마이크로소프트, 닌텐도 같은 플랫폼 제작사들은 해당 플랫폼이 사용하는 주변장치를 직접 제작하거나 라이선스를 줘서 생산한다. 플랫폼 TRC에는 이런 퍼스트 파티 주변장치의 지원 여부를 확인하는 항목이 포함되어 있으며 대부분의 테스트 또한 이런 주변장치를 사용해 수행되므로 알파 빌드부터 이런 장비를 지원할 필요가 있다.

8. **게임 내의 모든 이미지가 최종본 혹은 견본으로 표시돼야 한다.** 모든 레벨과 캐릭터의 이미지와 애니메이션, 심지어는 레벨의 지오메트리까지 제작이 완료돼야 한다. 이들은 베타 빌드 단계에서 더 다듬어질 수 있다.

9. **온라인 멀티플레이어 기능이 테스트될 수 있어야 한다.** 이를 위한 충분한 코드 작업이 수행돼야 하며, 최소한 2개의 디바이스를 사용해 멀티플레이어 게임이 수행될 수 있어야 한다.

10. **견본 오디오가 구현돼야 한다.** 보이스 레코딩 작업이나 세션을 믹싱하는 작업들은 알파 단계에서 마무리하기가 힘들 것이다. 이 경우 개발 팀에서 자체적으로 '스텁stub'으로 사용할 대화나 사운드 이펙트를 만들어 임시로 필요한 곳에 구현해놓을 필요가 있다.

베타 테스트

알파 단계가 종료되면 개발 팀은 그들이 만들고 있는 게임에 대한 명확한 컨셉과 아이디어를 갖게 될 것이다. 이 과정에서는 새로운 코드와 아트워크를 만드는 대신 이미 만들어낸 것들을 좀 더 가다듬는 데 중점을 둘 것이다. 이제 등록된 버그를 확인하고 수정해야 하는 시간인 것이다.

흔히 '베타 테스트'란 단어는 개발사의 외부에서 수행되는 테스트를 의미하지만, 베타 단계의 초기에는 게임 플레이 테스트가 같은 회사 내의 디자인 팀 혹은 개발 팀의 외부 사람들에 의해 수행되기도 한다. 이후 수행되는 베타 테스트는 외부 베타 테스터에 의해 수행되며, 버그 리포팅과 부하 테스트가 그 핵심을 이룬다. 게임 플레이 이후 피드백과 제안들이 기록되며, 게임 출시 이후 패치와 업데이트를 통해 이런 부분을 구현해야 한다.

베타 단계 진입 기준

아래는 콘솔 게임에서 일반적으로 사용되는 베타 단계 진입 기준이다.

1. **모든 기능과 선택사항이 구현돼야 한다.** 게임의 기능은 이제 완벽하게 구현된 상태여야 한다.

2. **코드는 플랫폼 TRC를 100% 만족시켜야 한다.** 베타의 마지막 단계에서 게임은 플랫폼 제조사의 인증을 받을 수 있는 상태가 되어야 한다. 플랫폼 제조사의 QA 팀이 가장 최신의 TRC를 기반으로 게임 테스트를 수행하며 이 과정에서 발견된 이슈들을 보고한다.

3. **게임 내 모든 경로를 사용할 수 있어야 한다.** 게임의 일부 기능을 사용하지 못하게 만든 모든 버그가 수정된 상태여야 한다.

4. **전체 GUIgraphical user interface가 최종 상태여야 한다.**

5. 명시된 모든 하드웨어와 소프트웨어 설정에 대한 호환성을 제공해야 한다.

6. 게임 로직과 AI가 최종본이어야 한다. 게임 플레이에 관한 프로그래밍이 완료돼야 한다. 게임이 운영되는 법칙이 명시돼야 한다. 모든 AI 프로필이 완성돼야 한다.

7. 모든 컨트롤러가 정상 동작해야 한다. 개발 팀과 퍼블리셔에 의해 선택된 서드 파티 주변 장치가 게임의 기능을 지원해야 한다.

8. 최종 아트워크가 구현돼야 한다. 임시의 견본 이미지가 남아 있어서는 안 된다. 베타는 어떤 추가 작업 없이도 게임 패키징이나 마케팅에 사용할 스크린샷, 트레일러, 게임 플레이 화면 등을 얻을 수 있는 단계여야 한다.

9. 최종 오디오가 구현돼야 한다. 성우 녹음을 포함한 모든 오디오 파일이 최종본으로 교체 돼야 한다. 비록 다시 작업하거나 개선돼야 하는 부분이 남아 있기는 하겠지만, 이로 인해 게임 내 이벤트나 레벨 스크립팅 수행에 영향을 미쳐서는 안 된다.

10. 모든 온라인 모드가 완료되고 테스트 가능해야 한다.

11. 지원하는 모든 언어의 텍스트가 구현되고 동시에 배포될 준비가 돼야 한다. 음성과 자막을 포함하는 모든 게임 스크립트가 확정되고 이를 번역할 수 있게 해야 한다. 그 결과물 들이 다양한 해외 버전에 통합돼야 한다.

디자인 확정

프로젝트 매니저는 베타 테스트 수행 기간 중 한 시점에 디자인 혹은 기능이 현 상태로 확 정되어 더 이상의 변경이 없다는 선언을 해야 한다. 이와 동시에 플레이 테스트도 마무리 돼야 한다. 즉, 밸런스 역시 최대한 문제없는 수준에서 마무리가 돼야 하는 것이다. 이 시 점에서 테스트 팀에 가장 중요한 업무는 반복적으로 테스트를 수행하면서 버그를 줄여나 가는 것이다. 이 기간에는 결함을 수정한다고 해도 이로 인해 새로운 결함이 발생할 수 있 기 때문이다.

베타 테스트를 종료하기에 앞서 힘든 결정을 수행해야 한다. 팀은 지쳐서 열정은 땅에 떨 어지고 시간은 얼마 남지 않았다. 심지어 잠잘 시간조차 충분하지 않을 이 힘든 시기에 프 로젝트 팀 리더는 다음과 같은 중요한 사항들을 결정해야 한다.

- **마지막으로 필요한 기능 구현 여부**: 디자이너가 프로젝트의 막바지에 정말 끝내주는 아이디어가 떠올라 이를 새로운 기능이나 캐릭터, 레벨로 구현하고 싶을 때도 있을 것이다. 프로젝트 팀 리더는 이런 새로운 기능을 구현했을 때 발생할 수 있는 리스크와 함께 추가적으로 발생할 수 있는 버그와 스케줄, 리소스 문제를 감안해야 한다. 아무리 좋은 기능이라고 하더라도 이를 구현하지 않고 정해진 시간에 게임을 출시하는 것이 더 좋은 선택이 될 수도 있기 때문이다.
- **재미없는 레벨/콘텐츠 덜어내기**: 테스트를 진행하다 보면 늘 문제를 일으키는 레벨이나 컴포넌트가 있기 마련이다. 또한 새로 디자인하기에는 남아 있는 스케줄에 비해 시간이 너무 많이 들어가는 항목들도 드러난다. 이 모든 부분을 한 번에 덜어내는 것 자체도 문제가 될 수 있고 남은 부분들이 정상적으로 동작한다는 것을 입증하는 과정에서도 문제가 발생할 수 있다. 문제가 발생한 레벨에서 아주 중요한 스토리가 진행되거나 게임 플레이에 꼭 필요한 정보가 포함되어 있는 경우라면 이런 정보를 대체해서 수용할 수 있는 새로운 레벨 작업이 수행되고 다시 테스트돼야 할 것이다.
- **어떤 버그가 함께 출시될 것인가**: 어떤 면에서 보더라도 이는 쉬운 결정은 아니다. 어떤 버그를 살려서 보낼 것인가!

버그 살려 보내기

게이머라면 한 번쯤 당신이 플레이했던 게임에서 결함을 마주한 적이 있을 것이다. 그리고 아마 '어떻게 테스터들이 이런 버그를 놓쳤지?'라고 생각해본 적도 있을 것이다. 분명 그들에게는 이런 버그를 찾아낼 수 있는 기회가 많았을 것이다. 그리고 사용자들이 발견할 정도의 버그라면 테스터들이 이를 발견하고 그들의 BTS에 기록해놓았을 가능성도 높다. 하지만 모든 버그를 수정할 수 있는 것은 아니다.

특히 프로젝트의 막바지에 이르면 개발 팀은 그들이 어떤 버그를 고칠 수 없는지(혹은 고치지 않을지) 결정하는 시간을 가져야만 한다. 이런 결정을 해야 하는 이유는 다양하다. 결함으로 인해 발생하는 손해 비용에 비해 버그를 수정하는 데 드는 비용이 더 많이 들기 때문일 수도 있다. 때로는 발견된 결함을 우회할 수 있는 방법이 존재하기도 한다. 또는 시간이 충분하지 않기 때문일 수도 있다.

어떤 결함이 살아남을지, 즉 어떤 버그가 수정되지 않을지는 신속하고 정확한 프로세스를 사용해 개발 팀이 결정해야 한다. 이런 결함은 조직에 따라 다양한 이름으로 구별되고 있다. 수정을 포기한 버그는 'as is', 혹은 ISV(In Shipped Version)나 DWNF(Developer Will Not Fix), 혹은 CBP(Closed By Producer)로 표기한다. 이런 상태를 나타내는 명칭 중 가장 좋지 않은 것이 바로 '의도한 기능(featured)'이다. 이는 바로 '그건 버그가 아니라 기능입니다'라는 자조 섞인 농담에 기인하는 것이다. 놀라운 일은 아니지만, 늘 이런 버그를 기능이라고 우기던 한 스튜디오는 너무 많은 버그투성이의 게임을 출시해 현재 문을 닫은 상태다.

냉소주의와 패배주의, 그리고 방어적인 자세가 버그를 선별하는 프로세스에 개입돼서는 안 된다. 한편으로 테스터들은 항상 그들의 노력으로 인해 게임이 조금이라도 더 좋아지기를 열망한다. 또 다른 한편으로는 개발자들도 소임을 다하기 위해 최선을 다하며 그들 역시 게임을 기한 내 출시하기를 희망한다. 전체 프로젝트 팀이 서로 상대방의 역할을 존중하고 끊임없이 이해하려고 노력하는 것은 매우 중요하다.

이상적으로는 각 팀의 시니어들이 정기적으로 만나서 수정하지 않고 남겨둬야 하는 버그에 대해 논의하는 것이 좋다. 이런 버그들은 BTS의 상태창이나 개발 상태를 나타내는 필드에 '잔존 요청^{waive requested}'이나 '현상 유지^{request as is}' 정도로 표현되는 것이 좋다. 프로듀서나 제작자, 리드 테스터나 QA 매니저 같은 시니어들이 각각의 버그를 평가하고 게임 안에서 이를 남겨둘 때와 수정했을 때 드는 비용과 효과를 비교 분석하기 위한 회의를 해야 한다. 프로그래머나 테스터 등 다른 팀 구성원들이 필요하다면 이 회의에 참석해야 한다. 이런 회의체를 CCB^{Change Control Board}나 버그 위원회^{Bug Committee}라고 부르기도 한다.

대부분의 경우 소프트웨어를 출시하고 나서 업데이트나 패치가 필요하다. 이를 위해 출시 이후에도 수정돼야 한 버그들이 정해진다(이 장 후반부의 '릴리스 이후의 테스트' 절을 참조하라). 최근 대부분의 게임 플랫폼들이 자체의 데이터 저장 공간뿐만 아니라 인터넷 접속도 지원함으로써 이를 통해 추가적인 패치가 가능해졌으며, 개발자들도 이전에 비해 정식 발매 이후 추가 패치에 의존하는 부분이 커졌다. 플레이스테이션 2, 엑스박스^{Xbox}, 닌텐도 게임큐브^{Nintendo GameCube} 같은 구형 콘솔 게임기에서는 게임이 발매되기 전에 기준에 적합한 준비를 마쳐야 했던 반면, 현재는 콘솔 개발자들 역시 발매일 이후에도 버그를 수정한다. 게임의 수명 주기 안에서 언제라도 버그 수정과 게임 플레이 수정, 새로운 기능을 포함한 업데이트가 수행 가능해진 것이다.

한 번 버그 수정이 연기되면 버그를 보고한 사람과 테스트 팀에게 이 사실을 알려줘야 한다. 수정이 연기됐다고 해서 적법한 버그라는 뜻은 아니다. 또한 더 이상 비슷한 결함들을 찾아낼 필요가 없다는 의미도 아니다.

 언제, 어디서든 찾아낸 모든 버그를 자세하게 보고하는 것은 테스트 팀의 의무다.

테스터들은 리드 테스터, 프로젝트 관리자, 그리고 사업부서의 책임자(마케팅, 세일즈, 제품 개발)에게 게임의 현재 상태에 대한 최신의 정보를 제공해줘야 한다. 이를 통해 최상의 사업적 결정이 이뤄질 수 있다.

골드 테스트

베타 테스트 단계가 마무리되면 게임은 배포 준비가 완료된다. 콘솔 타이틀의 경우 모든 테스트가 완료되고 서드 파티에 의한 인증을 받아 최종 승인을 기다리는 상태가 된다. 아래는 일반적인 배포 테스트 진입 기준이다.

1. 모든 심각도 1 버그(크래시, 행, 주요 기능 장애)가 수정돼야 한다.

2. 심각도 2 버그 중 90% 이상이 수정돼야 한다.

3. 심각도 3 버그 중 85% 이상이 수정돼야 한다.

4. 우회해서 문제를 해결할 수 있는 모든 오픈 이슈가 기술 지원 부서와 공유돼야 한다(혹은 FAQ나 readme.txt에 문서화돼야 한다).

5. 배포 수준의 성능이 확보돼야 한다(예를 들어, 60 fps 프레임 레이트)

배포 심사 회의에서 게임이 '코드 잠금$^{code\ lock}$'4 상태가 된 것을 선포한다. 이 기간에는 각 팀의 모든 구성원이 최종 빌드이길 바라는 빌드(하지만 대부분 그렇지 않다)에서 간단하지만 집중적인 테스트가 수행된다. 콘솔 게임의 경우 최종적으로 다양한 미디어에 기록되는 게임의 버전을 흔히 골드 마스터$^{gold\ master}$라고 한다. 골드 마스터 버전 여부를 확인하기 위해 테스트되는 빌드를 골드 마스터 후보$^{GMC,\ gold\ master\ candidate}$ 혹은 배포 후보$^{RC,\ release\ candidate}$라고 부른다.

이 단계의 게임은 그 룩앤필이 상용화 게임 수준에 거의 근접한다. 이 시점에서 테스터는 플레이어의 게임 만족도에 중요한 영향을 미칠 수 있는 결함을 찾아내 플레이어와 프로젝트 팀 모두에게 최후 방어선의 역할을 수행해야 한다. 모든 테스트 스위트를 다시 한 번 수행해보거나 시간이 허락하는 범위 안에서 가급적 많은 테스트 스위트를 실행해봐야 한다. 마지막으로, 게임을 파괴해보는 일을 한 번 더 수행하는 경우도 있다. 이 기간 동안 발견된 심각한 버그들은 쇼 스토퍼$^{show\ stopper}$라고 부른다. 이런 버그들로 인해 골드 마스터 후보 빌드가 거부될 수 있기 때문이다. 새로운 GMC는 반드시 새롭게 발견된 결함을 수정해야 하며 골드 테스트가 반복적으로 다시 수행돼야 한다.

최후의 결함들

프로젝트의 최종 단계에 이르면 모든 사람이 긴장하고 스트레스를 받기 마련이다. 이런 상황에서는 쇼 스토퍼 버그에 대해 "왜 우리가(혹은 당신이) 이제서야 이걸 발견하게 된 거지? 여러 달이나 계속 테스트를 했는데 말이야!"와 같이 부정적으로 반응하기 마련이다. 게임 출시 막판에 심각한 스트레스를 받고 있는 경영진들은 늘 이런 푸념을 한다. 이런 감정적인 말이 나올 수밖에 없는 상황을 당연하게 받아들이고 또한 이것이 게임 개발에서 피할 수 없는 여러 가지 진실 중의 하나임을 기억하는 것이 최상의 대응 방법이다.

1. 모든 버그를 찾아낼 정도로 시간이 충분한 프로젝트는 거의 없다.
2. 프로그래머가 코드를 건드릴 때마다 버그가 발생할 수 있다.

4　국내에서는 '코드 프리징(code freezing)'이라는 용어를 더 널리 사용한다. − 옮긴이

3. 코드의 변화가 점점 누적되고 그로 인해 게임의 다양한 부분에서 변화가 반복해서 발생하면 이런 변화가 원인이 되는 다른 버그를 생성할 수 있다.

4. 프로젝트의 마지막 부분에 이르면 프로그래머들이 더 지치고 쉽게 실수를 범하는 경향이 있다.

5. 프로젝트의 마지막 부분에 이르면 테스터들 역시 더 지치고 쉽게 실수를 범하는 경향이 있다.

6. 버그는 어떤 상황에서든 발생한다.

종종 퍼블리셔나 투자자가 제품의 최종 배포 여부를 결정할 권한을 갖는 경우가 있다. 이런 경우 골드 테스트 단계가 종료되면 게임을 출시할 준비가 된 것이다. 콘솔 게임의 경우에는 플랫폼 제조사, 예를 들어 닌텐도, 마이크로소프트, 소니 혹은 애플 같은 회사가 코드를 인증해야 하는 마지막 관문이 남아 있다. 이런 마지막 검증 프로세스는 인증 테스트 certification test 라고 부른다.

출시 인증

프로젝트 팀의 골드 테스트가 종료되면 최종 인증을 위해 플랫폼 제조사에 GMC를 보내게 된다. 플랫폼 제조사는 이런 GMC를 대상으로 그들만의 집약된 테스트를 수행한다. 이러한 테스트는 크게 2단계로 구성되는데, 2단계가 동시에 수행되거나 연속적으로 수행되기도 한다. 표준 단계 standards phase 테스트는 기술 요구사항 체크리스트 TRC 를 가지고 코드를 테스트한다. 기능 단계 functionality phase 테스트는 코드의 기능성과 안정성을 테스트한다. 인증 담당 테스터는 인증을 목적으로 최소한 한 번 이상 다양한 방법을 통해 게임을 플레이한다. 그들이 종종 쇼 스토퍼 버그를 찾아내기도 한다.

인증 테스트의 마지막 단계에서 플랫폼 제조사의 QA 팀은 그들이 GMC에서 찾아낸 모든 버그를 보고한다. 퍼블리셔 담당자들이 플랫폼 제조사의 담당자들과 함께 이 버그 목록에 대해 논의하고 (이론상으로는) 어떤 버그가 수정돼야 할지 합의하게 된다.

개발 팀은 플랫폼 제조사를 만족시키기 위해 '반드시 수정^{must fix}'돼야 하는 버그 목록만 수정하고, 각각의 마이너한 버그는 수정하지 않는다. 최종 인증을 획득하기 위해 많은 버그를 수정해야 하지만, 이로 인해 더 많은 결함이 발생하고 일정이 지연될 수 있는 위험도 야기한다.

게임이 다시 수정되어 제출되고 플랫폼 제조사로부터 마지막 인증을 획득하면 이 빌드가 '골드'가 된다. 샴페인이 터진다. 하지만 프로젝트는 아직 끝난 것이 아니다.

릴리스 이후의 테스트

패치 역시 피할 수 없는 현실이다. 사용자들은 이를 좋아하지 않지만 만약 패치가 뜬다면 두말없이 이를 설치할 것이다. 퍼블리셔에게도 패치는 반가운 일이 아니다. 패치로 인해 프로젝트의 전체 비용이 늘어나기 때문이다. 개발자들도 패치를 좋아하지 않기는 마찬가지다. 개발자들은 그들이 빌드를 훌륭하게 만들지 못했기 때문에 패치를 수행하는 것이며, 이는 결국 그들의 작업이 실패했다고 암묵적으로 동의하는 것처럼 보인다고 생각할 수도 있다. 그러나 게임이 심각한 결함을 가진 채 출시됐다면 그것이 의도적이든 아니든 간에 패치를 진행해야 한다.

패치를 개발하고 테스트하면서 수정하지 못했던 모든 잔존 버그 목록과 가장 최신의 디자인 변경사항을 다시 조사해 게임을 더욱 가다듬을 수도 있다. 각각의 버그 수정이나 기능 추가는 더 많은 테스트 업무가 필요하다는 뜻이며, 결과적으로는 너 많은 테스트가 계획돼야 한다.

때로 개발 팀은 하나 이상의 패치를 동시에 배포해야 할 때도 있다. 이런 경우 각 패치 간의 상호운용성을 테스트해야 하므로 테스트는 더 복잡해진다. 각각의 새로운 패치들에 대해 이들이 기본적으로 판매된 게임과 이전에 패치된 버전에서 정상적으로 동작하는지 여부를 검증하기 위한 테스트가 반드시 수행돼야 한다.

다운로드 가능한 콘텐츠^{DLC, downloadable content}는 다음의 [DLC 노트] 글상자에서 논의된다.

최근 게임 플레이어들은 개발사에게 DLC(downloadable content), 즉 다운로드 가능한 콘텐츠를 더 많이 요구하고 있는 추세다. 게임이 출시된 다음에 DLC가 계획되는 경우도 있으며, 때로는 게임을 개발하는 와중에 계획되기도 한다. DLC는 작게는 추가되는 차량이나 의상에서부터 크게는 새로운 스토리라인을 구성하거나 캐릭터를 추가하는 데 필요한 맵이나 보너스 레벨과 같이 그 형태와 규모가 다양하다. 소셜 게임이나 모바일 게임에서는 많은 아이템과 레벨이 선택적으로 구매가 가능하며 제품의 라이프 사이클이 진행되는 동안 정기적으로 배포된다.

규모와 상관없이 각각의 DLC 역시 업데이트와 마찬가지로 새로운 제품으로 인식돼야 하며, 계획, 테스트 키오프뿐만 아니라 이 장에서 설명했던 모든 진입 기준을 동일하게 충족해야 한다. DLC가 사소한 것으로 치부돼서는 안 되며, 하위 제품군으로 인식돼서도 안 된다. 단순히 본 제품이 출시된 이후에 배포된다는 이유만으로 테스트에 들이는 노력이 일반적인 제품과 달라서는 안 된다.

라이브 팀

오늘날 대부분의 게임들은 플랫폼을 가리지 않고 하나의 단절된 생산품이 아니라 지속적으로 업데이트가 필요한 라이브 서비스 개념으로 받아들여지고 있다. 단순한 패치의 개념을 뛰어넘어 정식 배포 이후 다양한 업데이트를 수행함으로써 게임의 생명을 상당 기간 연장할 수 있는 것이다. 이런 배포 이후의 라이브 업데이트는 크게 다음의 세 가지 이유 때문에 수행된다.

1. 새로운 기능을 배포하거나, 이전 기능을 개선하거나, 멀티플레이어 경쟁의 새로운 시즌과 같은 콘텐츠를 추가하려고 할 때
2. (안드로이드^{Android}나 스팀^{Steam} 같은) OS나 플랫폼이 업데이트되어 게임의 호환성을 보장하고자 할 때
3. 그 밖의 버그 수정을 하고자 할 때

'라이브 팀$^{live\ team}$'의 개념은 MMO 게임을 개발하는 조직에서 처음 도입됐다. 게임에 만족하는 수천 명의 플레이어들이 공유된 가상 환경 안에서 쉽게 상호작용할수록 게임의 성공 가능성은 높다. 초기 MMO는 골드 빌드 상태로 판매가 되었지만 그 상태 그대로 라이브

서비스를 시작했다. 게임이 출시되더라도 대부분의 게임 개발자들은 사용자 커뮤니티를 활성화하고 좀 더 많은 수익을 얻기 위해 플레이어들의 요구를 충족시키는 업무를 지속해야 했다. 라이브 팀은 버그 수정을 위한 빌드를 배포하고, 게임 플레이 밸런스를 다시 조정하고, 기존의 게임 월드에 새로운 콘텐츠를 추가했다. 수많은 게임이 출시되고 그와 관련된 개발자들이 늘어나면서 이런 일을 수행하는 라이브 팀의 개념이 점점 자리를 잡아가기 시작했다. MMO 같은 장르에서는 플레이어 커뮤니티가 어느 정도로 게임에 만족하느냐가 게임의 성패를 좌우했다. 부분 유료화 게임이라고 불리는 이런 게임들은 플레이어들이 줄어들어 그 생명 주기가 끝날 때까지 지속적으로 업데이트됐다(그리고 그만큼 테스트됐다). 게임의 생명 주기는 개발자가 정하는 것이 아니라 바로 플레이어들이 정하는 것이다. 그리고 그 결과가 정해진 것이 아닌 만큼 라이브 팀을 통해 더 수익을 얻어낼 가능성이 있으므로 퍼블리셔들이 라이브 팀을 만들고 지원해야 할 충분한 이유가 있는 것이다.

업데이트가 수행되는 이유는 다양하지만, 테스트를 계획하고 수립할 때는 모든 업데이트가 마치 하나의 독립된 제품처럼 다뤄져야 한다는 것을 잊어서는 안 된다. 라이브 상태인 게임 서비스에 필요한 경우 신속하게 업데이트를 수행해야 한다는 것에는 누구도 이의를 제기할 수 없을 것이다. 개발 환경이 복잡해서 세심하게 테스트를 수행하지 못했다는 건 핑계에 불과하다. 문서화된 업데이트 내용에 기초해서 테스트 계획을 문서화해야 하며 이에 따라 테스트를 수행해야 한다. 아무리 사소한 업데이트라도 반드시 이 과정을 거쳐야 한다.

체계화된 게임 테스트는 테스트 행위를 각 단계로 구별하며 이 단계들은 각각 필요한 준비물과 산출물, 그리고 성공 기준을 갖고 있다. 사용자들이 게임을 즐기기에 적합하다고 판단할 때까지 완성도가 지속적으로 향상되고 게임 코드도 개선된다. 테스트 계획과 준비가 완료되면 남아 있는 다른 단계의 테스트가 수행된다. 모자이크의 조각들처럼 각 테스트들은 적재적소에서 게임 코드의 각기 다른 부분을 보여준다.

연습문제

1. 리드 테스터의 주된 책무는 무엇인가?

2. 선임 테스터가 편집할 수 있는 BTS의 항목은 무엇인가?

3. 제조사에게 보내는 버전을 베타 빌드라고 한다. 참인가 거짓인가?

4. 아래 항목들은 테스트 수행 킥오프에서 논의될 만한 주제를 나열한 것이다. 어떤 것이 논의 가능하며, 그 이유는 무엇인가?

    a. 기능 요구사항에서 발생 가능한 모순들

    b. 새로운 테스트를 위한 아이디어

    c. 회사의 주가

    d. 다른 테스트 스위트에서 이미 수행했던 것과 동일한 테스트

    e. 앞선 배포에서 어떻게 버그투성이의 기능이 포함될 수 있었는가?

    f. 최근에 변경된 게임 데이터 파일 포맷

    g. 테스트 케이스 문서가 세부적인 디테일이 떨어짐

5. 기능 고정은 알파에서 발생한다. 참인가 거짓인가?

6. 온라인 멀티플레이어 기능은 알파에서 테스트된다. 참인가 거짓인가?

7. 팀 플레이어가 되는 것은 리드 테스터가 되는 중요한 기준은 아니다. 참인가 거짓인가?

8. GMC 빌드에서는 모든 버그가 수정돼야 한다. 참인가 거짓인가?

9. 테스트 케이스와 테스트 계획의 차이점을 설명하라.

10. 라이브 팀의 QA 리드가 회사를 떠나고 당신이 그 자리로 이동했다. 이동 후 맡은 첫 번째 업무는 게임의 다음 콘텐츠 업데이트를 테스트하는 것이다. 업데이트 테스트 단계를 어떻게 계획할 것인가?

게임 테스트 프로세스

개발자들은 그들이 만든 게임을 온전히 테스트하지 못한다. 그럴 시간도 없고, 설혹 그럴 시간이 있다고 하더라도 개발자들이 테스트를 수행하는 것은 결코 좋은 생각이 아니다. 비디오 게임의 초창기로 뇌돌아가 보면 게임 프로그래머는 아티스트이자 디자이너이기도 하면서 동시에 테스터 역할도 수행했다. 이메일 1통 크기의 아주 작은 용량의 게임이라고 할지라도 프로그래머들은 게임을 디자인하고 프로그래밍하는 데 대부분의 시간을 할애해야 했다. 비록 이들이 테스트를 수행할 시간이 있었다고 하더라도 그들이 만든 게임을 사용자들이 어떻게 플레이할 것이라는 가정을 기반으로 테스트를 수행했다. 이런 가정이 만들어낼 수 있는 문제점들을 [플레이어는 항상 당신을 놀라게 한다] 글상자에서 자세하게 설명하고 있다.

1981년 인텔리비전(Intellivision) 시스템에서 출시한 우주 배경의 슈팅 게임인 〈아스트로스매시(Astrosmash)〉의 프로그래머는 처음에 게임을 디자인할 때 그 누구도 1000만 점을 넘길 수 없으리라고 생각했다. 따라서 이 프로그래머는 1000만 점을 넘는 점수를 체크하는 프로그램을 아예 작성하지 않았다. 그는 스스로 작성한 코드를 여러 번 검토했고 아무 문제 없이 작동하는 것처럼 보였다. 게임은 재미있었다. 그 당시 수준으로는 획기적인 그래픽을 자랑했으며, 더 나아가 인텔리비전 플랫폼에서 돌아가는 베스트셀러 게임이 되었다.

게임이 출시되고 나서 몇 주가 흐르자 게임 퍼블리셔였던 마텔 일렉트로닉스(Mattel Electronics)에 이상한 항의 전화가 걸려오기 시작했다. 이 게임을 즐기던 몇몇 플레이어들이 9,999,999점 이상의 점수를 얻게 되자 점수가 음수로 표시되고, 이상한 문자와 특수문자가 표시된다고 항의를 하기 시작한 것이다. 이는 게임 마케팅에서 활용된 '무제한 점수 획득이 가능!'이라는 슬로건과도 부합하지 않았다. 더군다나 인텔리비전이 만든 게임기는 더 높은 점수를 쉽게 얻을 수 있도록 모든 게임을 슬로모션으로 즐길 수 있는 기능을 제공했는데, 이 기능이 해당 문제를 더욱 악화시켰다. 이 게임의 프로그래머인 존 솔(John Shol)은 이 사태를 통해 일찌감치 비디오 게임 업계를 관통하는 원리를 체득할 수 있었다. 바로 '플레이어는 항상 당신을 놀라게 한다'는 것이다.

여기에 소개된 일화는 왜 테스터들이 게임 테스트를 상대적으로 더 잘할 수 있는지 보여준다. 테스터들은 전문적이고, 객관적이며, 또한 물리적으로 그리고 기능적으로 게임 개발 팀과 분리되어 있기 때문이다. 이러한 독립성과 객관성으로 인해 테스터들은 개발자들과 다르게 독립적으로 생각할 수 있고, 플레이어처럼 행동하며, 게임을 창조적으로 파괴하기 위한 기발하고 새로운 아이디어를 만들어낼 수 있는 것이다. 이 장에서는 어떻게 하면 게임 개발 프로세스 안에서 테스트 프로세스가 톱니바퀴처럼 수행될 수 있는지 알아보려 한다.

블랙 박스 테스트

대부분의 게임 테스트는 블랙 박스 테스트 black box test 의 범주에 속하며, 애플리케이션의 외부에서 수행된다. 블랙 박스 테스트를 수행하는 테스터들은 소스 코드에 대한 지식을 갖고 있을 필요도 없고 이에 접근할 필요도 없다. 이들은 게임 코드를 읽어서 결함을 발견하는 것이 아니다. 그 대신 키보드나 마우스, 혹은 콘솔 게임 패드나 모션 센서, 플라스틱으로 만든 기타 모양의 디바이스와 같이 일반적인 플레이어들도 활용할 수 있는 입력 도구를 활용해 결함을 찾아낸다. 블랙 박스 테스트는 게임에서 간단한 형태로 표시되지만 실제로는 매우 복잡하게 구성되는 네트워크 시스템이나 모듈을 테스트하는 데 있어 가장 비용 대비 효율이 좋은 기법이라고 할 수 있다.

그림 6.1은 비디오 게임에 활용할 수 있는 다양한 입력 형태와 게임으로부터 받을 수 있는 출력 형태를 정리한 것이다. 가장 기본적인 입력 형태는 버튼 입력이나 커서 이동, 혹은 핸들이나 풀 바디 카메라를 사용해 입력할 수 있는 위치와 관련된 제어 데이터들이다. 오디오 입력은 헤드셋이나 게임 컨트롤러에 부착된 마이크로폰을 통해 입력이 가능하다. 다른 플레이어들로부터 들어오는 입력은 다른 컨트롤러나 네트워크, 혹은 인터넷을 통해 입력이 가능하다. 또한 게임 저장 파일이나 게임에 항상 적용돼야 하는 옵션 값들은 메모리 카드나 하드 드라이브에서 입력된다.

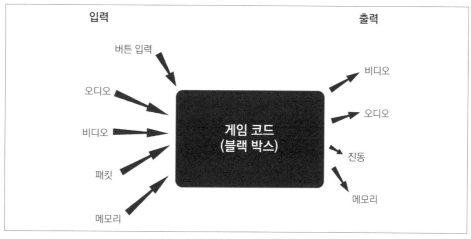

▲ 그림 6.1 블랙 박스 테스트의 입력과 출력 형태

게임에 다양한 형태의 입력값이 전달되면 게임 내부의 처리 과정을 거쳐 비디오와 오디오, 혹은 진동(포스 피드백force feedback을 지원하는 디바이스의 경우)으로 출력이 이뤄진다. 게임을 저장한다면 메모리 카드나 하드 드라이브에 저장되는 데이터 형태로 출력이 이뤄진다.

게임에서는 한 방향으로만 입력이 수행되는 것이 아니라, 플레이어와 게임이 서로 끊임없이 상호작용하면서 반복적으로 피드백이 일어난다. 플레이어들이 게임으로부터 출력을 받고 플레이를 멈추는 것은 아니다. 플레이어는 게임을 통해 보고, 느끼고, 듣는 것에 기반해 끊임없이 입력값을 변경한다. 그러면 이런 변경되는 입력에 맞추어 게임 역시 조정된 출력값을 내보내는 것이다. 그림 6.2가 이런 반복적인 과정을 설명하고 있다.

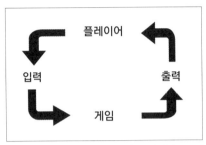

▲ 그림 6.2 플레이어의 반복되는 피드백이 게임 입력을 조정하며, 그 반대의 경우도 마찬가지다.

만약 플레이어의 반응이 모두 예측 가능하다면 게임은 전혀 흥미로울 게 없을 것이다. 또한 플레이어가 받아들여야 하는 게임의 출력값이 단순히 임의로 선택되는 것에 지나지 않는다면 이 역시 재미가 없기는 매한가지다. 게임이 주는 피드백은 예측이 가능하지 않을 정도로 임의적인 것이면 충분하다. 예측 가능하지 않은 피드백이 반복됨으로써 게임의 재미가 더해지는 것이다. 코드는 항상 플레이어들이 놀라도록 작성되지만 플레이어들 역시 항상 프로그래머들을 놀라게 만들기 때문에, 블랙 박스 테스트를 수행하는 테스터들은 항상 플레이어와 동일하게 생각하고 행동해야 한다.

화이트 박스 테스트

블랙 박스 테스트에 비해 화이트 박스 테스트white box test는 테스터들에게 플레이어로서 절대 경험할 수 없는 방식, 즉 소스 코드를 직접 관찰할 수 있는 기회를 제공해준다. 사실 화이트 박스 테스터에게 게임 코드의 일부를 읽고 코드의 나머지 부분과 상호작용하는 모든 부분에서 발생하는 상호작용을 예측하라고 하는 것은 실제로 프로그래머가 모든 가능한 조합과 모든 입력 가능한 값을 고려했다고 하더라도 거의 불가능한 도전이나 다름없다. 단순히 화이트 박스 기법만을 사용해 게임을 테스트한다는 것은 플레이어들이 어떻게 반응할지를 완벽하게 예상해서 이를 게임에 반영하는 것이 불가능하다는 측면에서 현실적이지 않다. 하지만 다음과 같은 상황에서는 화이트 박스 테스트가 블랙 박스 테스트에 비해 실질적으로 도움이 된다.

- 개발자가 게임의 다른 부분과 통합할 목적으로 새로운 코드를 서브밋하기 전에 테스트할 때
- 다양한 게임이나 플랫폼에서 사용되는 재사용 가능한 라이브러리의 일부 코드 모듈을 테스트할 때
- 게임 엔진이나 미들웨어에 중요하게 사용되는 메소드나 함수를 테스트할 때
- 서드 파티 개발자나 개인이 모드를 만들거나 혹은 기존의 기능을 수정할 때 사용되는 코드 모듈을 테스트할 때
- 그래픽 카드나 오디오 프로세서처럼 가장 최근의 하드웨어 디바이스를 지원하는 데 필요한 로우 레벨 루틴

화이트 박스 테스트는 특정한 모듈과 이 모듈을 활용하는 다양한 코드 경로를 수행한다. 테스트 입력값은 코드가 받아들일 수 있는 유형과 값이어야 한다. 모듈과 모듈이 반환하는 값, 모듈의 영향을 받는 전역 변수, 그리고 이런 모듈 안에서 처리되는 지역 변수 등이 반환하는 값을 관찰함으로써 테스트 결과를 알 수 있다. 화이트 박스 테스트를 맛보고 싶다면, 아래의 〈캐슬 울펜슈타인: 에너미 테리토리^{Castle Wolfenstein: Enemy Territory}〉에 나오는 TeamName 루틴을 한 번 살펴보자.

```
const char *TeamName(int team) {
    if (team==TEAM_AXIS)
        return "RED";
    else if (team==TEAM_ALLIES)
        return "BLUE";
    else if (team==TEAM_SPECTATOR)
        return "SPECTATOR";
    return "FREE";
}
```

이 모듈 안에 존재하는 각 코드 라인이 정상적으로 동작하는지 검증하기 위한 화이트 박스 테스트를 수행하려면 4개의 테스트 케이스가 필요하다. 첫 번째 테스트는 TEAM_AXIS를

파라미터로 갖는 TeamName 함수를 호출하는 과정이 정상적으로 동작하고 그 결과 "RED" 스트링을 반환하는지를 확인하는 것이다. 두 번째는 TEAM_ALLIES 값이 입력될 때 "BLUE"가 반환되는지 확인하는 테스트다. 세 번째는 TEAM_SPECTATOR가 입력되는 경우 "SPECTATOR"를 반환하는지, 그리고 마지막 네 번째 테스트는 앞서 나열한 값들과 다른 값, 예를 들어 TEAM_NONE 같은 값을 갖는 경우에 "FREE"가 반환되는지 확인하기 위한 것이다. 이들 테스트는 코드의 각 라인에 대해 최소 한 번 이상 검증을 수행함과 동시에 각 if 구문의 참과 거짓을 검증하는 것이다.

이 짧은 테스트를 통해 블랙 박스 테스트와 화이트 박스 테스트의 핵심적인 차이를 알 수 있다.

- 블랙 박스 테스트는 게임 안에서 선택이 가능한 모든 테스트 값, 즉 각기 다른 메뉴와 버튼 등 선택할 수 있는 모든 다양한 방법을 테스트해야 한다. 화이트 박스 테스트는 하나의 방식으로 코드 루틴을 통과할 수 있는 값이면 충분하다. 실제로 코드 안에서 유효한 상징적인 값도 상관없다.
- 화이트 박스 테스트는 테스트 대상이 되는 모듈을 관찰함으로써 모듈에 입력되고 처리 가능한 모든 값을 밝혀낼 수 있다. 이 값들은 제품 요구사항이나 블랙 박스 테스트에 필요한 기능 설명만으로는 확실하게 파악되지 않는 경우도 있다.
- 블랙 박스 테스트는 반복해서 동일한 결과를 얻을 수 있도록 하기 위해 게임의 설정과 운영 환경에 상당한 영향을 받는다. 화이트 박스 테스트는 테스트되는 모듈의 인터페이스에 의해서만 영향을 받으며, 스트리밍, 파일 시스템 혹은 전역 변수를 처리할 때 생성되는 외부 파일에만 신경을 쓰면 된다.

빌드 라이프 사이클

게임 테스터들 역시 일반 플레이어와 마찬가지로 개발 팀이 빌드를 전달해주기까지 하염없이 기다려야 한다는 현실에 좌절한다. 플레이어들은 게임이 출시되기를 기다린다. 마찬가지로 테스터들은 코드나 빌드가 배포되기를 기다린다. 각 빌드의 테스트 결과는 프로젝트와 연관된 이해관계자들, 즉 QA부터 퍼블리셔의 PM에 이르기까지 관련된 모든 사람에게 빌드가 출시를 목표로 어느 정도까지 왔는지 가르쳐주는 지표가 된다.

기본적인 게임 테스트 프로세스는 다음과 같다.

1. **계획과 테스트 디자인**: 계획 단계에서 대부분의 계획과 디자인이 완료되지만 빌드를 받을 때마다 매번 다시 수행되기도 한다. 가장 최근 빌드에서 변경된 디자인은 무엇인가? 추가된 테스트 케이스는 무엇인가? 게임이 지원하는 추가적인 시스템 설정은 어떤 것들이 있는가? 어떤 기능이 제거됐는가? 앞선 빌드에서 발생한 버그를 수정하면서 새로운 이슈가 추가로 발생하지 않았음을 확신할 수 있어야 한다.

2. **테스트 준비**: 코드와 테스트 케이스, 문서, 그리고 테스트 환경이 적합한 사람에 의해 업데이트되고 일관성 있게 준비돼야 한다. 개발 팀은 이번 빌드에서 BTS의 어떤 버그들이 수정됐는지 확인해 QA 팀에 전달해야 하며, 이를 전달받은 QA 팀은 해당 수정사항을 확인하고 버그를 폐쇄한다.

3. **테스트 수행**: 새로운 빌드에 테스트 스위트를 수행한다. 결함을 발견하면 최대한 자세하면서도 간결한 결함 보고를 위해 발견된 버그 주변을 추가적으로 테스트한다. 이 단계에서 더 많은 테스트를 수행하면 할수록 좀 더 쉽고 유용한 버그 리포트가 가능할 것이다.

4. **결과 보고**: 테스트 스위트 수행을 완료하고 발견한 모든 결함을 보고한다.

5. **버그 수정**: 이 단계에서 테스트 팀은 개발 팀과 버그를 논의하기 위해 필요하며, 프로그래머들이 직접 결함을 재현하고 추적하는 데 필요한 다양한 테스트를 제공한다.

6. **1단계로 돌아가 다시 리테스트 수행**: 새로운 빌드가 배포되고 새로운 버그와 새로운 결과 보고서가 발행된다.

이 단계들은 단순히 블랙 박스 테스트에만 적용되는 것이 아니라 화이트 박스 테스트, 설정 테스트 configuration test, 호환성 테스트 그리고 QA에서 수행하는 모든 종류의 테스트에 적용 가능하다. 이 단계는 빌드나 수행되는 테스트의 규모와 상관없이 모두 동일하다. '게임'이나 '프로젝트'라는 단어를 '빌드'와 치환한다면 전체 게임을 만드는 과정이나 알파, 베타 같은 부분적인 개발 단계에도 적용이 가능하다. 심지어는 개별 모듈이나 기능을 테스트하는 데도 적용이 가능하다. 소프트웨어 테스트 프로세스 역시 이와 유사한 방식으로 구성된다. 프랙탈fractal, 즉 작은 구조가 전체 구조와 비슷한 형태로 끝없이 반복되는 구조인 것이다.

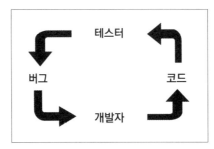

▲ 그림 6.3 테스트 프로세스 피드백 루프

그림 6.3에서 설명하는 것과 같이 테스트 프로세스 자체도 테스터와 개발자가 서로 끊임없이 피드백을 주고받는 구조로 설명할 수 있다. 테스터는 코드에 대한 테스트를 디자인하고 수행하며, 여기서 발견한 버그를 개발자에게 보고한다. 개발자는 이를 수정해 새로운 빌드에 반영한다. 그러면 다시 테스터는 새로운 빌드에 대한 테스트를 디자인하고 수행하는 과정을 반복한다.

빌드 테스트 프로세스를 통해 이런 단계를 가장 명쾌하게 설명할 수 있다. 아주 작은 게임 프로젝트라도 수십 번에 걸친 빌드 전달과 개발 사이클을 거친다.

테스트 케이스와 테스트 스위트

앞 장에서도 살펴봤듯이 하나의 질문에 답하기 위해 작성한 하나의 테스트를 테스트 케이스라고 한다. 여러 개의 테스트 케이스가 하나로 묶인 것을 테스트 스위트라고 한다. 리드 테스터나 선임 테스터, 혹은 테스트 케이스 생성 업무를 맡은 테스터라면 누구나 빌드가 배포되기에 앞서 테스트 케이스 혹은 테스트 스위트를 작성해야 한다. 각 테스터들은 테스트 스위트를 할당받고 이를 수행한다. 기존 BTS에 등록되어 있지 않은 모든 이례적인 사항들은 새로운 버그로 등록돼야 한다.

테스트 스위트의 가장 간단한 형태는 테스터가 순차적으로 수행할 수 있도록 일련의 테스트 단계를 묶어 놓은 것이다. 이후의 장들에서 조합 테이블이나 테스트 플로우 다이어그램

같은 기법을 사용해 효율적으로 테스트 케이스를 디자인하는 방법을 알아볼 것이다. 우선 대부분의 마이크로소프트 윈도우 버전에 내장되어 있는 게임인 〈지뢰 찾기〉에 수행할 수 있는 간단한 테스트 스위트를 살펴보자. 그림 6.4에서 스위트의 일부를 보여주고 있다. 이 책의 부록 E에 테스트 스위트 예제가 포함되어 있다.

스텝	Pass	Fail	코멘트
1. 지뢰 찾기를 실행한다.			
2. 소리가 출력되는가?			
3. **게임**과 **도움말** 메뉴가 출력되는가?			
4. 시간을 표시하는 오른쪽 숫자가 0으로 표시되는가?			
5. 남아 있는 지뢰를 표시하는 숫자가 10으로 표시되는가?			
6. **게임** 메뉴를 클릭하고 **종료**를 선택하라.			
7. 게임이 종료되는가?			
8. 지뢰 찾기를 다시 실행한다.			
9. **게임 > 옵션 > 사용자 지정**을 선택한다.			
10. 높이 칸에 0을 입력힌다.			
11. 해당 칸에 0이 입력되는가?			
12. **OK**를 클릭한다.			
13. 에러 메시지가 출력되는가?			
14. 다시 **OK**를 클릭한다.			
15. 높이를 9줄로 설정 가능한가?			
16. 너비를 9줄로 설정 가능한가?			
17. **게임 > 옵션 > 사용자 지정**을 선택한다.			
18. 높이 칸에 999를 입력한다.			
19. 해당 칸에 999가 입력되는가?			
20. **OK**를 클릭한다.			
21. 높이를 24줄로 설정 가능한가?			
22. 너비를 9줄로 설정 가능한가?			

▲ 그림 6.4 〈지뢰 찾기〉 테스트 스위트 일부

이는 아주 작고 간단한 게임의 간단한 테스트 스위트의 일부에 지나지 않는다. 첫 번째 섹션(스텝 1에서 스텝 7까지)은 게임을 시작하고, 디폴트로 표시되는 수치들이 정상인지 확인하고 종료하는 과정을 검증한다. 각 단계를 통해 테스터에게 이어지는 일련의 행동을 지시하거나 하나의 간단한 질문을 하는 것이다. 질문이 명확하고 그에 대해 '예' 혹은 '아니요'의 이분법으로 답할 수 있다면 가장 이상적이다. 테스터들은 각 단계를 수행하고 그 결과를 기록한다.

테스터들은 테스트 케이스를 디자인할 당시 예상하지 못했던 결과를 마주할 수 있기 때문에 '코멘트' 칸을 만들어 필요하다면 더 상세한 설명을 하게 한다. 완성된 테스트 스위트를 취합하는 리드 테스터 혹은 선임 테스터는 코멘트를 검색해 다음 빌드에 적용할 수 있도록 새로운 테스트 스위트를 만들거나 기존 테스트 스위트를 수정한다.

가능하다면 테스트 스위트에 포함된 질문에 대한 답이 '예'일 경우, 이것이 'Pass' 조건을 의미하는 것이어야 한다. 즉, 소프트웨어가 의도한 대로 동작하고 어떠한 결함도 발견되지 않은 상태를 의미해야 하는 것이다. '아니요'의 경우에는 문제가 존재하며 결함이 보고돼야 하는 상태를 말한다. 우리는 직관적으로 '예'를 'Pass'와 동일한 것으로 간주하고, 같은 방식으로 '아니요'를 'Fail'과 동일한 것으로 간주한다. Pass 처리된 항목들을 한 줄로 정렬한다면 테스터나 테스트 관리자들은 완료된 테스트 스위트에서 Fail이 발생한 케이스를 쉽게 구별할 수 있을 것이다. 모든 열이 Pass로 처리된다면 가장 깔끔할 것이다.

예를 들어, 다양한 인터페이스상에서 설명을 제공하는 툴팁 표시를 검증하는 테스트 케이스가 있다고 가정해보자. 가장 기본적인 테스트 케이스에는 툴팁의 텍스트에 오타가 있는지 찾아보라는 내용이 담길 것이다. 테스트 케이스에 포함될 수 있는 가장 직관적인 질문은 아마 다음과 같을 것이다.

> 텍스트에 오타가 포함되어 있는가?

이 질문의 문제는 Pass(오타가 없음, 따라서 버그도 없음) 처리가 되기 위해서는 질문의 답에 '아니요'라고 말해야 한다는 점이다. 일에 치여 지친 테스터들이라면 쉽게 'Fail'에 마크를 하기 십상이다. 앞서도 말했지만, '예'라고 답하는 것이 Pass 조건을 의미하는 것으로 만드는 게 훨씬 좋다. 따라서 위의 질문을 다음과 같이 바꾸는 편이 낫다.

> 텍스트에 오타가 없는가?

살펴본 바와 같이 결과를 예측할 수 있는 지향 테스트$^{directed\ test}$는 구조적이면서 방법론적이다. 이런 종류의 지향 테스트가 종료된 이후, 혹은 지향 테스트와 동시에 덜 구조적이면서 좀 더 직관적인 테스트, 즉 애드혹 테스트$^{ad\ hoc\ test}$로 알려진 테스트가 수행될 수 있다.

진입 기준

소중한 시간을 엉뚱한 데 쓰는 것을 막기 위해서는 배포된 코드가 특정한 기준에 맞는지 검증할 필요가 있다. 이는 우주 비행사나 파일럿들이 출발하기 전에 기체를 점검하기 위해 체크리스트를 사용하는 것과 비슷하다. 이런 기준을 충족하지 못한 채 배포된 테스트 빌드는 테스터와 프로그래머 모두의 소중한 시간을 소모시킬 뿐이다. 빌드가 발사에 필요한 기준을 충족할 때까지 테스트 시작을 위한 카운트다운은 멈출 수밖에 없다.

다음 목록은 이런 진입 기준에 포함될 만한 내용을 정리한 것이다. 이 목록을 다른 개발 팀에게 비밀로 유지해서는 안 된다. 이 목록을 작성한 목적, 즉 소중한 시간의 낭비를 막자는 애초의 목적을 공유하고, 개발 팀과 함께 전체 팀 구성원들이 준수할 수 있는 기준을 수립해야 한다.

- 게임 코드는 컴파일러 에러 없이 빌드돼야 한다. 새로운 컴파일러 경고가 발생한다면 테스트 팀과 함께 이를 분석하고 논의해야 한다.
- 코드 배포 노트가 작성돼야 하며 테스터들이 빌드에 대한 테스트 계획을 수립할 수 있을 정도로 충분히 자세한 정보가 제공돼야 한다.
- 새로운 빌드에서 수정된 모든 버그 목록이 공유돼야 한다. 이를 통해 테스터들이 해당 빌드에서 얼마나 많은 테스트가 수행돼야 하는지 결정할 수 있다.
- 테스트하는 빌드에 대해 적절한 버전 관리가 수행돼야 한다. 글상자 [버전 관리: 단지 개발자만을 위한 것이 아니다]를 참조하라.
- 만약 프로젝트가 거의 마무리되는 시점이라면 게임이 어떤 형태로 배포될지도 고려해야 한다. 필요한 모든 파일이 적절하게 고객에게 제공되는지 확인하라.

버전 관리: 단지 개발자만을 위한 것이 아니다

소프트웨어 개발의 가장 기본적인 원리 중 하나는 애플리케이션의 모든 빌드가 각각 독립적이고 개별적인 버전으로 다뤄져야 한다는 것이다. 의도하지 않게 이전 빌드의 코드가 새로운 코드와 섞여버릴 수도 있다. 이것이 가장 일반적으로 발견되는 소프트웨어 결함의 원인이 되기도 한다. 빌드를 추적하고 모든 개발 팀의 구성원들이 그들이 만든 현재 버전의 코드와 에셋을 체크하는 프로세스를 버전 관리 혹은 형상 관리라고 한다.

테스트 팀 역시 버전 관리를 활용해야 한다. 버전 관리가 제대로 수행되지 않는다면 이전 버전에서 수많은 버그를 찾아내고 등록하는 것보다 더 많은 시간을 할애해야 하는 일이 생기기 마련이다. 이는 시간 낭비일 뿐만 아니라 프로그래머와 프로젝트 관리자들을 공황에 빠트리는 계기가 될 수 있다.

테스트 팀에게 적합한 버전 관리는 다음과 같은 단계로 수행된다.

1. 새로운 빌드를 배포하기 전에 가능한 이전에 배포된 모든 빌드를 수집한다. 앞선 버전들은 프로젝트가 완료될 때까지 반드시 한 군데에 저장돼야 한다. 디지털 다운로드를 테스트할 때는 이전 버전의 디지털 다운로드를 제거 혹은 삭제하거나 다른 곳에 저장해놓아야 한다.

2. 모든 문서를 저장한다. 여기에는 개발 팀으로부터 수령한 빌드 노트뿐만 아니라, 테스트 스위트 완료 보고서, 스크린샷, 게임 세이브 파일, 노트, 비디오 파일을 포함한 빌드 테스트 과정에서 생성된 모든 산출물이 포함된다. 새로 발견된 버그를 격리하거나 이전 버전에서 발생한 버그가 다시 발생하고 있는지 알아보기 위해 문서에 담긴 변경 내용을 역추적해야 할 때도 있다.

3. 빌드를 배포하기 전에 개발자와 함께 빌드 넘버가 정확한지 검증하라.

4. 빌드가 물리적인 수단이 아닌 컴퓨터 미디어나 인터넷을 통해 전달된다면 해당 빌드의 용량과 파일 작성 날짜, 디렉토리 구조를 빌드 작업 이전에 확인하라. 빌드가 FTP, 이메일, 드롭박스 등의 디지털 도구를 통해 전달된다면 개발자가 업로드한 빌드와 테스트 팀이 수령한 테스터 버전이 동일한 것인지 확인하는 일이 매우 중요하다. 빌드를 테스터들에게 배포하기 전에 전달된 빌드의 무결성을 확인할 필요가 있다.

5. 모든 테스트 스위트와 빌드 기반의 문서 작업에 현재 버전을 기입하고 변경한다.

6. 새로운 빌드에 대한 스모크 테스트를 위해 빌드를 배포한다.

형상 준비

테스트 팀이 새로운 빌드에서 작업을 시작하기 전에 선행돼야 하는 몇 가지 작업이 있다. 우선 새로운 테스트를 위해 필요한 장비들이 준비돼야 한다. 테스트 리드는 각 테스터들에게 해당 빌드를 테스트하기에 적합한 하드웨어를 제공하고 적절하게 설정해줘야 한다. 게임 테스트 과정에서 이러한 설정은 조금씩 변하기 마련이다. 싱글 플레이어 모드가 주력인 콘솔 게임을 테스트하기 위해서는 해당 게임 콘솔과 컨트롤러, 메모리 카드와 하드 드라이브 등이 필요하다. 이러한 하드웨어의 설정은 프로젝트가 진행되는 동안 거의 변하지 않는다. 만약 네트워크 플레이가 가능하도록 구현되거나 새로운 입력 장치, 혹은 새로운 PC 비디오 카드를 지원하는 새로운 빌드가 전달된다면 이에 맞게 하드웨어 설정을 조정해야 한다.

이 단계에서 가장 중요한 일은 하드웨어에 남아 있는 이전 빌드의 흔적을 지우는 것이다. 닌텐도 위$^{Nintendo\ Wii}$ 같은 시스템에서는 이 과정이 아주 간단하다. 저장 가능한 미디어가 오직 SD 카드나 내부의 플래시 메모리뿐이기 때문이다. 카드를 제거하고 저장된 게임 세이브 파일을 이번 빌드로 옮기는 것으로 필요한 모든 과정이 완료된다. 좀 더 세심한 테스트 리드라면 카드를 포맷해 완벽하게 내용을 삭제함으로써 이전 빌드의 그 어떤 흔적도 새로운 빌드를 테스트하는 데 영향을 미치지 않도록 조치할 것이다.

 세이브 파일에 항상 신경을 써야 한다. 게임 세이브 파일과 옵션 파일, 커스터마이징된 캐릭터, 레벨과 시나리오를 포함하는 캐릭터의 데이터가 손실되지 않게 해야 한다.

PC 게임의 경우 이런 준비 과정이 더 복잡하다. PC 게임에서 깨끗한 테스트 환경을 구축하려면 다음과 같은 과정이 필요하다.

- 모든 패치와 보안 업데이트를 포함해 가장 최신의 OS를 깨끗하게 설치한다.
- 모든 컴퓨터 부품의 가장 최신 드라이브를 설치한다. 가장 중요한 비디오 카드와 사운드 카드뿐만 아니라, 칩셋 드라이버, 마더보드 드라이버, 이더넷 카드 드라이버, 와이파이 펌웨어 등 모든 부품의 드라이버가 여기에 포함된다.
- 게임에 영향을 줄 수 있는 모든 앱과 미들웨어의 최신 버전을 설치한다. 여기에는 마이크로소프트의 다이렉트X^DirectX에서부터 다양한 서드 파티 멀티플레이어 매치메이킹^matchmaking 소프트웨어까지 포함된다.

여기에 포함되지 않는 오직 하나의 소프트웨어는 새로 전달되는 게임 빌드뿐이다.

12장 '애드혹 테스트와 게임 플레이 테스트'에서도 더 알아보겠지만, 테스트가 수행되는 사무실 환경은 항상 최신의 환경임과 동시에 초기화된 상태를 유지해야 한다. 아주 세심하게 관심을 기울여야만 완벽한 환경을 갖출 수 있다. 이는 편집증에 가까울 정도의 어려운 일이기도 하다. 그래도 최소한 새로운 빌드를 받았을 때 단순하게 이전 빌드를 삭제하는 것보다는 PC를 다시 포맷하는 편이 좋다.

 이전 빌드를 항상 남김없이 삭제해야 한다. 테스트 하드웨어를 깔끔하게 포맷하는 일을 습관으로 만들어야 한다. PC든, 태블릿이나 스마트폰이든 상관없다. 웹 게임이라면 캐시라도 깔끔하게 삭제해야 한다.

한번은 최신 3D PC 게임을 테스트하고 있는 QA 사무실을 방문한 적이 있다. 게임 테스트 결과는 그리 신통치 않았다. 게임 퍼블리셔는 우리를 그곳에 보내 그 이유를 알아보라고 요청했다. 막 점심 시간이 시작될 무렵 그곳에 도착했고 테스터들이 일하고 있던 자리의 모니터를 보고 소스라치게 놀라고 말았다. 테스트하는 게임뿐만 아니라 이메일, 인스턴트 메신저, 웹 브라우저, 파일 공유 프로그램, 심지어 호스트 애플리케이션이 그들의 PC에 설치되어 게임과 함께 구동되고 있었던 것이다. 어떤 사람은 테스트하는 게임을 열어놓고 〈언리얼 토너먼트〉를 즐기고 있었다. 우리는 테스트 매니저에게 왜 이렇게 테스트 PC에 여러 가지 프로그램을 한꺼번에 띄워놓고 테스트를 진행하고 있는지 이유를 물어봤다. "실제 상황을 시뮬레이션해보는 것이죠." 그는 귀찮은 듯 어깨를 으쓱하면서 짧게 대답했다.

이미 눈치챘겠지만, 이 연구실에서는 빌드를 설치하기 전에 테스트 PC를 깨끗하게 유지하는 작업 따위는 신경 쓰지 않고 있었다. 이로 인해 백그라운드에서 구동되던 이메일이나 파일 공유 프로그램이 시스템 리소스와 네트워크 대역폭을 낭비해 발생한 문제를 테스트하는 게임이 원인이 되어 발생한 문제인 양 잘못 보고한 일이 많았던 것이다. 이로 인해 테스터들의 시간뿐만 아니라 프로그래머들의 시간도 쓸데없는 문제를 조사하느라 낭비됐던 것이다.

각자의 테스트 PC를 포맷하고, 최신 OS와 드라이버를 설치하고, 백업 프로그램을 사용해 시스템 리스토어 파일을 만들고 나서부터 이 문제는 깔끔하게 해결됐다. 이후 테스터들은 그들의 하드 드라이브를 포맷하고 백업 프로그램으로 만들어놓은 시스템 리스토어 파일을 다시 설치함으로써 간단하게 깔끔한 새 테스트 환경을 구축할 수 있었다.

웹 게임은 브라우저의 캐시와 상당한 상호작용을 수행하므로 새로운 게임 빌드를 받았을 때 최소한 브라우저를 다시 실행할 필요가 있다. 플래시로 만들어진 게임의 경우 마우스 오른쪽 클릭을 통해 **전역 설정** 메뉴를 선택할 수 있다. 이를 선택하면 별개의 브라우저 프로세스가 시작되며 플래시 세팅 매니저에 접속하게 될 것이다. **고급 ➤ 브라우징 데이터 및 설정**을 선택하고 **모두 삭제**를 선택해 모든 브라우저의 데이터 및 설정을 삭제할 수 있다. 이제 당신은 새로운 빌드의 플래시 게임을 테스트할 준비가 된 것이다.

iOS 게임의 경우에는 디바이스와 싱크를 맞춘 아이튠즈 클라이언트 모두에서 빌드를 삭제해야 한다. 아이튠즈에서 앱을 삭제한 다음 디바이스와 다시 싱크를 맞추어 해당 앱의 이전 버전이 완전히 삭제됐음을 확인한다. 아이튠즈를 다시 실행해 새로운 빌드를 설치하고 테스트에 사용할 디바이스와 싱크를 맞춘다.

안드로이드 게임에서도 iOS의 경우와 비슷한 과정을 거친다. 구글 플레이와 테스트 디바이스에서 이전 빌드를 모두 삭제하고 새로운 빌드를 설치한 다음, 정확하게 싱크가 됐는지 확인한다.

어떤 플랫폼의 게임을 테스트하든지 상관없이 새로운 빌드를 배포하기 전에 이런 준비 과정과 설정을 세심하게 수행하는 것이 중요하다.

스모크 테스트

새로운 빌드를 수령하고 본격적인 테스트를 수행하기 위해 준비해야 하는 단계가 하나 더 있다. 바로 수령한 빌드가 테스트하기에 적합한 것인지 판단하는 것이다. 이런 과정을 일부에서는 스모크 테스트^{smoke test}라고 부르는데, 빌드를 구동했을 때 '연기(고장으로 인한)'가 나는지 확인할 수 있기 때문이다. 스모크 테스트에는 최소한 게임 구동 부분과 시작 부분이 포함돼야 한다. 리드 테스트나 선임 테스트가 이를 확인할 목적으로 게임을 구동해본다. 메인 메뉴의 각 메뉴들을 모두 한 번씩 실행해보고 각 모듈에 1~2분 정도의 테스트 시간을 할애한다. 만약 게임을 구동하는 동안 큰 성능 문제가 발생하지 않았고, 각 모듈에서도 심각한 문제가 발생하지 않았다면 빌드는 테스트에 적합한 것으로 검증을 받은 것이며, 로그를 남기고 빌드를 복사해 테스트 팀에 배포한다.

자, 그럼 스모크 테스트를 통과한 빌드가 배포되면 바로 테스트를 수행하고 새로운 버그를 등록하면 될까? 아직은 아니다. 테스트가 본격적으로 수행되기 전에 개발 팀에서 이번 빌드에 수정했다고 전달해준 버그 목록들이 실제로 수정됐는지 우선적으로 확인해봐야 한다. 일반적으로 이 과정을 리그레션 테스트^{regression test}라고 부른다.

리그레션 테스트

버그가 제대로 수정됐는지 확인하는 것은 그 결과에 따라 만족스러운 과정일 수도 있고 더 심각한 혼돈에 빠지는 첫 번째 과정이 될 수도 있다. 이 과정은 테스트 팀에게 그들이 보고했던 결함이 하나하나 수정되어간다는 만족감을 제공해줄 수 있다. 반면에 또한 사람들을 깊은 좌절의 늪으로 빠트릴 수도 있다. 버그 하나를 수정했더니 전혀 예상하지 못했던 곳에서 또 다른 버그가 발생하는 경우가 그런 경우다. 그리고 이런 경우가 더 자주 발생한다.

리그레션 테스트를 위한 테스트 스위트는 개발 팀에게 수정을 요청했던 버그의 목록이 될 것이다. 이 목록은 넉다운 리스트 $^{knockdown\ list}$ 라고 부르기도 하며, BTS를 통해 선별되고 커뮤니케이션되는 것이 가장 이상적이다. 프로그래머나 아티스트가 결함을 수정하면, 해당 버그의 상태를 '수정됨^{fixed}'으로 변경해놓는다. 프로젝트 관리자는 이때부터 해당 버그가 어떤 단계를 거치는지 신경 써서 살펴봐야 한다. 리드 테스트는 이 시점에서 어떤 기준을 가지고 리그레션 테스트를 수행할지 결정해야 한다. 문제가 발생했던 레벨을 기준으로 할지, 아니면 문제를 수정한 개발자를 중심으로 리그레션 테스트를 수행할지 판단해야 하는 것이다. 개발자들은 수정한 버그의 번호를 정리해 리드 테스터에게 전달한다. 이것이 넉다운 리스트가 갖는 최소한의 양식이다.

 넉다운 리스트가 전달되지 않는다면 전달된 빌드에 대한 테스트를 수행해서는 안 된다. 새로운 빌드가 전달될 때마다 어떤 버그가 수정됐는지 알지도 못한 채 새로운 빌드가 올 때마다 수정되지 않은 모든 버그에 대한 리그레션 테스트를 진행하는 것은 시간 낭비일 뿐이다.

테스터들은 버그를 할당받고 실제로 버그가 수정됐는지 확인하기 위해 이를 재현해본다. 오탈자나 누락된 기능 같은 것들은 일반적으로 금방 확인이 가능하다. 하지만 재현이 힘든 크래시 같은 문제는 수정이 되었다고는 하더라도 확인이 힘들 수 있다. 리드 테스터들은 이런 이슈를 폐쇄하기 전에 문제를 수정하는 과정에서 실수는 없었는지 확인하고 싶어 할 것이다. 이런 결함에는 '수정 확인$^{verify\ fix}$'이라는 태그를 달아 넉다운 리스트에 남겨놓고 다음 첫 번째 혹은 두 번째 전달되는 빌드에서도 추가적으로 재현이 되는지 확인 가능하게 해야 한다. 동시에 이 버그는 개발자들이 작업을 해야 하는 수정되지 않은 버그 목록에서도 제외된다. 두 번째 혹은 세 번째 빌드를 거치면서 동일한 문제가 발생하지 않는다는 것이 검증되면 리드 테스터는 좀 더 확신을 가지고 해당 문제를 폐쇄할 수 있을 것이다. 리그레션 테스트에 대해서는 14장 '리그레션 테스트와 테스트 재활용'에서 더 심도 있게 다루기로 한다.

리그레션 테스트가 종료되는 시점에서 리드 테스터와 프로젝트 매니저는 프로젝트가 얼마나 진전됐는가에 대한 확신을 갖게 될 것이다. 버그 수정률(수정을 요구했던 모든 버그에서 수정된 버그의 비율)이 높다면 개발자들이 아주 효율적으로 일하고 있음을 의미한다. 반면 버그 수정률이 낮다면 이 사태를 심각하게 받아들이고 주의를 기울여야 한다. 혹시 개발자들이 제멋대로 버그가 수정됐다고 표시한 것은 아닌가? 테스터들이 애초에 버그를 잘못 보고한 것은 아닌가? 버전 관리 시스템에는 문제가 없는가? 테스트 환경 설정은 제대로 되었는가? 리드 테스트와 프로젝트 매니저는 이와 같은 질문을 심각하게 고민해봐야 한다. 이제 테스트 프로세스의 다음 단계로 넘어가야 할 시점이다. 구조적인 테스트를 수행하고 그 결과를 보고하는 것이다.

버그 '주변' 테스트하기

목수들 사이에 이런 격언이 전해진다. "두 번 재고 한 번 잘라라." 훌륭한 테스터라면 자신이 발견한 버그를 바로 보고하는 것이 아니라 스스로와 개발 팀에게 다양한 질문을 던져보고 그 결과를 종합해 버그를 보고할 것이다.

버그 리포트를 작성하기 전에 스스로 다음과 같은 질문을 던져볼 필요가 있다.

1. 버그가 오직 이 지역이나 레벨에서만 발생하는가?
2. 다른 캐릭터나 유닛을 사용할 때도 동일한 버그가 발생하는가?
3. 다른 게임 모드에서도 동일한 비그가 발생하는가? 예를 들이, 싱글 플레이이에시 발생한 버그가 멀티플레이어 모드에서도 발생하는가?
4. 버그를 재현하기 위한 과정에 불필요한 단계는 없는가?
5. 게임이 지원하는 모든 플랫폼에서 버그가 발생하는가? 예를 들어, iOS와 안드로이드 플랫폼 모두에서 동일하게 발생하는가?
6. 버그가 발견된 테스트 디바이스에 문제가 있는 것은 아닌가? 예를 들어, 특정한 장비를 갖춘 PC에서만 발견되는 버그는 아닌가?

리드 테스터나 프로젝트 매니저, 혹은 개발자들도 이런 질문을 던질 수 있다. 버그를 등록하기 전에 항상 이와 같은 질문을 던지고 이를 확인하기 위한 추가 테스트를 빠르게 수행하는 습관을 길러야 한다. 항상 다른 부분에서도 동일한 버그가 발생하는지 확인하기 위한 테스트를 수행해봐야 한다. 다른 캐릭터를 선택했을 때도 동일한 버그가 발생하는지, 그리고 다른 모드에서도 발생하는지 항상 체크해야 한다. 이런 종류의 행위를 일컬어 '버그 주변을 테스트한다'라고 말한다.

이런 질문들에 충분히 답할 수 있고 필요한 정보가 모두 준비됐다면 이제 버그를 보고할 시간이다.

효율적으로 버그 보고하기

효율적으로 버그를 보고하는 능력은 테스터라면 반드시 배워야 하는 중요한 스킬이다. 명백하고 효율적인 커뮤니케이션만으로 결함이 수정되는 경우도 있다.

> Q: 전구 하나를 가는 데 몇 명의 프로그래머가 필요할까?
> A: 필요 없음. 그들이 앉아 있는 곳은 어둡지 않아.

이는 소프트웨어 개발 업계에서 오랫동안 구전되고 있는 농담이다. 개발 팀은 효율적인 버그 보고를 통해 밝은 전구 아래에서 버그를 관찰하는 것처럼 명확하게 이를 파악할 수 있다. 테스터가 작성한 버그 보고서를 개발자만 보는 것은 아니다. 아래에 명시된 사람들이 버그 보고를 참조할 수 있다.

- 리드 테스터나 선임 테스터들은 BTS에서 버그 상태를 'Open'으로 만들기 전에 해당 버그가 오픈하기 적합한 상태인지 판단하기 위해 이를 리뷰한다.
- 프로젝트 매니저는 등록된 버그를 읽고 개발 팀의 적절한 사람에게 이를 할당한다.
- 마케팅 담당자 혹은 경영진은 해당 버그를 수정하거나 수정하지 않음으로써 발생할 수 있는 사업적인 영향에 대해 물어볼 수 있다.
- 미들웨어 개발자 같은 서드 파티 개발자들은 게임 프로젝트에 공급하는 자신들의 제품과 관련이 있는지 알아보기 위해 해당 버그를 리뷰해보고 싶다고 요청할 수도 있다.

- CS 부서의 관계자들은 해당 버그를 우회해서 제품을 사용할 수 있는 방법이 있는지 물어볼 수 있다.
- 다른 테스터들은 리그레션 테스트를 수행하는 동안 해당 버그를 재현하는 방법에 대해 물어볼 수 있다.

사실 언제 어떤 사람이 당신의 버그 보고서를 읽을지 정확하게 알 수는 없다. 따라서 명확하고 깔끔하게, 그리고 감정에 치우치지 않고 객관적으로 버그를 보고할 필요가 있다. 버그 리포트를 읽는 모든 사람이 당신만큼 게임에 익숙하다고 생각해서는 안 된다. 테스터들은 가능한 한 모든 숨겨진 경로를 파악하고 각 에셋을 정밀하게 탐구해야 하기 때문에 프로젝트 팀의 그 누구보다 게임에 많은 시간을 할애한다. 결함의 유형과 심각도를 적절하게 선정함으로써 게임을 잘 모르는 사람도 해당 결함을 정확하게 파악히도록 할 수 있다.

단지 사실만을 말해주세요, 부인[1]

결함 자체가 개발 팀에게 상당한 스트레스를 준다는 것은 명백한 사실이다. 특히 크런치 타임crunch time에는 더더욱 그럴 것이다. BTS에 새로운 버그가 등록된다는 것은 곧 개발 팀이 해야 할 일이 추가된다는 뜻이다. 일반적인 규모의 게임 프로젝트에서는 출시 이전까지 수백 혹은 수천 개의 결함이 등록되고는 한다. 개발자들은 쏟아지는 버그로 인해 그들의 업무가 과중해지고 있다고 느낄 수 있다. 이로 인해 그들이 중요하지 않다고 여기는 결함에 대해서는 적대적인 감정을 갖기도 한다. 사실에 기반해 왜곡 없이 버그를 보고해야 하는 이유가 바로 이것 때문이다.

경비병이 파란색이라면 좀 더 눈에 띌 것 같다.

이는 결함도 아니고 그렇다고 사실에 기반한 내용도 아니다. 이런 의견을 요청하지도 않았을뿐더러 이 문장은 어디까지나 게임 디자인에 대한 개인적인 취향을 반영할 뿐이다. 이런 의견은 포럼에 개진돼야 한다. 그렇지 않다면 리드 테스터와 개인적으로 논의하거나, 팀

---

1   원문은 "Just the Facts, Ma'am"이라고 표기되어 있으며 1950년대 미국에서 인기리에 방영됐던 형사 드라마의 주인공인 조 프라이데이(Joe Friday)의 유명한 대사다. ― 옮긴이

회의 혹은 플레이 테스트를 통해 이런 의견을 개진해야 한다. BTS를 통해 개진할 만한 의견은 아닌 것이다.

대다수의 게임에서 발견되는 일반적인 불평 중의 하나는 바로 AI^{Artificial Intelligence}가 멍청하다는 것이다. 일반적으로 게임 코드에 의해 컨트롤되는 NPC나 적을 통틀어 AI라고 칭한다.

> AI가 약하다.

이 문장은 사실에 기반한 것일 수도 있다. 하지만 이렇게 두루뭉술하고 일반적인 묘사는 결함을 단지 의견에 지나지 않는 것처럼 보이게 한다. 동일한 정보를 더 효율적으로 전달할 수 있는 방법은 AI의 특정한 행동을 한 가지 선정하고 이를 결함으로 보고하는 것이다. 논란이 될 수 있는 이슈를 하나의 특정한 사실로 분리해냄으로써 이를 개선할 수 있는 결함으로 바꿔야 하는 것이다.

 버그 보고서를 작성하기 전에 자신이 보유한 정보가 모두 사실에 기반하고 있음을 다시 한번 확인해야 한다.

간단한 설명

일반적인 버그 리포트는 크게 두 가지로 구분된 칸이 존재한다. 간단한 설명(혹은 요약)과 상세 설명(혹은 재현 단계)이 바로 그것이다. 간단한 설명은 해당 버그가 어떤 것인지 빠르게 파악하기 위해 사용된다. 간단한 설명은 한 문장으로 작성하되 추가적인 설명 없이도 팀의 모든 구성원이 어떤 버그인지 파악할 수 있게 해야 한다. 결함 보고서에서 제목으로 사용하는 간단한 설명을 한번 살펴보자.

> 데스크톱에서 크래시 발생

이는 완벽한 한 문장이 아니다. 또한 간단한 설명이라고 보기에도 너무 빈약하다. BTS에 등록되어 있는 수십 개의 버그가 이 문장으로 설명이 가능할 것이다. 간단한 설명은 충분히 쉽고 빠르게 읽을 수 있어야 하지만, 하나의 버그를 식별해 설명할 수 있을 정도로 길어야 한다.

저장된 시스템이 깨졌다.

문장 형태는 완벽하다. 하지만 충분히 상세하지 못하다. 테스터는 정확하게 어떤 증상을 겪은 것인가? 게임이 저장되지 않았는가? 저장된 게임을 불러올 수 없는 것인가? 저장하는 과정에서 크래시가 발생한 것인가?

메인 메뉴에서 옵션을 선택하면 데스크톱에서 크래시가 발생한다.

완벽한 한 문장을 이루고 있으며 특정한 사실에 기반한 정보를 전달하고 있다. 다른 사람들이 이 문장을 읽었을 때 명확하게 어디에서 문제가 발생하고 어느 정도로 심각한 문제가 발생하는지 파악할 수 있다.

모든 경비병을 제거하고 모든 보상을 획득하기 위해 다시 처음으로 돌아가 첫 번째로 리스폰된 경비병을 제거하자 게임에서 크래시가 발생했다.

여러 문장이 한 번에 연결된 이 문장은 너무 많은 정보를 내포하고 있다. 위 문장은 다음과 같이 간략하게 표현할 수 있다.

리스폰한 경비병을 제거한 다음 게임에서 크래시가 발생했다.

한 문장으로 프로그램을 설명하는 것은 케이블 TV 가이드나 다운로드 스토어를 참조하면 좋다. 간단한 설명을 통해 무언가를 표현하는 데 이보다 좋은 샘플이 없을 정도다. 한 시간이 넘는 예능 쇼 프로그램이나 2시간이 넘는 영화를 단 한 문장으로 정리해주고 있다.

 우선 상세한 설명을 먼저 작성하고, 그런 다음 이를 요약해 간단하게 설명하는 것이 좋다. 상세한 설명을 다시 한번 정리해보면 상황을 이해하는 데 도움을 준다. 이를 통해 어떤 정보가 간단한 설명에 포함돼야 하는지도 쉽게 결정할 수 있다.

상세 설명

간단한 설명이 버그 보고서의 제목이라고 한다면, 상세 설명은 유혈이 낭자한 사건 현장을 자세하게 설명하는 부분이라고 할 수 있다. 단순히 결함에 대한 사실을 나열하는 것보다 일련의 간단한 설명이 순차적으로 이어지는 것이 좋으며, 이를 통해 모든 사람이 이 과정을 따라 한다면 버그를 재현할 수 있어야 한다. 요리 레시피처럼 누군가에게 무얼 하라고 지시하는 2인칭 명령법으로 서술하되, 버그를 묘사하는 한두 문장 정도로 마무리하는 것이 좋다.

1. 게임을 실행한다.
2. 애니메이션 로고를 감상한다. 애니메이션을 건너뛰기 위해 ESC를 누르지 않는다.
    → 개발사 로고가 보이는 마지막 부분에 깜박이는 효과가 발생하는 것에 유의하라.

사실 상세 설명 단계는 적을수록 좋다. 그리고 사용되는 단어 역시 더 적을수록 효율적이다. 〈오션스 일레븐Ocean's Eleven〉에서 브래드 피트가 맷 데이먼에게 했던 충고를 떠올려보자. "4단계로 충분한 일을 7단계로 하지 마라." 게임을 개발할 때 시간만큼 소중한 리소스도 없다. 프로그래머가 버그 보고서를 읽고 이를 재현해보고 버그를 이해하는 데 시간이 덜 들어갈수록, 이를 수정하는 데 더 많은 시간을 할애할 수 있는 것이다.

1. 게임을 실행한다.
2. 멀티플레이어를 선택한다.
3. 소모전을 선택한다.
4. '비통의 해안' 맵을 선택한다.
5. 두 명의 플레이어를 선택한다.
6. 게임을 시작한다.

위에 제시된 단계들은 명확한 정보를 전달하고 있지만, 이를 더욱 간단하게 줄일 수 있다.

1. 두 명의 플레이어가 참가하는 소모전 모드에서 '비통의 해안' 맵을 실행한다.

하지만 피치 못하게 여러 단계로 나누어 설명을 해야 하는 경우도 발생한다. 다음은 다른 유닛에서 파워업 능력을 빼앗는 '머깅mugging'에서 발생한 문제를 설명하고 있다.

1. 상대방이 한 명의 플레이어인 게임을 만든다. 서펜트Serpent 종족을 선택한다.
2. 머깅 파워업을 얻기 위해 소드맨을 도둑 길드에 보낸다.
3. 상대방이 아무 유닛이나 만들고 해당 유닛을 파워업하게 만든다.
4. 맵의 중립 지역에서 소드맨이 상대방의 파워업된 유닛을 만나게 한다.
5. 머깅 파워업 기능을 활성화한다.
6. 상대방 유닛을 공격한다.
   → 소드맨이 공격을 하자 데스크톱에서 크래시가 발생한다.

위의 설명은 여러 단계로 구성되어 있지만, 버그를 재현하는 가장 빠른 방법을 설명하고 있는 것이다. 각 단계는 머깅에 관련된 코드를 구동하기 위해 필요한 행위를 격리하는 데 아주 중요한 역할을 하고 있다. 중립 지역에서 적을 만나야 한다는 것과 같은 세세한 부분에 이르기까지 중요한 정보를 내포하고 있다. 만약 이미 적 혹은 아군에 의해 점령된 진영에서 적을 만난다면 지원군을 부를 가능성이 있고 이로 인해 테스트가 정상적으로 수행되지 않을 수도 있기 때문이다.

 효과적인 버그 보고는 간결한 것이 아니라 정확한 것이다.

훌륭한 기대 결과

상세 설명을 따라 각 단계를 밟아간다고 해도 버그가 쉽게 파악되지 않는 경우도 자주 발생한다. 결국은 플레이어의 기대에서 벗어난 결과가 나오겠지만, 항상 크래시처럼 심각하고 눈에 띄는 증상을 보이는 것은 아니다. 따라서 상세 설명의 마지막에 2개 항목을 덧붙일 필요가 있다. 바로 기대 결과와 실제 결과다.

▲ 그림 6.5 〈폴아웃 4(Fallout 4)〉: 플레이어가 설치한 구조물이 떠 있는 것이 아니라 지표면 위에 표시돼야 한다.

기대 결과Expected Result는 일반적인 플레이어가 버그 보고서에 있는 단계를 따라 했을 경우 합리적으로 기대할 수 있는 행위를 의미한다. 이 기대 결과는 테스터가 인지하고 있는 게임 디자인 명세의 내용과 게임이 타깃으로 삼고 있는 플레이어들이 어떤 특성을 가진 사람들인가에 따라 달라진다. 또한 다른 게임의 사례도 참조할 수 있는데, 특히 동일한 장르의 다른 게임에서 어떤 결과를 보이느냐가 아주 중요한 기준이 된다.

실제 결과Actual Result는 결함과 관련된 행위를 설명한다. 예를 살펴보자.

1. 멀티플레이어 게임을 생성한다.
2. 게임 설정을 클릭한다.
3. 마우스를 사용해 맵 목록에서 맵을 선택한다. 어떤 맵을 선택했는지 기억해야 한다.
4. 키보드에서 위아래 방향키를 눌러본다.
5. 하이라이트된 맵이 바뀌는 것을 확인한다. 목록상의 모든 맵에 하이라이트 효과가 부여되는지 확인한다.
6. Back 버튼을 클릭한다.
7. 스타트 게임을 클릭한다.

기대 결과: 키보드로 선택된 맵이 로딩된다.

실제 결과: 마우스로 선택한 맵이 로딩된다.

게임이 맵을 로딩하지만, 테스터가 마지막으로 사용했던 입력 디바이스인 키보드로 선택한 맵이 로딩되는 것이 아니다. 사소하지만 명확한 버그라고 할 수 있다. 오랜 경험을 통해 플레이어는 컴퓨터가 가장 마지막에 사용한 디바이스를 통해 선택한 명령을 수행할 것이라는 사실을 알 수 있다. 맵을 선택하는 인터페이스가 플레이어의 일반적인 기대에 부응하지 않은 것이며, 이로 인해 플레이어가 혼란해하고 귀찮아할 수 있는 부가적인 과정이 발생할 수 있다. 이 경우는 버그로 판명될 수 있다.

기대 결과와 실제 결과를 장황하게 나열해서는 안 된다. 대부분의 경우 결함은 명확하다 (그림 6.5 참조). 아래 크래시 버그에 대한 기대 결과와 실제 결과를 한번 살펴보자.

4. 'Next'를 선택한다.
   기대 결과: 계속할 수 있다.
   실제 결과: 게임이 더 이상 진행되지 않는다. 콘솔을 리부팅해야 한다.

게임에서 크래시가 발생하지 않아야 한다는 것은 사실 프로젝트 팀의 모든 구성원이 충분히 인지하고 있는 사실이다. 굳이 이런 명확한 점을 한 번 더 짚어주는 쓸데없는 일에 시간을 소비해서는 안 된다.

버그 보고서에 기대 결과/실제 결과를 사용하는 경우는 가급적 적어야 하며 반드시 필요한 경우에만 사용해야 한다. 하지만 그렇다고 이를 사용하지 말아야 한다는 이야기는 아니다. 개발자들이 '기획 의도 by design'나 '기대한 대로 동작함', 혹은 'NAB Not a Bug'라는 태그를 달아 버그를 폐쇄하려고 할 땐 기대 결과와 실제 결과를 통해 확실히 이들을 구별해야 한다.

인터뷰

이전보다 게임을 즐기는 사람들이 늘어나고 있는 추세다. 인구가 늘어나면서 그에 따라 게임을 즐기는 사람들도 각계각층에 걸쳐 기하급수적으로 늘어나고 있다. 다양한 사람들이 게임을 통해 다양한 경험을 얻고 있으며 각기 다른 이유로 게임을 즐기고 있다. 경쟁을 통해 쾌감을 얻는 사람들도 있고, 어떤 사람들은 특정 상황을 체감하는 듯한 경험에서, 어떤 사람들은 그저 편안하게 게임을 즐기는 것 자체에서 쾌감을 얻기도 한다.

테스터 풀이 아무리 잘 갖춰져 있다 하더라도 게임을 즐길 플레이어들보다 폭넓지는 않을 것이다. 게임 테스터들은 소프트웨어 인터페이스를 능숙하게 다루는 스킬을 보유한 전문가들이다. 또한 그들은 (모두 그럴 필요는 없지만) 일반적으로 숙련된 게임 전문가들이다. 게임을 만드는 직업에 종사하고 있다면 당연히 수많은 비디오 게임을 플레이해봤을 것이다. 하지만 모든 플레이어가 그렇지는 않다.

모바일 디럭스(Mobile Deluxe)의 개발 QA 리드인 브렌트 새멀(Brent Samul)은 모바일 게임 테스트의 특징에 관해 다음과 같이 말한다. "모바일 게임을 테스트할 때 가장 큰 차이는 바로 게임을 즐기는 대중들이다. 방대한 규모의 다양한 사용자들이 모바일 게임을 하고 있다. 혼자서 오랫동안 플레이를 하다 보면 게임 경험이 많지 않은 다른 사용자들이 어려워하거나 혼동하는 부분을 간과하기 쉽다."

이는 결코 쉬운 문제가 아니다. "모바일에서는 게임을 지속적으로 업데이트하거나 기존 게임에 어떤 부분을 추가하거나 삭제하기가 상대적으로 쉬운 편이다. 오늘날 사람들이 사용하는 수많은 스마트폰과 태블릿의 각기 다른 환경에서 이런 부분을 테스트하는 데는 많은 문제가 존재한다."

디자인 명세를 기준으로 버그 리포트를 작성하지만 디자이너는 신이 아니다. 다양한 플랫폼에서 게임이 점점 더 복잡해질수록 버그 리포트를 통해 플레이어를 대변해야 하는 테스터의 역할이 더욱 부각될 수밖에 없다.

피해야 하는 습관

명확하고 효율적으로 커뮤니케이션을 수행하며 프로젝트 팀 구성원들과 조화롭게 지내기 위해서는 다음 두 가지 사항을 유념해야 한다. 조롱하지 말아야 하며, 전문 용어를 남발해서는 안 된다.

유머를 통해 심하게 스트레스를 받는 환경을 개선할 수 있지만, BTS에서 유머를 사용하는 것은 절대 허용돼서는 안 된다. 절대로! 유머가 가미된다면 이를 잘못 해석하고 혼돈을 초래할 만한 충분한 가능성이 발생하기 때문이다. 크런치 타임에는 누구나 인내의 한계를 느끼고 불안해하기 마련이다. 이미 BTS는 충분히 논란의 대상이 되어왔으며 감정으로 얼룩져 있을 것이다. 아무리 개인적으로 재미있는 일이라고 생각해도 이런 상황에서 쓸데없는 유머를 구사해서 상황을 악화시킬 필요는 없다. 윌리엄 새파이어[William Safire]가 경고했듯이 흑사병 같은 진부한 표현은 피해야 한다.

버그 리포트 같은 기술적인 문서를 작성할 때 전문 용어를 사용하지 않는다면 오히려 직관적이지 않은 것으로 보일 수 있다. 하지만 이는 분명 현명한 처사다. 불가피하게 전문 용어를 사용해야 하는 경우도 발생하며, 때로는 프로젝트 팀 내부에서만 사용하는 고유한 단어들을 사용하게 될 것이다. 그렇다 하더라도 테스터들은 너무 많은 전문 용어를 남발하거나 혹은 이로 인해 용어가 잘못 이해되는 경우를 피해야 한다. 당신이 만든 버그 리포트를 프로그래머만 읽는 것은 아니다. 재무 담당자, 마케팅 담당자 같은 사람들도 당신이 만든 버그 리포트를 읽을 수도 있다는 사실을 늘 주지하고 있어야 한다. 따라서 가급적이면 일상적이고 평범한 단어를 사용해야 한다.

빌드 테스트는 반복적으로 수행되며, 각 빌드는 새로운 도전 과제를 통해 추가된 부분(버그 수정과 테스트 통과)과 함께 앞으로 더 필요한 부분(새로운 버그와 테스트 실패)이 발생한다. 구조적인 방법으로 각 빌드를 테스트함으로써 쓸데없는 리소스의 낭비를 줄이고 게임 팀의 리소스를 최대한 효율적으로 활용할 수 있다. 새로운 빌드 데이터를 받아 테스트 수행 전략을 다시 수립하고, 테스트 스위트를 업데이트하고 개선해야 한다. 아울러 테스트 환경을 준비하고 빌드가 테스트 팀에 배포해 테스트를 진행하기에 충분함을 입증하기 위한 스모크 테스트를 수행한다. 테스트 팀이 투입된 이후 가장 중요한 일은 최근에 수정된 버그를 검증하는 리그레션 테스트를 수행하는 것이다. 이후 새로운 버그를 찾고 이전에 발생했던 버그가 현재 빌드에는 아무런 영향도 미치지 않는다는 사실을 입증하기 위해 다양한 테스트를 수행한다. 새로 발견된 버그는 사전에 충분한 조사 과정을 거쳐 간결하고 정확하게, 전문가다운 방법으로 보고돼야 한다. 이런 여정은 한 번 완료한다고 끝나는 게 아니다. 다시 한번, 아니 여러 번 같은 여정을 떠나야 하는 것이다.

연습문제

1. 기대 결과와 실제 결과의 차이를 간략하게 설명하라.

2. 리그레션 테스트의 목적은 무엇인가?

3. 테스트 환경을 준비하는 과정을 단계별로 간략하게 설명해보라.

4. 넉다운 리스트는 무엇을 말하는가? 그리고 이것이 중요한 이유는 무엇인가?

5. 블랙 박스 테스트는 실제 게임 코드 부분을 조사하는 것이다. 참인가 거짓인가?

6. 결함 보고의 간략 설명 부분에는 가급적이면 많은 정보가 기입돼야 한다. 참인가 거짓인가?

7. 화이트 박스 테스트는 게임 플레이와 관련된 테스트를 말한다. 참인가 거짓인가?

8. 버전 관리는 개발자 코드에만 적용돼야 한다. 참인가 거짓인가?

9. '수정 확인' 상태는 해당 버그가 여전히 넉다운 리스트에 남아 있는 상태로 한 번 혹은 두 번 정도의 다음 빌드에서도 확인돼야 한다는 것을 의미한다. 참인가 거짓인가?

10. 버그를 재현할 수 있도록 가능하면 많은 단계로 버그 보고가 이뤄져야 한다. 참인가 거짓인가?

11. 침대 옆에 누르는 버튼식의 유선 전화가 있다고 가정하자. 이 설명을 읽는 사람이 한 번도 전화를 사용해본 적이 없다고 가정하고, 이 전화를 사용해 555-1234 번호로 전화를 거는 과정을 단계별로 설명해보라.

숫자로 본 테스트

- 테스트 진척도
- 테스트 효과성
- 테스터 퍼포먼스

코드 한 줄당 발견된 결함의 개수와 같이 제품과 관련된 지표를 통해 게임이 배포하기에 적합한 상태인지 아닌지 파악할 수 있다. 테스트 지표는 테스트 행위와 그 결과가 얼마나 효과적이고 효율적으로 수행되고 도출됐는지 말해준다. 기본적인 테스트 데이터를 조합해 중요한 정보를 얻을 수 있으며, 이를 통해 테스트 업무와 테스터들을 최대한 활용할 수 있게 된다.

테스트 진척도

데이터를 수집하는 것은 테스트 팀이 현재 어디쯤 와 있는지, 그리고 전체 게임 프로젝트에서 필요하고 요구하는 바를 얼마나 달성했는지 알 수 있게 해준다는 점에서 무척 중요한 행위라고 할 수 있다. 필요한 데이터와 차트는 리드 테스터 혹은 개별 테스터들에 의해 수집된다. 자신의 일을 얼마나 잘 수행하고 있는지 알아야 한다. 예를 들어, 게임 프로젝트에서 테스트 수행에 얼마나 많은 시간이 걸리는지 알고 싶다면 수행된 테스트를 모두 합해서 계산하면 된다. 이 숫자는 매일 얼마나 많은 테스트를 완료했는지, 얼마나 많은 테스터의 리소스가 테스트에 투입됐는지, 얼마나 많은 테스트가 다시 수행돼야 하는지 등의 데이터와 결합될 수 있다.

그림 7.1은 새로운 코드 배포에 맞추어 테스트 팀이 수행할 테스트 데이터를 보여준다. 프로젝트 매니저는 테스트 리드와 함께 매일 12개의 테스트를 수행할 수 있다고 가정하고 전체 테스트를 완료하는 데 얼마나 많은 시간이 걸릴지 예측할 수 있다.

일자	일일 수행량		총 수행량	
	계획량	실 수행량	계획량	실 수행량
12월 22일	12	13	12	13
12월 23일	12	11	24	24
12월 28일	12	11	36	35
12월 29일	12	12	48	47
12월 30일	12	8	60	55
1월 4일	12	11	72	66
1월 5일	12	10	84	76
1월 6일	12	11	96	87
1월 7일	12	11	108	98
1월 8일	12	16	120	114
1월 10일	12	10	132	124
1월 11일	12	3	144	127
1월 12일	12	7	156	134

▲ 그림 7.1 계획 및 실제 수행된 테스트 수행 진척도 데이터

테스트에 총 13일이 소요됐고 그림 7.2에서 보이는 것처럼 계획에 대비해 실적이 떨어졌다. 5일차부터 누적된 실적이 떨어지기 시작했지만 이 당시만 해도 팀은 충분히 계획량을 따라잡을 수 있을 것처럼 보인다. 10일째 되는 날에는 목표 실적을 수정할 필요가 있어 보인다. 마지막 3일 동안은 일부 인원들이 재할당됐음에도 불구하고 팀의 기반이 흔들린 것처럼 보인다.

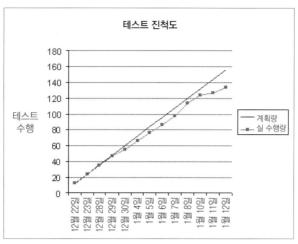

▲ 그림 7.2 계획 및 실제 수행된 테스트 진척도 그래프

어떤 일이 일어나고 있는지 확실히 이해하려면 매일 얼마나 많은 리소스가 테스트 업무에 투입됐는지, 그리고 그들이 매일 얼마나 많은 테스트를 수행했는지에 대한 데이터가 수집돼야 한다. 이런 정보들은 그림 7.3과 같이 차트 형식으로 표현될 수 있다. 이 차트에서 각 테스터가 하루에 평균적으로 4개의 테스트를 수행 완료했다는 사실을 알 수 있다.

각 테스터가 매일 어느 정도의 테스트를 수행했는지에 대한 데이터를 수집할 수 있다면 테스터들이 테스트 업무를 수행한 기간을 참조해 테스트 효율을 계산해야 한다. 이 비율이 1.00이 나온다면 가장 이상적인 경우다. 측정된 숫자를 통해 평소 느끼던 바를 확신할 수는 있지만 이를 입증할 수는 없다. 테스터들이 시간의 100%를 테스트 업무에 할애할 수 있는 것은 아니다. 따라서 테스터들이 하나의 테스트 업무에 100% 시간을 쓰도록 계획을 세워서는 안 된다. 실제 측정 결과는 테스터들이 수행한 업무일 대비 얼마나 많은 테스트 업무를 처리할 수 있는지 보여주고 있다. 어떤 테스터들은 오직 테스트 업무 하나에만 시간을 할애할 것이다. 2개의 역할을 동시에 수행하는 사람도 있다. 개발자이면서 테스터이거나, 혹은 QA 엔지니어이면서 테스터인 사람들이 이런 부류에 속한다. 그림 7.4는 팀 구성원들이 얼마나 많은 시간을 테스트 업무에 할애했는지 보여준다.

일자	테스터					테스터 투입 공수	완료 테스트
	B	C	D	K	Z		
12월 22일	*				*	2	13
12월 23일	*				*	2	11
12월 28일	*				*	2	11
12월 29일	*				*	2	12
12월 30일	*				*	2	8
1월 4일	*		*		*	3	11
1월 5일	*		*		*	3	10
1월 6일	*		*		*	3	11
1월 7일	*		*		*	3	11
1월 8일		*	*	*	*	4	16
1월 10일	*	*	*			3	10
1월 11일	*	*	*			3	3
1월 12일			*			1	7
총합						33	134
테스터/투입 공수							4.06

▲ 그림 7.3 일별 테스터당 완료 테스트 비율

정규직 테스터

주	1	2	3	4	5	6	7	총합
투입 공수	15.5	21.5	35.5	31.5	36.5	22	23.5	186
할당 일정	44	50	51	53	50	41	41	330
							정규직 테스터 가용도	56%

파트 타임 테스터(아티스트나 개발자)

주	1	2	3	4	5	6	7	총합
투입 공수	0	0	0	18.5	18.5	6	15	58
할당 일정	0	0	0	49	54	53	46	202
							파트 타임 테스터 가용도	29%

누계

투입 공수	244
할당 일정	532
가용도	46%

▲ 그림 7.4 테스터 가용도 계산

이 데이터를 통해 몇 가지 중요한 사실을 깨달을 수 있다. 테스터들에게 훈련이나 회의, 데모 준비 같은 부수적인 업무로 인한 '초과 근무'가 발생했으며 이로 인해 테스터들은 근무 시간 중 75% 정도, 평균적으로는 50~60% 정도의 시간만 테스트 업무에 투입할 수 있었다. 테스트 업무를 도울 목적으로 다른 업종의 사람들, 예를 들어 아티스트나 개발자, QA 들을 해당 업무에 투입했다면 일반적인 테스터에 비해 반 정도의 시간만 테스트 업무에 할애할 수 있었을 것이다. 그림 7.4에서와 같이 이들이 테스트 업무에 투입할 수 있는 시간은 겨우 30% 정도에 지나지 않는다. 지금 당신이 수행하고 있는 프로젝트에 이 측정 방법을 한 번 적용해볼 필요가 있을 것이다.

각 개인의 생산성을 조합해 팀 생산성을 파악하는 것도 가능하다. 예제의 경우 팀 전체가 테스트 업무에 100% 리소스를 투입했을 때 겨우 반 정도의 성과만 올리고 있음을 파악할 수 있다. 또한 이를 통해 테스트를 완료할 때까지 정확하게 어느 정도 일정이 소요될지도 확인 가능하다. 125개의 테스트가 남아 있고, 11명의 테스터가 활용 가능하다면 대략적으로 남은 테스트를 완료하기 위해 11MD^{Man-Day} 정도가 소요될 것이라고 예상할 수 있다. 팀의 생산성을 알고 있기 때문에 계산의 결과로 나온 11일을 46%로 나누면 그 결과로 사실은 총 24일의 근무일이 필요하다는 사실을 알 수 있다. 이는 모든 테스트 업무를 완료하기 위해 거의 5주에 가까운 시간이 필요하다는 것을 의미한다.[1] 만일 최초 계획한 대로 테스트 완료까지 11일만을 할당했다면 3주가 지나도 테스트를 완료하지 못했을 것이다.

이런 접근 방식을 통해 "금요일까지 테스트를 완료하려면 몇 사람이나 필요한가요?"라든가 "만약 두 사람을 더 지원해준다면 언제쯤 테스트가 완료될까요?"라는 질문에 적절하게 대답할 수 있을 것이다.

 공황에 빠질 수 있는 다양한 상황에 대비해 완료 일정은 충분한 여유를 두고 설정하는 것이 좋다. 항상 첫 번째 원칙을 기억해야 한다. #1: 공황에 빠지지 마라.

---

[1] 1주의 근무일이 주말을 제외한 5일이므로 24일의 근무일은 대략 5주(25 근무일 = 5 × 5)의 시간이 필요하다. – 옮긴이

다시 그림 7.1로 돌아가 보자. 1월 8일 작업량을 보면 목표에 비해 단지 6개의 테스트를 덜 수행했을 뿐이다. 만약 앞선 6일 동안 테스트를 하나씩만 더 수행했더라면 목표를 달성했을 것이다. 일정을 준수하기 위해 단기간 목표를 준수할 수 있다면, 제때에 전체 테스트 업무를 완료하기 위한 장기간 목표 준수도 가능할 것이다.

테스트 효과성

누적된 결함 개수를 완료한 테스트의 수로 나누면 테스트 효과성[TE, Test Effectiveness]을 구할 수 있다. 이 방법은 이전 빌드에 비해 현재 배포한 빌드가 얼마나 좋은 상태인지를 말해줄 뿐만 아니라, 남은 테스트 기간 동안 얼마나 많은 결함이 발견될 것인지 예측도 가능하다. 예를 들어, 30개의 테스트가 남아 있고 TE가 0.06이라면 앞으로 2개 정도의 결함이 추가로 발견될 것이라고 예상할 수 있다. 이를 근거로 개발자들은 결함 2개가 더 발견될 때까지 다음 빌드 배포를 연기할 수도 있다. TE를 측정하는 방법은 그림 7.5를 통해 알 수 있다.

코드 배포	결함		수행 테스트		결함/테스트	
	신규	총합	빌드[2]	총합	빌드	총합
Dev1	34	34	570	570	0.060	0.060
Dev2	47	81	1230	1800	0.038	0.045
Dev3	39	120	890	2690	0.044	0.045
Demo1	18	138	490	3180	0.037	0.043
Alpha1	6	144	220	3400	0.027	0.042

▲ 그림 7.5 테스트 효과성 측정

각 빌드에 대해 테스트 효과성을 측정해야 할 뿐만 아니라 모든 프로젝트에서도 이 과정은 동일하게 수행돼야 한다. 그림 7.6은 TE 데이터를 시각적으로 보여준다.

---

2 원문에는 'Release'라고 표기되어 있으며, 배포된 각 빌드에 대해 수행된 테스트와 발견된 결함을 의미한다. 즉, Dev2 빌드에 대해 1290개의 테스트가 수행됐으며(따라서 누적된 총 테스트의 개수는 570 + 1230 = 1800), 새로운 결함은 47개가 발견됐으므로 Dev2의 TE는 47/1230 = 0.0380이 되는 것이다. – 옮긴이

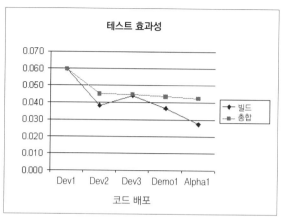

▲ 그림 7.6 테스트 효과성 그래프

TE가 점점 감소하다가 최종적으로 0.042에서 그치는 것을 눈여겨볼 필요가 있다. 동일한 측정법을 사용해 한 단계 더 나아가면, 각 테스터별로 발견한 결함과 수행한 테스트를 기준으로 테스터 개인의 테스트 효과성을 측정할 수 있을 것이다. 그림 7.7은 전체 프로젝트에서 각 테스터들의 TE를 보여준다. 배포된 각 빌드를 기준으로도 개별 효과성을 측정할 수 있다.

테스터	B	C	D	K	Z	총합
수행 테스트	151	71	79	100	169	570
발견 결함	9	7	6	3	9	34
결함/테스트	0.060	0.099	0.076	0.030	0.053	0.060

▲ 그림 7.7 개별 테스터들의 TE 측정

이 프로젝트에 투입된 테스터들의 TE가 최소 0.030에서 최대 0.099에 이르며, 평균이 0.060임을 주의 깊게 살펴볼 필요가 있다. 효과성은 각 테스터들이 수행해야 하는 테스트를 얼마나 수행할 수 있는지 측정할 뿐만 아니라 테스터의 역량도 함께 측정할 수 있다. 특정 테스터가 일정량의 테스트를 수행할 경우 어느 정도의 결함을 찾아낼 수 있을지도 예측이 가능해진다. 예를 들어, 테스터 C가 40개의 테스트를 더 수행한다면 아마 4개 이상의 결함을 발견할 수 있을 것이다.

얼마나 많은 결함을 발견하느냐(양적인 측면)뿐만 아니라 각 빌드마다 얼마나 중요한 결함이 발견됐는지를 파악하는 것(질적인 측면)도 중요하다. 1부터 4까지의 심각도를 갖는 결함 심각도를 사용하고 가장 심각한 결함을 1로 나타낸다면, 최종 배포하는 빌드에서는 1 혹은 2 심각도를 갖는 결함이 발견되지 않아야 한다. 심각도 3과 4에 해당하는 결함이 발견되는 확률 역시 거의 0에 가깝게 수렴돼야 한다. 그림 7.8은 심각도 데이터의 예를 보여준다.

빌드	결함 심각도				
	1	2	3	4	전체
Dev1	7	13	13	1	34
Dev2	4	11	30	2	47
Dev3	2	3	34	0	39
Demo1	1	2	12	3	18
Alpha1	0	0	6	0	6

▲ 그림 7.8 결함 심각도 추이 데이터

그림 7.9는 그림 7.8에서 정리했던 결함 심각도를 그래프로 표시한 것이다. 그래프를 잠시 살펴보자. 어떤 사실을 알 수 있는가?

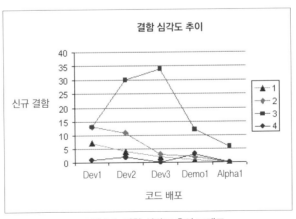

▲ 그림 7.9 결함 심각도 추이 그래프

심각도 3 결함이 압도적으로 많다는 사실에 유의해야 한다. Demo1 빌드에서 심각도 4 결함이 잠깐 증가한 것을 제외하고는 Dev1 빌드가 배포된 다음에도 증가 추세에 있는 유일한 종류의 결함이라는 사실에도 관심을 기울여야 한다. 출시되는 결함에서 심각도 2 이상의 결함이 없어야 한다는 기준이 있다면 사람들은 심각도 2에 해당하는 결함을 심각도 3으로 등록하려는 경향을 보인다. 이 증상에 대해 또 하나 가능한 설명은 프로젝트의 초기에 개발자들이 심각도 1과 2에 해당하는 결함을 먼저 수정하고 나머지는 이후에 수정하겠다고 생각했을 수 있다는 것이다. 그림 7.8과 그림 7.9에서 보이듯이 Demo1 빌드에서 심각도 3 결함이 눈에 띄게 감소하고 이 추세가 Alpha 빌드까지 이어지는 것을 봐서는 이 가설이 어느 정도 개연성이 있어 보인다. 어떤 증상이 눈에 띈다면 그 이유가 무엇인지 반드시 조사하고 파악하려고 노력해야 한다.

테스터 퍼포먼스

테스터들이 결함을 더 잘 찾아내고 그들의 역량에 자부심을 가질 수 있도록 하기 위해 다른 방법을 사용할 수도 있다. '스타 차트Star Chart'도 그중의 하나다. 이 차트는 테스트 부서가 위치한 사무실에 공개되며, 각 테스터들이 어떤 심각도의 결함을 얼마나 많이 찾아냈는지 보여준다. 차트의 한쪽에 테스터의 이름이 명시되고 각 결함은 스티커로 표시된다. 별의 색깔로 결함의 심각도를 표시한다. 예를 들어 붉은색은 심각도 1, 노란색은 심각도 2, 파란색은 심각도 3, 은색은 심각도 4를 표시할 수 있다. 또한 심각도별로 포인트를 부여할 수 있다. 예를 들어 심각도 1에는 10, 2에는 5, 3에는 3, 4에는 1을 부여할 수 있다. 프로젝트 마지막에 누가 가장 많은 포인트를 획득했는지를 기준으로 '테스트 스타'를 선정한다.

 이 차트를 통해 테스터들 사이에 우호적인 경쟁을 조장하고 결함을 더 많이 찾아내려는 의지를 북돋우는 효과를 얻을 수 있었다. 또한 테스터들이 찾아낸 결함을 스스로 관리하도록 만들고 그들이 찾아낸 결함에 심각도를 더욱 세심하게 부여한다는 장점도 얻을 수 있었다. 이 방법을 통해 테스터들이 일을 게임으로 생각하도록 만들 수 있었기 때문이다.

그림 7.10은 테스트 스타를 선정하기 전에 필요한 스타 차트를 보여준다.

테스터	스타(심각도 1 = 붉은색, 심각도 2 = 노란색, 심각도 3 = 파란색, 심각도 4 = 은색)
B	
C	
D	
K	
Z	

▲ 그림 7.10 스타 차트 예시

만약 이로 인해 테스터들의 경쟁이 치열해지고 심각도를 신속하게 부여하기 힘들다고 판단된다면 각 테스터들이 테스트 수행에 기여하는 바와 그들이 찾아낸 결함의 개수를 결합하는 새로운 방법을 사용할 수도 있다. 그들이 찾아낸 결함의 총 개수를 기입하고 각 테스터별로 발견할 결함을 백분율로 표시하는 것이다. 앞서 말한 두 가지 항목을 각 테스터별로 추가하고 다시 테스트를 수행해보라. 각 분야별로 가장 높은 점수를 획득한 사람을 '최고의 테스터'로 선정하는 것이다. 이 경우 앞서 말한 '테스트 스타'와 '최고의 테스터'로 선정된 사람이 동일하지 않을 수도 있다. 아래의 테스터 B, C, D, K, Z의 Dev1 빌드에 대한 테스트의 예를 한번 살펴보자.

- 테스터 B는 Dev1 빌드에 대해 팀이 수행한 총 570개의 테스트 중 151개를 수행했다. 이는 약 26.5%에 달하는 수치다. B는 또한 34개의 신규 발견 결함 중에서 9개를 발견했고 이는 역시 26.5%에 달하는 수치다. 따라서 B의 최종 점수는 53점이 된다.
- 테스터 C는 전체 570개 테스트 중에서 71개를 수행했고 이는 12.5%에 해당한다. C는 Dev1에서 발견된 전체 34개의 결함 중에서 7개를 발견했고 이는 20.5%에 해당한다. 최종 점수는 33점이다.
- 테스터 D는 79개의 테스트를 수행했고 이는 거의 14%에 가까운 수치다. D는 6개의 결함, 즉 전체 결함 대비 17.5%를 발견했다. 따라서 D의 점수는 31.5점이 된다.

- 테스터 K는 100개의 테스트를 수행하고 3개의 결함을 발견했다. 이는 전체 테스트의 17.5%를 수행하고 전체 결함에서 9%를 발견한 것이다. 따라서 점수는 26.5가 된다.
- 테스터 Z는 169개의 테스트를 수행해 전체 570개 테스트 대비 29.5%를 수행했다. 또한 Z는 9개의 결함을 발견해 전체 대비 26.5%의 결함을 발견했다. Z의 점수는 56점이다.
- 따라서 테스트 Z가 '최고의 테스터'의 칭호를 획득할 수 있다.

 당신의 동료 중 한 사람이 계속 이 칭호를 획득한다면 점심을 사주면서 무엇이 그를 그렇게 만들었는지 이야기를 들어보라.

이 시스템이 선의의 목적에만 사용되고 악의적으로 사용되지 않도록 주의해야 한다. 더 많은 테스트를 수행하거나 새로운 결함을 등록해야 할 때 추가적인 리소스가 들어서도 안 되고, 프로젝트의 좋은 점들이 영향을 받아서도 안 된다. 심각도가 낮은 결함을 추적하고 등록하는 데 많은 시간을 할애하지 않기 위해 심각도가 높은 결함에 더 무게를 두어야 하는 것이다. 프로젝트 전체를 따진다면 심각도가 낮은 수많은 결함보다 심각도가 높은 결함 몇 가지가 더 중요하다.

이런 시스템을 통해 테스터들이 힘을 낼 수 있도록 장려하고 테스트의 긍정적인 면을 부각시킬 수 있어야 한다. 테스트 자동화에 공을 들여 테스트 수행에 필요한 시간을 효율적으로 사용할 수 있게 해야 한다. 또한 테스트를 수행하기 전에 테스트 케이스를 효율적으로 작성하는 데도 심혈을 기울여야 한다. 이것만으로도 더 많은 결함을 발견해낼 수 있다. 이 책의 나머지 부분에서 이 전략과 기법에 대해 더 많이 배울 수 있을 것이다.

이 장에서는 지표를 사용해 테스트를 추적하고 그 결과를 향상하는 방법을 알아봤다. 이 장에서 살펴봤던 각 지표는 다음과 같으며, 이를 작성하는 데 필요한 로^{raw} 데이터도 함께 명시했다.

- 테스트 진척도 차트(일별 수행된 테스트 개수, 일별 수행돼야 하는 테스트 개수)
- 테스트 완료/일별(완료된 테스트 개수, 각 테스터들이 투입되어 수행한 테스트 일정)

- 테스트 참여도(각 테스터들이 투입되어 수행한 테스트 일정, 각 테스터들에게 할당된 일정)
- 테스트 효과성(결함 개수, 각 빌드별 수행된 테스트 혹은 테스터들이 수행한 테스트 개수)
- 결함 심각도 프로파일(각 빌드에서 발견된 심각도별 결함 개수)
- 스타 차트(각 테스터들이 발견한 심각도별 결함 개수)
- 테스트 스타(각 테스터들이 발견한 심각도별 결함 개수, 각 심각도별 포인트)
- 베스트 테스터(테스터별 수행한 테스트 개수, 전체 테스트 개수, 각 테스터별 발견 결함 개수, 전체 결함 개수)

테스터 혹은 테스트 리드는 이 지표들을 활용해 게임 테스트와 관련된 업무를 계획하고 예측할 수 있을 것이다. 이를 통해 숫자에 기반한 테스트를 수행하게 되는 것이다.

연습문제

1. 그림 7.3의 데이터를 통해 그림 7.2의 그래프가 무엇을 의미하는지 설명해보라.
2. 그림 7.1과 그림 7.2를 기반으로 향후 10일 안에 테스트 수행을 완료하기 위해서는 몇 명의 인력이 더 투입돼야 하는가? 그래프에 표시된 마지막 날짜의 바로 다음 날부터 투입된 인력들이 작업을 시작할 수 있다고 가정해보자.
3. 그림 7.7에서는 테스터 C가 가장 높은 TE를 보여준다. 하지만 '최고의 테스터'로는 선정되지 못했다. 그 이유는 무엇인가?
4. 당신이 그림 7.7에서 보이는 테스트에 테스터 X로 참가했다고 가정해보자. 만약 당신이 130개의 테스트를 수행했다면, 몇 개의 결함을 발견해야 '최고의 테스터'로 선정될 수 있는가?
5. 테스터의 참여도와 개별 테스터의 효과성을 측정했을 때 얻을 수 있는 세 가지 장점과 단점을 설명해보라. 이 장에서 이미 언급된 내용은 제외하라.

조합 테스트

골디락스^{Goldilocks}[1] 이야기처럼 테스터와 프로젝트 매니저는 테스트가 너무 적거나 과하게 수행되지 않았는지, 혹은 적정하게 수행됐는지 항상 고민해야 한다. 게임의 품질은 최종 사용자가 즐기기에 충분해야 한다. 하지만 빌드 없이 수행될 수 있는 테스트는 없고, 빌드는 항상 늦게 나온다. 이런 제약 조건 아래서 게임의 각 이벤트나 설정, 기능, 그리고 모든 옵션에 대해 가능한 모든 조합의 테스트를 수행하는 것은 실용적이지도 경제적이지도 않은 선택이다. 지름길로 가거나 일부 테스트를 생략해야 하지만 이 모든 것은 사실 위험한 선택이다.

---

1 영국의 전래동화에 등장하는 소녀의 이름. 골디락스가 길을 헤매다 세 마리 곰이 살고 있는 집으로 들어갔는데 식탁에 뜨거운 스프, 차가운 스프, 적당하게 식은 스프가 있는 것을 보고 적당하게 식은 스프를 먹는다는 내용이다. 경제 용어로서 적절한 물가와 적절한 성장률을 보이는 시기를 지칭하는 용어로도 사용된다. – 옮긴이

페어와이즈 조합 테스트 pairwise combinatorial test 는 상대적으로 작은 규모의 테스트로 검증이 필요한 부분이 원활하게 동작한다는 것을 확인할 수 있게 해준다. 이를 통해 게임 소프트웨어에 대한 자신감을 얻음과 동시에 효율적으로 결함을 찾게 해준다. 페어와이즈 조합은 테스트에 사용하는 값들이 다른 파라미터의 값과 적어도 한 번 이상은 조합될 필요가 있음을 의미한다.

파라미터

파라미터는 조합 테스트에 포함돼야 하는 게임의 개별 요소를 말한다. 다음과 같이 다양한 게임 내의 요소, 기능에 따라 파라미터를 선택할 수 있다.

- 게임 이벤트
- 게임 세팅
- 게임 플레이 선택사항
- 하드웨어 설정
- 캐릭터 특성
- 커스터마이징 옵션

동일한 유형의 파라미터를 조합하는 테스트를 동종 homogenous 테스트라고 부른다. 동일한 표 안에서도 하나 이상의 다른 파라미터를 조합해 테스트하는 것은 이종 heterogeneous 테스트라고 부를 수 있을 것이다.

예를 들어, 게임 플레이의 이펙트와 관련이 있는 게임 옵션 화면에서 몇 가지 항목을 조합해 테스트하는 것은 동종 조합 테이블을 통해 수행이 가능할 것이다. 반면 각기 다른 캐릭터, 장비, 그리고 특정한 미션 수행을 위해 필요한 옵션을 조합한다면 이종 조합 테이블이 필요할 것이다.

값

값은 각 파라미터에서 개별적으로 선택된 개체를 말한다. 값은 숫자일 수도 있고 텍스트 혹은 사전에 정해진 리스트에서 선택될 수도 있다. 게임 안에 존재하는 수많은 선택사항 모두를 테스트할 필요가 있을까? 이 질문은 다음과 같이 바꿔볼 수 있을 것이다. 모든 값 혹은 모든 선택이 똑같은 중요도를 갖는가? 거기서 결함이 발견될 가능성이 동일한가? 결함을 찾아내는 능력을 고려하지 않고 수행해야 할 테스트의 개수를 줄일 수 있는가?

디폴트

수행하는 테스트에서 디폴트 값을 사용하는지 여부를 항상 고려해야 한다. 특정한 어떤 값을 고르기 전에 그리고 게임을 설치된 상태에서 그대로 수행했을 때 당신이 마주할 수 있는 값들을 디폴트 값이라고 한다. 선택 가능한 목록, 즉 캐릭터의 헤어스타일 같은 항목에서 첫 번째 값을 선택해 테스트하는 경우도 있을 것이다. 가장 빠르게 게임을 시작하고 싶을 때, 그리고 선택의 고민 없이 바로 버튼을 눌러서 게임을 진행하고 싶을 때 이런 값들이 디폴트 값으로 테스트에 사용된다.

이런 값들을 대상으로 조합 테스트를 수행하는 경우 디폴트 값이 항상 그 조합에 포함돼야 한다. 디폴트 값은 사용자들이 가장 많이 사용하는 값의 하나이므로 디폴트 값을 사용해 결함이 발생하도록 놔둬서는 안 된다.

조합 테스트를 다른 테스트 기법과 함께 사용한다면 다른 테스트에서는 디폴트 값을 제외함으로써 어느 정도 테스트 업무 부담을 줄일 수 있을 것이다. 앞서도 말했듯이 디폴트 값은 가장 많이 사용되는 값이므로 이미 완료된 다른 테스트에서 한 번 이상 이 값을 검증했다는 가정하에 이런 전략을 사용하는 것이다. 반약 이 값들을 제외하고 싶다면 디폴트 값을 사용해 테스트를 계획하고 수행하는 다른 그룹들과 커뮤니케이션해봐야 한다. 테스트 계획을 수립할 때 사전에 어떤 테스트가 디폴트 값을 사용하고 어떤 테스트는 사용하지 않을지를 미리 선정해야 한다.

목록

게임 안의 수많은 선택이 일련의 구별된 값 혹은 선택을 조합해 이뤄진다. 이들 값과 선택은 서로 특정한 수적 관계 혹은 연속적인 관계를 갖지 않아야 한다. 운전할 차를 선택하거나, 플레이할 야구팀을 선택하거나, 혹은 격투 게임에서 파이터를 선택하는 것들이 여기에 속하는 좋은 예라고 할 수 있다.

고유한 값과 선택(팀, 자동차, 파이터, 무기, 노래, 헤어스타일)이 몇 개든지 상관없이 이 값은 테스드에서 무인가를 대표하는 값이이야 한다. 특정한 값이 선택되는 것괴 상관없이 발생하는 버그를 찾아내는 것은 어려운 일이 아니다. 이런 버그들은 단지 몇 가지 항목들만 선택해봐도 쉽게 찾아낼 수 있다.

범위

플레이어는 여러 범위와 목록에서 하나의 숫자를 선택해 게임의 옵션과 선택을 결정한다. 직접 숫자를 입력하거나, 혹은 리스트를 스크롤해서 원하는 것을 선택할 수 있다. 어떤 범위의 숫자 중에서도 특정한 세 가지 값에서 눈에 띄게 결함이 발견되는 경향이 있다. 0, 최솟값, 최댓값이 바로 그것이다.

선택 가능한 값에 0이 포함되어 있다면 항상 이 값이 테스트 대상에 포함돼야 한다. 0 값은 게임의 소스 코드에 다양한 방식으로 영향을 미칠 수 있다. 0이라는 값으로 인해 발생할 수 있는 의도하지 않은 결과들은 다음과 같다.

- 루프가 일찍 종료되거나, 혹은 0 값을 체크하기 전에 루프의 바디가 수행될 수 있다.
- 루프의 시작을 0으로 할지 혹은 1로 할지 혼동할 수 있다.
- 배열 혹은 리스트의 시작을 0으로 할지 혹은 1로 할지 혼동할 수 있다.
- 0 값은 때로는 무한 타이머를 표시하거나 에러가 발생했음을 의미하는 것처럼, 특별한 의미를 표시하기 위해 사용된다.
- 0은 C, C++, C#, 오브젝티브 C 언어에서 스트링 터미네이션[string termination], 즉 NULL과 동일한 값으로 사용된다.

- 또한 0은 C, C++, C#, 오브젝티브 C 언어에서 논리적인(불린식^{Boolean}) 거짓^{False} 값과 동일한 값으로 사용된다.

최솟값 역시 결함이 숨어 있기 좋은 장소다. 최솟값은 숫자로 구성된 파라미터일 수도 있고 리스트에서도 선택이 가능하다. 다음 항목들을 테스트할 땐 반드시 최솟값을 테스트하는 것이 좋다.

- 시간
- 거리
- 속도
- 양
- 크기
- 벳^{bet}[2], 판매 혹은 구매량

예를 들어 최소 시간을 사용하면 이펙트가 완료되지 않는 경우도 있고, 특정 목표가 달성되지 않는 경우도 발생한다. 앞서 2장의 두들 볼링에서 살펴본 것과 유사한 버그들이 여기에 속한다.

최댓값 역시 원치 않은 사이드 이펙트를 유발하고는 한다. 하지만 최댓값을 달성하기 위해서는 많은 시간이 필요하고 테스터들에게 특정한 스킬이 필요하다는 점을 유의해야 한다. 개발자나 테스터 모두 '쉽게' 테스트를 수행하기 위해 이 값을 건너뛰려는 경향을 보인다.

최솟값을 테스트한다면 범주의 최댓값도 테스트해보는 것이 좋다. 최대로 얼마나 많은 플레이어가 참여 가능한지, 사용 가능한 컨트롤러는 몇 개나 연결이 가능한지, 세이브 파일은 최대한 몇 개나 저장이 가능한지, 그리고 디스크, 카트리지, 모바일 디바이스 메모리 같은 저장 장치에는 최대한 얼마나 많은 용량이 저장될 수 있는지도 체크해봐야 한다.

---

2   포커 같은 카드 게임에서 한 번에 베팅할 수 있는 양을 의미한다. - 옮긴이

경계

어린아이들이(혹은 어른들이) 컬러링 북에 색을 칠할 때 선 안쪽으로 색을 얼마나 깔끔하게 입혔는지 보고 잘 칠했는지를 판단한다. 마찬가지로, 게임 소프트웨어의 경곗값을 잘 테스트하는 것은 게임 테스터의 책임이다. '선을 벗어난' 게임 동작들이 결함을 유발한다.

게임 안의 공간에서 렌더링된 다음과 같은 부분들을 테스트할 필요가 있다.

- 타운, 영역 혹은 도시의 경계
- 스포츠 경기장이나 코드의 골 라인, 사이드 라인, 파울 라인, 엔드 라인
- 미션 혹은 레이스의 경유 지점
- 스타트와 피니시 라인
- 포털 입구와 출구

물리적이지는 않지만 테스트할 필요가 있는 경계도 있다. 여기에는 다음과 같은 것들이 포함된다.

- 미션, 게임 혹은 매치가 성사될 때까지의 시간
- 캐릭터 혹은 차량이 도달할 수 있는 속도
- 탄환 같은 발사체가 도달할 수 있는 거리
- 특정한 그래픽 요소가 보이거나, 투명하게 처리되거나, 혹은 보이지 않게 되는 거리

숨겨져 있거나 혹은 적용된 경계를 파악하기 위해서는 게임을 깊이 조사해볼 필요가 있다.

예를 들어, 미식 축구 게임에는 시간과 관련된 다양한 행동과 규칙이 존재한다. 한 경기는 동일한 시간의 4쿼터로 구성되며, 2쿼터가 종료되면 하프타임 휴식 시간을 갖는다. 4쿼터의 마지막에 상대방보다 더 많은 득점을 한 팀이 승리한다. 각 하프에서 2분이 남으면 심판이 시간을 멈추고 각 팀에게 2분이 남았음을 알린다. 미식 축구 게임을 테스트하는 경우 각 쿼터를 2분으로 설정하는 것이 좋은 경곗값 테스트 케이스가 될 수 있다. 2쿼터와 4쿼터가 정상적으로 시작되는지, 혹은 2분 경고로 시작하는지 살펴봐야 할 것이다. 각 쿼터 시간을 3분으로 설정하는 것도 의미가 있다. 2분 경고 시간을 넘는 가장 최소한의 시간이 추가된 경우이기 때문이다.

경곗값 테스트의 또 다른 좋은 예로 매든 NFL 모바일^{Madden NFL Mobile} 게임을 들 수 있다. 이 게임의 경우 하나의 시즌이 끝나면 다음 시즌이 시작된다. 매든 시즌 스코어^{Madden Season Score}가 플레이어의 매든 캐시 계좌에 적립되고 플레이어의 코인, 아이템 바인더, 랭크, 완료한 시즌, 레벨과 달성 과제가 초기화된다. https://www.easports.com/madden-nfl/news/2015/mobile-season-score-launch를 방문해 어떤 값들을 테스트할 수 있는지 한번 살펴보라.

테이블 만들기

2개의 값을 갖는 파라미터를 사용해 간단한 테이블을 만들어보자. On 혹은 Off, 남자 혹은 여자, 마리오 혹은 루이지, 밤 혹은 낮과 같이 게임에는 이런 종류의 파라미터가 넘쳐난다. 이번 테스트에는 스타워즈 제다이 캐릭터의 속성을 조합해 전투 애니메이션의 효과와 대미지 계산을 테스트한다. 캐릭터의 성별(남자 혹은 여자), 한 손 광선검을 사용하는지 혹은 양손 광선검을 사용하는지, 그리고 라이트 사이드의 포스를 사용하는지 다크 사이드의 포스를 사용하는지의 세 가지 테스트 파라미터를 사용한다.

튜토리얼

처음 2개의 파라미터를 처음 2개의 열에 배치하는 것부터 시작한다. 표 8.1에서 볼 수 있듯이, 이를 통해 4개의 조합을 만들어낼 수 있다.

▼ 표 8.1 제다이 전투 테스트의 처음 2개 열

성별	광선검
남자	한 손
남자	양손
여자	한 손
여자	양손

완벽한 조합 테이블을 만들기 위해서는 성별과 광선검을 우선 조합하고 이들을 각각 2개의 가능한 포스 사이드와 조합해야 한다. 동일한 방법으로 포스의 어두운 면과 밝은 면이 조합되면 표 8.2와 같이 행이 2배로 증가한다.

▼ 표 8.2 세 가지 항목이 모두 조합된 제다이 전투 테스트

성별	광선검	포스
남자	한 손	라이트
남자	한 손	다크
남자	양손	라이트
남자	양손	다크
여자	한 손	라이트
여자	한 손	다크
여자	양손	라이트
여자	양손	다크

페어와이즈 조합 테이블을 만들기 위해 각 파라미터의 모든 값이 다른 파라미터의 모든 값과 적어도 한 번씩 조합될 필요가 있다. 이 조건이 충족되면 조합이 '만족satisfied'됐다고 이야기하고, 그렇지 않을 경우에는 '불만족unsatisfied'됐다고 이야기한다. 제다이 전투 테스트에서는 아래의 여섯 가지 조합이 만족돼야 한다.

1. 남자와 각 광선검(한 손, 양손)의 조합

2. 여자와 각 광선검(한 손, 양손)의 조합

3. 남자와 각 포스(라이트, 다크)의 조합

4. 여자와 각 포스(라이트, 다크)의 조합

5. 한 손 광선검과 각 포스(라이트, 다크)의 조합

6. 양손 광선검과 각 포스(라이트, 다크)의 조합

페어와이즈 테이블을 만들기 위해 표 8.1의 테이블에 포스 값이 들어간 열을 추가했다. 그런 다음, 표 8.3에서 보이는 것과 같이 남자 캐릭터가 라이트 사이드와 다크 사이드의 포스

를 선택하는 경우를 추가했다. 이 조합은 페어링 1과 3을 만족한다. 즉, 남자가 라이트 세이버를 선택하는 경우와 남자가 포스를 선택하는 경우 모두를 충족시키는 것이다.

▼ 표 8.3 '남자' 행에 포스 선택을 위한 열 추가하기

성별	광선검	포스
남자	한 손	**라이트**
남자	양손	**다크**
여자	한 손	
여자	양손	

첫 번째 여자 캐릭터 항목에 '다크' 값을 추가함으로써 표 8.4에서 설명된 것과 같이 '한 손 광선검'과 포스 선택에 관한 조합을 충족시킬 수 있게 된다.

▼ 표 8.4 여자 캐릭터 항목에 첫 번째 포스 선택 값 추가하기

성별	광선검	포스
남자	한 손	라이트
남자	양손	다크
여자	**한 손**	**다크**
여자	양손	

마지막으로, 두 번째 여자 캐릭터 항목에 라이트 값을 추가함으로써 모든 파라미터에 대해 페어와이즈 조건을 충족하는 표 8.5를 만들어낼 수 있다. 여자 캐릭터와 각 광선검의 조합, 여자 캐릭터와 각 포스의 조합, 그리고 양손 광선검과 각 포스의 조합이 마지막 값을 추가함으로써 완성되는 것이다.

새롭게 만들어진 테이블은 모든 파라미터를 조합하는 데 우선순위를 두지 않으면서도 세 가지 항목에서 가능한 모든 조합을 만들어냈던 표 8.2에 비해 크기가 절반에 불과하다. 포스 파라미터를 포함하면서도 실제 테스트 케이스는 두 가지 항목(성별, 광선검)만을 조합했을 때와 차이가 없다. 대부분의 경우 페어와이즈 조합을 사용하면 테스트 케이스를 추가하지 않으면서도 더 복잡한 조합과 커버리지를 확보할 수 있다. 하지만 페어와이즈가 모든

경우에 효율적인 것은 아니다. 테이블에 파라미터를 추가하기 위해 어쩔 수 없이 추가적인 테스트를 수행해야 하는 경우도 발생한다. 동일한 수의 파라미터와 값을 사용한다면 그 규모가 커질수록 일반적인 조합 테이블에 비해 페어와이즈 테이블을 만드는 데 더 많은 시간이 할애된다.

▼ 표 8.5 세 가지 제다이 전투 파라미터를 조합해 완성된 페어와이즈 조합 테이블

성별	광선검	포스
남자	한 손	라이트
남자	양손	다크
여자	한 손	다크
여자	**양손**	**라이트**

간단한 예제를 통해 페어와이즈 기법을 사용하면 수학적으로 필요한 모든 조합에 비해 필요한 테스트 케이스를 절반으로 줄일 수 있음을 알 수 있었다. 이 기법을 사용할 수 있는 영역이 꼭 2개의 값을 갖는 파라미터에 한정되는 것은 아니다. 3개 이상의 값을 갖는 파라미터에서도 다른 항목과 효율적으로 조합이 가능하다. 더 다양한 파라미터를 가진 테이블에서도 효과적으로 이 기법을 적용할 수 있다.

특정한 파라미터 안에서 선택할 수 있는 값의 개수를 디멘션[dimension]이라고 부른다. 테이블은 각 파라미터의 디멘션으로 구별될 수 있다. 각 파라미터에 속하는 값의 개수를 기준으로 내림차순으로 표시하고 파라미터에 속한 값의 개수를 제곱의 형식으로 표시해 테이블의 디멘션을 표시할 수 있다. 예를 들어, 표 8.5의 제다이 전투 테이블은 2^3과 같이 표시될 수 있다. 3개의 값을 갖는 하나의 파라미터, 4개의 값을 갖는 2개의 파라미터, 그리고 2개의 값을 갖는 3개의 파라미터가 조합된다면 $4^2 3^1 2^3$과 같이 표시될 수 있다. 테이블 특성을 표시할 수 있는 또 다른 방법은 역시 각 파라미터의 디멘션을 내림차순으로 표시하면서 대시(-)로 이어주는 것이다. 이 방법을 사용하면 제다이 전투 테이블은 2-2-2와 같이 표시될 수 있으며, 위에서 언급된 테이블의 경우에는 4-4-3-2-2-2로 표시될 수 있다. 하지만 이 경우는 앞선 방법보다 더 많은 공간이 필요하다. 어떤 것이든 당신에게 적합한 방법을 찾아 사용하면 될 것이다.

아래의 짧고 간단한 프로세스를 따라 규모에 상관없이 게임 테스트에 활용할 수 있는 페어와이즈 테이블을 만들 수 있을 것이다. 이 단계를 따른다고 해서 항상 최적화된(가능한 최소한의 경우의) 테이블을 만들 수 있는 것은 아니지만, 어느 정도 효율적인 테이블을 작성할 수는 있을 것이다.

1. 가장 큰 디멘션(선택할 수 있는 값의 종류)을 갖는 파라미터를 선택하라.

2. 그다음으로 큰 파라미터의 디멘션을 N이라고 한다면, 첫 번째 파라미터의 각 값을 N배 해서 첫 번째 열을 만든다. 예를 들어, 가장 큰 디멘션을 가진 파라미터가 5개의 값을 갖고 있고 두 번째 큰 파라미터가 4개의 값을 갖는다면 20개(5×4)의 행을 가진 첫 열을 만든다.

3. 그런 다음 파라미터에서 테스트에 필요한 값을 선정해 그다음 열을 채우기 시작한다. 다음 열의 디멘션은 앞선 열의 디멘션보다 작아야 한다.

4. 테이블에서 값이 채워지지 않은 행에는 입력한 이전 파라미터에 대해 가장 많은 수의 페어를 만들 수 있는 파라미터 값을 새로운 열에 입력한다. 만약 그런 값을 찾을 수 없다면 앞선 열의 일부를 수정하고 다시 이 과정을 시작한다.

5. 만약 페어와이즈 조건을 충족하지 못하는 조합이 있다면, 새로운 열을 만들고 조합에 필요한 값을 채워 넣는다. 만약 모든 조건이 충족된다면 3단계로 돌아가라.

6. 새로운 조합을 만들기 위해 테이블의 빈칸에 페어와이즈 조건을 충족하지 못하는 조합을 추가해서 넣는다. 이후 5단계로 다시 돌아간다.

7. 그래도 남아 있는 셀들에 적합한 값들을 채워 넣어라.

다음에 살펴볼 예제는 앞서 살펴본 것보다 좀 더 복잡하다. 〈FIFA 15〉의 게임 세팅 메뉴 아래 존재하는 매치 파라미터를 사용해 이들 조합이 게임을 플레이하는 동안 사용자들의 시각적 경험에 어떤 영향을 미치는지 알아볼 것이다. 앞서 살펴본 페어와이즈 조합 테이블 구성과 동일한 방식을 사용할 것이다. 그림 8.1이 경기 세팅의 일부 값들을 보여준다. 좀 더 완벽한 테스트를 위해 게임 세팅 다이얼로그 하단에 표시되는 각 설정의 설명도 검증해야 한다. 메뉴에 대한 설명 내용과 오탈자, 문법 등이 정확하게 사용되고 있는지 살펴볼 필요가 있다. 예를 들어, 난이도 설정 부분이 하이라이트되면 '현재 보유한 스킬에 기반해 상대편의 난이도를 정한다'라고 출력되는지 확인해야 한다.

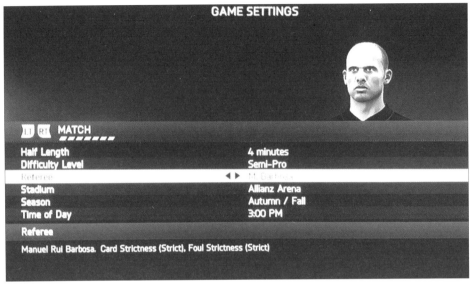

GAME SETTINGS

Half Length	4 minutes
Difficulty Level	Semi-Pro
Referee	◀ ▶ M. Barbosa
Stadium	Allianz Arena
Season	Autumn / Fall
Time of Day	3:00 PM
Referee	

Manuel Rui Barbosa. Card Strictness (Strict), Foul Strictness (Strict)

▲ 그림 8.1 〈FIFA 15〉의 게임 세팅 화면

전반/후반 길이는 실제 경기의 각 전반/후반에 어느 정도의 시간이 소모되는지 표시하는 것이다. 이 길이는 4~10분 사이, 15분, 20분에서 선택이 가능하다. 이번 테스트에서는 4~10분을 경곗값으로, 20분을 최댓값으로 설정해 테스트에 사용할 것이다. 경기 난이도 레벨은 새내기에서 월드클래스까지 선택이 가능하며, 이 두 값을 대푯값으로 사용한다. 경기 심판 항목은 파울을 선언하고 경고/퇴장 카드를 사용하는 심판이 얼마나 엄격하게 판정을 할지 결정한다. 이 항목에서는 관대함, 평균적 그리고 엄격함을 테스트 값으로 사용한다. 카드를 사용하는 수준과 파울을 판정하는 수준이 동일해야 하는 것도 확인한다. 예를 들어 몬스필드^{H.G. Monksfield} 는 '관대한' 심판으로, 프레드스킬드^{F. Fredskild} 는 '평균적인' 심판으로, 바보사^{M. Barbosa} 는 '엄격한' 심판으로 설정할 수 있다. 마지막으로 게임 스피드의 각 경곗값, '느림'과 '빠름'을 사용한다. 이 결과로 3개의 선택 값을 가진 3개의 파라미터, 즉 전반/후반 길이, 심판과 2개의 선택 값을 가진 3개의 파라미터, 즉 난이도, 경기장 상태, 게임 스피드로 구성되는 $3^3 2^3$ 테이블을 만들 수 있을 것이다.

축구의 규칙을 자세하게 알지 못한다 해도 지금 당장은 큰 문제가 되지 않는다. 지금은 페어와이즈 조합 테이블을 만드는 7단계를 이해하는 것이 우선이다.

우선 1단계와 2단계에 맞추어 전반/후반 길이보다 3배 큰 첫 번째 열을 만든다. 전반/후반 길이가 가장 큰 디멘션(세 가지)을 갖는 파라미터의 하나이기 때문에 테이블을 생성하는 기준이 된다. 그다음으로 큰 파라미터 중 하나는 심판 항목이며, 세 가지 값을 갖고 있다.

3단계 설명에 따라 2번째 열에 심판 항목의 값을 채워 넣는다. 표 8.6이 이 단계에서 테이블이 어떤 상태인지 보여준다. 행에 번호를 매겨서 각 조합들이 어떤 관계가 있는지 쉽게 파악할 수 있도록 했다.

▼ 표 8.6 〈FIFA 15〉 매치 세팅 테스트 테이블 만들기

행	전반/후반 길이	심판
1	4분	관대함
2	10분	평균적
3	20분	엄격함
4	4분	
5	10분	
6	20분	
7	4분	
8	10분	
9	20분	

4단계에 맞추어 그다음 열을 채워 나간다. 4번째 행에는 심판 항목에서 새로운 조합을 만들어야 한다. 이 항목은 두 번째 열에 속하므로 단지 하나의 새로운 조합만을 만들어낼 수 있다. '관대함' 항목이 이미 전반/후반 길이 '4분' 항목과 조합됐으므로 새로운 조합을 만들기 위해서는 4번째 행에 '평균적' 값을 넣을 수 있다. 이와 마찬가지로, 5번째 행과 6번째 행에서 새로운 조합을 만들기 위해 각각 '10분'에는 '엄격함', '20분'에는 '관대함'이 조합되는 값으로 사용될 수 있다. 표 8.7이 지금까지의 결과를 보여준다.

▼ 표 8.7 심판 값으로 두 번째 열 채우기

행	전반/후반 길이	심판
1	4분	관대함
2	10분	평균적
3	20분	엄격함
4	4분	평균적
5	10분	엄격함
6	20분	관대힘
7	4분	
8	10분	
9	20분	

나머지 심판 항목들도 4단계에 맞추어 채워나갈 수 있다. 7번째 행에는 전후반 '4분' 길이에 맞추어 새로운 조합을 만들어낼 수 있는 값이 추가돼야 한다. '관대함(1행)'과 '평균적(4행)' 값이 이미 사용됐으므로, 이번에는 '엄격함'이 추가돼야 한다. 이와 동일한 과정을 거쳐 8번째 행에는 '관대함'이, 9번째 행에는 '평균적'이 사용되어 새로운 조합을 생성해낸다. 표 8.8은 이와 같은 과정을 거쳐 2번째 열까지 모두 작성 완료된 테이블을 보여준다.

▼ 표 8.8 '심판' 열 완성하기

행	전반/후반 길이	심판
1	4분	관대함
2	10분	평균적
3	20분	엄격함
4	4분	평균적
5	10분	엄격함
6	20분	관대함
7	4분	엄격함
8	10분	관대함
9	20분	평균적

5단계에 따라, 처음 2개의 열이 모든 조건을 만족하는지 체크한다.

- 전후반 길이 = '4분'은 '관대함'(1행), '평균적'(4행), '엄격함'(7행)과 조합된다.
- 전후반 길이 = '10분'은 '관대함'(8행), '평균적'(2행), '엄격함'(5행)과 조합된다.
- 전후반 길이 = '20분'은 '관대함'(6행), '평균적'(9행), '엄격함'(3행)과 조합된다.

표 안에서 표현된 2개의 열에서 요구되는 모든 조합 조건을 충족했으므로, 5단계를 거쳐 다시 3단계로 돌아간다. 이제부터는 날씨 옵션과 그에 속하는 3개의 값을 추가하는 과정을 거칠 것이다. 다시 3단계를 적용해, '맑음', '비', '흐림' 값을 가진 열을 추가하고 제일 위에서부터 각 날씨 값을 적어나간다. 표 8.9에서 그 결과를 확인할 수 있다.

▼ 표 8.9 '날씨' 열 추가하기

행	전반/후반 길이	심판	날씨
1	4분	관대함	맑음
2	10분	평균적	비
3	20분	엄격함	흐림
4	4분	평균적	
5	10분	엄격함	
6	20분	관대함	
7	4분	엄격함	
8	10분	관대함	
9	20분	평균적	

4단계에 따라 4번째 행('4분' – '평균적')에서부터 새로운 조합을 만드는 값을 추가한다. '맑음'은 이미 첫 번째 행에서 '4분'과 조합됐고, '비'는 이미 2번째 행에서 '평균적' 값과 조합됐다. 따라서 여기 4번째 행에는 '흐림'이 들어가야 한다. 동일한 방법으로 5번째 행에는 '맑음'이, 6번째 행에는 '비'가 들어가야 한다. 표 8.10이 여기까지의 결과물을 보여준다.

▼ 표 8.10 날씨 값의 두 번째 세트 추가하기

행	전반/후반 길이	심판	날씨
1	4분	관대함	맑음
2	10분	평균적	비
3	20분	엄격함	흐림
4	**4분**	**평균적**	**흐림**
5	**10분**	**엄격함**	**맑음**
6	**20분**	**관대함**	**비**
7	4분	엄격함	
8	10분	관대함	
9	20분	평균적	

다시 4단계에 맞추어 나머지 빈칸을 채워나간다. 7번째 행에는 '비'가, 8번째 행에는 '흐림'이, 그리고 마지막 9번째 행에는 '맑음'이 들어간다. 표 8.11은 완성된 날씨 열을 보여준다.

▼ 표 8.11 '날씨' 열 추가 완료하기

행	전반/후반 길이	심판	날씨
1	4분	관대함	맑음
2	10분	평균적	비
3	20분	엄격함	흐림
4	4분	평균적	흐림
5	10분	엄격함	맑음
6	20분	관대함	비
7	**4분**	**엄격함**	**비**
8	**10분**	**관대함**	**흐림**
9	**20분**	**평균적**	**맑음**

이제 모든 조건이 충족됐는지 다시 확인한다. 처음 2개의 열은 이미 앞서 검증이 완료됐으므로, 여기서 다시 검증할 필요는 없다. 새롭게 추가된 '날씨' 열에 대해서만 앞선 조합들과 검증을 수행하면 된다. 결과는 다음과 같다.

- 전후반 길이 = '4분'은 '맑음'(1행), '비'(7행), '흐림'(4행)과 조합된다.
- 전후반 길이 = '10분'은 '맑음'(5행), '비'(2행), '흐림'(8행)과 조합된다.
- 전후반 길이 = '20분'은 '맑음'(9행), '비'(6행), '흐림'(3행)과 조합된다.
- 심판 = '관대함'은 '맑음'(1행), '비'(6행), '흐림'(8행)과 조합된다.
- 심판 = '평균적'은 '맑음'(9행), '비'(2행), '흐림'(4행)과 조합된다.
- 심판 = '엄격함'은 '맑음'(5행), '비'(7행), '흐림'(3행)'과 조합된다.

지금까지는 모든 요구되는 조합을 충족했다. 따라서 다시 3단계로 돌아가 난이도 파라미터를 추가한다. 표 8.12는 4번째 열에 2개의 난이도 값이 추가된 것을 보여준다.

▼ 표 8.12 '난이도' 열 추가하기

행	전반/후반 길이	심판	날씨	난이도
1	4분	관대함	맑음	새내기
2	10분	평균적	비	월드클래스
3	20분	엄격함	흐림	
4	4분	평균적	흐림	
5	10분	엄격함	맑음	
6	20분	관대함	비	
7	4분	엄격함	비	
8	10분	관대함	흐림	
9	20분	평균적	맑음	

4단계를 적용해 3번째 행('20분' – '엄격함' – '흐림')에 적합한 난이도를 넣어보자. '새내기'와 '월드클래스' 중 어떤 값을 넣어도 새로운 조합을 만들어줄 것이다. 이번에는 3번째 행에 '새내기'를 넣어보자. 동일한 방식으로 4번째 행에서 6번째 행까지 적합한 값을 넣어보자. 4번째 행에 '새내기'를 넣으면, 오직 '평균적' 값과 새로운 조합을 만들게 되고, '월드클래스'

를 넣으면 '4분'과 '흐림'이 동시에 새로운 조합을 만들게 된다. 따라서 여기서는 '월드클래스'가 더 적합한 값이 된다. 5번째와 6번째 행에도 역시 '월드클래스'가 적합한 값이 된다. 5번째 행에서는 '엄격함' 및 '맑음'과 새로운 조합을 만들게 되고, 6번째 행에서는 '20분' 및 '비'와 새로운 조합을 만들게 되는 것이다. 표 8.13이 3번째 행에서 6번째 행까지 새로운 조합 조건을 충족하는 값이 기입된 결과를 보여준다. 새로 조합을 이룬 값들은 굵은 글씨로 표시했다.

▼ 표 8.13 새로운 난이도 조합 만들기

행	전반/후반 길이	심판	날씨	난이도
1	4분	관대함	맑음	새내기
2	10분	평균적	비	월드클래스
3	**20분**	**엄격함**	**흐림**	**새내기**
4	**4분**	평균적	**흐림**	**월드클래스**
5	10분	**엄격함**	**맑음**	**월드클래스**
6	**20분**	관대함	비	**월드클래스**
7	4분	엄격함	비	
8	10분	관대함	흐림	
9	20분	평균적	맑음	

이제 남아 있는 빈칸에 적합한 난이도 값을 넣어보자. 7번째 행에 '월드클래스'를 넣으면 그 어떤 새로운 조합도 만들어내지 못한다. '4분'은 이미 4번째 행에서 '월드클래스'와 조합이 되었고, '엄격함'은 5번째 줄에서, '비'는 이미 6번째 줄에서 '월드클래스'와 조합을 이뤘기 때문이다. 7번째 행에서는 '새내기'가 '비'와 새로운 조합을 만들어내므로 이 값이 적합한 값이 된다. 8번째 행과 9번째 행에서는 '새내기'가 각기 '10분' 및 '평균적' 값과 새로운 조합을 만들어낸다. 표 8.14는 난이도까지 완성된 테이블의 모습을 보여준다.

행	전반/후반 길이	심판	날씨	난이도
1	4분	관대함	맑음	새내기
2	10분	평균적	비	월드클래스
3	20분	엄격함	흐림	새내기
4	4분	평균적	흐림	월드클래스
5	10분	엄격함	맑음	월드클래스
6	20분	관대함	비	월드클래스
7	4분	엄격함	**비**	**새내기**
8	**10분**	관대함	흐림	**새내기**
9	20분	**평균적**	맑음	**새내기**

난이도 레벨이 모든 조합 조건을 충족하는지 살펴보자.

- 전후반 길이 = '4분'은 '새내기'(1행, 7행) 그리고 '월드클래스'(4행)와 조합된다.
- 전후반 길이 = '10분'은 '새내기'(8행) 그리고 '월드클래스'(2행, 5행)와 조합된다.
- 전후반 길이 = '20분'은 '새내기'(3행, 9행) 그리고 '월드클래스'(6행)와 조합된다.
- 심판 = '관대함'은 '새내기'(1행, 8행) 그리고 '월드클래스'(6행)와 조합된다.
- 심판 = '평균적'은 '새내기'(9행) 그리고 '월드클래스'(2행, 4행)와 조합된다.
- 심판 = '엄격함'은 '새내기'(3행, 7행) 그리고 '월드클래스'(5행)와 조합된다.
- 날씨 = '맑음'은 '새내기'(1행, 9행) 그리고 '월드클래스'(5행)와 조합된다.
- 날씨 = '비'는 '새내기'(7행) 그리고 '월드클래스'(2행, 6행)와 조합된다.
- 날씨 = '흐림'은 '새내기'(3행, 8행) 그리고 '월드클래스'(4행)와 조합된다.

지금까지는 모든 게 괜찮아 보인다. 모든 값이 난이도 값과 조합이 되었으므로 다시 3단계로 돌아가 잔디 상태 옵션을 추가한다. 잔디 상태를 표현하는 값인 '없음'과 '헤비'를 5번째 열의 제일 윗부분에 추가한다. 표 8.15와 같다.

행	전반/후반 길이	심판	날씨	난이도	잔디 상태
1	4분	관대함	맑음	새내기	없음
2	10분	평균적	비	월드클래스	헤비
3	20분	엄격함	흐림	새내기	
4	4분	평균적	흐림	월드클래스	
5	10분	엄격함	맑음	월드클래스	
6	20분	관대함	비	월드클래스	
7	4분	엄격함	비	새내기	
8	10분	관대함	흐림	새내기	
9	20분	평균적	맑음	새내기	

4단계에 따라 3번째 행의 5번째 열에 적합한 값을 찾아보자. 오직 '헤비' 값만이 이 행의 다른 네 가지 값('20분', '엄격함', '흐림', '새내기')과 새로운 조합을 만들어낸다. 4번째 행에서는 '없음'이 세 가지 값('평균적', '흐림', '월드클래스')과 새로운 조합을 만들어내는 반면, '헤비'의 경우는 '1분'과 하나의 새로운 조합만을 만들어낼 뿐이다. 5번째 행과 6번째 행에는 '없음' 값이 각각 2개의 새로운 조합을 만들어내는 반면, '헤비'는 하나의 새로운 조합을 만들어낼 뿐이다. 표 8.16에서 3번째 행의 잔디 상태에 '헤비'가, 그리고 4번째, 5번째, 6번째 행에 '없음'이 기입된 것을 확인할 수 있다.

▼ 표 8.16 '잔디 상태' 열 추가하기

행	전반/후반 길이	심판	날씨	난이도	잔디 상태
1	4분	관대함	맑음	새내기	없음
2	10분	평균적	비	월드클래스	헤비
3	20분	엄격함	흐림	새내기	헤비
4	4분	평균적	흐림	월드클래스	없음
5	10분	엄격함	맑음	월드클래스	없음
6	20분	관대함	비	월드클래스	없음
7	4분	엄격함	비	새내기	
8	10분	관대함	흐림	새내기	
9	20분	평균적	맑음	새내기	

남아 있는 각 행에 '헤비' 값을 사용해 '4분', '관대함', '맑음'과 새로운 조합을 만들어낼 수 있다. 표 8.17은 '잔디 상태' 열에 모든 값이 기입되어 있는 상태를 보여준다.

▼ 표 8.17 '잔디 상태' 열 완성하기

행	전반/후반 길이	심판	날씨	난이도	잔디 상태
1	4분	관대함	맑음	새내기	없음
2	10분	평균적	비	월드클래스	헤비
3	20분	엄격함	흐림	새내기	헤비
4	4분	평균적	흐림	월드클래스	없음
5	10분	엄격함	맑음	월드클래스	없음
6	20분	관대함	비	월드클래스	없음
7	**4분**	엄격함	비	새내기	**헤비**
8	10분	**관대함**	흐림	새내기	**헤비**
9	20분	평균적	**맑음**	새내기	**헤비**

새로운 열을 완성하기 위해 필요한 모든 조합 조건을 충족하는지 다시 확인한다.

- 전후반 길이 = '4분'은 '없음'(1행, 4행) 그리고 '헤비'(7행)와 조합된다.
- 전후반 길이 = '10분'은 '없음'(5행) 그리고 '헤비'(2행, 8행)와 조합된다.
- 전후반 길이 = '20분'은 '없음'(6행) 그리고 '헤비'(3행, 9행)와 조합된다.
- 심판 = '관대함'은 '없음'(1행, 6행) 그리고 '헤비'(8행)와 조합된다.
- 심판 = '평균직'은 '없음'(4행) 그리고 '헤비'(2행, 9행)와 조합된디.
- 심판 = '엄격함'은 '없음'(5행) 그리고 '헤비'(3행, 7행)와 조합된다.
- 날씨 = '맑음'은 '없음'(1행, 5행)' 그리고 '헤비'(9행)와 조합된다.
- 날씨 = '비'는 '없음'(6행) 그리고 '헤비'(2행, 7행)와 조합된다.
- 날씨 = '흐림'은 '없음'(4행) 그리고 '헤비'(3행, 8행)와 조합된다.
- 난이도 = '새내기'는 '없음'(1행) 그리고 '헤비'(3행, 7행, 8행, 9행)와 조합된다.
- 난이도 = '월드클래스'는 '없음'(4행, 5행, 6행) 그리고 '헤비'(2행)와 조합된다.

잔디 상태 역시 요구되는 모든 조건에 부합됨을 확인했다. 다시 3단계로 돌아가, 이제는 게임 스피드 값을 마지막 행으로 추가해야 한다. '느림'과 '빠름' 값을 표의 가장 윗부분에 채운다. 표 8.18이 이 부분을 보여준다.

▼ 표 8.18 '게임 스피드' 열 추가하기

행	전반/후반 길이	심판	날씨	난이도	잔디 상태	게임 스피드
1	4분	관대함	맑음	새내기	없음	느림
2	10분	평균적	비	월드클래스	헤비	빠름
3	20분	엄격함	흐림	새내기	헤비	
4	4분	평균적	흐림	월드클래스	없음	
5	10분	엄격함	맑음	월드클래스	없음	
6	20분	관대함	비	월드클래스	없음	
7	4분	엄격함	비	새내기	헤비	
8	10분	관대함	흐림	새내기	헤비	
9	20분	평균적	맑음	새내기	헤비	

자, 지금부터는 뭔가 새로운 일이 발생할 것이다. 3번째 행에 어떤 게임 스피드 값을 넣더라도 4개의 새로운 조합을 만들어낼 수 있으므로 어떤 값을 선택해도 무방하다. '느림' 값은 '20분', '엄격함', '흐림', '헤비' 값과 새로운 조합을 만들어내며 '빠름'은 '20분', '엄격함', '흐림', '새내기'와 새로운 조합을 만들어낸다. 다시 한번 표를 살펴보면 남아 있는 행(4~9행)에 어떤 값을 넣어도 더 이상의 새로운 조합을 만들어낼 수 없다는 사실을 알게 될 것이다. 하지만 이를 믿어서는 안 된다(두 번째 원칙, '아무도 믿지 마라'를 절대 잊어서는 안 된다). 스스로 확인해보라. 4단계를 따라 '만약 새로운 조합을 찾을 수 없다면, 앞서 입력한 값 하나를 변경해서 이 단계를 진행한다'. 따라서 처음 2개의 행에 넣었던 게임 스피드 값이 일부 변경돼야 한다. 표 8.19는 두 번째 행의 게임 스피드 값을 '느림'으로 바꾼 결과를 보여준다.

▼ 표 8.19 '게임 스피드' 열 다시 시작하기

행	전반/후반 길이	심판	날씨	난이도	잔디 상태	게임 스피드
1	4분	관대함	맑음	새내기	없음	느림
2	10분	평균적	비	월드클래스	헤비	**느림**
3	20분	엄격함	흐림	새내기	헤비	
4	4분	평균적	흐림	월드클래스	없음	
5	10분	엄격함	맑음	월드클래스	없음	
6	20분	관대함	비	월드클래스	없음	
7	4분	엄격함	비	새내기	헤비	
8	10분	관대함	흐림	새내기	헤비	
9	20분	평균적	맑음	새내기	헤비	

여기서 다시 4단계를 이어나간다. 이제 남아 있는 행에 어떤 값을 채워야 할지 명확할 것이다. 3번째 행에서 '빠름'은 앞의 다섯 가지 항목 모두와 새로운 조합을 만들어내는 반면, '느림'을 입력하면 새로운 조합은 4개에 그친다. 4번째 행에서 '빠름'은 4개의 새로운 조합을 만들지만, '느림'을 사용하면 3개의 새로운 조합을 만들 수 있다. 5번째 행과 6번째 행에서 '느림'을 사용하면 1개의 새로운 조합을 만들어내는 반면, '빠름'을 사용하면 2개의 새로운 조합을 만들어낼 수 있다. 표 8.20에서 지금까지 입력한 값을 확인할 수 있다.

▼ 표 8.20 '게임 스피드' 열 추가하기

행	전반/후반 길이	심판	날씨	난이도	잔디 상태	게임 스피드
1	4분	관대함	맑음	새내기	없음	느림
2	10분	평균적	비	월드클래스	헤비	느림
3	**20분**	**엄격함**	**흐림**	**새내기**	**헤비**	**빠름**
4	**4분**	**평균적**	흐림	**월드클래스**	**없음**	**빠름**
5	**10분**	엄격함	**맑음**	월드클래스	없음	**빠름**
6	**20분**	**관대함**	**비**	월드클래스	없음	**빠름**
7	4분	엄격함	비	새내기	헤비	
8	10분	관대함	흐림	새내기	헤비	
9	20분	평균적	맑음	새내기	헤비	

동일한 방식으로 남아 있는 3개의 행도 값을 채워나간다. 각 행에서 '느림'만이 새로운 조합을 만들어낼 수 있을 것이다. 완성된 표는 표 8.21과 같다.

▼ 표 8.21 매치 세팅 테스트 테이블 완성하기

행	전반/후반 길이	심판	날씨	난이도	잔디 상태	게임 스피드
1	4분	관대함	맑음	새내기	없음	느림
2	10분	평균적	비	월드클래스	헤비	느림
3	20분	엄격함	흐림	새내기	헤비	빠름
4	4분	평균적	흐림	월드클래스	없음	빠름
5	10분	엄격함	맑음	월드클래스	없음	빠름
6	20분	관대함	비	월드클래스	없음	빠름
7	4분	**엄격함**	비	새내기	헤비	**느림**
8	10분	관대함	**흐림**	새내기	헤비	**느림**
9	**20분**	평균적	맑음	새내기	헤비	**느림**

이제 마지막으로 게임 스피드 항목이 모든 요구하는 조건을 만족하는지 살펴보자.

- 전후반 길이 = '4분'은 '느림'(1행, 7행) 그리고 '빠름'(4행)과 조합된다.
- 전후반 길이 = '10분'은 '느림'(2행) 그리고 '빠름'(5행, 8행)과 조합된다.
- 전후반 길이 = '20분'은 '느림'(9행) 그리고 '빠름'(3행, 6행)과 조합된다.
- 심판 = '관대함'은 '느림'(1행, 8행) 그리고 '빠름'(6행)과 조합된다.
- 심판 = '평균적'은 '느림'(2행, 9행) 그리고 '빠름'(4행)과 조합된다.
- 심판 = '엄격함'은 '느림'(7행) 그리고 '빠름'(3행, 5행)과 조합된다.
- 날씨 = '맑음'은 '느림'(1행, 9행) 그리고 '빠름'(5행)과 조합된다.
- 날씨 = '비'는 '느림'(2행, 7행) 그리고 '빠름'(6행)과 조합된다.
- 날씨 = '흐림'은 '느림'(8행) 그리고 '빠름'(3행, 4행)과 조합된다.
- 난이도 = '새내기'는 '느림'(1행, 7행, 8행, 9행) 그리고 '빠름'(3행)과 조합된다.
- 난이도 = '월드클래스'는 '느림'(2행) 그리고 '빠름'(4행, 5행, 6행)과 조합된다.
- 잔디 상태 = '없음'은 '느림'(1행) 그리고 '빠름'(4행, 5행, 6행)과 조합된다.
- 잔디 상태 = '헤비'는 '느림'(2행, 7행, 8행, 9행) 그리고 '빠름'(3행)과 조합된다.

멋지다! 페어와이즈 조합 테이블을 활용해 단지 9개의 테스트 케이스로 216개(3×3×3×2×2×2)에 이르는 파라미터와 값의 모든 조합을 커버하게 된 것이다. 207개의 테스트 케이스를 줄여준다는 것만으로도 시간을 투자해 테이블을 만들어낼 가치가 충분하다. 앞서 살펴본 표에서 아직 6단계와 7단계는 수행하지 않았음을 유의해야 한다. 이 단계들은 모든 경우에 유효한 것은 아니지만 그렇다고 완전히 배제해서도 안 된다.

이제 조합 테이블을 사용해 게임 테스트를 수행하고 이를 통해 기대와 다른 일들이 발생하는지 체크할 수 있는 준비가 되었다. 코드를 작성하기 전에 디자인 문서에 있는 정보만으로도 가급적 빨리 테스트 테이블을 만들어볼 필요가 있다. 각 조합에서 어떤 일이 일어나야 한다고 명확하게 정의가 되어 있는지 확인해야 한다. 이런 작업들을 통해 지금까지 생각지도 못했던 질문을 던지게 되는 계기가 마련될 수 있다. 이를 통해 사전에 버그를 예방하고 게임 플레이를 향상할 수 있는 것이다.

두 번째로 사용 가능한 방법은 각 조합마다 어떤 일이 일어나야 하는지에 대해 코드를 작성하거나 요구사항을 정리하는 사람에게 물어보는 것이다. "잘 모르겠습니다"나 "체크해보고 알려드리겠습니다"와 같은 답변을 받는 게 그리 놀랄 일은 아니다. 이 방법은 프로젝트 후반에 가서 대처할 수 없는 놀라운 일들을 발견하게 되는 것보다는 훨씬 경제적인 방법이다. 이렇게 발견된 문제들은 코드가 작성되기 전에 수정되거나, 최소한 이런 조합들을 고려해서 코드를 추가로 작성할 가능성이 크다.

조합 테스트를 사용한다고 해서 바로 어떤 영향이 있는지 체크할 필요는 없다. 메뉴 선택이 여전히 가능하고 버튼을 눌렀을 때 올바른 동작을 수행하도록 만드는 것이 가장 중요하다. 장기적인 영향을 검토해볼 필요가 있으며, 때로는 이로 인해 게임이 완전히 망가질 수도 있다. 다음과 같은 항목을 체크할 필요가 있다.

- □ 게임 혹은 세션이 적절하게 종료되는가?
- □ 달성 과제는 적절하게 저장되는가?
- □ 특정한 게임 내 진행 구간이나 스토리를 정상적으로 진행할 수 있는가?
- □ 시즌/캐리어가 진행되는 동안 게임 내 업적과 기록이 정상적으로 계산되고 그에 따른 액션이 정상적으로 수행되는가?

□ 새로운 세션을 정상적으로 시작하고 플레이 가능한가?

□ 세션이나 파일을 정상적으로 저장하고 그만둘 수 있는가?

〈FIFA 15〉의 경기 설정 같은 조합 테스트를 수행하다 보면 뜻하지 않은 현상들이 발견되기도 한다. 이런 경우 어떻게 처리할지에 대해서는 [득점 이슈] 글상자를 살펴보기 바란다.

득점 이슈

게임 시간을 길게 설정한 테스트를 수행한 다음 게임 후반부에 득점을 하고 나서 게임을 다시 속행했을 때 득점 시간과 골을 넣은 선수의 정보가 비정상적으로 표시되는 것을 확인할 수 있었다. 게임 안에서는 시간이 얼마나 지났는지, 그리고 골을 넣은 플레이어의 이름이 무엇인지가 항상 표시된다. 매치 이벤트 스크린을 조사한 결과 표시되는 골이 우리 팀이 얻은 30번째 골임을 알 수 있었다. 테이블에서 얻은 다른 여러 테스트 케이스를 통해 이 문제가 전반 혹은 후반과 상관없이 경기에서 30번째 골이 득점되면 항상 발생하는 문제임을 알 수 있었다.

두 번째 이슈는 107:0의 스코어로 경기를 종료했을 때 발생했다. 개인 플레이어 성적의 골 스크린에는 100번째까지의 골만 기록되어 있었으며, 매치 이벤트 내의 골 스크린에는 가장 최근의 100개 골만 기록되어 있었다. 게임을 시작하고 나서 처음 4분 동안 득점한 골은 기록되지 않았다.

각각의 전후반 경기 시간을 10분과 20분으로 설정해 테스트를 수행했을 때, 경기가 종료되는 시점에서 화면 전환에 딜레이가 발생하거나 떨리는 현상을 볼 수 있었다. 아마 경기 진행 내내 발생했던 이벤트들이 누적되고 이를 기록으로 남기는 과정에서 그래픽 메모리 관리 혹은 이와 관련된 다른 원인으로 인해 발생한 증상이라고 추정된다.

여러 게임을 이어서 진행하면서 날씨를 '비'로 설정하고 게임을 시작하면 간헐적으로 로비에서 처음 얼마 동안 비가 오는 효과가 표시되는 것을 경험했다. 하지만 이 효과는 곧 사라졌다. 경기가 진행되는 동안에도 더 이상 비는 내리지 않았다. 무엇이 원인이 되어 이런 증상이 나타나는지를 밝히기 위해서라도 추가적인 조합 테스트를 수행할 필요가 있을 것이다.

그림 8.2는 후반전 경기에서 경기 시작 이후 55분에 득점한 골이 전반 23분에 득점한 걸로 표시되는 모습을 보여준다.

▲ 그림 8.2 잘못 표시된 득점 정보

조합 템플릿

이 책과 함께 제공하는 자료 및 부록 C에 완성된 조합 테이블이 포함되어 있다. 템플릿에 기록되어 있는 파라미터의 이름과 값을 바꿈으로써 원하는 테스트에 이를 활용할 수 있을 것이다. 10개 이하의 테스트 케이스가 필요한 경우라면 테이블을 만드는 가장 빠른 방법일 것이다. 모든 조건을 충족하는지만 검증해보면 된다. B*와 같이 템플릿에서 '*'가 표시되는 부분은 해당 파라미터에 어떤 값을 넣어도 무방함을 의미한다.

튜토리얼

템플릿을 어떻게 활용할지 살펴보기 위해 〈헤일로: 리치^{Halo: Reach}〉의 상세 컨트롤 세팅 화면(그림 8.3)을 활용해보자. 우선 테스트에 얼마나 많은 파라미터와 값을 사용할지부터 결정하자. 그림 8.3은 상세 컨트롤 파라미터와 값을 보여준다. 이 예제에서는 시점 역전 Look Inversion, 시선 감도 Look Sensitivity, 자동시점 센터링 AutoLook Centering, 쭈그리고 앉기^{Crouch Behavior}, 클렌치 프로텍션^{Clench Protection} 세팅 항목을 사용한다. 시점 감도 파라미터는 1부터 10까지의 값을 선택할 수 있으며, 나머지 파라미터는 예/아니요, 가능/불가능, 토글/홀드의 선택 값을 갖는다. 시선 감도가 1부터 10까지의 값을 갖고 있으므로 디폴트 값과 최솟값, 최댓값을 선택해 테스트를 수행하는 것이 좋아 보인다. 각각 3, 1, 10을 할당한다. 이번 테스트는 3개의 값을 갖는 첫 번째 파라미터(시선 감도)와 2개의 선택 값을 갖는 4개의 파라미터를 포함해 총 5개의 파라미터로 구성된다. 해당 설정에 대해서는 부록 C와 표 C.18을 살펴보라.

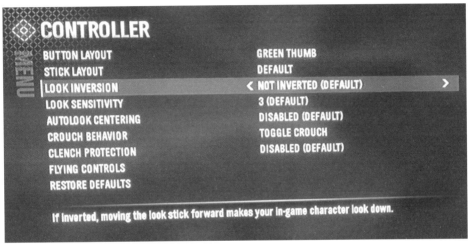

▲ 그림 8.3 〈헤일로: 리치〉의 상세 컨트롤 파라미터와 값들

템플릿의 각 파라미터에 테스트 값을 넣어준다. 시선 감도는 3개의 값을 가지며, 선택할 수 있는 값의 개수가 가장 많은 파라미터이므로 첫 번째 기준 항목이 된다. A1에 디폴트 값(3)을, A2에 최솟값(1)을, 그리고 A3에 최댓값(10)을 입력한다. 또 다른 A1, A2, A3에 적절한 값을 기입한다. 이 시점에서 테이블은 표 8.22와 같을 것이다.

그런 다음 2개의 선택 값을 갖는 하나의 파라미터를 선택해 템플릿의 B 파라미터 열에 넣는다. 시점 역전 파라미터를 선택하고 디폴트 값인 '아니요'를 B1에, '예'를 B2에 각각 입력한다. 표 8.23이 이 결과를 보여준다.

테스트	시선 감도	B 파라미터	C 파라미터	D 파라미터	E 파라미터
1	**3**	B1	C1	D1	E1
2	**1**	B2	C2	D1	E1
3	**10**	B1	C2	D2	E1
4	**3**	B2	C2	D2	E2
5	**1**	B1	C1	D2	E2
6	**10**	B2	C1	D1	E2

▼ 표 8.23 시점 역전 값이 입력된 테이블 템플릿

테스트	시선 감도	시점 역전	C 파라미터	D 파라미터	E 파라미터
1	3	**아니요**	C1	D1	E1
2	1	**예**	C2	D1	E1
3	10	**아니요**	C2	D2	E1
4	3	**예**	C2	D2	E2
5	1	**아니요**	C1	D2	E2
6	10	**예**	C1	D1	E2

남아 있는 줄에도 동일한 과정을 반복해 디폴트 값과 그 밖의 값을 넣어준다. 완성된 테이블은 표 8.24와 같을 것이다.

▼ 표 8.24 완성된 컨트롤러 세팅 테이블

테스트	시선 감도	시점 역전	자동시점 센터링	쭈그리고 앉기	클렌치 프로텍션
1	3	아니요	아니요	홀드	불가능
2	1	예	예	홀드	불가능
3	10	아니요	예	토글	불가능
4	3	예	예	토글	가능
5	1	아니요	아니요	토글	가능
6	10	예	아니요	홀드	가능

필요한 테이블 디멘션에 맞추어, 이 책과 함께 제공하는 자료에 포함되어 있는 템플릿 파일을 선택하면 된다. 만약 모든 파라미터가 2개의 값만 갖고 있다면 CombTemplates2Values.xls 파일을 사용하고, 3개의 값을 가진 파라미터가 하나 혹은 그 이상이라면 CombTemplates 3Values.xls 파일을 사용하면 된다. 4개 혹은 그 이상의 선택 값을 가진 파라미터가 필요하다면 직접 테이블을 만들거나, 이후에 나오는 '조합 테스트 만들기' 절을 참고하면 된다.

어떤 파일을 사용할지 결정했다면 워크시트의 아래 탭을 선택해 사용할 파라미터의 개수를 선택한다. 파라미터의 개수와 일치하는 템플릿을 찾아서 활용하면 된다.

〈헤일로: 리치〉 컨트롤러 세팅 테스트는 CombTemplates3Values.xls 파일을 선택하고 워크시트의 아랫부분에서 '5 params' 탭을 활용하면 될 것이다. '3개의 값을 가진 하나의 파라미터, 2개의 값을 가진 4개의 파라미터' 항목이 나올 때까지 스크롤을 내려 해당 테이블을 사용하면 된다. 표 8.24에서 사용된 것과 동일한 테이블이 부록 C에도 포함되어 있다. 이 테이블을 테스트 파일 안에 잘라 붙이는 방식을 사용해도 무방하다. 마지막으로, 테스트 값들을 실제로 치환할 값으로 바꾸면 동일한 결과를 얻을 수 있다.

조합 테스트 만들기

사실 지금까지 살펴본 방식으로 테이블을 만드는 과정이 결코 쉽다고는 할 수 없다. 수많은 파라미터와 값의 조합을 검증하는 것 역시 힘든 일이 아닐 수 없다. http://www.satisfice.com/tools.shtml에는 제임스 바흐 James Bach 가 이런 작업을 용이하게 수행할 목적으로 만든 도구가 공개되어 있다. 이 책과 함께 제공하는 자료에 포함되어 있으니 잘 활용하기 바란다. **올페어즈** Allpairs 는 탭으로 구별된 텍스트 파일을 입력값으로 사용하며 그 결과로 페어와이즈 조합 테이블과 함께 테이블 내에서 각 조합들이 얼마나 많은 조건에 부합하는지 표시해준다.

튜토리얼

올페어즈를 사용하기 위해서는 탭으로 구별되는 테이블을 우선 만들어야 한다. 격투 게임인 〈데드 오어 얼라이브 3^{DOA3, Dead or Alive 3}〉의 매치 세팅을 예로 들어보자.

난이도	매치포인트	생명 게이지	라운드타임
보통	1	최소	제한 없음
쉬움	2	작음	30
어려움	3	보통	40
아주 어려움	4	큼	50
	5	최대	60
			99

조합 테이블을 만드는 것이 아니라 올페어즈 도구를 활용하기 위한 방법을 살펴보고 있다는 사실을 상기하자. 테스트해야 할 파라미터는 다음과 같다. 난이도, 승리를 위해 필요한 매치포인트, 화면상에 표시되는 생명 게이지의 크기와 각 라운드가 진행되는 시간이 초 단위로 표시된다. 4개의 파라미터로 구성되며 선택 가능한 값의 디멘션은 각각 4, 5, 5, 6이된다. 이들을 기반으로 조합 테이블을 직접 만드는 것은 쉽지 않은 일이다. 만약 모든 가능한 4중 조합 방식으로 테스트를 진행하려고 한다면, 600(4×5×5×6)개의 테스트 케이스가필요하다. 이런 경우 대부분 페어와이즈 조합 테이블을 사용해 최소한의 경우를 산출하려고 할 것이다. 하지만 이 경우에도 선택 가능한 수가 가장 많은 2개의 파라미터(6×5)를 참조한다면 30~40개의 테스트 케이스가 산출될 것이다.

이제 도스창(맞다! DOS!)을 열고 `allpairs input.txt > output.txt`를 입력한다. input.txt는 탭으로 구별된 파라미터 목록 파일의 이름이다. output.txt는 도구를 통해 생성된 조합 테이블이 포함된 파일의 이름을 말한다. 올페어즈 도구가 위치한 경로에서 작업을 수행하거나, 전체 경로 설정을 변경해줘야 한다.

DOA3 테이블의 경우는 `allpairs doaparams.txt > doapairs.txt`로 수행이 가능하다. 그 결과는 다음과 같다.

테스트 케이스

테스트 케이스	난이도	매치포인트	생명 게이지	라운드타임	페어링
1	보통	1	최소	제한 없음	6
2	쉬움	2	작음	제한 없음	6
3	어려움	3	보통	제한 없음	6
4	아주 어려움	4	큼	제한 없음	6
5	어려움	1	작음	30	6
6	아주 어려움	2	최소	30	6
7	보통	3	큼	30	6
8	쉬움	4	보동	30	6
9	아주 어려움	1	보통	40	6
10	어려움	2	큼	40	6
11	쉬움	3	최소	40	6
12	보통	4	작음	40	6
13	쉬움	1	큼	50	6
14	보통	2	보통	50	6
15	아주 어려움	3	작음	50	6
16	어려움	4	최소	50	6
17	보통	5	최대	60	6
18	쉬움	1	최대	60	4
19	어려움	2	최대	60	4
20	아주 어려움	3	최대	60	4
21	쉬움	5	최소	99	5
22	보통	4	최대	99	4
23	어려움	5	작음	99	4
24	아주 어려움	5	보통	99	4
25	~보통	5	큼	제한 없음	2
26	~쉬움	5	최대	30	2
27	~어려움	5	최대	40	2
28	~아주 어려움	5	최대	50	2
29	~어려움	4	최소	60	2
30	~어려움	1	큼	99	2
31	~아주 어려움	~1	최대	제한 없음	1
32	~보통	~1	작음	60	1
33	~쉬움	~2	보통	60	1
34	~쉬움	~3	큼	60	1
35	~보통	2	~최소	99	1
36	~쉬움	3	~작음	99	1

이런 작업을 수동으로 진행하지 않아도 된다는 건 얼마나 기쁜 일인가! '테스트 케이스'와 '페어링' 열은 올페어즈 도구에 의해 추가된 항목들이다. '테스트 케이스'는 각기 구별될 수 있는 테스트 케이스에 순차적으로 번호를 부여한 것이다. '페어링'은 각 행의 값을 통해 얼마나 많은 파라미터 조합이 표현될 수 있는지를 보여주는 것이다. 예를 들어, 18번 행의 페어링 값은 4이다. 이는 곧 18번 행을 통해 4개의 새로운 조합을 만들어낼 수 있음을 의미한다. 즉, 쉬움 − 최대, 쉬움 − 60, 1 − 최대, 1 − 60의 조합을 말하는 것이다. 최대 − 60의 조합은 17번 행에서, 그리고 쉬움 − 1의 조합은 13번 행에서 충족됐다.

'~'로 시작되는 값은 와일드카드다. 파라미터의 어떤 값이 들어가도 무방하며, 이를 위해 테이블의 다른 조합을 제거할 필요가 없음을 의미한다. 도구가 임의의 값을 선택하지만, 이미 상당한 지식을 갖춘 당신과 같은 테스터라면 좀 더 평범하거나 문제가 발생될 소지가 다분한 값들, 즉 디폴트 값이나 과거에 문제가 발생했던 값으로 이를 치환할 수 있을 것이다.

올페어즈를 통해 생성된 산출물에는 페어링 상세 목록이 포함되어 있다. 이 목록에는 모든 필요한 조합과 이 조합으로 구성된 행이 포함되어 있다. DOA3 테이블의 페어링 상세 목록의 일부는 다음과 같다.

매치포인트	난이도	1	쉬움	2	13, 18

이는 매치 포인트 = 1, 난이도 = '쉬움'의 조합이 두 번 수행됐고, 표의 13번째 행과 18번째 행에 이 조합이 포함되어 있음을 의미한다.

해당 목록에서 다음과 같은 항목도 살펴볼 수 있다.

라운드타임	생명 게이지	60	최대	4	17, 18, 19, 20

이는 곧 라운드타임 = 60, 생명 게이지 = '최대'인 조합이 조합 테이블의 17번째 행에서 20번째 행까지 모두 4번 등장한다는 뜻이다. 이런 정보는 특정 조합만을 제한해 테스트하고자 할 때 유용하다. 하나의 특정한 조합으로 인해 발생한 버그를 수정한 빌드를 테스트해야 하는 경우 수정을 검증하기 위해 이 방법이 유용하게 쓰일 수 있다.

결함이 발견된 조합과 동일한 조합을 다른 항목들과 조합해 테스트해봄으로써 가능한 원인의 범위를 좁히는 데도 페어링 상세 목록을 활용할 수 있다. 예를 들어 13번째 행의 테스트가 실패했다고 가정할 경우, 페어링 상세 목록을 통해 13번째 행에서 사용된 조합들을 조사해볼 수 있다. 그 조합들은 다음과 같다.

라운드타임	매치포인트	50	1	1	13
라운드타임	생명 게이지	50	큼	1	13
라운드타임	난이도	50	쉬움	1	13
매치포인트	생명 게이지	1	큼	2	13, 30
매치포인트	난이도	1	쉬움	2	13, 18
생명 게이지	난이도	큼	쉬움	2	13, 34

이와 같은 정보를 통해 어떤 조합이 결함의 원인인지 밝히기 위해 18, 30, 34번 테스트 케이스가 수행될 수 있는 것이다. 만약 이 중에서 어떤 테스트도 실패하지 않는다면 오직 13번 행에서만 발견되는 조합, 즉 50 – 1, 50 – 큼, 50 – 쉬움의 조합에 문제의 원인이 있을 가능성이 커진다. 만약 18번 테스트도 실패했다면, 1 – 쉬움 조합이 문제의 원인일 가능성이 있는 것이다. 마찬가지로 30번 테스트가 실패했다면 1 – 큼 조합이 원인일 수 있다. 34번 테스트가 실패했다면 큼 – 쉬움 조합이 문제의 발생 원인일 것이다.

올페어즈의 출력 파일 역시 탭으로 단락이 구분된다. 따라서 마이크로소프트 엑셀이나 이 포맷을 지원하는 그 어떤 프로그램에도 바로 붙여서 활용이 가능하다. 이 장에서 다뤘던 올페어즈와 출력 파일을 포함한 샘플 파일은 이 책과 함께 제공하는 자료에도 포함되어 있다.

조합 테스트의 경제학

이 장에서 사용된 예제들은 모두 수십 개의 테스트 케이스로 수백 개의 테스트 케이스를 커버하는 뛰어난 효율을 보여주고 있다. 살펴본 예제들이 특별한 경우가 아니라 일반적인 테스트에서도 쉽게 찾아볼 수 있는 경우임을 알 수 있다. 어떤 경우는 100:1 혹은 1000:1 심지어는 1,000,000:1의 비율로 테스트 케이스를 줄일 수도 있다. 얼마나 많은 파라미터를 사용하는지, 얼마나 많은 값이 파라미터에 사용되는지에 따라 그 비율은 달라질 수 있다. 조금이라도 테스트를 적게 수행하는 편이 여러모로 좋지 않을까?

아주 중요한 게임의 일부 기능은 좀 더 세밀하게 검토할 필요가 있다. 중요한 기능과 관련된 부분은 전체 조합 테스트를 수행하고 그 나머지 부분에서만 페어와이즈 조합 테스트를 사용하는 것도 한 방법이다. 만약 전체 게임의 10% 정도를 중요한 부분이라고 간주하고 이들 기능이 평균적으로 100개의 테스트 케이스(대략 $4 \times 4 \times 3 \times 2$ 규모라고 가정하자)를 갖고 있다고 가정해보자. 나머지 90%의 기능에는 페어와이즈 조합 테이블을 사용해 각 기능마다 20개 내외의 테스트 케이스를 수행하는 것이 합리적이다. 테스트해야 하는 기능의 개수를 N이라고 한다면, 모든 기능에 대해 전체 조합 테스트를 수행할 때 비용을 100*N 으로 계산할 수 있을 것이다. 나머지 90%의 기능에 대해 페어와이즈 조합 테이블을 사용한다면 비용은 100*0.1*N + 20*0.9*N = 10*N+18*N = 28*N으로 계산할 수 있을 것이다. 즉, 중요한 부분을 제외한 나머지 90%에 대해 조합 테이블을 사용하면 약 72%의 비용 절약 효과를 가져올 수 있는 셈이다.

조합 테스트를 활용할 수 있는 또 다른 방법은 '새너티^{sanity}' 테스트로 활용하기 위해 테이블을 만드는 것이다. 새너티 테스트를 활용하면 프로젝트 초기에 수행하는 테스트의 수를 적게 유지할 수 있으며, 새너티 테스트를 통과한 게임에 대해 다양한 방법으로 전통적 테스트나 풀 테스트를 수행해볼 수 있다. 출시 전 동영상이나 워크스루, 데모에 포함되는 기능의 시나리오를 만들기 위해서는 어떤 조합이 정상적으로 동작하는지 파악하는 것이 큰 도움이 될 것이다.

가장 적은 비용으로 결함을 발견하고 수정하기 위해서는 게임 라이프 사이클 중에도 가능한 빠른 시점에서 페어와이즈 조합 테이블을 만들고 그 결과를 살펴봐야 한다. 디자인 문서나 스토리보드가 만들어지면 활용할 수 있는 최대한의 정보를 기반으로 조합 테이블을 만들고 이에 관한 다양한 질문을 디자이너에게 던져야 한다.

만약 프로젝트 초기에 테스트 인력과 업무에 드는 비용을 파악할 수 있는 임직원이라면 얼마나 많은 리소스를 테스트에 투입하는 것이 최선일지 결정해야 한다. 페어와이즈 조합 테스트는 양적으로나 질적으로 커버리지의 균형을 잡아주며, 이를 통해 일부 영역에 리소스를 더욱 집중하면서도 더 넓은 영역을 테스트할 수 있게 만들어줄 것이다.

연습문제

1. 페어와이즈 조합 테이블과 전체 조합 테이블의 차이점을 설명하라.

2. 파라미터와 값의 차이점을 설명하라.

3. 표 8.22에서 설명한 〈FIFA 15〉 매치 세팅 테스트에 '게임 세팅: 룰' 스크린의 오프사이드(On/Off) 항목을 추가해보라.

4. 〈FIFA 15〉에서 발견된 대부분의 결함이 전후반 길이와 관계가 있으므로, 매치 세팅 테이블에 3개의 행을 추가해 '15분' 값이 다른 5개의 파라미터와 조합되도록 만들어보라.

5. 올페어즈 도구를 사용해 iOS와 안드로이드를 동시 지원하는 모바일 게임 〈킹턴^{Kingturn} RPG〉의 설정 테스트 테이블을 만들어보자. 테스트할 첫 번째 파라미터는 '사운드' 항목으로 On과 Off 값을 제공한다. 두 번째 파라미터는 '난이도'로 '캐주얼', '노멀', '전략가', '마스터', '킹' 값을 제공한다. 세 번째 파라미터로는 On과 Off를 제공하는 '페르마 넉아웃' 항목을 사용한다. 마지막으로 네 번째 파라미터인 '핀치 줌'은 '가장 느림', '느림', '디폴트', '빠름', '가장 빠름' 값을 제공한다.

테스트 플로우
다이어그램

9장에서 다루는 내용

- 테스트 플로우 다이어그램 만들기
- 데이터 사전 정의하기
- 패스 전략 수립하기
- 테스트 케이스 만들기

테스트 플로우 다이어그램^{TFD, Test Flow Diagram}은 플레이어의 관점에서 게임 안에서 일어나는 행위를 시각적으로 표현한 것이다. 플레이어들에게 익숙한 경로나 예상 밖의 경로를 거지면서 게임을 진행하고 이를 통해 테스트가 수행되는 것이다.

TFD를 통해 테스트를 체계적으로 디자인할 수 있으며, 테스트의 독립성과 완성도를 높일 수 있다. 만약 여러 게임이나 기능 안에서 동일한 행동 패턴을 발견할 수 있다면 테스터는 하나의 TFD를 만들고 이를 재사용할 수 있다. 가장 기본이 되는 TFD를 활용해 다양한 플랫폼에서 사용할 수 있는 TFD를 만들면 된다. TFD의 장점은 시각적으로 내용을 쉽게 파악할 수 있다는 것이다. 따라서 테스터와 개발자, 프로듀서가 쉽게 테스트 디자인 리뷰를 진행하고 다양한 피드백을 제공할 수 있게 된다.

TFD 요소

TFD는 '요소element'라고 부르는 다양한 시각적인 항목을 활용한다. 그림을 그리거나 라벨을 붙이거나, 특정한 규칙에 따라 표현된 다양한 요소를 서로 연결할 수도 있다. 규칙에 따라 TFD를 작성하기 때문에 어떤 테스트를 수행할지 예측할 수 있게 되며, 추후에 발생할 유사한 다른 게임 프로젝트에서도 이를 재활용할 수 있는 것이다. 만약 TFD를 분석하거나 처리하는 도구를 개발하려고 한다면 이런 규칙을 적용하고 분석하는 것이 개발의 핵심이 될 것이다.

플로우

플로우flow는 게임의 '상태state'를 다른 항목과 연결하는 선을 의미하며, 화살표를 사용해 플로우의 방향을 표시한다. 각 플로우는 고유한 번호를 가지며, 하나의 이벤트와 하나의 액션을 갖는다. 콜론(:)을 통해 플로우 ID와 이벤트 이름을 구별하며, 슬래시(/)를 통해 액션과 이벤트를 구분한다. 테스트를 수행한다는 건 '이벤트'에 설명된 행동을 수행하면서 '액션'과 플로우가 목표로 하는 '상태'에 설명된 것들이 실제로 발생하는지 관찰하는 것을 의미한다. 플로우와 이를 구성하는 각 요소의 예는 그림 9.1과 같다.

▲ 그림 9.1 플로우 구성도

이벤트

이벤트event는 사용자, 주변기기, 네트워크 혹은 게임 내부의 메커니즘에 의해 촉발되는 게임상의 동작을 의미한다. 간단히 말해 게임을 진행하는 동안 일어나는 모든 일을 이벤트라고 보면 된다. 아이템을 줍고, 시전할 마법을 선택하고, 채팅 메시지를 다른 플레이어에게 보내거나 게임 안의 타이머가 돌아가는 것과 같은 모든 일이 이벤트라고 할 수 있다. TFD를 통해 가능한 모든 이벤트를 표현할 수 있는 것은 아니다. TFD를 통해 어떤 이벤트를 검증할 수 있는지 판단하는 것이 중요하다. 이벤트를 만들기 위해서는 다음 세 가지가 고려돼야 한다.

1. 다른 이벤트와 관계해 발생할 수 있는 상호작용

2. 이벤트와 연관되어 발생하는 고유한 행위와 중요한 행위

3. 이벤트의 결과로 발생하는 고유한 게임 상태와 중요한 게임 상태

하나의 플로우에 하나의 이벤트만 명시가 가능하다. 하지만 여러 가지 동작을 하나의 이벤트로 표현하는 것도 가능하다. 정확하게 동일한 의미를 갖는 인스턴스가 여러 개 존재한다면 하나의 이벤트 이름이 하나의 TFD 안에서도 여러 번 등장할 수 있다. 이벤트는 하나의 게임 상태가 새로운 게임 상태로 바뀌는 원인이 되기도 한다.

액션

액션^{action}은 이벤트로 인해 발생해 잠시 동안 유지되거나 변화하는 행위를 의미한다. 이는 이벤트가 원인이 되어 발생하거나, 이벤트를 수행해 나타나는 결과로서 테스터가 체크해야 하는 대상이 된다. 액션은 사람의 감각을 통해 인지된다. 게임 디바이스가 제공하는 소리와 시각적 효과, 게임 컨트롤러의 진동 그리고 멀티플레이어 게임의 경우 네트워크를 통해 전송되는 정보 등을 통해 액션이 표현되는 것이다. 액션은 오랜 기간 동안 지속되지 않는다. 액션은 발생했을 때 인지되고, 발견되고, 측정될 수 있지만 어느 정도 시간이 지나면 더 이상 인지되지도, 발견되지도 않을뿐더러 이로 인해 측정하는 것이 거의 불가능해진다.

플로우상에서는 단 하나의 액션만이 서술되지만, 여러 개의 동작이 하나의 액션으로 표현될 수 있다. 하나의 인스턴스가 정확하게 동일한 내용을 갖고 있다면 동일한 이름을 갖는 액션이 여러 번 TFD상에서 표현될 수 있다.

상태

상태[state]는 일정 기간 이어지는 게임 행위를 표현하는 것이며, 여러 번 다시 나타날 수 있다. 어떤 상태를 벗어나지 않는 이상 동일한 행위가 지속되는 것을 관찰할 수 있으며, 해당 상태로 다시 돌아올 때마다 같은 행위를 발견할 수 있을 것이다.

상태는 '거품[bubble]'의 형태로 표시되며, 거품 안에 상태를 식별하는 고유한 이름을 갖는다. 만약 다이어그램에 존재하는 하나 이상의 상태에서 동일한 행위가 발견된다면, 하나의 상태로 다른 상태를 표현할 수 있는지 고려해봐야 한다. 만약 하나의 상태로 표시가 가능하다면 중복되는 상태를 제거하고 플로우를 이에 맞추어 다시 연결해야 한다. 각각의 상태는 해당 상태에 진입하는 최소한 하나 이상의 플로우와 해당 상태를 벗어나는 최소한 하나 이상의 플로우를 갖는다.

기본 요소

이벤트, 액션 그리고 상태는 기본 요소[primitive]라고 부른다.

다이어그램을 복잡하게 채우지 않아도 기본 요소들만으로도 자세한 정보를 파악할 수 있다. 기본 요소들은 '데이터 사전[Data Dictionary]'을 통해 정의된다. 이런 정의는 한글이나 영어 같은 일반적인 텍스트나 C++ 같은 프로그래밍 언어, 혹은 실행 가능한 시뮬레이션이나 TTCN 같은 테스트 언어로 표현이 가능하다. 좀 더 자세한 설명과 예제는 이후에 나오는 '데이터 사전' 절을 참고하기 바란다.

터미네이터

터미네이터[terminator]는 인류를 말살하기 위해 먼 미래에서 온 기계를 말하는 것이 아니다. TFD에서 말하는 터미네이터는 테스트를 시작하는 지점과 종료하는 지점을 표시하는 특별한 상자를 의미한다. 따라서 각 TFD에는 반드시 2개의 터미네이터가 표시돼야 한다. 하나는 IN 박스 안에 위치하며, 상태로 연결되는 하나의 플로우를 갖는다. 다른 하나는 OUT 박스에 위치하며, 하나 혹은 다른 상태에서 유입되는 하나 혹은 그 이상의 플로우를 갖는다.

TFD 디자인

TFD가 단순히 정보를 그림 등의 형태로 기록한 것을 의미하진 않는다. 테스터들이 TFD를 제대로 디자인하기 위해서는 디자이너의 역량을 갖출 필요가 있다. TFD를 제대로 작성하려면 준비Preparation, 배치Allocation, 구성Construction의 세 가지 단계를 순차적으로 밟아야 한다.

준비

게임 기능 요구사항 파악에 필요한 자료를 수집하는 단계다.

게임 테스트 계획이나 개인 업무 할당에 따라 계획하고 있는 테스트 범위 안에 어떤 요구사항이 구현돼야 하는지 파악하는 것이다. 스토리보드나 디자인 문서, 데모 빌드나 정형화된 소프트웨어 요구사항 문서에 이런 내용이 포함되어 있을 수 있다. 시퀄sequel이나 스핀오프spin-off 같은 새로운 시리즈의 게임을 테스트한다면 그 배경이 되는 전작도 이런 요구사항의 범위에 포함될 수 있다.

배치

필요한 TFD의 개수를 파악하고 각 게임 요소들을 TFD에 매핑하는 단계다.

수많은 요구사항을 좀 더 작은 규모로 세분화하고 연관되어 있는 요구사항들을 하나로 묶는다. 이 작업을 수행하기 위한 기법 중의 하나는 게임 안에서 제공하는 다양한 행동들, 즉 무기를 줍거나, 무기를 발사하거나, 상대를 치료하는 것과 같은 행동을 테스트하는 것이다. 다양한 무기의 종류나 체력을 복구하는 여러 가지 방법과 같이 고려할 수 있는 경우의 수에 따라 하나 혹은 그 이상의 TFD를 디자인할 수 있다. 또 다른 기법 중의 하나는 특정한 달성과제에 초점을 맞추어 TFD에 시나리오를 매핑하는 것이다. 테스트하는 게임의 종류에 따라 다르지만 일반적으로 미션이나 퀘스트, 매치 혹은 도전 과제 등에 이 방법을 적용할 수 있다. 이 경우 게임 내에서 특정한 경로를 따라 획득할 수 있는 목표나 결과를 예상할 수 있어야 한다. 달성과제를 기준으로 하는 방법은 앞서 말한 행동을 기준으로 하는 방법을 대체해서 사용될 수도 있고 추가적으로 수행할 수도 있다. 하나의 방법에 너무 집착할 필요는 없다. 복잡한 하나의 TFD를 만드는 것보다 간단한 TFD를 여러 개 만드는 편이 쉬울뿐더러 관리도 용이하다.

구성

'플레이어의 관점'에서 게임 요소들을 모델링하는 단계다.

TFD는 게임 내부에 존재하는 어떤 소프트웨어 디자인 구조와도 달라야 한다. TFD는 다이어그램에 표현된 각 상태에 연결된 게임 플로우에서 어떤 일이 발생하는지에 대해 테스터들이 어떻게 해석하고 있는지를 표현한 것이다. TFD를 만드는 일은 조합 테이블을 만드는 것처럼 기계적으로 수행되는 것이 아니다. 이 과정은 예술에 가깝다고 할 수 있다. 같은 기능에 대해 TFD를 만든다고 해도 작성한 테스터에 따라 내용이 아주 딴판으로 변하기 마련이다.

아무것도 그려지지 않은 빈 종이나 템플릿을 가지고 시작한다. 우선 종이에 그려놓고 나중에 파일로 옮겨도 되고, 처음부터 컴퓨터에서 작업을 해도 무방하다. 템플릿을 사용하는 방법은 이 장의 뒷부분에서 다룬다. 처음 TFD를 구성하는 방법은 아래에 나열된 과정을 따라 하면 된다. 이 장의 뒷부분에 등장하는 예제들 역시 이런 단계를 거쳐서 구성된 것들이다.

1. 파일을 열고 TFD가 다루는 부분을 표현할 수 있는 고유한 이름을 입력한다.

2. 상단부에 박스를 하나 그리고 그 안에 'IN'이라고 쓴다.

3. 하나의 원을 그리고 그 안에 최초의 상태 이름을 쓴다.

4. IN 박스에서 첫 번째 상태까지 잇는 플로우를 하나 그린다. 플로우의 이벤트 이름을 'Enter'라고 지정한다.

 지금은 각 플로우에 숫자를 붙일 필요가 없다. 나머지 디자인 과정에서 다이어그램을 변경해 숫자가 변경될 경우에 대비해 이 과정은 제일 마지막에 수행된다.

8장 '조합 테스트'에서 페어와이즈 조합 테이블을 만들 때와는 달리 TFD를 만들 때는 꼭 준수해야 하는 과정이 없다. 테스트하는 게임 시나리오에 따라 마음 가는 곳에서부터 다이어그램을 만들면 된다. 다이어그램을 만드는 과정 자체에서 가능한 이벤트와 그 결과에 대한 여러 가지 의문이 발생하므로 다이어그램을 생성하는 과정은 반복적이고 동적일 수밖에 없다. 더 이상 뭘 수행해야 할지 모르거나 모든 과정을 완료했다고 생각이 된다면 아래의 단계들을 참조해 미처 고려하지 못한 부분이 남아 있는지 체크해보길 바란다.

1. 첫 번째 상태에 추가할 플로우와 상태가 있는지 고민해보라. 단기간 발생하는 행위(액션)나 누락된 행위(무시되거나 그 결과로 아무 액션이 발생하지 않는 경우)를 테스트하기 위해 플로우는 원래 출발한 상태로 다시 돌아올 수도 있다는 사실을 명심해야 한다.

2. 하나 혹은 그 이상의 요구사항, 옵션, 세팅이나 기능에 대해 각 플로우의 추적성 traceability 을 기록해야 한다. 이는 게임 디자인 문서의 일부분을 하이라이트하거나 목록을 나열하는 것처럼 단순한 작업일 수도 있다. 때로는 요구사항 추적성 매트릭스^{RTMX,} _{Requirements Traceability Matrix} 를 통해 이런 정보를 체계적으로 나열할 필요도 있다.

3. 상태 A에서 상태 B로 이어지는 모든 플로우에 대해 역으로 상태 B에서 A로 갈 수 있는 요구사항이 있는지를 체크하고, 만약 이런 경우가 있다면 적절한 플로우를 추가한다. 만약 모든 요구사항이 충족됐다고 생각된다면 이 다이어그램을 테스트의 대상이 되는 게임이나 기능, 레벨을 디자인한 사람과 함께 리뷰를 수행해 누락되거나 잘못 표현된 부분, 혹은 애매모호하게 표현된 요구사항이 있는지 검토한다.

   모든 요구사항이 1개 이상의 플로우로 추적이 가능하다는 것을 확인했다면 각 요구사항을 수행할 수 있는 또 다른 경로나 추가적인 경로가 존재하는지 확인한다. 만약 더 이상의 플로우가 존재하지 않으며 필요한 모든 경로가 명확하고 적절하게 고려됐지만 어떤 문서를 통해서도 이를 추적할 수 없다면, 요구사항 자체에 누락된 것이 있거나 애매모호하게 기술된 것이 있지 않은지 다시 확인한다. 이 경우 현재 만들고 있는 TFD의 영역에서 벗어난 것이 아닌지도 확인해볼 필요가 있다.

다음으로 아래 순서에 따라 마지막 단계를 수행한다.

4. OUT 박스를 추가한다.

5. 어떤 상태 혹은 상태들이 OUT 박스와 연결돼야 하는지 결정한다. 테스트가 어디에서 완료돼야 하는지, 그다음 테스트가 어디서부터 수행돼야 하는지, TFD에 의해 모델링된 능력이나 달성과제의 마지막 단계가 어디여야 하는지 등을 고려해야 한다. 이런 상태들은 'Exit' 이벤트를 추가하고 OUT 박스로 플로우를 연결해야 한다. 다른 상태로부터 OUT 박스로 연결되는 플로우는 하나 이상 있어서는 안 된다.

6. IN 박스와 OUT 박스의 이름을 IN_xxx와 OUT_xxx로 업데이트한다. 여기서 xxx는 TFD의 간단한 명칭을 의미한다. TFD를 만드는 동안 테스트 영역이나 초점이 변경된 경우 마지막으로 이 작업을 수행한다.

7. 모든 플로우에 숫자를 부여한다.

TFD 예제

TFD를 작성하려면 원이나 선, 화살표, 둥글거나 각진 직사각형을 그릴 수 있는 도구가 필요하다. 또한 각 요소에 텍스트나 숫자를 붙여넣을 수도 있어야 한다. 마이크로소프트 파워포인트야말로 이 목적에 가장 적합하고 또한 쉽게 접할 수 있는 도구다. 좀 더 다양한 기능을 제공하는 마이크로소프트 비지오^{Visio}나 스마트드로^{SmartDraw}도 고려할 수 있는 옵션이다.

우리가 만들 첫 번째 TFD 예제는 무기와 탄약을 획득한 다음 탄약의 수를 정확하게 세고 이 과정에서 발생하는 시각적 효과와 사운드 효과가 적절한지 검증하는 것을 목적으로 한다. 이 기능은 FPS뿐만 아니라 롤플레잉 게임, 액션/어드벤처 게임, 아케이드 게임과 일부 레이싱 장르에서도 활용이 가능하다. 아주 간단한 테스트처럼 보이지만, 이 과정을 통해 〈언리얼 토너먼트〉에서는 다음과 같은 결함들이 수정될 수 있었다.

'탄약 대신 아머를 주웠을 때 HUD에서 탄약 숫자가 변경되던 문제'[SHACKNEWS 09]

'카오스 UT 탄약이 제대로 설정되지 않음'[STEAM 14]

'UT 2004 무한 탄약 이슈'[UT2004 15]

'무제한 태그 라이플 탄약 이슈'[GAMEWINNERS 16]

자신에게 가장 적합한 드로잉 도구를 사용해 예제의 다이어그램을 그려보자. 스스로 레이아웃을 만들고 다이어그램을 편집한 다음 단계마다 그 내용을 예제 다이어그램과 비교해 보라.

모든 TFD는 IN 박스에서부터 시작한다. IN 박스는 테스트를 시작하는 데 필요한 첫 단계혹은 테스트가 필요한 게임의 첫 상태로 연결된다. TFD를 통해 테스트하려는 것이 시작화면이 아닌 이상 첫 화면을 군이 시작 화면으로 설정할 필요는 없다. 게임 안에서 테스터가 체크하기를 바라는 액션이나 상태가 관련된 일(이벤트)이 실제로 시작되는 지점으로 바로 건너뛰어도 무방하다.

우리가 만들 예세의 TFD에서 첫 상태는 무기도 없고 탄약도 지니지 않은 상황을 표현해야한다. NoGunNoAmmo 상태를 만들고 IN 박스와 연결되는 플로우를 그린다. 이 장의 앞부분에서도 설명했듯이 플로우상에 'Enter'라는 이벤트 이름을 부여한다. 아직 플로우에숫자를 부여할 필요는 없다. 이 시점에서 플로우는 그림 9.2와 같을 것이다.

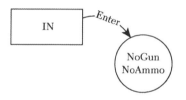

▲ 그림 9.2 Ammo TFD 시작하기

다음 단계는 이 상황에서 플레이어가 어떤 일을 할 때 어떤 결과가 발생하는지를 모델링하는 것이다. 이 상황에서 발생 가능한 경우 중 하나는 무기를 발견하고 이를 집어 드는 것이다. 무기를 가지고 있는 상태는 그렇지 않은 경우와 시각적으로 구별된다. 무기가 인벤토리에 표시되고 당신이 움직이는 캐릭터가 총을 들고 있는 모습으로 바뀌며 화면 중앙에 조준점이 표시될 것이다. 이런 변경된 부분들 때문에 별도의 새로운 상태를 만들어야 한다. 이 새로운 상태에 간단하게 'HaveGun'이라는 이름을 부여하자. 무기를 획득하는 과정에서는 특정한 사운드 효과가 발생하고 화면에서 획득한 무기가 잠시 표시됐다가 사라지는 것과 같은 일시적인 효과들이 발생할 것이다. 이런 일시적인 효과들은 플로우상에서 '액션'

이라는 이름으로 표시된다. 플로우의 이벤트 이름으로 'GetGun'을 부여하고, 액션 이름으로 'GunEffects'를 부여하자. 건^{gun} 플로우와 새로운 상태가 추가된 TFD는 그림 9.3과 같을 것이다.

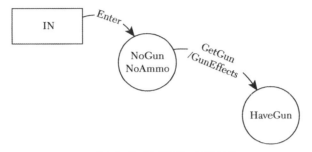

▲ **그림 9.3** 무기를 획득한 다음의 TFD

플레이어가 무기를 획득하기 전에 탄약부터 습득할 수도 있기 때문에 NoGunNoAmmo 상태에서부터 탄약을 획득하고 여기서 발생하는 사운드와 이펙트를 체크하게 한다. 새로운 상태를 추가하고 'HaveGun' 상태의 명명 규칙을 유지해 이 상태를 'HaveAmmo'라고 부르자. 여기까지 정상적으로 진행됐다면 그림 9.4와 같아야 할 것이다.

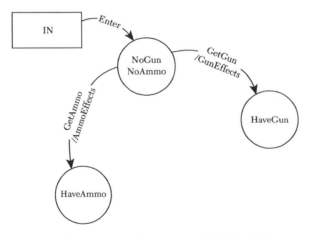

▲ **그림 9.4** HaveGun과 HaveAmmo 상태를 갖는 TFD

다이어그램상에 다수의 상태가 작성됐으므로 각 상태에서 앞의 상태로 돌아갈 수 있는 플로우가 있는지 확인한다. 무기를 획득함으로써 HaveGun 상태로 갈 수 있다. 또한 무기를 버림으로써 NoGunNoAmmo 상태로 돌아갈 수도 있다. 마찬가지로, HaveAmmo 상태에서도 플레이어가 탄약을 버릴 수 있다면 NoGunNoAmmo 상태로 돌아가는 것이 가능할 것이다. 만약 이를 가능하게 하는 방법이 여러 가지라면, 각 방법이 모두 TFD상에 명시돼야 한다. 인벤토리에서 탄약을 제거할 수 있는 방법 중 하나는 재장전을 하는 것이다. 이번 예제에는 단순하게 상황을 고려해 DropAmmo 이벤트와 이와 동반되는 DropSound 액션을 추가하기로 한다. 무기를 버릴 때 나는 소리와 탄약을 버릴 때 나는 소리가 동일하다고 설정함으로써 동일한 TFD 안에서 액션을 재활용할 수 있다. 따라서 DropGun 이벤트는 DropSound 액션을 유발할 것이다. HaveGun과 HaveAmmo 상태로부터 돌아가는 플로우까지 완성된다면 그림 9.5와 같을 것이다.

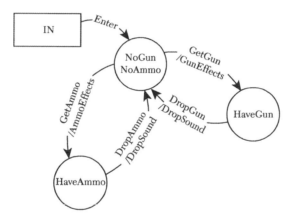

▲ **그림 9.5** HaveGun과 HaveAmmo 상태에서 되돌아가는 플로우가 추가된 TFD

아직까지는 HaveGun 상태와 HaveAmmo 상태가 추가된 것만 확인할 수 있다. 무기를 가진 상태에서 탄약을 획득하면 이 두 조건을 조합하게 된다. 이 상태를 'HaveGunHaveAmmo'라고 부르자. 탄약을 가진 상태에서 무기를 획득해도 동일한 상태로 바뀐다는 것에 주의할 필요가 있다. 그림 9.6은 HaveGunHaveAmmo 상태가 새로 추가된 TFD를 보여준다.

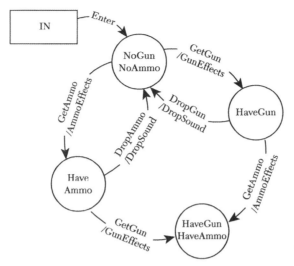

▲ 그림 9.6 무기와 탄약을 모두 가진 플로우 추가

새로운 상태를 추가할 때는 기존 디자인 방식에서 미처 고려하지 못했던 플로우나 상태를 추가할 가능성을 대비해 여분의 공간을 남겨놓는 것이 좋다. HaveAmmo와 HaveGun 상태에서 HaveGunHaveAmmo 상태를 추가할 때도 약간의 공간을 남겨놓았다. 이는 무기를 버리거나 탄약을 버릴 때 발생하는 상황을 표현하는 데 필요한 플로우를 추가하기 위한 것이다. 무기를 버릴 때 탄약은 인벤토리에 그대로 남아 있는지, 아니면 탄약도 함께 모두 버려지는지에 대한 의문이 제기될 수 있다. 이번 테스트는 무기에 알맞은 탄약이 자동으로 장전된다는 것을 전제로 하고 있기 때문에 DropGun 이벤트는 HaveGunHaveAmmo 상태에서 NoGunNoAmmo 상태로 바뀔 수 있는 유일한 방법이다. 다이어그램상에서 발생하는 일들이 항상 대칭적으로 발생하지는 않는다는 것에 유의해야 한다. 어떤 상태에서 출발한 플로우가 있다고 해서 항상 출발한 상태로 돌아가는 플로우가 존재하는 것은 아니다. 이렇게 추가한 플로우를 포함한 TFD는 그림 9.7과 같다.

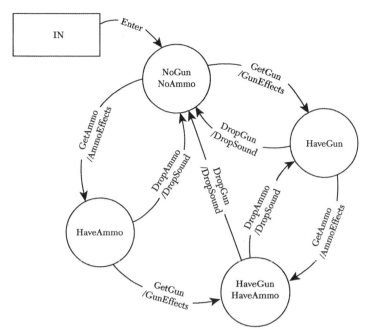

▲ 그림 9.7 HaveGunHaveAmmo 상태에서 돌아가는 플로우 추가

이 시점에서 테스트의 목적을 다시 상기하고 추가할 요소가 있는지 검증해야 한다. 탄약이나 무기를 다루는 방법 중에 TFD의 새로운 상태나 플로우로 추가될 필요가 있는지 고민해야 한다는 말이다. 가장 아래쪽에 위치한 상태부터 위로 올라가면서 살펴보자. 만약 탄약과 무기를 모두 갖고 있는 상태에서 탄약을 버리는 것을 제외하고 탄약 없이 무기만 가질수 있는 방법이 있는가? 자, 탄약을 사용해 무기를 발사하기 때문에 탄약이 모두 소모될때까지 사격을 하는 방법을 통해 HaveGun 상태로 돌아갈 수 있겠다. 이 2개의 상태는 이미 다이어그램상에 표현되어 있기 때문에 HaveGunHaveAmmo 상태에서 HaveGun 상태로 가는 새로운 플로우 하나만 추가하면 된다. 마찬가지로, 탄창이 비어 있는 무기를 습득할 수도 있고 탄약이 장전되어 있는 무기를 습득할 수도 있다. 이를 통해 NoGunNoAmmo 상태에서 HaveGunHaveAmmo 상태로 가는 새로운 플로우가 추가될 수 있다. 그림 9.8 이 앞서 말한 이런 플로우들이 추가된 다이어그램을 보여준다.

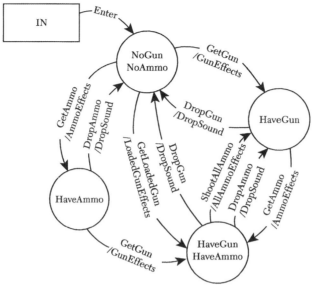

▲ 그림 9.8 장전된 무기와 사격 플로우 추가

새로운 플로우와 텍스트를 추가하기 위해 기존 플로우들의 위치가 약간씩 조정된 것을 확인할 수 있다. ShootAllAmmo 이벤트로 인해 새로운 사운드와 그래픽 효과가 발생하고 주위 환경이나 다른 플레이어에게 대미지를 줄 수 있다. GetLoadedGun 이벤트를 수행함으로써 장전되지 않은 총을 주운 다음 탄약을 줍는 경우와 비슷한 효과가 발생할 수 있다. 이런 액션으로 인해 발생하는 새로운 이벤트들은 각각 AllAmmoEffects와 LoadedGunEffects라고 이름 붙인다. 이런 이름을 통해 어떤 효과가 발생할지 유추할 수 있으며, 테스터들은 실제로 이런 효과가 발생하는지 검증할 필요가 있다. ShootAllAmmo 이벤트를 통해 테스트가 너무 세세하게 수행될 필요가 없다는 것을 알 수 있다. 탄환을 발사할 때마다 어떤 일이 일어나는지를 살펴볼 것이 아니라면 매번 탄환을 발사할 때마다 그에 따른 상태와 이벤트를 추가할 필요는 없다.

HaveGunHaveAmmo에서 수행한 과정을 HaveGun과 HaveAmmo 상태에도 동일하게 수행한다. 이러한 상태들에서 추가적으로 새로운 변환이나 액션을 유발할 수 있는 일이 있는지 늘 고민할 필요가 있다. 탄약이 있든 없든 상관없이 언제 어디서나 사격을 할 수 있다는 점을 항상 감안해야 하며, 이로 인해 HaveGun 상태에서 탄약 없이 사격을 하는 행위를 표현하기 위해 새로운 플로우가 하나 추가돼야 한다. 그럼 이 플로우는 어느 상태를 향해야 하는가? 바로 HaveGun 상태로 다시 돌아와야 한다. 이는 그림 9.9와 같이 그려질 수 있다.

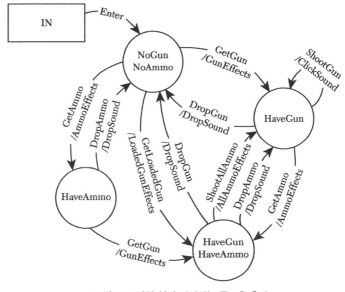

▲ 그림 9.9 탄약 없이 사격하는 플로우 추가

이 시점에서 앞서 언급한 과정 중 남은 것은 단 2개에 지나지 않는다. OUT 박스를 추가하고 각 플로우에 숫자를 부여하는 것이다. 그 어떤 숫자를 넣어도 무관하다. 각 플로우마다 고유의 숫자만 부여된다면 아무 문제 없다.

또 하나 남아 있는 일은 IN 박스와 OUT 박스에 적절한 이름을 부여하는 것이다. 이를 통해 다양한 게임 기능을 검증하는 수많은 TFD 중에서 우리가 만든 TFD를 식별할 수 있다. 또한 각각의 고유한 테스트 환경에 대해서도 쉽게 설명할 수 있으며, 다이어그램에 등장하는 박스들과 관련된 데이터 사전도 좀 더 쉽게 정의할 수 있게 된다. 이 내용은 이 장의 뒷부분에서 더 자세하게 다루기로 한다.

다이어그램을 완성했다면 이를 적합한 이름으로 저장한다. 그림 9.10은 완성된 Ammo TFD를 보여준다.

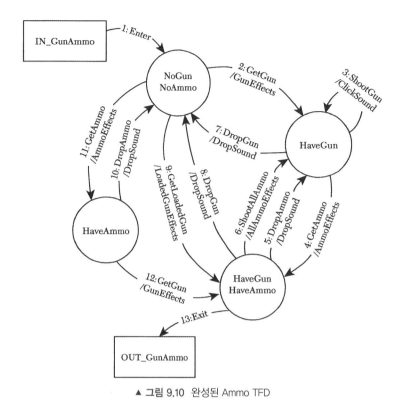

▲ **그림 9.10** 완성된 Ammo TFD

데이터 사전

데이터 사전은 TFD에 등장하는 고유한 이름의 각 요소에 대한 자세한 설명을 제공해준다. TFD 내에서 혹은 다양한 TFD에서 여러 번 같은 이름의 기본 요소가 등장한다면, 이들은 테스트가 수행하는 동안 늘 동일한 일을 수행한다는 것을 의미한다. TFD에 등장하는 각 요소의 이름을 각각 고유한 내용을 갖고 있는 웹 페이지로 링크되는 하이퍼링크라고 생각하면 간단할 것이다. 어떤 위치에 있든지 간에 동일한 요소를 선택한다면 항상 동일한 기능을 수행할 것이다.

데이터 사전 애플리케이션

만약 TFD를 만들고 유지보수하는 작업에 스마트드로를 사용한다면 이를 통해 이벤트나 액션, 혹은 상태의 문자를 선택하고 우클릭해 나오는 메뉴에서 **하이퍼링크 추가**를 선택해 이 작업을 수행할 수 있다. 그런 다음 기본 요소들에 대한 설명이 포함되어 있는 HTML 파일이나 텍스트를 추가할 수 있다. 설명이 포함되어 있는 HTML 파일을 갖고 있다면 다이어그램을 웹 페이지로 변환할 수도 있다. 이 경우 **파일**에서 **내보내기**를 선택하고 HTML 형식을 선택하면 된다.

얼마나 공식적으로 데이터를 정의할 것인가에 따라 데이터 사전의 형식도 달라진다. 소규모 팀에서 충분히 믿을 만한 사람이 테스트를 수행한다면(물론 이 경우에도 두 번째 규칙, '아무도 믿지 미라'를 명심해야 한다), TFD 자체만으로도 각 요소들이 의미하는 바가 늘 동일하게 적용된다고 보장할 수 있을 것이다. 좀 더 규모가 큰 팀이라면, 새로운 사람이 들어오거나 테스트 팀의 누군가가 다른 부서로 이동할 때 데이터 사전을 통해 좀 더 일관적인 정보 전달과 세밀한 검수를 가능하게 만들 수 있다. 그뿐 아니라 테스트를 통해 달성하고자 하는 목적도 지속적으로 유지될 수 있다. 게임 개발 초기에 개발 팀이 스스로 어떤 게임을 만들어야 하는지 이해할 수 있을 때까지 격식에 얽매이지 않고 TFD를 사용해보는 것도 좋다. 게임이 안정화되고 나서 초기에 정해진 이런 정보를 데이터 사전에 입력하면 된다.

데이터 사전 재활용

각기 다른 게임이나 다른 게임 요소에 TFD를 재사용하려고 할 때 데이터 사전은 아주 중요한 도구로 작용한다. 예를 들어, 그림 9.10에 나오는 Ammo TFD는 '무기^{Gun}'나 '탄약^{Ammo}'과 밀접한 관계를 갖고 있다. 다양한 종류의 무기와 탄약을 제공하는 대부분의 게임에 이 TFD를 활용할 수 있을 것이다. 각기 다른 무기의 개수만큼 TFD의 복사본을 만들고 각 무기의 독특한 특성에 맞추어 이벤트, 액션, 상태의 이름을 변경하면 된다. 또 다른 활용법은 가장 일반적인 형태의 TFD를 만들고 각각 다른 무기와 탄약 유형에 대응하는 각각의 데이터 사전을 적용하는 것이다.

〈언리얼 토너먼트〉나 일반적인 FPS 게임에는 하나의 TFD를 만들고 다양한 무기와 탄약에 맞추어 각기 다른 데이터 사전을 적용하는 것이 효과적인 전략이다. 〈언리얼 토너먼트〉에 등장하는 플랙 캐논^{Flak Cannon}/플랙 산탄총^{Flak Shells}, 로켓 런처^{Rocket Launcher}/로켓팩^{Rocket Pack}, 쇼크 라이플^{Shock Rifle}/쇼크 코어^{Shock Core} 같은 무기들이 좋은 대상이다. 각각의 데이터 사전들이 무기에 적합한 오디오, 시각 효과와 대미지 효과 등을 상세하게 설명해줄 것이다.

튜토리얼

데이터 사전 예제

다이어그램의 기본 요소들을 정의해 데이터 사전을 만들어보자. 무언가 '수행돼야' 하는 아이템, 즉 이벤트 이름은 평범하게 작성된다. 그런 다음 '체크돼야' 하는 아이템, 즉 액션과 상태는 리스트 형태로 작성되며 글머리 기호로 구별된다. 테스트가 수행되면서 그 결과를 체크하기 위해 비어 있는 박스 형태의 특수 문자를 사용할 수도 있다. 테스터가 관찰한 것을 물리적으로 기록하기 위해서는 이 방법도 유용하다.

그림 9.10에 보이는 Ammo TFD의 데이터 사전 중 바이오 라이플을 예로 들어 다음과 같이 알파벳 순서대로 정리해봤다. 각각의 데이터 정의 파일은 이 책과 함께 제공하는 자료에도 포함되어 있다.

AmmoEffects
- □ 바이오 라이플 탄약 사운드가 출력되는지 확인한다.
- □ '바이오 라이플 탄약을 획득했습니다'라는 메시지가 잠깐 출력되는지 확인한다. 해당 메시지는 화면 아랫부분의 무기 아이콘 윗부분에 흰 글씨로 표시돼야 한다.
- □ 나타났던 메시지가 천천히 사라지는지 확인한다.

DropGun
'\' 키를 눌러 선택된 무기를 버린다.

DropSound
아이템이 떨어지는 사운드가 출력되는지 확인한다.

Enter

매치를 선택하고 매치를 시작하기 위해 FIRE 버튼을 클릭한다.

Exit

ESC 키를 눌러 매치를 종료한다.

GetAmmo

아레나 바닥에 떨어져 있는 바이오 라이플 아모팩을 찾아 그 위를 지나간다.

GetGun

아레나 바닥 위에 떠 있는 장전되지 않은 바이오 라이플을 찾아 그 위를 지나간다.

GetLoadedGun

아레나 바닥 위에 떠 있는 탄약이 장전된 바이오 라이플을 찾아 그 위를 지나간다.

GunEffects

- ☐ 바이오 라이플 사운드가 출력되는지 확인한다.
- ☐ '바이오 라이플을 획득했습니다'라는 메시지가 잠깐 출력되는지 확인한다. 해당 메시지는 화면 아랫부분의 무기 아이콘 윗부분에 흰 글씨로 표시돼야 한다.
- ☐ '바이오 라이플을 획득했습니다'라는 메시지가 출력될 때 그 윗부분에 파란색 글씨로 '바이오 라이플'이라는 메시지가 동시에 출력되는지 확인한다.
- ☐ 화면에 나타난 모든 메시지가 천천히 사라지는지 확인한다.

HaveAmmo

- ☐ 화면 하단 인벤토리에 위치하는 무기고에 바이오 라이플 아이콘이 비어 있는지 확인한다.
- ☐ 조종하는 캐릭터의 정면에 바이오 라이플 총신이 표시되지 않는 것을 확인한다.
- ☐ 마우스 휠을 사용해 바이오 라이플을 선택할 수 없음을 확인한다.
- ☐ 화면 중앙에 표시되는 조준점이 변경되지 않음을 확인한다.

HaveGun

- ☐ 화면 하단 인벤토리에 위치하는 무기고에 바이오 라이플 아이콘이 표시되는지 확인한다.
- ☐ 조종하는 캐릭터의 정면에 바이오 라이플 총신이 표시되는 것을 확인한다.
- ☐ 마우스 휠을 사용해 바이오 라이플을 선택할 수 있음을 확인한다.

☐ 화면 중앙에 바이오 라이플의 조준점이 찌부러진 작은 파란색 삼각형 모양으로 표시되는 것을 확인한다.

☐ 화면 오른쪽에 탄약을 표시하는 숫자가 0으로 표시되는 것을 확인한다.

HaveGunHaveAmmo

☐ 화면 하단 인벤토리에 위치하는 무기고에 바이오 라이플 아이콘이 표시되는지 확인한다.

☐ 조종하는 캐릭터의 정면에 바이오 라이플 총신이 표시되는 것을 확인한다.

☐ 마우스 휠을 사용해 바이오 라이플을 선택할 수 있음을 확인한다.

☐ 화면 중앙에 바이오 라이플의 조준점이 찌부러진 작은 파란색 삼각형 모양으로 표시되는 것을 확인한다.

☐ 화면 오른쪽에 탄약을 표시하는 숫자가 40으로 표시되는 것을 확인한다.

IN_GunAmmo

테스트 PC에서 〈언리얼 토너먼트〉를 시작한다.

LoadedGunEffects

☐ 바이오 라이플 사운드가 출력되는지 확인한다.

☐ '바이오 라이플을 획득했습니다'라는 메시지가 잠깐 출력되는지 확인한다. 해당 메시지는 화면 아랫부분의 무기 아이콘 윗부분에 흰 글씨로 표시돼야 한다.

☐ '바이오 라이플을 획득했습니다'라는 메시지가 출력될 때 그 윗부분에 파란색 글씨로 '바이오 라이플'이라는 메시지가 동시에 출력되는지 확인한다.

☐ 화면에 나타난 모든 메시지가 천천히 사라지는지 확인한다.

NoGunNoAmmo

☐ 화면 하단 인벤토리에 위치하는 무기고에 바이오 라이플 아이콘이 비어 있는지 확인한다.

☐ 조종하는 캐릭터의 정면에 바이오 라이플 총신이 표시되지 않는 것을 확인한다.

☐ 마우스 휠을 사용해 바이오 라이플을 선택할 수 없음을 확인한다.

OUT_GunAmmo

메인 메뉴에서 Exit 버튼을 눌러 게임을 종료한다.

테스터들에게 시각적인 자료를 제공하기 위해 디자인 문서나 스토리보드에 들어 있는 스크린샷이나 게임 이미지를 활용할 수도 있다. 하이퍼링크를 사용하거나 웹에 이런 이미지를 올리는 것도 좋은 방법이다. 게임이 점점 완성되어 갈수록 스크린 레이아웃이나 아트 이미지들은 변경되면서 완성도가 올라간다. 그에 맞추어 해당 이미지도 업데이트돼야 한다. 바이오 라이플을 테스트하기 위해 그림 9.11과 같은 스크린샷이 AmmoEffects 정의 문서에 첨부될 수 있다. 이 그림을 통해 '(무기) 획득'에 대한 의미가 화면상에서 어떻게 구현되는지 구체적으로 보여줄 수 있다.

▲ 그림 9.11 〈언리얼 토너먼트 2004〉 바이오 라이플 AmmoEffects

마찬가지로 그림 9.12는 바이오 라이플을 획득한 후 플레이어가 사용 가능한 상태로 전환된 바이오 라이플을 캡처함으로써 바이오 라이플의 GunEffects 액션에 필요한 정보를 보여준다.

▲ 그림 9.12 〈언리얼 토너먼트 2004〉 바이오 라이플 GunEffects

TFD 경로

테스트 경로는 TFD상에서 순차적으로 수행돼야 하는 플로우들을 숫자를 사용해 표시한 것을 말한다. 이 경로는 IN 상태에서 시작하며 OUT 상태에서 종료된다. 이런 일련의 경로들을 순서대로 수행함으로써 프로토타이핑이나 시뮬레이션, 혹은 특정한 목적의 테스트를 수행할 수 있게 되는 것이다.

경로는 게임에서 어떤 행위가 발생해야 하는지 탐색할 목적으로 '수행돼야' 하는 각각의 테스트 케이스를 정의하는 것이다. 경로를 수행하는 것은 곧 TFD상의 이벤트, 액션 그리고 상태를 따라간다는 것을 의미한다. 경로를 따라 순서대로 기본 요소들을 복사해 붙여넣는 식으로 텍스트 스크립트를 작성할 수 있다. 테스터는 이 스크립트에 따라 테스트를 수행하며, 각각의 기본 요소들에 대해서는 필요하다면 데이터 사전에 나와 있는 내용을 참조한다. 동일한 방법으로 자동화된 스크립트 작성도 가능하다. 이런 스크립트 자동화는 텍스트로 구성된 스크립트 대신 코드를 복사해 붙여넣는 방식으로 수행된다.

하나의 TFD상에서 다양한 경로를 만들어낼 수도 있다. 테스트는 프로젝트가 진행되는 동안 단일한 전략에 따라 수행되지만 경로의 설정은 각 마일스톤을 지나면서 게임 코드의 성숙도에 따라 달라질 수 있다. 게임의 요구사항과 행위가 변경되지 않는 한 TFD 역시 변경되지 않는다. 테스트 경로를 선택하는 데 유용한 몇 가지 전략을 아래에 소개하고자 한다.

튜토리얼

최소 경로 선정

이 전략은 모든 플로우를 커버할 수 있는 가장 적은 수의 경로를 선정하는 것을 목적으로 한다. 여기서 '커버한다'는 것은 테스트에서 최소한 한 번 이상 해당 경로가 수행되는 것을 말한다.

최소 경로를 사용하면, 전체 테스트의 수를 줄이고 다이어그램의 모든 파트를 한 번 이상 수행하면서 해당 부분에 대한 지식을 쌓을 수 있다는 장점이 있다. 하지만 일반적으로 최소 경로가 길어지는 경향을 보인다는 것도 유의해야 한다. 이 경우 프로젝트의 후반에 이르러서야 테스트 경로의 앞부분에 있는 오류가 발견되고 그제서야 일부 다이어그램이 테스트되기도 한다.

그림 9.10의 TFD에서 최소 경로를 어떻게 선정하는지 알아보자. IN에서 시작해 NoGunNoAmmo로 가는 플로우 1을 선택한다. 그런 다음 플로우 2를 거쳐 HaveGun으로 간다. 플로우 3은 HaveGun으로 다시 돌아오는 루프이므로 플로우 4를 거쳐서 HaveGun을 빠져나간다. 따라서 지금까지의 최소 경로는 1, 2, 3, 4가 되겠다.

HaveGunHaveAmmo에서부터 시작해 플로우 5를 따라 HaveGun으로 돌아갈 수 있다. 플로우 6 역시 HaveGunHaveAmmo에서 HaveGun으로 가는 것이기 때문에 다시 플로우 4를 선택한다. 이번에는 플로우 6을 사용해 HaveGun으로 돌아가자. 이 단계에서 최소 경로는 1, 2, 3, 4, 5, 4, 6이 된다. 하지만 아직까지 커버해야 할 플로우가 여전히 남아 있다.

HaveGun에서 벗어나 NoGunNoAmmo로 돌아가기 위해 플로우 7을 선택한다. 여기서 HaveGunHaveAmmo로 가기 위해 플로우 9를 선택하고 플로우 8을 통해 다시 돌아온다.

이제 경로는 1, 2, 3, 4, 5, 4, 6, 7, 9, 8이 된다. 이제 TFD의 왼쪽에 위치한 플로우들만 남아 있다.

다시 NoGunNoAmmo에서 플로우 11을 선택해 HaveAmmo로 갔다가 플로우 10을 통해 NoGunNoAmmo로 돌아올 수 있다. 이제 플로우 12와 13만 남아 있으므로 플로우 11을 선택해 HaveAmmo로 돌아가고, 플로우 12를 선택해 HaveGunHaveAmmo로 갔다가 마지막으로 플로우 13을 거쳐 OUT 박스로 나간다. 완성된 최소 경로는 1, 2, 3, 4, 5, 4, 6, 7, 9, 8, 11, 10, 11, 12, 13이 된다. TFD상에 존재하는 13개의 모든 플로우가 15개의 단계를 거쳐 커버된 것이다.

모든 TFD에는 하나 이상의 '올바른' 최소 경로가 존재한다. 예를 들어 1, 11, 10, 11, 12, 8, 9, 5, 7, 2, 3, 4, 6, 4, 1, 3 역시 그림 9.10에 보이는 TFD의 최소 경로가 된다. OUT 박스로 들어가는 플로우가 하나 이상인 다이어그램은 하나 이상의 최소 경로가 필요할 것이다. 수학적으로 가능한 최소 경로를 산출하지 못한다고 하더라도 최소한의 경우로 모든 플로우를 커버한다는 목적만 달성한다면 Ammo TFD를 위한 최소 경로의 조건을 만족하는 것이다.

기본 경로 선정

기본 경로를 선정하는 것은 반복이나 순환되는 플로우 없이 IN 터미네이터에서 OUT 터미네이터로 가급적 바로 이어지는 단일 경로를 찾는 것에서부터 시작한다. 이런 경로를 기본 경로라고 한다. 기본 경로로 다시 돌아오거나, 혹은 기본 경로에서부터 OUT 터미네이터로 가는 여러 방법을 추가함으로써 더욱 다양한 경로를 산출해낼 수 있다. 다이어그램의 모든 플로우가 한 번 이상 수행될 때까지 이런 프로세스를 계속 수행한다.

기본 경로는 최소 경로에 비해 좀 더 포괄적이기는 하지만, 그래도 여전히 가능한 모든 플로우를 수행하는 것보다는 훨씬 경제적이다. 기본 경로와 다른 경로의 차이가 크지 않으므로 만약 하나의 결함이 기본 경로에서 발견됐다면 다른 경로에서는 동일한 결함이 어떻게 동작하는지 그 결과를 쉽게 비교하고 이를 통해 결함을 분석할 수 있다. 기본 경로를 사용할 때의 단점은 하나의 기본 경로를 생성하고 수행하는 데 있어 최소 경로에 비해 매우 많은 시간과 노력이 들어가야 한다는 것이다.

그림 9.10의 TFD를 활용해 IN 박스에서 시작해 대부분의 경로를 거쳐 OUT 박스로 종료되는 기본 경로를 만들어보자. 플로우 1을 거쳐 NoGunNoAmmo에 이르면 OUT 박스까지 이르게 되는 가장 먼 경로는 HaveGun과 HaveGunHaveAmmo를 지나거나, HaveAmmo와 HaveGunHaveAmmo를 지나가는 2개의 경로다. 플로우 2를 통해 HaveGun으로 가는 경로를 선택하고 플로우 4를 거쳐 플로우 13을 통해 이 경로를 마무리하자. 이렇게 되면 기본 경로는 1, 2, 4, 13이 된다.

다음으로 해야 할 일은 기본 경로의 첫 번째 플로우에서 분기가 가능한 경로를 찾아내는 것이다. 이러한 경로를 플로우 1의 '파생' 경로라고 부른다. 플로우 2는 이미 기본 경로에서 사용됐기 때문에, 플로우 9를 통해 HaveGunHaveAmmo로 가자. 거기시 플로우 8을 통해 다시 기본 경로로 돌아갈 수 있다. 그다음으로 나머지 기본 경로인 플로우 2, 4, 13을 따라가자. 플로우 1에서 생성된 첫 번째 파생 경로는 1, 9, 8, 2, 4, 13이 된다.

플로우 1에서 가능한 다른 파생 경로가 있는지 추가적으로 살펴보자. 플로우 11을 통해 NoGunNoAmmo 상태를 벗어나는 경우가 아직 사용되지 않았으니 이를 활용해 HaveAmmo로 가자. 그다음은 플로우 10을 사용해 다시 기본 경로로 돌아온다. 마찬가지로, OUT 박스에 이르는 기본 경로의 나머지 경로를 다시 따라간다. 따라서 플로우 1의 두 번째 파생 경로는 1, 11, 10, 2, 4, 13이 된다.

이제 더 이상 NoGunNoAmmo 상태에서 파생되는 새로운 플로우는 찾아볼 수 없다. 따라서 기본 경로의 다음 플로우인 플로우 2로 이동해 파생 경로가 있는지 살펴본다. 플로우 2에서 출발하지만 아직 사용되지 않은 경로가 있는지 살펴보자. 플로우 3을 통해 새로운 경로를 만들 수 있다. 이 경로를 통해 HaveGun 상태로 다시 돌아가며, 마찬가지로, 나머지 경로는 기본 경로를 활용한다. 따라서 플로우 2의 첫 번째 파생 경로는 1, 2, 3, 4, 13이 된다. HaveGun에서 나오는 또 다른 플로우는 플로우 7이다. 이를 통해 플로우 2를 사용하는 기본 경로로 다시 돌아가게 된다. 결과적으로 플로우 2의 두 번째 파생 경로는 1, 2, 7, 2, 4, 13이 된다.

이제 플로우 4를 살펴볼 차례다. 플로우 4는 HaveGunHaveAmmo 상태로 이어지며 기본 경로에 포함되어 있지 않지만 여기서 출발하는 플로우 3개를 갖고 있다. 플로우 5와 6, 8

이 그것이다. 플로우 8은 이미 앞서 사용한 바 있으므로 더 이상 사용하지 않는다. 나머지 플로우 5와 6을 앞서 살펴본 것과 동일한 방식으로 기본 경로와 통합할 수 있다. 플로우 5를 통해 파생 경로 1, 2, 4, 5, 4, 13을, 플로우 6의 파생 경로로 1, 2, 4, 6, 4, 13을 만들어 낼 수 있다.

이제 OUT 박스로 가는 경로만 남아 있기 때문에 각 기본 경로에서 파생 가능한 모든 경로를 찾아낸 것처럼 보일 수도 있다. 하지만 좀 더 면밀하게 살펴보면 앞선 모든 경로에 포함되지 않았던 하나의 플로우가 남아 있음을 눈치챌 수 있을 것이다. HaveAmmo 상태에서 출발하는 플로우 12가 바로 그것이다. 이 플로우는 기본 경로에 언급된 어떤 플로우와도 관계를 갖지 않으므로 누락되기도 쉽다. 하지만 이런 함정에 빠져서는 안 된다. 플로우 1과 11을 선택해 HaveAmmo 상태로 이동하고, 이를 통해 플로우 12를 추가할 수 있게 하자. 이제 HaveGunHaveAmmo 상태에 도착했으며, 해당 경로를 완성하기 위해 다시 기본 경로로 돌아가야 한다. NoGunNoAmmo로 돌아가는 가장 짧은 플로우인 플로우 8을 선택하자. 나머지는 마찬가지로 기본 경로의 나머지 경로를 활용한다. 따라서 최종 경로는 1, 11, 12, 8, 2, 4, 13이 된다.

앞서 살펴봤듯이 기본 경로 기법을 통해 좀 더 많은 테스트 경로를 생성하고 이를 통해 최소 경로를 사용했을 때보다 더 넓은 범위의 테스트를 수행해볼 수 있다. Ammo TFD를 통해 만들어낼 수 있는 기본 경로와 파생 경로는 다음과 같다.

기본:

1, 2, 4, 13

플로우 1의 파생 경로:

1, 9, 8, 2, 4, 13

1, 11, 10, 2, 4, 13

플로우 2의 파생 경로:

1, 2, 3, 4, 13

1, 2, 7, 2, 4, 13

플로우 4의 파생 경로:

1, 2, 4, 5, 4, 13

1, 2, 4, 6, 4, 13

플로우 11의 파생 경로:

1, 11, 12, 8, 2, 4, 13

심화 구축 경로

심화 구축 경로는 테스터들이 특정 부분에서 Fail이 발생할 것이라고 생각하거나 혹은 특정한 행위가 발생한다는 확신을 가져야 할 때 이와 관련된 지식을 기반으로 이를 '심화'해서 추적하는 경로라고 말할 수 있다. 이 심화 경로는 자체로도 사용이 가능하고, 앞서 만들어본 최소 경로나 기본 경로와 함께 활용하는 것도 가능하다. 심화 구축 경로 역시 다이어그램의 모든 경로를 커버하지는 못한다. 또한 최소 경로나 기본 경로만큼 간단하지도 않다. 심화 구축 경로를 만드는 단 하나의 제약사항은 다른 경로를 만드는 기법에도 동일하게 적용되는, 반드시 IN에서 시작하고 OUT으로 끝나야 한다는 것뿐이다.

심화 구축 경로는 과거에 Fail로 처리된 테스트들이 체계적으로 관리되고 있는 상태에서 문제를 찾아내거나, 새로 추가해야 할 게임 내 기능이 아주 민감한 부분일 때 효율적으로 사용이 가능하다. 심화 구축 경로에는 앞서 살펴본 최소 경로나 기본 경로에 포함되어 있던 경로들이 사용되지 않을 수도 있다. 이 기법의 단점은 모든 플로우를 커버하지는 못한다는 리스크를 갖는다는 것과, 테스터들의 편견으로 인해 예상 밖의 행동들이 아닌 늘 수행하던 경로만 수행될 가능성이 있다는 것이다.

심화 구축 경로를 만들 때는 다음과 같은 항목들이 포함돼야 한다.

- 다른 기법에서 사용된 경로의 특정 플로우나 연속되는 일련의 플로우가 반복돼야 한다.
- 일반적이지 않거나 혹은 잘 사용되지 않는 이벤트를 부각시킬 수 있는 경로를 생성한다.
- 중요하거나 복잡한 상태를 부각시킬 수 있도록 경로를 생성한다.

- 극단적으로 긴 경로를 생성하고 필요하다면 이를 반복해 수행한다.
- 기능이 가장 일반적으로 사용되는 방식대로 경로를 생성한다.

그림 9.10의 Ammo TFD에 '중요하거나 복잡한 상태를 부각시킬 수 있는 경로를 생성한다' 는 전략을 사용해보자. 이 경우 HaveGun 상태가 부각될 수 있다. 이 말은 각각의 경로가 HaveGun 상태를 최소한 한 번씩은 지나가도록 만들어야 한다는 뜻이다. 이는 또한 이 경로 안의 모든 플로우를 사용해 달성하고자 하는 목적이기도 하다. 경로를 줄이기 위해 HaveGun 상태를 지나 바로 종료가 되는 플로우를 사용할 수도 있다.

이 기법을 통해 만들 수 있는 경로의 하나는 HaveGun으로 갔다가, 사격을 하고, 게임을 종료하는 것이다. 이 경우는 1, 2, 3, 4, 13이 될 것이다. DropGun 이벤트를 활용할 수 있는 플로우 7도 사용 가능하다. 여기서 벗어나는 최단 경로는 플로우 9를 통해 플로우 13으로 가는 것이다. 이 경우는 1, 2, 7, 9, 13으로 설정이 가능하다. HaveGunHaveAmmo 상태에서 HaveGun으로 가는 2개의 플로우 역시 추가가 가능하다. 이를 통해 1, 2, 4, 5, 4, 13과 1, 2, 4, 6, 4, 13의 경로가 생성 가능하다. HaveGunHaveAmmo를 떠나는 모든 플로우는 플로우 8을 통해 커버가 가능하며 이를 통해 1, 2, 4, 8, 9, 13의 경로가 만들어진다.

남아 있는 좀 더 긴 경로들은 TFD의 왼쪽 부분을 커버하는 것들이다. 플로우 1, 11, 12를 통해 HaveGunHaveAmmo로 갈 수 있다. 여기서 HaveGun으로 가는 최단 경로는 플로우 5와 6이다. 플로우 5를 선택하면 그 결과로 1, 11, 12, 5, 4, 13의 경로를 만들어낼 수 있다. 플로우 5를 커버하기 위해 앞서 만들었던 경로(1, 2, 4, 5, 4, 13)는 삭제해도 무방하다. 플로우 12를 커버하기 위해 필요한 경로는 더 이상 중요하지 않다.

커버해야 할 마지막 플로우는 플로우 10이다. HaveAmmo로 간 다음 플로우 10을 선택한다. 플로우 2를 통해 HaveGun으로 돌아가고 여기서 벗어난다. 이를 통해 1, 11, 10, 2, 4, 13의 경로를 얻을 수 있다. 지금까지 만든 모든 경로는 다음과 같다.

심화 경로:

1, 2, 3, 4, 13

1, 2, 7, 9, 13

1, 2, 4, 6, 4, 13

1, 2, 4, 8, 9, 13

1, 11, 12, 5, 4, 13

1, 11, 10, 2, 4, 13

처음에 생성됐다가 도중 삭제된 경로:

1, 2, 4, 5, 4, 13

경로 생성 전략의 조합

게임 프로젝트가 진행될수록 시간과 리소스가 중요해진다. 테스트 역시 시간과 리소스를 사용해 진행된다. 프로젝트의 여러 단계에서 이러한 리소스를 최대한 잘 활용할 수 있는 전략은 다음과 같다.

1. 코드가 완성되지 않고 모든 것이 제대로 돌아가지 않는 상태라고 하더라도 심화 구축 경로를 최대한 이른 시기에 활용해보라. 개발자가 가장 관심을 갖고 있는 부분과 테스트에 활용할 수 있는 부분으로 제한해 활용해보는 것이 좋다.

2. 테스트돼야 하는 기능이 제대로 동작한다는 확신을 얻기 위해서는 기본 경로 기법을 사용하자. TFD의 제목으로 사용되는 기능이 완성되자마자 해당 기법의 사용이 가능하다. 또한 다른 기법을 사용하기 전에 이 기본 경로를 Pass할 수 있는지 확인하는 것도 의미가 있다. 기본 경로상에서 실패한 테스트는 실패한 경로에 변화를 주고 성공하는 경로를 찾을 수 있도록 범위를 좁혀서 새로운 테스트를 수행해야 한다.

3. 기본 경로를 모두 Pass한다면 현재 테스트하는 기능에 대한 최소 경로를 다시 한번 수행해 해당 기능에 변경이 없음을 확인해야 한다.

4. 투자자 데모나 게임 쇼, 혹은 클로즈 베타 빌드 같은 중요한 빌드를 배포해야 할 시점이 가까워질수록 기본 경로와 심화 구축 경로에 집중해야 한다.

테스트 경로를 만드는 것은 상당한 부담이 될 수밖에 없지만 게임 개발이라는 장기간의 프로젝트가 진행되면서 테스터와 개발자의 리소스를 가장 효율적으로 사용할 수 있는 방법임을 명심해야 한다.

경로에서 테스트 케이스 도출하기

TFD 경로에서 테스트 케이스를 도출하는 방법에 대해 알아보자. 다시 한번 그림 9.10의 Ammo TFD를 예로 사용한다. 탄약을 획득하고 무기를 획득한 다음, 게임을 나가는 과정을 테스트할 것이다. 이 경로는 1, 11, 12, 13에 해당한다. 이 테스트 케이스를 설명하기 위해 앞에서 살펴본 〈언리얼 토너먼트〉 바이오 라이플의 데이터 사전 정의를 활용한다.

튜토리얼

테스트 케이스는 IN 박스의 첫 번째 플로우인 진입 플로우를 설명한 데이터 사전을 활용해 만들기 시작한다.

테스트 PC에서 〈언리얼 토너먼트〉를 시작한다.

매치를 선택하고 사격 버튼을 클릭해 매치를 시작한다.

이제 데이터 사전에서 NoGunNoAmmo에 해당하는 문구를 추가한다.

- ☐ 화면 하단 인벤토리에 위치하는 무기고에 바이오 라이플 아이콘이 비어 있는지 확인한다.
- ☐ 조종하는 캐릭터의 정면에 바이오 라이플 총신이 표시되지 않는 것을 확인한다.
- ☐ 마우스 휠을 사용해 바이오 라이플을 선택할 수 없음을 확인한다.

이제 바이오 라이플 탄약을 얻기 위해 플로우 11을 선택한다. 데이터 사전에서 GetAmmo 이벤트와 AmmoEffects 액션 부분을 활용한다.

아레나 바닥에 떨어져 있는 바이오 라이플 아모팩을 찾아 그 위를 지나간다.

- ☐ 바이오 라이플 탄약 사운드가 나오는지 확인한다.

그런 다음 플로우 11을 통해 HaveAmmo 상태로 간다. 따라서 HaveAmmo 데이터 사전 문구를 복사해 플로우 11 바로 다음 부분에 붙여준다.

- ☐ 화면 하단 인벤토리에 위치하는 무기고에 바이오 라이플 아이콘이 비어 있는지 확인한다.
- ☐ 조종하는 캐릭터의 정면에 바이오 라이플 총신이 표시되지 않는 것을 확인한다.
- ☐ 마우스 휠을 사용해 바이오 라이플을 선택할 수 없음을 확인한다.
- ☐ 화면 중앙에 표시되는 조준점이 변경되지 않음을 확인한다.

다음으로, 플로우 12에서 발생하는 GetGun 이벤트와 GunEffects 액션을 추가한다.

아레나 바닥 위에 떠 있는 장전되지 않은 바이오 라이플을 찾아 그 위를 지나간다.

- □ 바이오 라이플 사운드가 출력되는지 확인한다.
- □ '바이오 라이플을 획득했습니다'라는 메시지가 잠깐 출력되는지 확인한다. 해당 메시지는 화면 아랫부분의 무기 아이콘 윗부분에 흰 글씨로 표시돼야 한다.
- □ '바이오 라이플을 획득했습니다'라는 메시지가 출력될 때 그 윗부분에 파란색 글씨로 '바이오 라이플'이라는 메시지가 동시에 출력되는지 확인한다.
- □ 화면에 나타난 모든 메시지가 천천히 사라지는지 확인한다.

그런 다음 HaveGunHaveAmmo 상태의 정의를 추가한다.

- □ 화면 하단 인벤토리에 위치하는 무기고에 바이오 라이플 아이콘이 표시되는지 확인한다.
- □ 조종하는 캐릭터의 정면에 바이오 라이플 총신이 표시되는 것을 확인한다.
- □ 마우스 휠을 사용해 바이오 라이플을 선택할 수 있음을 확인한다.
- □ 화면 중앙에 찌부러진 작은 파란색 삼각형 모양으로 바이오 라이플의 조준점이 표시되는 것을 확인한다.
- □ 화면 오른쪽에 탄약을 표시하는 숫자가 40으로 표시되는 것을 확인한다.

플로우 13은 해당 경로의 마지막 플로우다. 이는 OUT_GunAmmo로 가는 Exit 플로우인 것이다. 아래 두 문장을 추가해 테스트 케이스를 완성한다.

ESC 키를 눌러 매치를 종료한다.

메인 메뉴에서 Exit 버튼을 눌러 게임을 종료한다.

자, 끝났다! 이 단계를 하나로 모으면 다음과 같을 것이다.

테스트 PC에서 〈언리얼 토너먼트〉를 시작한다.

매치를 선택하고 FIRE 버튼을 클릭해 매치를 시작한다.

- □ 화면 하단 인벤토리에 위치하는 무기고에 바이오 라이플 아이콘이 비어 있는지 확인한다.
- □ 조종하는 캐릭터의 정면에 바이오 라이플 총신이 표시되지 않는 것을 확인한다.
- □ 마우스 휠을 사용해 바이오 라이플을 선택할 수 없음을 확인한다.

아레나 바닥에 떨어져 있는 바이오 라이플 아모팩을 찾아 그 위를 지나간다.

- □ 바이오 라이플 탄약 사운드가 출력되는지 확인한다.
- □ 화면 하단 인벤토리에 위치하는 무기고에 바이오 라이플 아이콘이 비어 있는지 확인한다.
- □ 조종하는 캐릭터의 정면에 바이오 라이플 총신이 표시되지 않는 것을 확인한다.
- □ 마우스 휠을 사용해 바이오 라이플을 선택할 수 없음을 확인한다.
- □ 화면 중앙에 표시되는 조준점이 변경되지 않음을 확인한다.

아레나 바닥 위에 떠 있는 장전되지 않은 바이오 라이플을 찾아 그 위를 지나간다.

- □ 바이오 라이플 사운드가 나오는지 확인한다.
- □ '바이오 라이플을 획득했습니다'라는 메시지가 잠깐 출력되는지 확인한다. 해당 메시지는 화면 아랫부분의 무기 아이콘 윗부분에 흰 글씨로 표시돼야 한다.
- □ '바이오 라이플을 획득했습니다'라는 메시지가 출력될 때 그 윗부분에 파란색 글씨로 '바이오 라이플'이라는 메시지가 동시에 출력되는지 확인한다.
- □ 화면에 나타난 모든 메시지가 천천히 사라지는지 확인한다.
- □ 화면 하단 인벤토리에 위치하는 무기고에 바이오 라이플 아이콘이 표시되는지 확인한다.
- □ 조종하는 캐릭터의 정면에 바이오 라이플 총신이 표시되는 것을 확인한다.
- □ 마우스 휠을 사용해 바이오 라이플을 선택할 수 있음을 확인한다.
- □ 화면 중앙에 찌부러진 작은 파란색 삼각형 모양으로 바이오 라이플의 조준점이 표시되는 것을 확인한다.
- □ 화면 오른쪽에 탄약을 표시하는 숫자가 40으로 표시되는 것을 확인한다.

ESC 키를 눌러 매치를 종료한다.

메인 메뉴에서 Exit 버튼을 눌러 게임을 종료한다.

액션과 상태 정의를 들여쓰기를 통해 구분함으로써 테스터들이 체크해야 할 항목들이 쉽게 분간될 수 있다. 테스트를 진행하는 동안 무언가 잘못됐다면 이런 문제를 유발한 단계를 명시하고 기대했던 결과와 실제 결과가 어떻게 다른지 자세하게 설명한다.

다른 종류의 무기에 테스트 케이스를 재사용하기 위한 방법은 크게 두 가지다. 하나는 바이오 라이플 버전의 테스트 케이스를 복사하고 '바이오 라이플'과 '바이오 라이플 탄약' 부분을 다른 무기의 이름에 맞게 바꾸는 것이다. 이 경우는 무기와 탄약의 이름을 제외하고 모든 이벤트 및 플로우와 완전히 동일할 때만 적용이 가능하다. 앞서 살펴본 바이오 라이플 예제의 경우 테스터가 무엇을 체크해야 하는지 알기 위해 좀 더 자세한 설명이 필요하다.

GunEffects에서는 무기에 따라 다르게 표시되는 게임 텍스트의 색깔과 같은 부분도 체크가 이뤄져야 한다. 바이오 라이플의 경우는 푸른색으로 표시되지만 로켓 런처는 붉은색으로, 미니건의 경우는 흰색으로 표시된다.

> □ '바이오 라이플을 획득했습니다'라는 메시지가 출력될 때 그 윗부분에 파란색 글씨로 '바이오 라이플'이라는 메시지가 동시에 출력되는지 확인한다.

마찬가지로, HaveGunHaveAmmo 상태 역시 특정한 컬러의 텍스트와 바이오 라이플만이 갖고 있는 고유한 조준점에 대한 묘사가 추가돼야 한다. 이 두 가지 모두 무기에 따라 달라진다.

> □ 화면 중앙에 찌부러진 작은 파란색 삼각형 모양으로 바이오 라이플의 조준점이 표시되는 것을 확인한다.
> □ 화면 오른쪽에 탄약을 표시하는 숫자가 40으로 표시되는 것을 확인한다.

바이오 라이플 데이터 사전 파일들을 새로운 무기의 데이터 사전에 복사해 붙여넣을지는 상황에 따라 판단하면 될 것이다. 만약 이렇게 파일을 복사해 사용한다면, 테스트할 각 무기의 유형에 따라 좀 더 자세한 정보를 편집해줘야 할 것이다. 바이오 라이플 테스트 케이스를 만들었을 때와 동일한 방법으로 새로운 무기에 대한 테스트 케이스를 만들면 된다.

데이터 사전을 만드는 것이 선택 가능한 유일한 옵션은 아니다. 스크린샷이나 자동화된 코드를 활용할 수도 있다. 테스트 경로에 따라 각 TFD 요소에서 수행 가능한 코드가 있다면 이들을 한데 모아 수행 가능한 테스트 케이스로 활용할 수 있다. 이 경우에는 IN 정의를 코드 작성에 대한 사전 정의, 즉 헤더 파일, 데이터 유형 선언, 메인 루틴을 시작하는 스타일 정의 등으로 활용할 수 있다. OUT 정의는 종료 행위, 즉 메모리를 반환하고 생성된 임의의 파일을 삭제하고, 루틴을 종료하는 스타일을 정의하는 것으로 활용이 가능하다.

데이터 사전 정보를 각각의 파일 형태로 저장하는 것만 가능한 건 아니다. 이를 데이터베이스나 스프레드시트로 저장하고 각 TFD의 요소들에 대한 레코드를 조합하는 쿼리를 사용할 수도 있다. 쿼리를 사용해 보고서를 만들고 게임 테스트를 수행하면서 필요할 때 이를 활용하면 된다.

TFD 템플릿

부록 B에 포함되어 있는 8종류의 TFD 템플릿은 다양한 게임과 다양한 상황에 적용할 수 있다. 선호하는 드로잉 도구에서 그 다이어그램을 상황에 맞게 다시 만들거나, 이 책과 함께 제공되는 자료에 포함되어 있는 파일들을 스마트드로 포맷(.sdf)이나 윈도우 메타파일 포맷(.wmf)으로 열어서 활용할 수 있을 것이다. 이 파일들에서는 기본 경로가 푸른색 플로우로 표시되어 있다.

템플릿 파일에 표시되어 있는 플로우에는 숫자가 없다. 테스트하는 게임에 맞추어 해당 TFD를 편집하거나 커스터마이징해야 하는 경우 이 작업이 끝난 다음에 숫자를 부여하는 것이 효율적이다. 만약 어떤 액션을 추가해야 하는데 기록되어 있지 않다면 필요한 것들을 추가하면 그만이다. TFD에 나와 있는 액션이 테스트돼야 하는 게임에 포함되어 있지 않다면, 해당 액션을 제거하면 된다. 이벤트, 액션 그리고 상태 이름을 테스트하는 게임에 맞추어 변경해준다. 기존에 존재하지 않던 상태도 얼마든지 추가가 가능하다. 모든 작업이 완료되면 이제 플로우에 숫자를 부여하고 경로를 정의하면 된다.

TFD를 사용해야 하는 경우

표 9.1은 조합 테이블을 사용할지 아니면 TFD를 사용할지 결정할 때 도움이 되는 가이드라인을 제공해준다. 만약 두 가지 모두가 가능하다면 이 두 가지 기법을 모두 수행해보는 것도 고려해볼 만하다. 또한 게임을 성공시키는 데 중요한 기능을 테스트해야 한다면 이 두 가지 모두를 수행해보는 것이 좋다.

▼ 표 9.1 테스트 디자인 방법 선택

테스트 항목	조합	테스트 플로우 다이어그램
게임 세팅	X	
게임 옵션	X	
하드웨어 설정	X	
게임 상황 전환		X
반복적 기능		X
동시 발생 상황	X	
동작 플로우		X
병렬 선택	X	X
스토리라인 혹은 루트		X

테스트 플로우 다이어그램은 플레이어의 관점에서 게임이 어떤 동작을 수행해야 하는가라는 질문에 답할 수 있는 기법이다. 이 모델을 살펴봄으로써 테스터는 기대하지 않았던 행위 사이의 관계를 생성하고, 이를 통해 기대하지 않았던 게임의 상태를 발견해낼 수 있다. 또한 TFD는 게임 안의 행위를 테스트하기 위해 유효하지 않은 입력이나 반복되는 입력을 활용할 수 있다. 아울러 TFD는 기대했던 행위가 발생하는지, 혹은 기대하지 않은 행위가 발생하지 않는지를 입증하기 위해서도 사용될 수 있다. 복잡한 기능은 그만큼이나 복잡한 TFD를 통해 표현될 수 있지만, 이를 나누어 다수의 간단한 TFD로 표현하는 것이 훨씬 효율적이다. 훌륭한 TFD는 인사이트와 경험, 그리고 창조적인 사고에 의해서만 얻어진다.

연습문제

1. 그림 9.10에 나오는 Ammo TFD를 롤플레잉 게임의 궁수에게 어떻게 적용할 수 있는지 설명해보라. TFD 구조를 만들면서 어떻게 수정할지뿐만 아니라 각각의 상태, 이벤트와 액션에 대해서도 함께 설명하라.

2. 그림 9.10의 다이어그램을 기반으로 플레이어가 보유한 무기와 다른 유형의 탄약을 획득했을 때 어떤 일이 발생하는지를 추가해서 업데이트하라.

3. 2번 문제를 통해 업데이트한 TFD의 기본 경로와 최소 경로를 구해보라. 데이터 사전을 만들고 최소 경로의 테스트 케이스를 작성해보라. 이 장에서 살펴봤던 데이터 사전을 재활용하고 필요하다면 새로운 데이터 사전을 만들어보라.

4. 모바일 게임을 즐기는 플레이어에게 전화가 오거나 어떤 동작도 없어서 화면이 잠겼을 경우를 가정해 TFD를 작성해보라. 가능한 상태의 숫자를 최소화하라. 전화 통화가 종료되거나 사용자가 화면 잠금을 해제하면 다시 게임이 속행돼야 한다.

클린룸 테스트

클린룸 테스트는 클린룸 소프트웨어 엔지니어링$^{\text{CSE, Cleanroom Software Engineering}}$이라고 알려진 소프트웨어 개발 방법에서 유래했다. 클린룸 테스트의 원래 목적은 프로젝트에서 평균고장수명$^{\text{MTTF, mean time to failure}}$을 측정하는 것이었다. 10장에서는 왜 게임을 배포하기 전에 수많은 테스트를 거침에도 불구하고 배포 이후에 사용자들이 문제를 찾아내는가라는 질문에 대한 답으로 클린룸 테스트에 대해 알아볼 것이다. 게임의 성공을 가늠하는 요소 중의 하나가 사용자(플레이어)가 어떤 버그도 찾아낼 수 없어야 한다는 것이라면 게임 개발 팀의 테스트 전략에는 당연히 사용자가 찾아낼 만한 결함을 사전에 감지하고 이를 제거해야 한다는 것이 포함돼야 할 것이다.

사용자들은 어떻게 테스터들이 놓친 결함을 찾아낼 수 있는가? 사용자들은 소프트웨어를 그들만의 방식대로 사용하다가 결함을 발견하는 것이다. 처음 들으면 말장난처럼 들리지만 이 문장은 테스트가 어떤 식으로 현장에 접근해야 하는지, 즉 플레이어들이 게임을 즐기는 방법에 맞추어 게임 테스트를 수행해야 한다는 것을 정확하게 지적하고 있다. 이것이야말로 클린룸 테스트를 통해 수행하고자 하는 바다. 이를 통해 플레이어들이 게임을 즐기 듯이 테스트를 수행할 수 있게 될 것이다.

사용 확률

사용 확률^{usage probability}은 사용 빈도^{usage frequency}라고도 표현하며, 사용자들이 실제로 게임을 즐기는 방식을 모방하기 위해 게임 내의 기능들이 얼마나 자주 사용되는지 알려주는 지표로 사용된다. 이런 지표는 실제 게임 플레이어들의 행동을 연구한 자료나 얼마나 자주 기능이 사용될지 예측한 자료에 기반해서 도출된다. 게임 라이프 사이클이 진행될수록 사용자의 플레이 패턴도 진화한다는 사실을 염두에 둬야 한다. 플레이어의 패턴은 튜토리얼을 완료하고 나서 마지막 레벨의 최종 보스에 이르기까지 다양한 형태로 달라지기 마련이다. 게임 초기에는 가장 기본적인 동작과 몇 가지 필요한 스페셜 아이템 정도만 활용할 것이다. 키 값을 변경하거나 사용자 지정 매크로를 사용하는 것보다 대시보드 아이콘을 클릭해 도전 과제나 레벨을 확인하는 경우가 더 자주 발생한다. 레이싱 게임의 경우 마지막 스테이지가 가까워질수록 게임의 난이도가 높아지고 게임 내에 등장하는 상대방의 스킬도 높아지므로 경기 시간은 점점 길어질 것이다. 사용 확률은 다음과 같이 크게 세 가지 방법으로 분류될 수 있다.

- 모드 기반 사용 유형^{mode-based usage}
- 플레이어 기반 사용 유형^{player-type usage}
- 실생활 기반 사용 유형^{real-life usage}

모드 기반 사용 유형

게임 내 사용 유형은 플레이어가 싱글 플레이어나 캠페인, 혹은 멀티플레이어나 온라인과 같이 어떤 모드를 주로 사용하는지에 따라 달라진다.

싱글 플레이어 모드^{single-player mode}는 1명 혹은 많지 않은 소수의 경쟁자나 적이 등장하며 소수의 미션으로 구성된다. 일반적으로 바로 게임 수행이 가능하므로 플레이어가 고급 유닛을 생산하거나 고급 스킬을 얻기 위해 재화나 포인트를 소모하지 않으며, 비싼 부스팅 아이템을 구매하는 데도 비용을 들이지 않는 등 빌드업$^{build-up}$을 위해 큰 시간과 노력을 들이지 않는다. 싱글 플레이로는 즐길 수 없는 기능과 콘텐츠도 존재한다. 멀티플레이어들에게만 제공되는 특정 캐릭터나 무기, 차량과 미션이 있을 수 있다.

일반적으로 캠페인^{campaign}은 가장 기본적인 장비와 평범한 적으로 시작해서 캠페인이 진행될수록 좀 더 복잡한 장비와 어려운 적들이 등장한다. 스포츠 게임의 프랜차이즈나 시즌 모드에서는 싱글 게임에서는 즐길 수 없는 독특한 콘텐츠들을 제공해준다. 드래프트 픽, 트레이닝 캠프, 플레이어 트레이딩, 연봉 협상 같은 것들은 프랜차이즈나 시즌 모드에서만 제공이 가능하다. RPG 게임에서는 레벨이 올라갈수록 좀 더 강력한 마법과 갑옷, 무기와 적이 등장한다. 레이싱 게임에서는 좀 더 강력한 성능의 차량과 애드온, 파워업 키트와 함께 높은 난이도를 자랑하는 트랙들이 등장할 것이다.

멀티플레이어 게임$^{multiplayer\ gaming}$은 일반적으로 1대의 게임기에 2~4명까지의 플레이어가 2개 이상의 게임 콘솔이나 컨트롤러를 연결하거나, 혹은 인터넷을 통해 동시에 게임을 진행한다. 보이스 커맨드 기능을 지원하는 게임에서는 같은 팀원끼리의 대화를 위해 헤드셋을 사용하기도 한다. 문자로 이뤄지는 채팅 역시 PC 멀티플레이어 게임에서는 자주 사용되며, 여기에는 상대방을 조롱하는 문장이나 제스처가 사용되기도 한다. 일반적으로 멀티플레이어 게임을 즐기는 사용자들이 게임에 쏟아붓는 시간이 싱글 플레이 게임보다 훨씬 많으며 심지어는 밤을 새는 경우도 허다하다. 다양한 시간대와 지역에서 수많은 사람이 동시에 멀티플레이어 게임을 즐기므로 멀티플레이어 게임은 이런 다양한 게임 내 시간과 언어를 설정할 수 있도록 발전해왔다.

플레이어 기반 사용 유형

게임을 플레이하는 유형에 영향을 미치는 또 다른 요소는 리처드 바틀$^{Richard\ A.\ Bartle}$이 자신의 저서 『Hearts, Clubs, Diamonds, Spades: Players Who Suit MUDs』[Bartle 96]에서 설명한 멀티 유저 플레이어의 네 가지 카테고리다. 그는 이 책에서 멀티플레이어 게임 사용자들을 목표의 달성에 중점을 두는 사용자, 탐험에 중점을 두는 사용자, 사회적 관계에 중점을 두는 사용자, 적을 격퇴하는 것에 중점을 두는 사용자의 네 가지 유형으로 분류했다.

목표 달성에 중점을 두는 사용자들은 게임의 목표와 미션, 퀘스트를 완수하는 것에 큰 의미를 부여한다. 이들은 가능한 효율적인 방법으로 캐릭터의 레벨, 포인트, 게임 내 재화를 획득하고 여기에서 만족감을 느낀다. 이들은 최하위 팀을 선택하거나 혹은 나이프로만 무장한 캐릭터로 게임을 진행하는 것과 같이 어려운 난이도에서 게임을 진행해보는 것을 즐긴다. 또한 보너스 게임과 보너스 미션을 획득하고 달성하는 데 많은 관심을 갖고 있다.

탐험을 중요하게 생각하는 사용자들은 게임에서 제공하는 다양한 콘텐츠를 찾아내는 데 흥미를 보인다. 이들은 맵의 끝이 어디인지 찾아내기 위해 게임 안을 헤매고 돌아다닌다. 맵에 표시되지 않은 지역이야말로 이들의 관심을 끌기에 가장 좋은 장소다. 특정한 장소에서만 찾아낼 수 있는 멋지게 달이 떠오르는 풍경이나, 성당의 스테인드글라스에 비친 아름다운 햇빛 같이 게임 안의 특별한 장면을 찾아내고 그 진가를 알아본다. 또한 흥미로운 기능이나 애니메이션, 콤보와 물리 효과를 찾아내려고 노력한다. 모든 문을 열어보려 하고, 모든 상점의 인벤토리를 체크해보려 한다. 이런 탐험가들은 물건이 어떻게 동작하는지 그 원리를 이해하고 싶어 한다. 이들은 '만약 이렇게 한다면 어떤 일이 벌어질까?'라는 문장을 늘 생각하는 사람들이다.

사회적 관계를 쌓는 것을 중요하게 생각하는 사용자들은 게임을 역할 수행의 수단으로 활용하며 다른 플레이어들을 알고 이해하고자 노력한다. 이들에게는 채팅과 메시지 기능이 가장 중요한 게임의 기능이며, 클랜이나 길드와 같이 게임 내에서 활동하는 그룹에 참여하는 것에 큰 비중을 둔다. 이들은 회의와 토너먼트를 주관하고 무언가를 알리기 위해, 혹은 무역이나 결혼 같은 특별한 이벤트를 위해 한 장소에 여러 플레이어들을 모으는 것을 즐긴다. 이런 사회적 관계를 중요시하는 사람들은 다른 사람들 속에서 자신을 발견할 수 있는 게임 내 특정 기능을 활용할 것이다.

킬러들은 다른 플레이어들을 가장 잘 활용하는 사람들이다. 이들은 PvP player versus player 와 RvR real versus realm 전투에 집중한다. 킬러들은 상대방을 조롱하는 법이나 경기가 끝난 다음에 승리 포즈를 취하는 법을 잘 알고 있다. 헤드셋과 채팅, 그리고 개인에게 보내는 메시지 역시 킬러들에게는 상대방을 물어뜯고 제거하기 위해 즐겨 사용하는 도구일 뿐이다.

플레이어가 게임을 즐기는 유형을 구별하기 위해 앞서 살펴본 4개의 주요 유형과 '서브타입' 플레이어들도 살펴보자.

- **캐주얼 게이머**^{casual gamer} : 대부분 튜토리얼과 사용자 매뉴얼, 화면에 등장하는 사용자 인터페이스가 제공하는 기능만을 사용한다.

- **하드코어 게이머**^{hard-core gamer} : 기능키, 매크로, 터보 버튼 그리고 조이스틱이나 스티어링 휠 같은 특별한 입력 장치를 활용하는 게이머들. 트릭과 팁을 찾기 위해 인터넷에서 정보를 찾아낸다. 최고의 해상도와 프레임 레이트를 얻기 위해 고가의 하드웨어 장비에도 아낌없이 투자한다. 이런 유형에 속하는 게이머들은 주로 블리자드의 〈월드 오브 워크래프트〉나 〈스타크래프트 2〉 같은 MMORPG와 RTS 장르를 주로 즐기며, 이들 중 다수는 하나의 게임 안에서도 여러 개의 캐릭터를 육성하거나 동시에 여러 대의 컴퓨터를 게임에 사용한다.

- **버튼 파괴자**^{Button Masher} : 소극적이고 방어적인 플레이보다는 스피드와 반복에 초점을 두는 플레이어. 빠르게 달리고, 높이 점프하고, 먼저 공격하기 위해 컨트롤러의 A 버튼을 닳을 때까지 눌러대는 사람들이다. 아마 탄약은 금방 고갈돼버릴 것이다. 스타일러스 펜을 지원하는 닌텐도 DS나 터치가 가능한 스마트폰을 사용하는 버튼 파괴자의 사촌들도 있다. 바로 **스크린 스크래처**^{Screen Scratcher}들이다. 〈후루츠 닌자^{Fruit Ninja}〉 같은 게임이 스크린 스크래처들에게 어울리는 가장 대표적인 게임이라고 할 수 있다.

- **커스터마이저**^{customizer} : 게임에서 지원하는 모든 커스터마이징 기능을 활용하고 커스터마이징 가능한 모든 요소를 즐기는 사람들이다. 봉인됐던 아이템이나 데칼, 잠겼던 유니폼이나 팀을 해제하고 사용하는 것을 좋아한다. EA^{Electronics Arts}의 매든^{Madden}이나 피파^{FIFA} 시리즈 같은 스포츠 게임에서 이런 유형의 게이머들을 많이 찾아볼 수 있다.

- **사기꾼**^{exploiter} : 항상 지름길을 찾는 사람들이다. 치트 코드를 사용하고, 장벽을 넘어갈 수 있는 조그만 틈을 찾아내려 하고, 보이지 않는 비밀 장소나 정상적인 방법으로는 다다를 수 없는 곳에서 상대방을 저격하는 것을 즐긴다. 아이템을 얻고 포인트를 획득하고 레벨을 올리기 위해 봇을 사용하기도 한다. AI나 인간인 상대방을 대상으로 무한 콤보를 사용하기도 한다.

실생활에 따른 사용 유형

일부 게임들은 게임 안에서 수행되는 캐릭터의 액션을 캡처하기 위한 시스템을 내장하고 있는 경우도 있다. 이 데이터는 게임 내부에서도 활용되고, 때로는 외부의 다른 플레이어들이 볼 수 있는 형태로 저장되기도 한다. 때로는 게임 퍼블리셔에게 데이터 형태로 제출되어 이를 디버깅하거나 분석하기도 한다. 실제 게임을 같이 즐기는 친구나 NPC로부터 수집한 데이터를 통해 고유한 플레이 스타일을 연마할 수 있으며, 이를 실전에서도 활용할 수 있다. 〈매든 NFL^{Madden NFL}〉 2015 에디션 같은 게임의 경우, 실시간으로 데이터를 게임 내에 반영하고 있다.

예를 들어, 화면에 표시되는 '선행 플레이^{Previous Play}' 정보 상자를 통해 플레이어가 전진한 거리와 매든 온라인을 즐기는 실제 사용자들의 거리를 비교할 수 있다. 플레이어가 4야드 후퇴하더라도 매든 플레이어 커뮤니티에서의 평균은 10.1야드 증가할 수 있는 것이다.

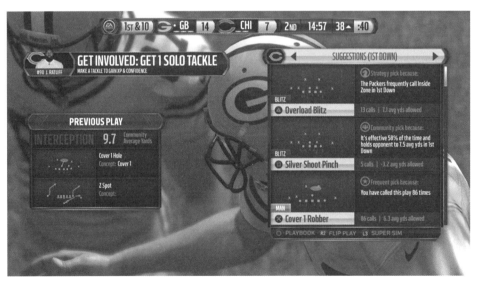

▲ 그림 10.1 〈매든 NFL〉 선행 플레이 정보 박스

매든의 엑스박스 원^{Xbox One}과 PS4 에디션에서는 아이폰이나 안드로이드 태블릿에서 구동 가능한 코치글래스^{CoachGlass}라는 앱을 통해 추가 정보를 제공한다. 이 앱은 코치의 클립보드를 디지털로 구현한 것이다. 매든 25의 크리에이티브 디렉터인 콜비 런치보^{Kolbe Launchbaugh}는 이 기능을 다음과 같이 설명하고 있다.

"코치글래스 개발 초기에 우리는 이 기능이 디펜시브 어시스턴트 역할을 하기 바랐다. 플레이어는 코치글래스를 세 가지 방법으로 사용할 수 있다. 우선 특정한 상대 그룹에 대해 수행된 공격 시간의 비중을 백분율로 보여준다. 이 중 하나를 선택하면 자동으로 3개의 수비 플레이 유형을 보여준다. 이 유형은 지금까지 누적된 온라인 플레이 게임의 크라우드 데이터를 기반으로 추출된 것이다. 상대방이 포함된 플레이 데이터를 기반으로 선택 가능한 전술로 표시해주는 것이다."

"코치글래스를 사용하는 두 번째 방법은 첫 번째 방법보다 조금 더 어렵다. 상대 그룹이 아닌 다운과 거리에 기반하는 것이다. 필드의 특정 지역을 선택하면 그 지역에서 패스가 있었는지 혹은 러닝이 수행됐는지, 그리고 드로우나 런이 어디에서 수행됐는지 등을 보여준다. 지역을 탭하면 지금까지 게임에서 수행해온 플레이를 기반으로 수행할 작전을 추천해 줄 것이다."

"코치글래스를 활용하는 마지막 방법이 아마 가장 어려울 것이다. 경기에서 수행되는 플레이 전부를 처음부터 끝까지 모두 추적하는 것이다. 이를 통해 상대방의 패턴을 찾고 그 의도를 파악할 수 있게 될 것이다."

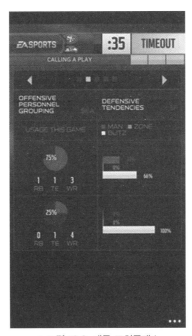

▲ 그림 10.2 매든 코치글래스

게임 제작사가 직접 데이터를 수집하거나 혹은 게이머 개인의 데이터를 누적해 이런 종류의 정보를 추출할 수 있다. 이런 정보를 활용해 테스터들은 각기 다른 플레이 스타일과 게임 내에 존재하는 수많은 액션과 선택, 옵션 등의 사용 빈도를 조정하며 테스트를 진행할 수 있게 되는 것이다. 모든 게임 기능에 동등한 비중을 두고 균형 있게 테스트하는 것은 결함을 발견해내는 데 결코 도움이 되지 않는다. 따라서 사용자들의 이런 경향을 테스트에 고려하는 것이 아주 중요하다. 가장 긴 코스의 게임에서 A 버튼을 반복적으로 눌렀을 때 발생하는 메모리 오버플로우를 일반적인 테스트 시나리오로 커버할 수는 없는 것이다.

클린룸 테스트 생성

이 책에서 언급된 어느 기법을 사용하더라도 클린룸 테스트를 수행할 수 있다. 또한 클린룸 테스트는 필요할 때마다 바로 생성이 가능하다. 앞서 살펴본 사용 유형이 각 테스트 단계에 부여돼야 한다. 이런 유형은 직접 문서에 기록하거나 혹은 작성 과정 내내 염두에 둬야 한다. 사용 유형에 따라 테스트 단계, 값과 분기를 선택하고 이들을 포함하는 테스트를 생성해내는 것이다. 만약 게임을 하는 시간 중에서 50%를 주거 구역을 개발하는 데 사용하고, 30%를 상업 구역, 20%를 공업 구역 개발에 투자하는 플레이어가 있다면, 클린룸 테스트 역시 동일한 비율로 반영이 돼야 하는 것이다.

클린룸 조합 테이블

클린룸 조합 테이블이 군이 '페어와이즈' 조합 테이블일 필요는 없다(8장 '조합 테스트' 참조). 테스트해야 하는 조합의 수는 테스트를 디자인하는 사람에 따라 달라진다. 테스트에 사용되는 값은 얼마나 자주 사용되는가에 따라 선택되는 것이지, 얼마나 많은 조합을 충족하느냐에 따라 결정되는 것이 아니다.

클린룸 조합 테이블을 만들려면 각 파라미터에 사용되는 테스트 값에 사용 유형을 할당해야 한다. 하나의 파라미터에 속한 값들에 할당된 사용 유형을 모두 더하면 100%가 돼야 한다.

이 작업이 어떻게 진행되는지 알아보기 위해 8장의 표 8.24에서 설명했던 〈헤일로: 리치〉 고급 컨트롤 테이블을 다시 한번 살펴보자. 아래 각 파라미터에 사용된 테스트 값들은 디폴트 값을 포함하고 있다.

- 시선 감도: 1, 3(디폴트), 10
- 시점 반전: 예, 아니요(디폴트)
- 자동시점 센터링: 예, 아니요(디폴트)
- 쭈그리고 앉기: 홀드(디폴트), 토글
- 클렌치 프로텍션: 가능, 불가능(디폴트)

다음으로 각 테이블의 파라미터에 대해 사용 유형이 결정돼야 한다. 만약 한 사람 이상의 프로파일을 테스트하려 한다면, 하나의 파라미터에 각 플레이어별 사용 유형이 정리된 별도의 열을 하나 더 만드는 것이 좋다. 표 10.1부터 표 10.5는 다양한 프로파일을 활용해 5개의 〈헤일로: 리치〉 고급 컨트롤 파라미터에 대한 클린룸 조합 테이블을 만드는 과정을 보여준다.

 여기서는 개인적인 경험에 기반한 사용자 유형 수치를 사용한다. 좀 더 객관적이고 과학적인 방법을 통해 이런 데이터를 수집할 수 있다면 그 값을 사용하기를 권장한다. 이 장에서 사용된 수치들이 현실적이지 않다고 생각한다면 다만 교육용으로만 간주하면 될 것이다.

표 10.1에서부터 시작해보자. 시신 감도 파라미터에 대한 사용 유형을 부여해 각 플레이어 유형에 따른 유형을 반영한다.

▼ 표 10.1 사용 유형에 따른 시선 감도 값

시선 감도	캐주얼	미션 달성자	탐험가	멀티플레이어
1	10	0	10	5
3	85	75	70	75
10	5	25	20	20
총합	100	100	100	100

표 10.2는 시점 반전 파라미터의 예/아니요 값에 대한 사용 유형을 보여준다.

▼ 표 10.2 사용 유형에 따른 시점 반전 값

시점 반전	캐주얼	미션 달성자	탐험가	멀티플레이어
예	10	40	30	50
아니요	90	60	70	50
총합	100	100	100	100

표 10.3은 자동시점 센터링 기능을 활성화하지 않는 경우가 100%인 상황을 반영하고 있다. 그 결과로 달성자 유형의 클린룸 테스트 전체에서는 자동시점 센터링 기능을 활성화하지 않는 경우만 테스트된다.

▼ 표 10.3 사용 유형에 따른 자동시점 센터링 값

자동시점 센터링	캐주얼	미션 달성자	탐험가	멀티플레이어
예	30	0	20	10
아니요	70	100	80	90
총합	100	100	100	100

표 10.4는 쭈그리고 앉기 행위의 경우에는 사용 가능한 두 가지 옵션인 홀드와 토글에 동등한 비중을 부여하는 탐험가 유형을 제외하고 대부분 홀드를 사용하는 비중이 높다는 것을 알 수 있다.

▼ 표 10.4 사용 유형에 따른 쭈그리고 앉기 값

쭈그리고 앉기	캐주얼	미션 달성자	탐험가	멀티플레이어
홀드	80	75	50	90
토글	20	25	50	10
총합	100	100	100	100

표 10.5는 클린룸 테스트 생성에 필요한 마지막 값들을 포함하고 있다.

▼ 표 10.5 사용 유형에 따른 클렌치 프로텍션 값

클렌치 프로텍션	캐주얼	미션 달성자	탐험가	멀티플레이어
가능	25	60	50	90
불가능	75	40	50	10
총합	100	100	100	100

클린룸 조합 테이블을 만들기 위한 튜토리얼에서 앞서 살펴본 표 10.1부터 표 10.5까지의 데이터를 사용할 것이다.

튜토리얼

클린룸 조합 예제

클린룸 조합 테이블은 앞서 살펴본 사용자 유형 중 어떤 것을 선택해도 만들 수 있다. 예를 들어, '캐주얼' 플레이어 기준으로도 클린룸 조합 테이블을 만들 수 있다. 각 파라미터에 어떤 유형이 적용돼야 할지 결정됐다면 임의의 숫자를 추출할 수 있는 소스가 필요하다. 머릿속에서 아무 숫자나 연상해내거나, 임의의 숫자들을 뽑아주는 도구를 만들거나, 혹은 스마트 폰에서 제공하는 간단한 주사위 앱을 사용해도 무방하다. 엑셀을 사용한다면 RAND() 함수나 RANDBETWEEN() 함수를 활용하는 것도 좋은 방법이다. 인터넷이나 각종 앱 스토어에서 난수를 출력해주는 앱을 내려받아서 사용해도 상관없다. 1부터 100 사이에서 어떤 임의의 값이라도 왜곡 없이 선택할 수 있다면 어떤 방법을 사용해도 무방하다.

각 파라미터를 제목으로 가진 빈 템플릿에서 작업을 시작한다. 얼마나 많은 테스트를 수행할 것인지 결정하고 그 수만큼의 공간을 남겨둔다. 6번의 테스트를 수행할 〈헤일로〉 고급 컨트롤 클린룸 조합 테이블의 첫 모습은 다음과 같다.

▼ 표 10.6 〈헤일로: 리치〉 고급 컨트롤 클린룸 조합 테이블 셀

테스트	시선 감도	시점 반전	자동시점 센터링	쭈그리고 앉기	클렌치 프로텍션
1					
2					
3					

(이어짐)

테스트	시선 감도	시점 반전	자동시점 센터링	쭈그리고 앉기	클렌치 프로텍션
4					
5					
6					

5개의 파라미터가 존재하므로 1부터 100 사이에서 임의의 값 5개를 추출한다. 첫 번째 테스트에서 각 파라미터에 이 값들을 순서대로 채운다. 여기서는 30, 89, 13, 77, 25로 첫 번째 테스트를 만들어볼 것이다.

표 10.1로 돌아가면 캐주얼 플레이어의 경우 시선 감도에서 '1' 값에 10%를, '3' 값에 85%를, '10' 값에 5%를 할애하는 것을 알 수 있다. 따라서 1부터 10까지를 시선 감도 = 1에, 11부터 95를 시선 감도 = 3에, 96부터 100을 시선 감도 = 10에 할당할 수 있다. 첫 번째 임의의 값 30은 11~95 사이에 해당하므로, 첫 번째 테스트의 첫 열에는 '3'을 입력한다.

마찬가지로 표 10.2에서 '시점 반전 = 예' 항목에 1~10을, '시점 반전 = 아니요' 항목에 11~100을 부여할 수 있다. 두 번째 임의의 값은 89이며 이는 11~100에 속한다. 따라서 테스트 1의 시점 반전 열에는 '아니요'를 입력한다.

표 10.3에서 캐주얼 플레이어들이 자동시점 센터링을 사용하는 데 1~30을, 사용하지 않는 데 71~100을 부여할 수 있을 것이다. 세 번째 임의의 값은 13이므로, 테스트 1의 자동시점 센터링 항목에는 '예'를 입력한다.

표 10.4는 쭈그리고 앉기 = 홀드에 80%, 토글에 20%가 할당되어 있다. 네 번째 임의의 숫자는 77이므로, 테스트 1의 쭈그리고 앉기 값에는 '홀드'를 입력한다.

마지막으로, 표 10.5에서 정의한 클렌치 프로텍션의 경우 이 기능을 활성화한 캐주얼 플레이어들이 25%, 비활성화한 플레이어들이 75%를 차지하고 있다. 마지막 임의의 숫자는 25이며 이는 가능 값을 입력할 수 있는 1~25 사이에 속한다. 테스트 1의 클렌치 프로텍션 항목에 '가능'을 입력해 첫 번째 테스트 정의를 마무리한다.

표 10.7은 임의의 값 30, 89, 13, 77, 25를 활용해 만든 첫 번째 테스트를 보여준다.

테스트	시선 감도	시점 반전	자동시점 센터링	쭈그리고 앉기	클렌치 프로텍션
1	3	아니요	예	홀드	가능

두 번째 테스트 케이스를 만들기 위해 새로운 임의의 값 5개를 추출한다. 79, 82, 57, 27, 8을 사용해보자.

첫 번째 숫자는 79로, 시선 감도 = 3에 해당하는 11~95 사이에 속한다. 테스트 2의 첫 번째 항목은 마찬가지로 '3'이 입력된다. 두 번째 임의의 값은 82이다. 이는 시점 반전에서 '아니요'에 해당하는 11~100 사이에 해당하는 값이다. 따라서 테스트 2의 두 번째 열에는 '아니요'가 입력된다. 세 번째 임의의 숫자는 57이다. 이는 자동시점 센터링 항목에서 31~100 사이에 해당하는 값이며, 따라서 테스트 2의 해당 항목에 '아니요'가 입력된다. 네 번째 임의의 숫자는 27이다. 쭈그리고 앉기 = 홀드에 해당하는 1~80 사이에 해당하므로 테스트 2의 네 번째 열에는 '홀드'를 입력한다. 마지막 임의의 숫자는 8이다. 이 값은 클렌치 프로텍션 파라미터에서 가능을 입력할 수 있는 1~25 사이에 해당하는 값이다. 마지막 행에 '가능'을 입력해 테스트 2를 완성한다. 표 10.8은 두 번째 테스트까지 완료된 클린룸 조합 테이블을 보여준다.

▼ 표 10.8 2개의 고급 컨트롤 클린룸 조합 테스트

테스트	시선 감도	시점 반전	자동시점 센터링	쭈그리고 앉기	클렌치 프로텍션
1	3	아니요	예	홀드	가능
2	3	아니요	아니요	홀드	가능

이 테이블의 세 번째 테스트는 임의의 숫자 32, 6, 11, 64, 66으로 구성해보자. 다시 한번 동일한 방식을 적용한다. 첫 번째 값은 시선 감도 항목에서 '3' 값에 해당한다. 두 번째 임의의 숫자는 6이며, 이는 시점 반전 항목에서 1~10 범위에 해당해 '예' 값을 입력한다. 테스트 3의 세 번째 임의의 값은 11이며, 자동시점 센터링 항목에서 '예' 값에 해당한다. 쭈그리고 앉기 항목을 결정할 임의의 숫자는 64이며, 이는 홀드 값에 해당하는 1~80 사이에 해당한다. 다섯 번째 임의의 숫자를 통해 해당 파라미터에서 처음으로 다른 값이 등장한

다. 클렌치 프로텍션의 경우 해당 숫자 66은 불가능에 대응하는 26~100 사이에 해당한다. 표 10.9는 입력된 첫 3개의 테스트 값을 보여준다.

▼ 표 10.9 3개의 고급 컨트롤 클린룸 조합 테스트

테스트	시선 감도	시점 반전	자동시점 센터링	쭈그리고 앉기	클렌치 프로텍션
1	3	아니요	예	홀드	가능
2	3	아니요	아니요	홀드	가능
3	3	예	예	홀드	불가능

그런 다음 86, 64, 22, 95, 50을 가지고 테스트 4를 만들어보자. 86은 '시선 감도 = 3'에 대응하는 11~95 사이에 해당하므로 해당 행에 다시 '3'을 넣어준다. 다음 숫자는 64이다. 이는 시점 반전에서 '아니요'에 해당한다. 다음 숫자는 22이며, 이는 자동시점 센터링에서 '예'에 해당한다. 95를 통해 쭈그리고 앉기 항목에서 첫 번째 토글 값이 등장한다. 클렌치 프로텍션 항목의 숫자는 50으로, 앞선 세 번째 테스트에 이어 마찬가지로 '불가능' 항목이 입력된다. 표 10.10은 6개 중에서 결정된 4개의 테스트 값들을 보여준다.

▼ 표 10.10 4개의 고급 컨트롤 클린룸 조합 테스트

테스트	시선 감도	시점 반전	자동시점 센터링	쭈그리고 앉기	클렌치 프로텍션
1	3	아니요	예	홀드	가능
2	3	아니요	아니요	홀드	가능
3	3	예	예	홀드	불가능
4	3	아니요	예	토글	불가능

다섯 번째 임의의 숫자들은 33, 21, 76, 63, 85이다. 33을 통해 시선 감도 항목에 '3'을 입력할 수 있다. 21은 시점 반전에서 '아니요'에 해당한다. 76은 자동 시점 센터링에서 '아니요'에 해당한다. 63은 쭈그리고 앉기 항목에서 '홀드'에 해당하며, 마지막 항목인 클렌치 프로텍션의 경우 85를 통해 '불가능'을 입력하게 된다. 표 10.11은 5개의 테스트가 완료된 클린룸 조합 테이블을 보여준다. 이제 하나의 테스트만 더 추가해주면 된다.

테스트	시선 감도	시점 반전	자동시점 센터링	쭈그리고 앉기	클렌치 프로텍션
1	3	아니요	예	홀드	가능
2	3	아니요	아니요	홀드	가능
3	3	예	예	홀드	불가능
4	3	아니요	예	토글	불가능
5	3	아니요	아니요	홀드	불가능

테이블을 완성하기 위해 한 벌의 임의의 숫자가 더 필요하다. 마지막으로 96, 36, 18, 48, 12를 사용하자. 첫 번째 숫자 96은 96~100에 해당하므로 시선 감도를 10으로 설정한다. 이 값은 표에서 처음 등장하는 것이다. 나머지 숫자들도 동일한 방식으로 채워 넣자. 36은 시점 반전에서 '아니요'를, 18은 자동시점 센터링에서 '예'를, 48은 쭈그리고 앉기 항목에서 '홀드'를, 12를 통해 마지막 항목은 '가능'을 입력할 수 있다. 표 10.12에서 6개의 테스트 케이스가 완료된 클린룸 조합 테스트 케이스를 확인할 수 있다.

▼ 표 10.12 완료된 고급 컨트롤 클린룸 조합 테스트

테스트	시선 감도	시점 반전	자동시점 센터링	쭈그리고 앉기	클렌치 프로텍션
1	3	아니요	예	홀드	가능
2	3	아니요	아니요	홀드	가능
3	3	예	예	홀드	불가능
4	3	아니요	예	토글	물가능
5	3	아니요	아니요	홀드	불가능
6	10	아니요	예	홀드	불가능

날카로운 감각을 가진 사람이라면 지금까지 시선 감도 항목에 1 값이 보이지 않는다는 사실을 알 수 있을 것이다. 이는 상대적으로 낮은 확률(10%)에 기인한 것이며, 또한 수행하는 테스트 케이스의 숫자가 몇 개 되지 않는다는 사실도 영향을 미치고 있다. 또한 선택한 임의의 숫자도 직접적인 원인으로 동작한다. 사실 5번의 테스트까지만 수행했다면 디폴트 값인 3이 시선 감도 항목에서 검증될 수 있는 유일한 값이었을 것이다. 이 정도 크기의 테이블에서는 문제로 간주되지 않을 수도 있다. 하지만 5% 이상의 발생 가능성을 가진 항목이

100개 혹은 그 이상의 테스트에서 보이지 않는다면 값을 선택하는 과정이나 임의의 값을 생성하는 과정에서 무언가 잘못된 것이 없는지 의심해봐야 한다.

사전에 설정한 사용 빈도보다 훨씬 더 많이 혹은 덜 등장하는 값이 있다는 것에도 유의해야 한다. '자동시점 센터링 = 예' 항목의 경우 캐주얼 프로파일에서는 30%의 사용자가 이를 사용한다고 조사됐지만, 실제 생성된 테스트에서는 6번 중 4번 등장해 67%의 빈도로 표시되고 있다. 이는 주로 수행되는 테스트 케이스의 숫자가 적은 것에 기인한다. 50개 이상의 테스트 케이스에서는 사용 빈도와 실제 테이블에서 표시되는 값의 빈도가 일치하는 경우를 더 자주 찾아볼 수 있다.

클린룸 조합 테이블 기법이 페어와이즈 조합 테이블에서 요구하는 모든 테스트 값의 조합을 커버하지 못한다는 사실을 늘 인지하고 있어야 한다. 표 10.12에서 '자동시점 센터링 = 아니요' 항목과 '쭈그리고 앉기 = 토글' 항목은 단 한 번도 조합되지 않았다. 이와 같이 누락된 조합이 있는지 다시 한번 살펴볼 필요가 있다.

한 번에 하나의 열씩, 수직적으로 페어와이즈 조합 테이블이 구성된다는 사실을 다시 한번 상기할 필요가 있다. 반면 클린룸 조합 테이블은 수평적으로 구성된다. 즉, 한 번에 하나의 행이 만들어지므로, 테이블을 완성할 때까지는 테스트 케이스가 어떻게 구성될지, 그 결과로 몇 개의 테스트가 산출될지 알 수 없다. 첫 행을 완성한 다음 어떤 값을 선택하는지에 따라 그다음 행의 개수가 달라지며, 이를 통해 수행할 클린룸 조합 테스트의 양이 결정되는 것이다.

TFD 클린룸 경로

클린룸 TFD 테스트는 앞서 살펴본 최소 경로, 기본 경로, 심화 경로에 사용된 것과 동일한 다이어그램을 사용한다. 클린룸 테스트 경로는 사용 확률에 기반해 상태와 상태를 이어주는 플로우를 선택함으로써 산출된다.

사용 확률은 클린룸 테스트에 사용될 모든 TFD에 추가돼야 한다. 상태에서 나가는 플로우에 부여된 모든 확률을 더하면 반드시 100%가 돼야 한다. 만약 플로우에 어떤 액션도 존재하지 않는다면 사용 확률은 이벤트 다음에 명시돼야 한다.

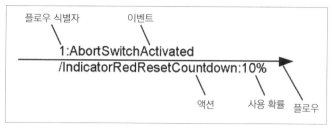

플로우 식별자   이벤트

1:AbortSwitchActivated
/IndicatorRedResetCountdown:10%

액션   사용 확률   플로우

▲ 그림 10.3 사용 확률이 표시된 플로우 예제

그림 10.4는 플로우 숫자와 사용 확률이 함께 표시된 전체 TFD를 보여준다. 각 상태에서 출발해 다른 상태로 가는 것으로 표시된 확률을 모두 더하면 100%가 돼야 한다는 사실을 절대 잊지 말아야 한다. 부록 D에서 이 TFD를 찾아볼 수 있다. 플로우 숫자와 사용 확률이 동시에 표기됨으로써 이를 통해 클린룸 테스트를 시작할 준비가 된 것이다.

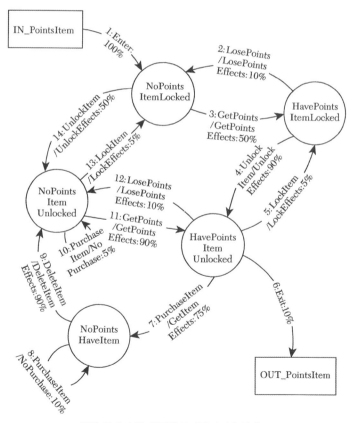

▲ 그림 10.4 사용 확률이 추가된 아이템 언락 TFD

튜토리얼

TFD 클린룸 경로 예제

사용 확률이 추가된 TFD에 임의의 숫자를 조합하면, 다양한 플로우를 거쳐 OUT 터미네이터에 이르는 경로를 설정할 수 있다. 결과로 산출된 하나의 경로가 하나의 테스트 케이스를 의미한다. 더 많은 테스트 케이스를 생성하고 싶다면 매번 임의의 숫자를 더 많이 산출하면 된다. 경험상 Exit 플로우에 10% 정도의 확률을 부여하는 것이 효과적이다. 이 경로에 더 많은 확률을 부여하면 경로가 너무 빨리 끝나게 되고, 더 작은 확률을 부여하면 너무 많은 경로를 거치게 된다.

각각의 클린룸 테스트 케이스는 클린룸 경로를 따라 이어지는 플로우 넘버로 구성된다. 경로의 길이가 매우 다양하므로 모든 경로에 필요한 임의의 숫자를 얼마나 생성해야 할지 가늠하기 힘들 것이다. 단지 몇 개의 플로우만 거칠 수도 있고, OUT 박스에 도달하기 전까지 다이어그램을 몇 번이나 반복해서 순환해야 할 수도 있다. 일반적으로 테스트에 필요하다고 생각되는 양만큼만 생성하면 그만이다. 여기에서는 편의상 30, 27, 35, 36, 82, 59, 92, 88, 80, 74, 42, 13을 사용해보기로 한다.

그림 10.4의 TFD에서 테스트 케이스를 생성하는 것은 여느 때와 마찬가지로 IN 박스에서부터 시작한다. 이 플로우는 무조건 100% 사용되므로 별도의 숫자를 부여할 필요가 없다. 모든 테스트는 반드시 이 플로우에서 시작해야 한다. 다음 NoPointsItemLocked 상태에서 출발하는 두 가지 플로우가 존재한다. 플로우 3과 플로우 14가 그것이다. 이 두 가지 플로우가 사용될 가능성은 각각 50%이다. 임의의 숫자를 범위에 따라 순서대로 대응해본다. 즉, 임의의 숫자가 1~50 사이에 해당한다면 플로우 3번을, 임의의 숫자가 51~100 사이에 해당한다면 플로우 14를 사용하는 것이다. 앞서 우리가 사용하려 했던 첫 번째 임의의 숫자는 30이므로 플로우 3을 사용해 HavePointsItemLocked 상태로 간다. 지금까지의 테스트 경로는 1, 3이 된다.

HavePointsItemLocked 상태 역시 여기서 나가는 두 가지 경로가 존재한다. 플로우 2는 10%의 사용 확률을, 플로우 4는 90%의 사용 확률을 갖는다. 플로우 2에 해당하는 숫자의 범위는 1~10이며, 플로우 4는 11~100에 해당한다. 이번에 사용할 임의의 숫자는 27이다.

따라서 플로우 4를 사용해 HavePointsItemUnlocked로 간다. 테스트 경로는 1, 3, 4가 된다.

HavePointsItemUnlocked 상태야말로 지금까지 살펴본 상태 중에서 가장 흥미롭다. 다음 단계로 가는 모두 네 가지의 경로를 갖고 있기 때문이다. 플로우 5에는 5%의 확률이, 플로우 6에는 10%, 플로우 7에는 75%, 플로우 12에는 10%의 확률이 부여되어 있다. 여기에 대응하는 숫자의 범위는 플로우 5에 1~5, 플로우 6에 6~15, 플로우 7에 16~90, 플로우 12에 91~100이 된다. 이번에 사용해야 할 숫자는 35이다. 따라서 플로우 7을 사용해 NoPointsHaveItem 상태로 간다. 지금까지의 테스트 경로는 1, 3, 4, 7이 된다.

NoPointsHaveItem 상태에서는 두 가지의 경로를 선택할 수 있다. 10%의 확률을 가진 플로우 8과 90%의 확률을 가진 플로우 9가 바로 그것이다. 임의의 숫자가 1~10 사이라면 플로우 8을 선택하면 되고, 11~100 사이라면 플로우 9를 선택하면 된다. 사용해야 할 임의의 숫자가 36이므로 플로우 9를 사용해 NoPointsItemUnlocked 상태로 간다. 테스트 경로는 1, 3, 4, 7, 9가 된다.

NoPointsItemUnlocked 상태에서는 플로우 10, 11, 13을 사용해 다른 상태로 이동할 수 있다. 플로우 10은 5%(1~5), 플로우 11은 90%(6~95), 플로우 13은 5%(96~100)의 범위에 대응한다. 이번에 사용할 임의의 숫자는 82이다. 이 숫자는 플로우 11의 범위에 해당하므로 이를 통해 HavePointsItemUnlocked 상태로 간다. 지금까지 테스트 경로는 1, 3, 4, 7, 9, 11이며, 아직 완성된 상태는 아니다.

다시 HavePointsItemUnlocked 상태로 돌아왔다. 여기서 사용할 임의의 숫자는 59이다. 이는 플로우 7의 범위 16~90에 해당하며, 이를 사용해 지금까지 사용하지 않았던 상태인 NoPointsHaveItem으로 간다. 그다음 임의의 숫자 92에 해당하는 플로우 9를 사용해 NoPointsItemUnlocked 상태로 간다. 테스트 경로는 이제 1, 3, 4, 7, 9, 11, 7, 9가 된다.

그다음 임의의 숫자는 88이다. 이를 통해 플로우 11을 경유해 NoPointsItemUnlocked 상태에서 HavePointsItemUnlocked 상태로 갈 수 있다. 그다음 숫자 80으로 플로우 7을 따라 NoPointsHaveItem 상태로 이동하며, 그다음 숫자 74를 사용해 플로우 9를 따라 NoPointsItemUnlocked 상태로 이동한다. 그다음 숫자 42로 플로우 11을 따라 다시 한

번 HavePointsItemUnlocked 상태로 이동한다. 지금까지의 경로는 1, 3, 4, 7, 9, 11, 7, 9, 11, 7, 9, 11이 된다.

다음 임의의 숫자는 13이다. 이는 6~15의 범위에 해당하며 대응하는 플로우는 6번이다. 이 플로우는 Exit 플로우이며 이를 통해 OUT 터미네이터로 갈 수 있다. 이는 곧 테스트 경로가 종료될 수 있음을 의미한다. 따라서 완성된 테스트 경로는 1, 3, 4, 7, 9, 11, 7, 9, 11, 7, 9, 11, 6이 된다.

경로 정의가 완료되면 11장에서 실펴본 데이터 사진을 활용해 테스트 케이스를 생성한다. 이를 위해 각 경로에 포함된 플로우와 액션, 상태를 정리하면 다음과 같다. 줄의 앞부분에는 테스트 경로에 사용된 플로우의 숫자를 표시했다.

> IN_PointsItem
>
> (1) Enter, NoPointsItemLocked
>
> (3) GetPoints, GetPointsEffects, HavePointsItemLocked
>
> (4) UnlockItem, UnlockEffects, HavePointsItemUnlocked
>
> (7) PurchaseItem, GetItemEffects, NoPointsHaveItem
>
> (9) DeleteItem, DeleteItemEffects, NoPointsItemUnlocked
>
> (11) GetPoints, GetPointsEffects, HavePointsItemUnlocked
>
> (7) PurchaseItem, GetItemEffects, NoPointsHaveItem
>
> (9) DeleteItem, DeleteItemEffects, NoPointsItemUnlocked
>
> (11) GetPoints, GetPointsEffects, HavePointsItemUnlocked
>
> (7) PurchaseItem, GetItemEffects, NoPointsHaveItem
>
> (9) DeleteItem, DeleteItemEffects, NoPointsItemUnlocked
>
> (11) GetPoints, GetPointsEffects, HavePointsItemUnlocked
>
> (6) Exit, OUT_PointsItem

경로를 생성하면서 몇 가지 예측 가능한 항목도 존재한다. 경로는 항상 IN에서 시작하고 OUT으로 종료된다. 이는 반드시 지켜야 할 항목이다. 큰 숫자 범위를 갖고 있는 경로, 즉 90%의 확률을 부여받은 플로우 9와 플로우 11 같은 경로들이 자주 선택되는 경향이 있다.

뭔가 이상한 점이 있지 않나? 이 테스트 경로에 등장하지 않는 플로우와 상태들이 있다는 걸 알 수 있다. 1개의 경로에서 등장하지 않는 플로우와 상태가 있다면 큰 문제될 것이 없다. 하지만 여러 개의 다양한 테스트를 만들었을 때는 좀 더 넓은 범위의 플로우와 상태를 커버할 수 있어야 한다.

기대했던 것보다 플로우가 더 길다고 느낄 수도 있다. 플로우 7, 9, 11번은 이번 테스트 경로에서 여러 번 등장한다. 이것은 최소 경로나 기본 경로의 개념과는 일치하지 않는 것이다. 이 3개의 경로가 서로 루프 구조를 만들고 있다는 것에 주의해야 한다. 이번에 만든 테스트 경로에서 이들 플로우는 연달아 세 번씩 사용되고 있다.

이렇게 만든 테스트 케이스가 이미 앞서 사용한 테스트 케이스와 동일한 경로일 수도 있다. 이 기법은 특정한 테스터의 아이디어나 예상에 의존하는 것이 아니라 프로세스에 기반하는 것이므로 특정한 왜곡이나 제약에서 비교적 자유롭다. 클린룸 경로는 또한 게임이 종료될 때까지 한 기능이 한 번만 수행되는 것이 아니라는 사실을 잘 보여주고 있다. 각 플로우에 부여된 확률이 현실적이라면 이러한 경로를 사용해 현실에 기반한 사용자 시나리오를 테스트할 수 있을 것이다. 클린룸 테스트를 사용하면 사용자의 입장에서 게임을 반복하거나 한 부분에 집중해서 사용하는 과정에서 나타날 수 있는 결함을 발견할 수 있다.

플로우 확률 유지보수

TFD를 사용하다 보면 하나 이상의 플로우를 변경해야 할 필요가 생긴다. 이는 사용 확률과 같은 값에도 영향을 미칠 수 있다. 플로우의 목적지(화살표가 닿는 곳)가 변경된다면 사용 확률을 바꿀 필요가 없다. 이와 반대로 새로운 상태로부터 기존의 상태로 들어오는 플로우가 추가된다면 새로운 상태와 기존의 상태에서 들어오는 모든 플로우의 사용 확률을 다시 계산해야 한다.

그림 10.5는 업데이트된 아이템 언락 TFD를 보여준다. 다이어그램의 왼쪽에 위치하는 플로우 9는 이전에 NoPointsItemUnlocked 상태 대신 NoPointsItemLocked 상태로 돌아간다. 따라서 플로우 9의 사용 확률은 변경될 필요가 없다. 여전히 NoPointsHaveItem으로부터 출발하는 모든 플로우에 부여된 확률의 합은 100%가 돼야 한다. 플로우 8에는 10%가,

플로우 9에는 90%가 부여되어 있다.

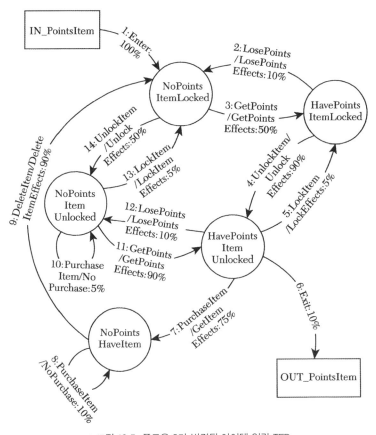

▲ **그림 10.5** 플로우 9가 변경된 아이템 언락 TFD

그림 10.6에는 두 번째 업데이트 내용이 반영되어 있다. 플로우 6은 원래 HavePointsItem Unlocked에서 출발한다. 하지만 이제는 NoPointsHaveItem에서 출발해 OUT 박스로 향한다. 이 경우, HavePointsItemUnlocked와 NoPointsHaveItem에서 출발하는 모든 플로우의 합이 100%가 될 수 있도록 다시 계산돼야 한다.

HavePointsItemUnlocked의 경우 플로우 하나가 사라졌기 때문에 기존 플로우 중 하나 혹은 두 개의 확률이 변경될 필요가 있다. 여기서는 플로우 6에 할당됐던 10%를 플로우 12 에 추가해준다. 플로우 7과 플로우 5의 확률은 증가하지 않았다. 그림 10.6에서 보이듯이 플로우 12가 원래 10%의 확률에서 추가된 20%의 확률을 갖는다.

추가적으로 NoPointsHaveItem에서 나가는 플로우들의 확률은 새로운 플로우에 확률을 부여하기 위해 줄어들 필요가 있다. 플로우 6은 Exit 플로우이므로 계속 10%가 부여돼야 한다. NoPointsHaveItem에서 출발하는 2개의 다른 플로우, 즉 플로우 8에는 10%를 부여하고 플로우 9에는 90%의 확률을 부여한다. 만약 플로우 8의 확률을 0%로 조정해버린다면 이 TFD의 클린룸 경로에서 이 플로우가 한 번도 사용되지 않는다는 것을 의미한다. 대신 플로우 8에서 5%, 플로우 9에서 5%의 확률을 낮추는 것이 좋다. 새롭게 설정된 확률이 그림 10.6에 반영되어 있다. 그렇지 않으면 플로우 9의 확률을 10% 낮추고 플로우 8의 확률을 10%로 유지할 수도 있다. 게임 플레이어나 모드, 혹은 모델링하려는 데이터가 어떤 플로우에 더 많은 사용 확률을 부여하는지에 따라 최선이라고 생각되는 확률을 조정해주면 되는 것이다.

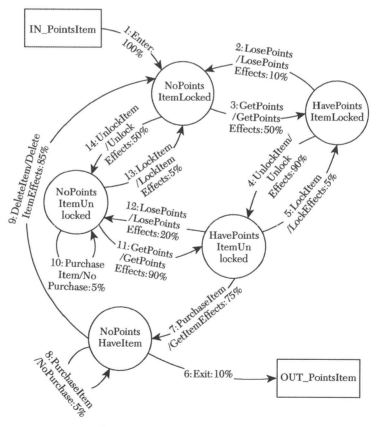

▲ **그림 10.6** 플로우 6과 9가 변경된 아이템 언락 TFD

플로우 사용 프로파일

다양한 사용자 프로파일을 만들어 TFD 클린룸 경로를 생성할 때 적용할 수 있다면 좋을 것이다. TFD의 복사본을 만들고 각 프로파일에 맞추어 사용 확률을 조정하는 것도 하나의 방법이다. 또 다른 해결책은 조합 프로파일을 만들 때 했던 것과 동일하다. 하나 혹은 그 이상의 게임 사용자와 유형, 모드의 사용 확률과 각각의 테스트 요소를 매핑하는 것이다. 이 경우 사용 확률은 TFD에서 표현되지 않는다. 그림 10.7은 아이템 언락 TFD에서 사용 확률이 제거된 것을 보여준다.

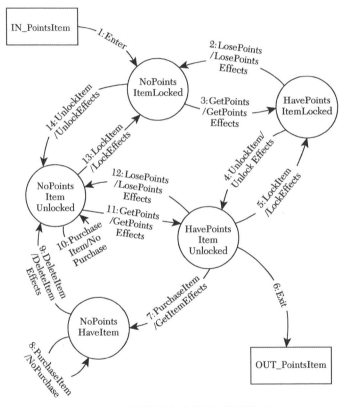

▲ 그림 10.7 사용 확률이 제거된 아이템 언락 TFD

표 10.13은 한 프로파일의 확률과 TFD의 플로우가 어떻게 대응하는지 보여준다. 각 플로우 확률에 대응하는 임의의 숫자 범위를 명시한다. 예를 들어, 플로우 3과 14는 NoPoints ItemLocked에서 출발하므로 플로우 3의 범위는 1~50이며 플로우 14는 51~100이 돼야

한다. 플로우를 추가 혹은 제거하면서 혹은 플로우를 이동하면서 TFD를 편집할 때 반드시 이 표에 기재된 확률과 범위 데이터를 조정해줘야 한다.

▼ 표 10.13 아이템 언락 TFD 플로우의 캐주얼 플레이어 사용 확률 테이블

플로우	캐주얼
1	100
2	10
3	50
4	90
5	5
6	10
7	75
8	10
9	90
10	5
11	90
12	10
13	5
14	50
총합	600

가장 마지막 줄의 총합을 확인해봄으로써 사용 확률이 정확하게 부여됐는지 확인할 수 있다. 총합은 첫 번째 Enter 플로우의 100에 다이어그램에 표현된 상태의 수에 100을 곱한 수의 합이 돼야 한다. 그림 10.6의 TFD는 5개의 상태를 갖고 있으므로, 총합이 600이라면 정확하게 계산된 것이다.

플로우 사용 확률 테이블을 사용해 클린룸 테스트를 만드는 것은 다이어그램에 플로우 사용 확률을 부여하는 과정과 유사하다. 단지 다른 부분이 있다면 표에서 플로우에 부여된 숫자의 범위를 찾아봐야 한다는 것뿐이다. 만약 이 과정을 자동화하거나 TFD 클린룸 경로를 생성하는 도구를 사용한다면 이 표 역시 데이터베이스나 내보내기가 가능한 텍스트 파일 형태로 저장돼야 한다.

플로우에 부여되는 확률을 표로 관리하는 것은 쉽지 않은 문제다. 플로우를 목록으로 정리해 숫자를 부여하는 것은 실제로 다이어그램에서 플로우가 보이는 방식과 직접적인 관련이 없을 수도 있다. 각 상태에서 출발하고 종료하는 플로우를 식별하는 작업도 좀 더 많은 노력이 필요한 부분이다. 예를 들어, NoPointsItemLocked에서 출발하는 플로우 3과 14는 플로우 목록에서도 위치가 서로 많이 떨어져 있다. 만약 게임 소프트웨어의 변경사항을 반영하기 위해 수많은 플로우가 한 번에 추가되거나 삭제되고, 또 일부가 이동한다면 이 부분이 문제가 될 수 있다. 이런 상황에 맞닥뜨릴 때마다 꼼꼼하게 숫자를 체크해봐야 한다.

역 사용

역 사용$^{inverted\ usage}$ 기법은 실제로 덜 사용되는 게임 기능이나 행위에 초점을 맞추고 싶을 때 활용할 수 있는 기법이다. 이 기법은 개인의 이득을 위해 고의적으로 게임에 크래시를 유발하거나 게임을 해킹하려는 사용자들이 어떻게 게임을 그 도구로 활용하는지를 알아보는 사용자 모델로 활용할 수 있다. 또한 초기에 검출하지 못한 버그들을 검출하는 데도 도움이 된다. 이런 방식으로 게임을 사용하는 것 자체가 드물기 때문이다.

역 사용 계산하기

역 사용은 다음과 같은 3단계를 거쳐 계산된다.

1. 테스트 파라미터 혹은 상태를 벗어나는 모든 경로에 부여된 사용 확률에 대한 역수^{reciprocal}[1]를 계산한다.
2. 역수를 모두 합한다.
3. 2단계에서 모두 합해진 역수로 각 역수를 나눈다. 그 결과가 역으로 계산된 사용 확률이 된다.

예를 들어 각각 10%, 50%, 40%의 확률을 갖는 A, B, C 값이 있다고 가정하자.

---

1   역수란 숫자에 그 값을 곱해서 1이 나오는 숫자를 이야기한다. 예를 들어. 3의 역수는 1/30이다. – 옮긴이

역수를 계산하기 위해 이 값들에 1단계를 적용해 A 값에 대한 역수로 $10.0(\frac{1}{0.10})$을, B 값에 대한 역수로 $2.00(\frac{1}{0.5})$을, C 값에 대한 역수로 $2.50(\frac{1}{0.40})$을 얻을 수 있다.

이 값들을 모두 더하면 14.5가 된다. 이 값으로 각 역수를 나누면 A 값에 대해 $69.0\%(\frac{10}{14.5})$, B 값에 대해 $13.8\%(\frac{2}{14.5})$, C 값에 대해 $17.2\%(\frac{2.5}{14.5})$를 얻게 된다. 이 값들을 반올림해 69%, 14%, 17%를 테스트에 사용하게 된다.

각 사용 확률 간의 비례와 역수의 비례가 반대임을 주의해야 한다.

앞서 살펴본 사례에서 B 값은 A 값보다 5배 더 자주 사용됐고$(\frac{50}{10})$, C 값보다는 1.25배 더 자주 사용됐다$(\frac{50}{40})$.

하지만 반전된 A 값과 B 값의 경우는 그 반대가 된다. 즉, $\frac{69\%}{13.8\%}$ = 5가 되어 A 값이 B 값의 5배가 된다.

마찬가지로 반전된 C 값과 B 값의 관계도 앞서와 동일한 $1.25(\frac{17.2\%}{13.8\%})$가 되며, C 값이 B 값보다 1.25배 더 커진다.

단지 2개의 사용 확률이 반전되는 경우라면 이 2개의 값을 뒤바꿈으로써 복잡한 계산을 피할 수 있다. 앞서 살펴본 과정을 똑같이 적용해도 결국 같은 결과를 얻을 것이다. 테스트에 쏟아부을 수 있는 시간을 군이 결과가 결정되어 있는 복잡한 과정을 수행하는 데 소모할 필요는 없다.

 만약 0%의 사용 확률을 가진 아이템에 1단계 공식을 적용하면 그 결과 모두 유효하지 않은 값들이 도출될 것이다. 이 경우에는 각 값에 0.01%를 더한 다음에 3단계의 프로세스를 진행한다. 소수점 한 자리의 결과를 얻게 되겠지만 더욱 정확한 결과를 얻을 수 있으며 상대적인 비율을 유지할 수 있다는 장점을 제공한다.

조합 테이블 사용 확률 반전

표 10.1은 〈헤일로: 리치〉의 시선 감도를 테스트하기 위한 값 1, 3, 10에 대한 사용 확률을 보여준다. 캐주얼 플레이어 프로파일을 사용해 반전된 값을 계산해보자. 이 행에 명시되어

있는 사용 확률은 10, 85, 5이다. 이 숫자는 백분율이므로 정숫값으로 치환하면 0.10, 0.85, 0.05가 된다.

1단계를 적용해 0.10의 역수를 계산하면 $\frac{1}{0.10}$이 되어 10이 된다.

동일한 과정을 두 번째 값에 적용하면 $\frac{1}{0.85}$ = 1.18이 되며, 세 번째 값에 적용해 $\frac{1}{0.05}$를 통해 20을 얻게 된다.

2단계에 따라 이 값들을 모두 더한다. 10 + 1.176 + 20 = 31.176이 된다. 이제 3단계를 적용해 마무리하자.

10을 세 역수의 총합 31.18로 나누면 시선 감도 = 1에 대응하는 사용 확률의 역수를 구할 수 있게 된다. 이를 통해 역 확률 0.321을 얻을 수 있다. 표 안의 값은 백분율이므로 이 값은 32.1이 돼야 한다. 마찬가지로 1.18을 31.18로 나누어 두 번째 반전된 사용 확률 결과인 0.038, 즉 3.8%를 얻을 수 있다. 마지막으로 20을 31.18로 나누어 0.641을 얻을 수 있으며, 이를 시선 감도 = 10의 역 사용 값으로 입력한다.

원래 값에 부여되어 있던 값의 상대적인 비율 역시 역 사용 값에서 바뀌었음을 확인할 수 있다. 원래 시선 감도 = 1에 부여된 사용 확률은 10%였고 시선 감도 = 10에 부여된 확률은 5%였다. 즉, 2 대 1의 비율이었던 것이다. 역 사용 확률 값으로 비교를 하면 시선 감도 = 10에 부여된 역 사용 확률은 64.2이다. 이 값은 시선 감도 = 1에 부여된 32.1%의 2배에 해당하는 값이다. 각 파라미터에 부여된 값들을 살펴보면 다른 행의 다른 값에도 동일한 사실이 적용된다는 것을 알 수 있다.

시선 감도에 대한 모든 플레이 프로파일을 역수로 바꾼 표는 표 10.14에서 보이는 것과 같다.

▼ 표 10.14 시선 감도 파라미터에 대한 역 사용 확률

시선 감도	캐주얼	달성자	탐험가	멀티플레이어
1	32.1	99.9	60.9	75.9
3	3.8	0.0	8.7	5.1
10	64.1	0.0	30.4	19.0
총합	100	100	100	100

〈헤일로: 리치〉 고급 컨트롤 파라미터의 일반적인 사용 확률과 역 사용 확률은 이 책과 함께 제공되는 자료에서 엑셀 스프레드시트 파일로 제공하고 있다. 일반 사용 확률과 역 사용 확률은 별도의 워크시트로 분리되어 있다. 만약 일반 사용 확률 시트의 값을 변경한다면 역 사용 확률 시트의 값도 이에 연동해 변경될 것이다.

TFD 플로우 사용 반전

TFD에 사용되는 Enter와 Exit 플로우는 역 사용 확률을 계산할 때 눈여겨봐야 하는 케이스다. 이 행동들은 '사용자'에 의해 수행되는 것이 아니라, '테스트'를 위해 수행되는 동작들이다. 또한 이 플로우에 부여되는 사용 확률은 언제나 고정되어 있다. 마찬가지로 역 사용 확률에도 고정된 값을 부여해야 할 것이다. 표 10.15는 Enter와 Exit 플로우에 고정된 값을 부여해 아이템 언락 TFD의 캐주얼 플레이어 역 사용 확률을 구하는 첫 번째 과정을 보여준다.

▼ 표 10.15 Enter와 Exit 플로우에 값을 부여해 초기화한 플로우 역 사용 확률 테이블

플로우	1	2	3	4	5	6	7	8	9	10	11	12	13	14
캐주얼	100					10								

TFD의 각 상태와 플로우에 맞는 역수를 구해 테이블을 완성해보자. 각 상태를 오가면서 진행 상황에 맞게 테이블을 채워나간다. 플로우 3과 14의 역수를 구해보자. 이 플로우들은 각각 동일하게 50%의 값을 갖고 있으므로 사실 별다른 계산을 할 필요는 없다. 역수 역시 원래의 수와 동일하므로 표 10.16에서 보이는 것과 같이 해당 플로우의 빈칸에 50을 넣는다.

▼ 표 10.16 NoPointsItemLocked 상태에서 나오는 플로우에 역 사용 확률 추가

플로우	1	2	3	4	5	6	7	8	9	10	11	12	13	14
캐주얼	100		50			10								50

다이어그램을 시계 방향으로 이동해 HavePointsItemUnlocked에서 출발하는 플로우 2와 4의 역수를 구해보자. 2개의 플로우만 존재하므로 이 경우에도 별도의 계산 없이 양쪽의

값을 서로 맞바꾸면 된다. 표 10.17에서 플로우 2의 역수로 90%를, 플로우 4의 역수로 10%를 부여한 것을 알 수 있다.

▼ 표 10.17 HavePointsItemLocked 상태에서 나오는 플로우에 역 사용 확률 추가

플로우	1	2	3	4	5	6	7	8	9	10	11	12	13	14
캐주얼	100	90	50	10		10								50

그다음으로 살펴볼 TFD는 HavePointsItemUnlocked이다. 이 상태는 이미 10%의 값을 할당받은 Exit 플로우를 갖고 있다. 여기서 주의해야 할 점은 Exit 플로우의 역수를 포함해 모든 플로우의 역수를 합했을 때 그 값이 100이 돼야 한다는 것이다. 이 원리를 이해할 수 있어야 한다. 첫 번째 단계로 일단 각 플로우에 부여된 사용 확률, 즉 플로우 5의 5%, 플로우 7의 75%, 플로우 12의 10%에 대한 역수를 구해보자. 이는 각각 20, 1.33, 10이 될 것이다. 두 번째 단계를 적용해 이 역수를 모두 더하면 31.33이 된다. 세 번째 단계를 적용해 각 역수를 이 합으로 나누면 각각 0.638, 0.042, 0.319를 얻게 된다. 하지만 이미 플로우 6의 값이 정해져 있고 이 값까지 더해서 HavePointsItemUnlocked의 총합을 구해야 하므로 나머지 세 값을 더한 총합은 90%가 돼야 한다. 따라서 플로우 5, 7, 12의 역수에 0.9(90%)를 곱한다. 최종적으로 플로우 5에 0.574(57.4%), 플로우 7에 0.038(3.8%), 플로우 12에 0.287(28.7%)을 얻게 된다. 표 10.18을 통해 지금까지 얻은 결과를 확인할 수 있다.

▼ 표 10.18 HavePointsItemUnlocked 상태에서 나오는 플로우에 역 사용 확률 추가

플로우	1	2	3	4	5	6	7	8	9	10	11	12	13	14
캐주얼	100	90	50	10	57.4	10	3.8					28.7		50

그다음 상태인 NoPointsHaveItem으로 넘어가자. 이 상태도 2개의 플로우를 갖고 있다. 따라서 플로우 8과 플로우 9의 값을 맞바꾼다. 표 10.19를 통해 플로우 8의 역 사용 확률로 90%, 플로우 9의 역 사용 확률로 10%가 부여된 것을 확인할 수 있다.

▼ 표 10.19 NoPointsHaveItem 상태에서 나오는 플로우에 역 사용 확률 추가

플로우	1	2	3	4	5	6	7	8	9	10	11	12	13	14
캐주얼	100	90	50	10	57.4	10	3.8	90	10			28.7		50

NoPointsItemUnlocked는 다이어그램에서 계산해야 할 마지막 상태다. 여기서 출발하는 플로우가 3개이므로 별도의 계산이 필요하다. 플로우 10은 5%의 사용 확률을 가지므로 역수는 20이 된다. 플로우 11은 90%의 사용 확률을 갖는다. 따라서 그 역수는 1.11이 된다. 플로우 13은 플로우 10과 동일한 확률을 가지므로 그 역수는 20이 된다. 이제 두 번째 단계를 적용해 이 역수를 모두 합하면 20 + 1.11 + 20 = 41.11이 된다. 각각의 역수를 이 합으로 나누어 역 사용 확률을 구한다.

플로우 10과 13은 $\dfrac{20}{41.11}$이 되어 그 결과로 0.486, 즉 48.6%의 역 사용 확률을 갖는다.

플로우 11의 역 사용 확률은 $\dfrac{1.11}{41.11}$이 되어 0.027, 즉 2.7%의 역 사용 확률을 갖는다.

이 값들을 추가하면 표 10.20과 같이 완성된 버전을 확인할 수 있다.

▼ 표 10.20 NoPointsItemUnlocked 상태에서 나오는 플로우의 역 사용 확률을 추가해 완성된 표

플로우	1	2	3	4	5	6	7	8	9	10	11	12	13	14
캐주얼	100	90	50	10	57.4	10	3.8	90	10	48.6	2.7	28.7	48.6	50

역 사용 확률이 기입된 표를 활용해 일반적인 사용 확률을 기반으로 만든 것과 동일한 방식으로 TFD 클린룸 경로 테스트 케이스를 만들어낼 수 있다.

각각의 확률과 숫자의 범위를 쉽게 연결할 수 있는 방법 중의 하나는 바로 표에 '범위' 열을 추가하는 것이다. 표 10.21은 이 과정을 거쳤을 때 아이템 언락 TFD의 역 사용 확률 표가 어떻게 보이는지를 알려준다. NoPointsItemLocked 상태에서 뻗어나가는 플로우 3과 14처럼 하나의 상태에서 나와 퍼지는 형태의 플로우에 특히 유용하다.

▼ 표 10.21 캐주얼 플레이어의 역 사용 확률에 범위가 추가된 아이템 언락 TFD

플로우	캐주얼 사용 확률	범위
1	100	1~100
2	90	1~90
3	50	1~50
4	10	91~100
5	57.4	1~57

(이어짐)

플로우	캐주얼 사용 확률	범위
6	10	58~67
7	3.8	68~71
8	90	1~90
9	10	91~100
10	48.6	1~49
11	2.7	50~52
12	28.7	72~100
13	48.6	53~100
14	50	51~100

플레이어가 게임을 플레이하는 방식으로 테스트를 진행하기 위해 게임 플레이어들의 경향과 패턴을 게임 테스트에 반영할 수 있다. 이런 과정의 목표는 게임이 사용자들이 사용하는 방식대로 수행될 때 나타날 수 있는 버그를 발견하고 제거하는 것이다. 만약 이를 성공적으로 수행했다면 플레이어들은 그들이 선호하는 방식으로 게임을 즐기면서 어떤 버그도 마주치지 않을 것이다. 누이 좋고 매부 좋은 일이다.

수백만 명의 사용자가 즐기는 게임이라면 아주 드문 경우도 생기기 마련이다. 이런 경우는 사용자 프로파일에 기반한 역 사용 확률을 테스트에 활용해 드물게 발생하는 결함들을 발견할 수 있을 것이다.

연습문제

1. 당신은 어떤 유형의 플레이어인가? 만약 이 장에서 언급했던 어떤 유형에도 속하지 않는다면 스스로 유형을 정하고 이를 설명해보자. 그리고 당신이 알고 지내는 사람들의 유형도 구별해보자. 당신과 당신의 친구가 게임을 플레이하는 방식이 어떻게 다를지 설명해보자. 각 경우에 게임 내의 기능, 특징 그리고 요소들은 어떻게 다르게 작용할 것인가?

2. 표 10.12의 클린룸 조합 테이블에서 누락된 값의 조합을 찾아보자. 왜 이들이 필요하지 않으며, 왜 언급되지 않았는지 설명해보자.

3. 클린룸 테스트 세트에서 정확하게 일치하는 테스트 케이스가 나타날 가능성이 있는가? 그렇다면 그 이유를 설명해보자.

4. 〈헤일로: 리치〉 고급 세팅 파라미터의 캐주얼 플레이어에 대한 역 사용 확률을 작성해보자.

5. 4번 문제에서 만든 역 사용 확률 테이블에서 6개의 클린룸 조합 테스트를 생성해보자. 표 10.12에서 조합 테스트를 만들기 위해 사용했던 것과 동일한 임의의 숫자들을 사용하라. 새로 생성한 테스트와 원래의 테스트를 비교해보라.

6. 표 10.21의 역 사용 확률을 반영해 그림 10.4의 TFD를 수정해보라. 사용 확률을 반올림해 이 과정을 진행하자. 각 상태에서 출발하는 플로우에 부여된 확률을 더했을 때 그 합이 반드시 100이 돼야 한다는 사실을 잊지 마라. 만약 그렇지 않다면, 반올림값을 조정할 필요가 있을 것이다.

7. 6번 문제에서 만든 TFD의 경로를 산출해보자. 이 장의 앞부분에서 살펴본 것과 동일하게 각 경로를 따라 플로우와 액션, 상태를 정리해보자. 이를 통해 산출된 새로운 경로와 기존 경로를 비교해보자.

테스트 트리

- 테스트 케이스 트리
- 트리 특성 테스트
- 테스트 트리 디자인

테스트 트리^{test tree}는 게임 테스트에서 각기 다른 세 가지 목적으로 사용될 수 있다.

1. 테스트 케이스 트리^{test case tree}는 테스트 케이스와 게임 특성이나 요소, 그리고 기능 간의 구조적인 관계를 명시한다.

2. 트리 특성 테스트^{tree feature test}는 게임 내부에 구현된 특성과 기능의 트리 구조를 반영한다.

3. 테스트 트리 디자인^{test tree design}은 게임의 특성이나 요소, 혹은 기능을 구조적으로 커버하는 테스트를 개발하기 위해 사용된다.

테스트 케이스 트리

여기서 다룰 테스트 트리의 테스트는 이미 모두 디자인과 문서화가 완료된 것들이다. 개발팀이 새로운 빌드를 테스터들에게 보낼 때마다 이 트리는 갱신돼야 한다. 테스트 리드는 어떤 결함이 수정됐고 혹은 어떤 기능이 추가됐는지를 기반으로 어떤 테스트가 수행돼야 하는지 결정한다. 게임이 구성된 방식이 테스트 케이스의 구성에도 반영되는 것이다.

PC 플랫폼의 RTS^{real-time simulation} 게임인 〈워해머 40,000: 전쟁의 새벽^{Warhammer 40,000: Dawn of War}〉을 예로 들어보자. 이 게임에서는 총 8명의 플레이어들이 서로 맞서 싸우거나 AI와 전투를 벌일 수 있다. 플레이어는 그들이 선택한 종족의 전사를 육성하고 조정하며, 각 종족별로 구별되는 군대와 무기, 건축물 그리고 차량을 갖고 있다. 또한 다양한 승리 조건에 따라 승패가 결정된다. 이러한 승리 조건에는 특정한 지역을 점령하거나, 주어진 시간 동안 특정 지점을 방어하거나, 혹은 모든 적을 제거하는 것 등이 포함된다.

이 게임을 제대로 테스트하기 위해서는 게임 옵션 테스트, 사용자 인터페이스 테스트, 게임 모드 테스트, 각 종족별 테스트, 채팅 기능 테스트 등이 수행될 수 있다. 게임 옵션 테스트는 그래픽, 사운드 혹은 컨트롤 옵션 등으로 나뉠 수 있다. 사용자 인터페이스 테스트는 게임 스크린 UI와 인게임 카메라 이동 등으로 구별될 수 있다. 여기에 더해 3개의 게임 모드, 즉 캠페인, 스커미시, 멀티플레이어 모드에 대한 테스트가 수행돼야 한다. 선택 가능한 종족 역시 테스트돼야 하는데, 카오스, 엘다, 오크, 스페이스 마린이 여기에 포함된다. 채팅 기능 테스트는 랜 환경이나 온라인, 혹은 직접 연결 방식을 고려해야 한다. 그림 11.1은 상위 2개 레벨에 해당하는 테스트를 보여준다.

게임 개발이 진행되는 동안 하나의 버그 수정이 하나 혹은 그 이상의 다른 게임 영역에 영향을 미치고는 한다. 테스트 케이스 트리를 활용해 새로운 코드가 적용됐을 때 영향을 받을 수 있는 게임 영역이 어디인지 찾아내고 해당 부분에 적합한 테스트를 수행할 수 있다. 채팅 에디터의 글꼴이 변경됐다면 채팅이 사용되는 모든 경우에 해당 사항이 제대로 수정됐는지 확인해야 한다. 이와 같이 수정된 부분이 작을지라도 적용 범위가 포괄적이고 광범위하게 고려돼야 하는 항목도 있다. 일반적으로는 채팅 텍스트가 채팅 서버에 전달되는 방식이 변경되는 것과 같이 수정으로 인해 영향을 받는 범위가 좀 더 한정적인 경우가 많다.

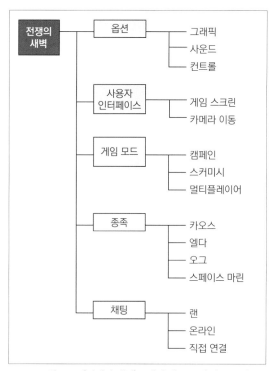

▲ 그림 11.1 〈전쟁의 새벽〉 2레벨 테스트 케이스 트리

좀 더 세밀한 테스트를 수행하기 위해 각 트리를 더욱 자세하게 정의할 수도 있다. 예를 들어 스커미시 게임 모드를 테스트하는 경우 어떤 맵을 사용할 것이며, 몇 명의 플레이어가 참여해야 하는지, 어떤 종족이 선택돼야 하는지, 어떤 게임 옵션이 선택돼야 하는지, 어떤 승리 조건이 적용돼야 하는지와 같은 세부 항목이 추가로 정의될 수도 있다. 그림 11.2를 통해 스커미시 브랜치를 좀 더 세분화한 결과를 확인할 수 있다.

스커미시 모드의 세부 사항을 추가해 미리 명시해두는 것은 매우 효과적인 스킬이다. 이후 하나 이상의 종족과 관련이 있는 게임 에셋이나 기능이 변경됐을 때 어떤 테스트들이 수행돼야 하는지 미리 알려주기 때문이다. 테스트 관련 자료가 일반적인 디렉토리 시스템에 저장되거나, 형상관리 시스템의 저장소에 저장되거나, 혹은 테스트 관리 도구에 저장되는 것과는 상관없이 이들을 게임 구조에 맞게 트리 구조로 정리할 수가 있다. 테스트해야 하는 각 빌드에서 코드 변경이 있을 때마다 어떤 테스트가 수행돼야 하는지 찾기 위해 이만큼 효율적인 방법도 없을 것이다.

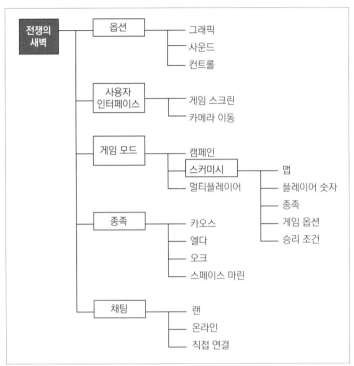

▲ **그림 11.2** 스커미시 게임 모드 테스트 케이스 하부 트리 추가

트리 특성 테스트

테스트 트리를 사용하는 두 번째 목적은 게임 안에 구현되어 있는 실제 트리 구조의 특성을 반영하기 위한 것이다. 〈전쟁의 새벽〉 같은 경우는 각 종족별로 테크 트리[tech tree] 구조를 갖고 있다. 테크 트리는 어떤 유닛이나 차량, 건축물 그리고 능력들이 개발돼야 하는지에 대한 의존성과 규칙을 보여준다. 예를 들어, 엘다 종족이 하울링 밴시 유닛을 생산하기 위해서는 우선 애스펙트 포탈을 먼저 짓고 하울링 밴시 애스펙트 스톤이란 아이템으로 해당 건축물을 업그레이드해야 한다. 레인저 같은 유닛들은 바로 생산이 가능하다. 테크 트리는 다양한 건축물과 업그레이드, 그리고 연구 아이템들이 각기 다른 의존성을 갖고 있으므로 상당히 복잡해지기도 한다. 각 아이템을 생산할 수 있는 다양한 경로에 대해 모두 테스트를 수행해야 한다. 의도한 지름길이 의도했던 결과를 만들지 않는지도 확인해야 한다.

예를 들어, 워프 스파이더 유닛을 워프 스파이더 애스펙트 스톤 없이 생산 가능한지 확인해봐야 한다. 메뉴, 커맨드라인, 아이콘 클릭 등의 다양한 방법을 통해 시도될 수 있는 모든 방법을 엄밀하게 조사해야 한다. 그림 11.3에서 엘다 종족의 애스펙트 포탈에 대한 테크 트리를 확인할 수 있다.

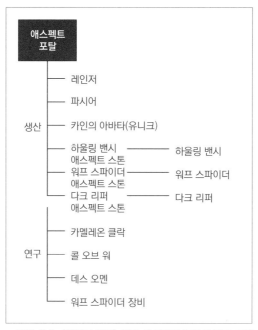

▲ **그림 11.3** 〈전쟁의 새벽〉 엘다 애스펙트 포탈의 테크 크리

〈파이널 판타지^{Final Fantasy}〉나 〈드래곤 에이지^{Dragon Age}〉 시리즈 같은 RPG 게임은 직입이나 스킬에 트리 구조를 반영할 수 있는 가장 일반적인 경우다. 캐릭터가 새로운 스킬이나 능력을 얻으려면 일정한 레벨까지 스킬을 발전시킬 필요가 있다. 때로는 종족이나 직업을 선택함으로써 수행할 수 있는 역할과 얻을 수 있는 스킬이 제한되기도 한다. 선택이 순차적으로 이어지면서 남아 있는 선택지도 점점 좁아진다. 이런 종류의 트리는 크리스마스 트리와 같다. 만약 하나의 전구가 고장 나면 그 줄의 나머지 전구에도 불이 들어오지 않는다. 즉, 사전조건이 충족되지 않는다면 특정한 클래스나 기술이 습득되지 않을 것이다. 테스터로서 필요한 사전조건을 하나씩 충족하지 않으면 어떤 결과가 나오는지 테스트할 필요가 있다. 또한 필요한 모든 조건이 충족됐을 때 과연 어떤 결과가 발생하는지도 검증해야 한

다. 그림 11.4는 〈드래곤 에이지: 오리진〉에서 남성 드워프 캐릭터를 만들 때의 게임 화면을 보여준다.

▲ **그림 11.4** 〈드래곤 에이지: 오리진〉에서 남성 드워프 캐릭터 생성

'남성'을 선택하면 그다음으로 종족 선택이 가능하다는 것을 알 수 있다. 이 경우 인간, 엘프 혹은 드워프의 3 종족 모두 선택이 가능하다. 드워프 종족을 선택하면 워리어와 로그 클래스만 선택이 가능하다. 남성 드워프로 로그 클래스를 선택하면, 6개의 신분 중에서 평민과 귀족 2개만 선택이 가능해진다.

게임에서 이런 캐릭터 트리를 제공하지 않는다면 스스로 만들어봐야 한다. 트리의 마지막 부분에 선택할 수 있는 직업과 스킬이 위치하게 만든다. 선택이 가능한 것과 선택이 불가능한 것들이 반드시 구별돼야 한다.

직업 트리는 다양한 게임에 구현되어 있는 또 다른 일반적인 트리 구조다. 그림 11.5는 〈파이널 판타지 택틱스 A2: 봉혈의 그리모어^{FFTA2, Final Fantasy Tactics A2: Grimore of the Rift}〉의 흄 캐릭터가 선택 가능한 메이지 직업의 트리 다이어그램을 보여준다.

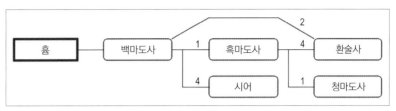

▲ 그림 11.5 FFTA2의 흄 메이지 직업 트리

환술사가 되기 위해서는 플레이어의 캐릭터가 반드시 2개의 백마도사 능력과 4개의 흑마도사 능력을 마스터해야 한다. 또한 흑마도사가 되기 위해서는 반드시 1개의 백마도사 능력을 마스터해야 한다는 사실도 알 수 있다.

 FFTA2의 전체 직업 트리 구조는 http://finalfantasy.wikia.com에서 확인이 가능하다 [WIKIA10]. 좀 더 자세한 정보는 부록 E의 11장 부분을 참조하라.

트리 브랜치의 각 노드에 테스트 값을 할당함으로써 특정 직업에 대한 트리 특성 테스트를 수행할 수 있다. 스킬이나 직업 혹은 능력치를 얻게 해주는 경곗값을 체크하는 것은 수행할 수 있는 최소한의 테스트다. 백마도사 능력을 2개 갖고 있거나 흑마도사 능력을 1개 혹은 2개 갖고 있는 경우는 굳이 테스트할 필요가 없다. 테스트 케이스 2번을 통해 흑마도사의 능력을 3개 갖고 있을 때까지는 환술사로 직업을 바꿀 수 없으며, 4개의 능력을 보유하고 특정 조건을 달성해야 전직이 가능하다는 사실을 알 수 있다. 표 11.1은 그림 11.5에서 도출 가능한 테스트 케이스를 보여준다.

▼ 표 11.1 흄족 마법사 환술사 직업 트리 테스트

테스트	백마법사	흑마법사	환술사 전직 가능
1	1	4	불가능
2	2	3	불가능
3	2	4	가능

플레이어가 도달할 수 있는 지역과 그렇지 못한 지역도 트리를 사용해 정의할 수 있다. 그림 11.6은 iOS 디바이스에서 구동되는 RPG 게임인 〈배틀하트Battleheart〉의 전장 진행 순

서를 보여준다. 체크 표시된 지역은 이미 정복된 지역을, 해골 모양은 플레이어가 정복 가능하지만 아직 정복하지 않은 지역을, 자물쇠는 아직 접근이 차단되어 있는 지역을 의미한다.

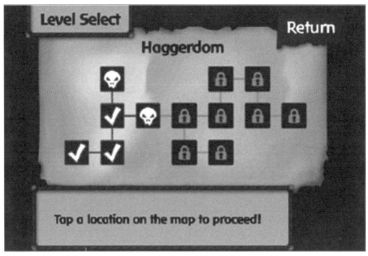

▲ 그림 11.6 〈배틀하트〉 전장 선택 트리

페이스북 게임인 〈마피아 워즈^{Mafia Wars}〉에 등장하는 라스베이거스 북쪽 지역의 에너지 패스^{Energy Path} 미션 트리를 또 다른 예로 들어보자. 플레이어가 왼쪽 브랜치의 'Steal A Truckload Of Slots'와 오른쪽의 'Secure Some Wheels' 미션에 접근하기 위해서는 우선 'Blackmail A Car Dealer' 미션을 달성해야 한다. 'Steal A Truckload Of Slots'의 툴팁에서는 해당 미션을 완료함으로써 'My Casino' 화면에서 'Slots'을 살 수 있게 된다고 설명하고 있다. 그림 11.7에서 해당 트리 구조를 확인할 수 있다.

다양한 게임에서 수많은 트리가 존재한다. 다음과 같은 트리들을 쉽게 찾아볼 수 있다.

▲ 그림 11.7 〈마피아 워즈〉에서 북쪽 라스베이거스 지역을 해제하기 위해 필요한 에너지 패스 미션 트리

- 테크 트리
- 토너먼트 진행 순서
- 게임 옵션 메뉴 구조
- 마법, 특성 혹은 초능력의 추가 혹은 업그레이드
- 아이템을 연마하거나 만드는 데 필요한 스킬을 추가하고 업그레이드하는 트리
- 새로운 랭크, 타이틀, 트로피와 메달의 획득 순서를 보여주는 트리
- 연락 코드, 업그레이드와 파워업을 보여주는 트리
- 새로운 맵, 전장, 환경이나 레이스 코스 언락을 보여주는 트리
- 더 좋은 차량과 코스튬, 더 어려운 적을 보여주는 트리

각기 다른 메뉴 트리나 트리 경로들이 하나의 동일한 값이나 능력, 게임 요소에 의해 다양한 영향을 받을 수 있다는 것은 흥미로운 사실이다. 이런 값들을 입력해 영향을 받는 모든 경로를 확인할 필요가 있다. 예를 들어 〈전쟁의 새벽〉 게임 옵션에서 스커미시 모드의 값을 변경하면 동일한 값이 멀티플레이어, 랜, 온라인 그리고 다이렉트 호스트 모드에 적용된다.

테스트 트리 디자인

지금까지 게임의 진행이나 달성 과제와 관련된 다양한 측면에서 의도적으로 구조화된 경로와 패턴에 대해 알아봤다. 또 다른 관점에서 봤을 때 극단적으로 복잡해 보이는 기능들도 있다. 카드 배틀 게임을 예로 들어보자. 이런 종류의 게임에서 플레이어는 자신이 보유한 덱에서 게임의 룰에 맞게 카드를 조합해 사용한다. 일반적인 카드 배틀 게임에서는 상대방 플레이어나 상대방이 소환한 크리처(소환수나 플레이어)를 물리치거나, 이 둘 모두를 물리쳐야 승리할 수 있다. 카드에 따라 특별한 기능이 부여되거나 특정한 수치가 추가되는 경우도 있다. 또한 공격과 수비에 적합한 카드가 구별되어 있기도 한다. 수백 가지의 카드가 예상하지 못했던 방법으로 서로에게 영향을 미치게 된다. 여기서 다시 첫 번째 규칙을 상기하자. 절대 공황에 빠져서는 안 된다. 특별한 카드의 능력을 적절하게 테스트할 수 있는 테스트 트리를 디자인할 수 있으니 걱정할 필요 없다.

가장 인기 있는 CCG^{Collectible Card Game}의 하나인 〈매직: 더 개더링^{Magic: The Gathering}〉은 다양한 콘솔에서도 출시된 인기 있는 카드 게임이다. 〈매직: 더 개더링, 플레인스워커의 결투〉에는 쉽게 물리칠 수 없는 상대방을 한 턴으로 물리쳐야 하는 '챌린지' 모드가 포함되어 있다. 적절한 목적에 맞는 카드의 조합을 적절한 순서로 사용해야 승리를 거둘 수 있다.

〈매직: 더 개더링〉에서는 소환수를 소환하거나 주문과 능력을 강화하는 데 필요한 다양한 유형(레드, 블루, 그린, 화이트, 블랙 그리고 무색)의 에너지(마나)를 제공하는 카드들이 등장한다. 각 카드에 적합한 마나를 공급해야 마법을 연속적으로 사용하거나 한 턴 안에 더 많은 공격을 시도할 수 있다.

5번째 챌린지에서는 단지 2개의 생명 포인트를 가지고 릴리아나^{Liliana}를 물리쳐야 한다. 한 턴 안에 어떻게 13포인트 이상의 대미지를 입혀서 릴리아나를 물리쳐야 할지 그 답을 찾아야 한다. 6개의 카드와 5개의 소환수, 그리고 3개의 그린 마나(G)와 3개의 블랙 마나(B)를 갖고 있다고 가정하자. 카드와 그에 할당된 코스트는 다음과 같다.

오버런^{Overrun} : 2GGG

엘비시 챔피언 카드^{Elvish Champion} : 1GG

임피리우스 퍼펙트^{Imperious Perfect} : 2G

엘비시 워리어^{Elvish Warrior} : GG

엘비시 유로지스트^{Elvish Eulogist} : G

아이브라이트 엔딩^{Eyeblight's Ending} : 2B

사용 가능한 카드의 순서를 트리 구조로 나열하고, 각각의 선택이 다음 카드 선택에 어떤 영향을 미치는지 도식화한다. 이를 통해 어떤 시퀀스로 승리를 거둘 수 있는지, 패배할 수 있는지도 알 수 있게 된다. 좀 더 시각화된 포맷을 원한다면 스프레드시트를 사용해 이런 구조를 표현하고 각 게임 옵션, 플레이어의 선택, 그리고 그 선택의 결과가 어떠한지에 대한 관계를 도식화할 수 있을 것이다.

가장 비싼 카드를 사용하는 경로부터 설정해보자. 이를 통해 다음 카드를 선택하는 데 필요한 마나가 줄어들지만 가장 간단한 형태의 트리 브랜치를 하나 만들 수 있다. 이번 시나리오를 위해 가장 많은 코스트인 2GGG를 사용하는 오버런 카드부터 살펴보자. 2GGG는 3개의 그린 마나와 2개의 추가 마나(그린 마나를 포함하는)가 필요함을 의미한다. 이 카드를 사용하면 오직 1개의 블랙 마나만 남게 된다. 이 경우 그 어떤 카드도 더 이상 사용할 수 없게 된다. 이 카드를 사용해 공격을 수행하거나 혹은 다른 카드에 미치는 영향을 고려한다고 해도, 이 카드 하나만으로는 승리를 거둘 수 없다. 따라서 이 시나리오는 패배 경로에 속하게 된다. 표 11.2는 이 스프레드시트 형태로 표현한 테스트 트리의 브랜치다. 각 경로가 하나의 테스트 케이스를 의미한다. 숫자를 붙여서 이들 경로를 구별한다.

▼ 표 11.2 릴리아나 챌린지의 오버런 카드 브랜치

테스트	첫 번째 카드	비용	두 번째 카드	비용	결과
1	오버런(2GGG)	BGGG	N/A	N/A	패배

그다음 살펴볼 엘비시 챔피언 카드는 1GG, 즉 2개의 그린 마나와 하나의 추가 마나를 소모한다. 플레이어가 갖고 있는 모든 마나를 소모하지 않은 채로 턴을 마무리할 수 있기 때문에, 일부 테스트 케이스에서는 두 번째 카드를 사용하는 경우도 포함될 것이다. 또한 숫자 '1'은 종류와 상관없이 모든 사용 가능한 마나를 뜻하므로, 여기에 그린 마나가 사용됐을 경우와 블랙 마나가 사용됐을 경우를 구분해 서브 브랜치를 만들 필요가 있다. 각 경우를 통해 남아 있는 마나의 상황이 달라지며 이를 통해 어떤 카드를 뒤이어 사용할 수 있는

지에 대한 제약도 달라진다. 완성도 높은 테이블을 만들 수 있는 핵심은 이렇게 각 트리의 노드에서 사용되는 '비용'에 따라 달라질 수 있는 항목들이 충분히 고려돼야 한다는 것이다. 두 번째 사용되는 카드의 다양한 옵션을 표현하기 위해 서브 브랜치가 추가돼야 한다. 표 11.3의 엘비시 챔피언 브랜치를 참조하라. 이 테이블의 마지막 브랜치에서 BGGG 마나를 모두 소모한 이후에도 여전히 2개의 블랙 마나를 보유하고 있지만 남은 마나로 더 이상 운용할 수 있는 카드가 없다는 것에도 유의해야 한다.

▼ 표 11.3 릴리아나 챌린지의 엘비시 챔피어 카드 브랜치

테스트	첫 번째 카드	비용	두 번째 카드	비용	결과
2	엘비시 챔피언(1GG)	GGG	없음	N/A	패배
3			아이브라이트 엔딩(1BB)	BBB	패배
4		BGG	없음	N/A	패배
5			아이브라이트 엔딩(1BB)	BBG	패배
6			임피리우스 퍼펙트(2G)	BBG	패배
7			엘비시 유로지스트(G)	G	패배

때론 마나 같은 리소스가 문제를 해결하고 챌린지에서 승리하기 위해 특정한 방식으로 사용돼야 한다는 사실 자체가 플레이어들에게 알려지면 안 될 때도 있다. 갖고 있는 모든 리소스를 다 소비할 때만 달성 가능한 챌린지도 있을 수 있다. 이런 방식 자체가 버그는 아니지만 그로 인해 게임에 어떤 형태로든 부정적인 영향을 미칠 수 있다면 테스터의 입장에서 이를 지적할 수 있어야 한다. 즉, 리소스를 소모하는 단 하나의 방법만 존재한다면, 그것이 바로 존재할 수 있는 단 하나의 승리 방식이 되어버릴 것이다.

다음 브랜치에서는 임피리우스 퍼펙트 카드를 제일 처음 사용하는 경우를 다룬다. 이 카드를 사용하면 2G, 즉 1개의 그린 마나와 2개의 추가 마나가 소모된다. 챌린지에 주어진 마나의 양을 고려한다면 이 카드에 가능한 비용은 GGG, BGG, BBG가 된다. 특정 색깔의 마나가 얼마나 소모되느냐에 따라 고려해야 하는 숫자가 달라진다. 즉, 임피리우스 퍼펙트에 BGG를 소모하면 그다음으로 엘비시 챔피언 카드(1GG)를 사용할 수 없게 된다. 표 11.4는 임피리우스 퍼펙트 카드를 첫 카드로 사용했을 때 가능한 카드 플레이 시퀀스를 보여준다.

▼ 표 11.4 릴리아나 챌린지의 임피리우스 퍼펙트 카드 브랜치

테스트	첫 번째 카드	비용	두 번째 카드	비용	결과
8	임피리우스 퍼펙트(2G)	GGG	없음	N/A	패배
9			아이브라이트 엔딩(2B)	BBB	패배
10		BGG	없음	N/A	패배
11			아이브라이트 엔딩(2B)	BBG	패배
12			엘비시 유로지스트(G)	G	패배
13		BBG	없음	N/A	패배
14			아이브라이트 엔딩(2B)	BGG	패배
15			엘비시 챔피언 카드(1GG)	BGG	패배
16			엘비시 워리어(GG)	GG	패배
17			엘비시 유로지스트(G)	G	패배

이제 엘비시 워리어 카드 브랜치를 만들어보자. 이 카드는 단지 2개의 마나(GG)를 소모하므로, 마나 소모량에 따라 다르지만 2개보다 더 많은 카드를 사용할 수 있을 것이다. 엘비시 워리어 카드와 엘비시 유로지스트 카드를 함께 사용한다면, 아이브라이트 엔딩 카드를 사용할 수 있는 3개의 블랙 마나가 아직 남아 있는 상태. 따라서 테스트 트리에 '세 번째 카드' 노드를 추가해야 한다. 표 11.5는 2개의 승리 경로를 제공하는 엘비시 워리어 카드 브랜치를 보여준다.

▼ 표 11.5 릴리아나 챌린지의 엘비시 워리어 카드 브랜치

테스트	첫 번째 카드	비용	두 번째 카드	비용	세 번째 카드	비용	결과
18	엘비시 워리어 (GG)	GG	없음	N/A	N/A	N/A	패배
19			임피리우스 퍼펙트(2G)	BBG	N/A	N/A	패배
20			엘비시 유로지스트(G)	G	없음	N/A	패배
21					아이브라이트 엔딩(2B)	BBB	**승리**
22			아이브라이트 엔딩(2B)	BBG	N/A	N/A	패배

(이어짐)

테스트	첫 번째 카드	비용	두 번째 카드	비용	세 번째 카드	비용	결과
23				BBG	없음	N/A	패배
24					엘비시 유로지스트(G)	G	**승리**

챌린지에서 승리하기 위해 적절한 카드를 적절하게 사용해야 한다는 것을 항상 명심해야
한다. 아이브라이트 엔딩 카드를 사용하려면 상대방의 소환수 중 유일하게 플라잉 능력을
갖고 있는 나이트메어 카드를 지정(파괴)해야 한다. 엘비시 유로지스트 카드가 사용되면 임
머큘레이트 매지스트레이트^{Immaculate Magistrate} 카드를 반드시 탭해야 한다. 이 카드는 챌
린지가 시작될 때 이미 나와 있으며 엘븐 라이더스^{Elven Riders} 카드에 의해 대미지 총량을
늘이기 위해 사용될 수 있다. 나이트메어가 죽음으로써 엘븐 라이더스를 막을 수 없으며
따라서 공격을 수행했을 때 총 13포인트의 수비가 불가능한 대미지를 릴리아나에게 입힐
수 있는 것이다.

이제 2개의 브랜치가 남아 있다. 엘비시 유로지스트 카드는 그린 마나가 필요한 마지막 카
드이며, 표 11.6을 통해 2개의 승리 경로를 확인할 수 있다.

▼ 표 11.6 릴리아나 챌린지의 엘비시 유로지스트 카드 브랜치

테스트	첫 번째 카드	비용	두 번째 카드	비용	세 번째 카드	비용	결과
25	엘비시 유로지스트(G)	G	없음	N/A	N/A	N/A	패배
26			엘비시 워리어 (GG)	GG	N/A	N/A	패배
27					아이브라이트 엔딩 (2B)	BBB	**승리**
28			임피리우스 퍼펙트(2G)	BGG	N/A	N/A	패배
29				BBG	N/A	N/A	패배
30			아이브라이트 엔딩(2B)	BGG	N/A	N/A	패배
31				BBG	N/A	N/A	패배
32				BBB	N/A	N/A	패배
33					엘비시 워리어(GG)	GG	**승리**

마지막 트리에서는 아이브라이트 엔딩 카드가 가장 먼저 사용될 것이다. 이 카드로 인해 챌린지에서 가장 많은 테이블이 생성된다. 이번에는 아이브라이트 엔딩 카드에 3개의 블랙 마나(BBB)를 사용할 수 없으므로 2개의 승리 경로를 만들어낼 수 없다. 대신 2개의 블랙 마나와 1개의 그린 마나(BBG)를 사용하게 된다.

▼ 표 11.7 릴리아나 챌린지의 아이브라이트 엔딩 카드 브랜치

테스트	첫 번째 카드	비용	두 번째 카드	비용	세 번째 카드	비용	결과
34	아이브라이트 엔딩(2B)	BGG	없음	N/A	N/A	N/A	패배
35			엘비시 유로지스트(G)	G	N/A	N/A	패배
36		BBG	없음	N/A	N/A	N/A	패배
37			엘비시 챔피언 카드 (1GG)	BGG	N/A	N/A	패배
38			임피리우스 퍼펙트 (2G)	BGG	N/A	N/A	패배
39			엘비시 유로지스트(G)	G	N/A	N/A	패배
40		BBB	없음	N/A	N/A	N/A	패배
41			엘비시 챔피언 카드 (1GG)	GGG	N/A	N/A	패배
42			임피리우스 퍼펙트 (2G)	GGG	N/A	N/A	패배
43			엘비시 워리어(GG)	GG	N/A	N/A	패배
44					엘비시 유로지스트(G)	G	**승리***
45			엘비시 유로지스트(G)	G	N/A	N/A	패배
46					엘비시 워리어 (GG)	GG	**승리***

트리의 마지막 부분을 플레이하다 보면 아이브라이트 엔딩을 첫 번째 카드로 사용할 때 자연스럽게 BBG로 다음 마나가 선택된다는 것을 알 수 있다. 이 책을 쓰고 있는 현재, 게임 안에서 각 카드에 어떤 마나가 얼마나 사용되는지 명쾌하게 보여주는 메커니즘이 구현되지 않았으므로 BGG 혹은 BBG를 사용하는 테스트 브랜치가 수행되지 않을 수도 있고, 테

스트 44와 46에서 보이는 승리 경로까지 접근하지 못할 수도 있다. 따라서 아이브라이트 엔딩 카드를 먼저 사용한 플레이어는 곧 좌절하게 될 것이다.

플레이어들이 체험해보기 힘든 패배 경로도 존재한다. 플레이어들이 모든 경로를 탐험해 보기란 쉽지 않다. 예를 들어, 테스트 32와 33처럼 엘비시 유로지스트 카드를 사용하고 이 어서 아이브라이트 엔딩을 사용하게 되면 BBB를 사용하고 상대적으로 GBB를 사용할 기 회가 없어진다. 이는 곧 테스트 30과 31을 블록 처리하게 된다는 것을 의미한다. 이 경우 전체 테스트 트리에서 거의 반에 가까운 총 21개의 브랜치를 플레이할 수 없게 된다.

- 2, 3: 엘비시 챔피언에 GGG를 사용할 수 없음
- 8, 9: 임피리우스 퍼펙트에 GGG를 사용할 수 없음
- 13, 14, 15, 16, 17: 임피리우스 퍼펙트에 BBG를 사용할 수 없음
- 28: 임피리우스 퍼펙트에 BGG를 사용할 수 없음
- 30: 아이브라이트 엔딩에 BGG를 사용할 수 없음
- 31: 아이브라이트 엔딩에 BBG를 사용할 수 없음
- 34, 35: 아이브라이트 엔딩에 BGG를 사용할 수 없음
- 40~46: 아이브라이트 엔딩에 BBB를 사용할 수 없음

이 테스트는 아직도 디자인을 보완한 부분이 많이 남아 있다. AI가 업데이트되거나 플레이 어가 마나를 얼마나 사용했는지 명쾌하게 보여주는 기능이 구현되기 전까지는 명확하지 않은 부분과 블록 처리될 부분도 있을 것이다.

자, 지금까지 잘 버텨왔다. 트리 구조는 테스트 케이스를 조직화하고 이를 통해 게임 내 변 경사항에 맞추어 적합한 테스트를 선택할 수 있게 해준다. 트리 구조를 타고 내려갈수록 좀 더 특정한 목적의 테스트를 수행할 수 있고 상위 노드에 비해 좀 더 특정한 영역에 집중 할 수 있게 해준다. 또한 게임 기능과 요소 간의 트리 구조 관계를 테스트에 반영할 수도 있다. 테스트 트리의 처음부터 각 브랜치를 거쳐 더 이상의 이동이나 결정, 선택이 없는 마 지막 단계까지 산출 가능한 다양한 경로에 부여된 값을 테스트함으로써 각 트리 구조의 기 능들이 정상적으로 동작하는지 검증할 수 있게 된다.

마지막으로, 테스트 트리를 통해 복잡한 게임의 특성이나 해결해야 할 문제에 대한 이해를 높일 수 있으며 복잡해 보이는 기능에 질서를 부여할 수 있게 된다. 게임 내 법칙이나 옵션, 요소와 기능들의 상호관계를 탐색해야 할 때 테스트 트리가 중요한 역할을 수행할 수 있을 것이다. 잘 구성된 트리란 마지막 노드에 이를 때까지 기능을 점진적으로 분해하는 것이며, 테스트를 수행하는 것과 동시에 특정한 액션이 수행돼야 한다는 것을 의미한다. 게임 내의 제약 요소로 인해 수행되지 못하는 브랜치가 있다는 것과 이를 잘라내야 한다는 것도 잊어서는 안 된다.

연습문제

1. 그림 11.2의 테스트 트리에서 오크 종족의 '빅슈타' 무기 사운드 효과에서 발견된 버그가 수정됐다면 어떤 테스트 브랜치를 다시 수행해야 하는가?

2. 〈전쟁의 새벽〉에는 랜, 온라인, 다이렉트 호스트, 다이렉트 조인이라는 네 가지의 멀티 플레이어 게임 모드가 존재한다. 스커미시 모드에는 맵, 플레이어의 숫자, 종족, 게임 옵션 그리고 승리 조건이 적용 가능하며, 스커미시 모드는 랜과 다이렉트 호스트 멀티 플레이어 모드에 적용이 가능하다. 이런 추가된 조건을 그림 11.2에 어떻게 적용할 수 있는지를 설명해보라.

3. 페이스북 게임인 〈마법학교The School of Wizardry〉의 수업과 아이템 간 관계를 표현하는 테스트 트리를 작성해보자.

   a. '당신이 지니고 있는 마법사의 능력을 발견하라'라는 수업을 들어서 무장해제 마법을 찾을 수 있다.

   b. '당신만의 지팡이를 획득하라'라는 수업을 듣기 위해서는 무장해제 마법을 쓸 수 있어야 하며, 이 수업을 통해 플래시라이트 참Flashlight Charm을 얻을 수 있다.

   c. '마법을 가르치지 않는 학교의 첫날' 수업은 1개의 플래시라이트 참이 필요하며, 임피딩 참Impeding Charm을 제공한다.

   d. '엉클 모티머와 첫 마법 수업: 공중부양' 수업은 1개의 임피딩 참이 필요하며, 이 수업을 통해 혼란 주문을 얻을 수 있다.

    e. '마술의 역사 연구' 수업을 듣기 위해서는 2개의 혼란 주문이 필요하며, 캐스트 플레임 참^{Cast Flame Charm}을 얻을 수 있다.

    f. '아저씨와 물약 연구' 수업은 2개의 무장해제 주문이 필요하다.

    g. '미지의 숲에 있는 끝나지 않는 길에서 탈출하기' 수업은 3개의 캐스트 플레임 참이 필요하다.

    h. '집으로 안전하게 돌아가기' 수업은 5개의 캐스트 플레임 참을 필요로 한다.

4. 임피리우스 퍼펙트 카드를 사용하는 데 원래 2G 대신 1GG가 소모된다고 가정하고 '릴리아나 챌린지' 테스트 트리를 수정해보자. 이 책과 함께 제공되는 자료의 11장 폴더에 포함된 스프레드시트를 복사해 편집해보라.

CHAPTER 12

애드혹 테스트와
게임 플레이 테스트

- 자유 테스트
- 지향 테스트
- 게임 플레이 테스트
- 외부 테스트

이 책의 많은 부분이 체계적이고 구조적으로 게임을 테스트하는 방법을 다루고 있지만 이번에는 이보다 더 혼란스럽고 덜 구조적인 방법, 하지만 그렇다고 절대 덜 중요한 것은 아닌 기법들을 다루고자 한다.

애드혹 테스트^{ad hoc test}는 좀 더 쉽게 접근할 수 있는 기법으로 알려져 있다. 애드혹 테스트는 앞서 살펴본 기법들에 비해 덜 구조적이며 좀 더 직관적인 방법을 통해 결함을 찾아내는 데 초점을 맞추고 있다. 게임 플레이 테스트^{gameplay test}는 주관적인 밸런스나 난이도, 그리고 한마디로 정의하기 힘든 '재미 요소^{fun factor}'를 테스트하기 위해 게임을 플레이하는 것을 말한다.

CHAPTER 12 애드혹 테스트와 게임 플레이 테스트 325

애드혹 테스트

애드혹^{ad hoc}은 라틴어로 '특정한 목적을 위해'라고 번역할 수 있다. 따라서 애드혹 테스트를 말 그대로의 의미로만 해석한다면 특정한 질문에 바로 대답하기 위해 수행되는 단일 테스트라고 할 수 있다.

꼼꼼하게 테스트 계획을 세우고 그에 맞게 테스트를 디자인하고, 테스트 스위트를 복잡하게 만들고 다른 테스트 리드나 프로젝트 관리자가 이를 리뷰하더라도 반드시 놓치는 결함이 있기 마련이다.

애드혹 테스트를 통해 구조화된 테스트 스위트를 수행하면서도 한 사람의 플레이어로서 잠재적 혹은 무의식적으로 선택할 수 있는 게임의 경로를 탐색할 수 있다. 매일 똑같은 테스트를 반복하면서 '이렇게 하면 어떤 일이 벌어질까?'라는 생각을 한 번쯤 해봤을 것이다.

애드혹 테스트는 이런 질문에 답할 수 있는 기회를 마련해준다. 마치 미로를 탐험하는 것처럼 게임을 탐험할 수 있는 최적의 기회를 제공해주는 것이다.

애드혹 테스트에는 크게 두 가지 종류가 있다. 첫 번째는 자유 테스트^{free test}라고 부르는 것으로, 전문적인 게임 테스터가 스크립트 기반으로 테스트를 수행하는 것이 아니라 즉흥적으로 테스트를 수행하는 것이다. 두 번째는 지향 테스트^{directed test}로, 특정한 문제를 해결하거나 특정한 해결 방법을 찾기 위해 수행된다.

우뇌에서 시작되는 자유 테스트

자유 테스트는 좀 더 직관적이고 상대적으로 덜 구조적인 테스트이기 때문에, '우뇌 테스트^{right-brain test}'라고 부르기도 한다. 노벨 생리의학상 수상자인 로저 스페리^{Roger W. Sperry}는 인간의 좌뇌와 우뇌가 정보를 처리하는 방식이 다르다고 주장했다. 좌뇌는 좀 더 논리적이고 수학적이며 구조적인 사고를 수행한다. 반면 우뇌는 좀 더 직관적이고 창의적이며, 주로 감정과 느낌을 처리한다. 또한 우뇌는 심리적인 복잡함과 혼란을 처리한다.

여기서 언급된 스페리의 주장, 특히 창의적인 사고에 관한 부분은 베티 에드워즈(Betty Edwards)가 쓴 『Drawing on the Right Side of the Brain』[Edwards 89]의 3장에 잘 정리되어 있다.

게임 산업이 성장하면서 게임 디자인에 있어서 '좀 더 크고, 좀 더 좋아 보이고, 그리고 좀 더 많은' 것을 지향하는 분위기가 거세지고 있다. 더 많은 기능과 콘텐츠가 추가되고, 사용자가 커스터마이징할 수 있는 부분이 늘어나고, 장르의 구별이 모호해지면서 게임은 점점 더 복잡해지고 있다. 이런 상황에서 테스터들은 애드혹 테스트를 활용해 때론 지나치게 복잡해 보이는 게임을 적절하게 탐험할 수 있게 되는 것이다.

테스터는 애드혹 테스트를 통해 한 사람의 게임 플레이어로서 게임을 즐기는 방식을 그대로 활용해 테스트를 수행할 수 있다. 당신은 어떤 유형의 게이머인가? 모든 레벨의 모든 챌린지를 완수하고 잠겨 있는 모든 아이템을 획득하는 것을 좋아하는가? 돌격하거나, 혹은 무언가를 짓는 것을 좋아하는가? 런닝 게임을 좋아하는가? 여유롭게 맵을 돌아다니며 이곳저곳을 둘러보는 유형인가? 애드혹 테스트를 통해 게임 자체를 살펴보면서 테스터가 선호하는 게이머의 유형에 맞추어 테스트를 수행할 수 있게 된다(플레이어의 유형에 대해 좀 더 자세하게 알고 싶다면 10장 '클린룸 테스트'를 참조하라).

신선한 시각

피로와 부주의, 그리고 무관심은 모두 테스트의 적이다. 똑같은 부분을 매일 반복적으로 수행하는 테스터들은 가장 큰 리스크를 갖고 있는 것과 같다. 짧지 않은 프로젝트 기간 동안 모든 사람은 하나의 환경이 변하게 되는 과정을 거칠 수밖에 없다. 테스터들은 그 누구보다 설맹snow blind [1] 상태에 빠지기 쉽다. 동일한 부분을 아주 오랫동안 보면, 이상한 부분이 나타나더라도 더 이상 이를 인식하지 못하게 되는 것이다. 휴식을 취하지 않는 한 이런 상황을 벗어나기는 힘들다.

---

[1]   태양이 비치는 설원을 오랫동안 보고 있을 때 나타나는 증상으로, 눈이 부시고 아파 눈물이 나오고 눈을 뜰 수 없게 된다. 심할 경우 시력이 저하되고 시야의 중심이 어둡고 희미하게 보이는 증상을 초래한다. http://terms.naver.com/entry.nhn?docId=1112217&cid=40942&categoryId=32795 – 옮긴이

애드혹 테스트는 테스터로서 책임져야 하는 업무 영역을 넘어서 다양한 게임 모드와 기능을 탐험해보게 한다. 프로젝트의 관리 방식에 따라 다르지만 대부분의 테스터들은 특정한 영역이나 모드, 기능, 혹은 게임 콘텐츠의 일부를 자신의 업무 영역으로 할당받았을 것이다. 전달되는 모든 빌드에 대해 이 영역을 커버하는 테스트 스위트를 수행해야 하는 것이다. 애드혹 테스트는 이런 개인의 업무 영역을 넘어설 수 있게 만든다. 즉, 특별한 가이드 없이도 다른 사람이 맡은 영역을 테스트하게 해주는 것이다.

애드혹 테스트에는 다음과 같은 내용이 포함될 수 있다.

- 멀티플레이를 담당한 팀원들에게 싱글 플레이 캠페인을 플레이하게 한다.
- 캠페인 담당 테스터에게 스커미시 모드나 멀티플레이 모드를 플레이하게 한다.
- 설정/호환성/설치 담당 테스터를 멀티플레이 팀에 배치한다.
- 다른 프로젝트에서 일하고 있는 테스터를 데려와 당신이 테스트하는 게임을 하루 종일(혹은 하루 중 일부 시간을 투자해) 테스트하게 한다.
- 같은 회사에서 테스트가 아닌 다른 업무를 수행하는 동료를 데려와 게임 플레이를 하게 한다(이 장 뒷부분의 '게임 플레이 테스트' 절을 참조하라).

글상자 [누가 헤드라이트를 켜는가?]는 이런 관점에서 바라본 이야기다.

누가 헤드라이트를 켜는가?

다국적 게임 퍼블리셔들은 각 지역의 테스트 담당자들이 담당한 테스트 빌드를 각기 다른 테스트 조직으로 보내 애드혹 테스트를 수행하고 빌드에 이상이 없는지 체크하기도 한다.

한 테스트 매니저가 다른 스튜디오에서 배포한 F1 레이싱 게임의 최신 빌드를 받아 테스터 2명에게 보냈다. 이 테스터들이 빌드를 받자마자 다음과 같이 피드백을 보내자 그 매니저는 놀랄 수밖에 없었다. "벌써 크래시가 났습니다!" 그들은 자랑스럽게 이를 보고했다.

"어떻게?" 매니저가 소리쳤다. "메인 메뉴를 제대로 테스트할 시간도 없었을 텐데?"

"헤드라이트를 켰거든요!"

누구나 예상할 수 있듯이 F1 레이싱 게임에서 디폴트 시간은 '주간'으로 설정되어 있다. 이 2명의 테스터들은 이 상태에서 경주를 시작하면서 단지 '무슨 일이 벌어지는지 보기 위해' 헤드라이트를 켜봤던 것이다. 그 즉시 게임에서 크래시가 발생했다.

두말할 필요 없이 경험 있는 현명한 테스트 리드라면 이렇게 상식에 벗어나는 조합(시간 = 주간, 헤드라이트 = 켬)을 조합 테이블에 추가할 것이다.

애드혹 테스트를 수행함으로써 게임 안의 다양한 부분에서 간과됐던 이슈들을 찾을 수 있는 신선한 시각을 가질 수 있게 된다. 또한 테스트 계획이나 조합 테이블, 테스트 플로우 다이어그램에서 어떤 부분이 누락됐는지 조기에 쉽고 빠르게 찾아줄 것이다.

 '신선한 시각'을 제공한다는 개념은 구조화된 테스트에도 적용이 가능하다. 주기적으로 담당하는 특정한 테스트 스위트를 바꾸는 것이 현명하다. 빌드가 전달될 때마다 테스트들의 담당 부분을 바꾸는 것도 추천한다.

질서를 부여하는 지향 테스트

애드혹 테스트는 기본적으로 구조화된 테스트를 보완하는 입장에 있지만 그렇다고 완전하게 이를 대체할 수 있는 것은 아니다. 자신이 어떤 부분을 담당하고 있든지 상관없이, 그리고 싱글 플레이 게임을 하면서 단지 무슨 일이 일어나는지 알아보기 위해 테스트를 수행하더라도 반드시 모든 테스트는 문서화돼야 한다. 수행되는 모든 테스트는 그 자체로 충분히 가치가 있기 때문이다.

목표를 설정하고 부여하라

모든 일을 시작하기 전에 반드시 목표를 설정해야 한다. 복잡할 필요도 없고(그래서도 안 된다) 앞서 살펴본 테스트 케이스나 테스트 스위트처럼 자세할 필요도 없다. 테스터들은 업무의 지향점이 어디인지 알아야 하며, 이를 파악하기 위해 시간을 허비해서도 안 된다. 테스트를 목적으로 게임을 실행하기 전에 그 테스트의 목적이 무엇인지 간단하게 작성해놓을 필요가 있다.

 목표 달성 여부는 부차적인 문제다. 목표를 달성하려고 노력하는 과정에서 의도하지 않았던 결함을 찾아낸다면 그것만으로도 훌륭한 결과라고 할 수 있다. 이야말로 자유 테스트를 수행하는 의미라고 할 수 있다.

목표는 아주 간단한 대신 명확해야 한다. 몇 가지 예를 들어보자.

- 오직 3점슛으로만 게임을 진행할 수 있는가?
- 내 기지에 지을 수 있는 포탑의 개수에 제한이 있는가?
- 미션 브리핑 때 선택했던 전략을 변경하고 수정된 전략으로 승리를 거둘 수 있는가?
- 게임 맵에서 캐릭터가 끼는 곳이 있는가?
- 특정한 아이템을 한 번 이상 구매할 수 있는가?

테스트를 시작하기 전에 참가한 모든 테스터가 왜 이 테스트를 수행해야 하는지 인지하게 해야 한다. 멀티플레이 테스트를 수행하는 과정이 단지 서로가 서로를 죽이려고 이리저리 뛰어다니는 것처럼 보일지라도, 상호 간의 커뮤니케이션과 조직적인 업무 수행, 그리고 협동을 통해서만 성공적으로 수행될 수 있다. 1명의 테스터가 특정한 결과를 얻기 위해 다른 테스터들이 조작하는 모든 캐릭터를 몰살하는 경우도 발생하는데, 이는 현실에서는 흔치 않은 일이다. 만약 한 테스터가 테스트의 목적을 망각했다면 그 사람에게 할당된 시간뿐만 아니라 다른 테스터들에게도 주어진 시간을 모두 합한 만큼의 시간을 허비한 것이다. 당신이 속한 팀이 이런 함정에 빠지게 놔둬서는 안 된다.

 테스트 경력을 언급할 필요가 있을 때 어떤 게임을 '플레이했다'라는 말은 가급적 사용하지 않는 게 좋다. '플레이'라는 말 대신 '테스트'라는 단어를 사용함으로써 QA 부서가 '단지 온종일 게임만 한다'라는 인식을 고칠 수 있을 것이다. 또한 이는 테스터 스스로에게 테스터가 하는 일이 어떤 것인지에 대한 인식도 바꿔줄 수 있다. 처음 게임을 접하는 경우에는 게임을 '플레이'하는 것이 맞다. 하지만 똑같은 부분을 40번째 플레이하고 있다면 당신은 테스터로서 '일'을 하고 있는 것이다.

기록하지 않으면 테스트가 아니다

게임을 테스트하는 동안 반드시 지속적으로 기록을 남겨야 한다. 〈문명Civilization〉 시리즈로 유명한 게임 디자이너인 시드 마이어Sid Meier는 "훌륭한 게임은 '흥미로운 선택'을 통해 만들어진다."라고 말했다. 어떤 경로를 선택하고, 어떤 무기를 장비하고, 어떤 작전을 선택했는지와 같은 내용이 꼼꼼하고 명확한 방식으로 기록돼야 한다. 이를 통해 우연하게 결함이 발견됐을 때 이를 재현할 수 있는 방법을 쉽게 찾아낼 수 있다.

연속기를 쓰다가 문제가 발생한다면 그 과정을 문서화하기 힘들 것이다. 이런 경우 가장 필요한 테스트 도구는 동영상을 녹화할 수 있는 도구다. 테스트 환경을 설정할 때 목표한 하드웨어에서 구동되는 게임의 성능에 최소한의 영향을 미칠 수 있는 동영상 녹화 도구를 선택해야 한다. 엑스박스 원이나 PS4의 경우 자체적으로 동영상이나 스크린샷을 캡처할 수 있는 도구를 지원하고 있지만 이들을 전문적인 테스트에 사용하기에는 한계가 존재한다. 게임 안에서 수행되는 모든 동작을 하나하나 캡처해야 하는 경우도 드물지 않게 발생한다. 테스트 대상이 되는 플랫폼에 따라 동영상 녹화를 위해 게임 콘솔과 모니터 사이에 추가 장비를 설치해야 하는 경우도 있다. 태블릿이나 스마트폰을 테스트할 때는 삼각대에 비디오 카메라를 설치해 녹화하는 경우도 필요하다.

PC 게임은 반디캠(www.bandicam.com), 프랩스(www.fraps.com), 캠타시아(www.techsmith.com/camtasia/) 같은 서드 파티 도구를 사용할 수도 있다. 비디오 캡처 소프트웨어를 사용할 경우 게임과 함께 구동하는 동안 시스템 리소스가 좀 더 많이 소비된다는 단점이 있다. 이로 인해 비디오 캡처 시스템을 동시에 구동하지 않을 때는 발견되지 않았던 결함이 발견되거나, 게임의 성능이 떨어지기도 한다. 테스트 계획을 수립할 때 리드 테스터는 하드웨어/소프트웨어 엔지니어와 함께 부정 오류$^{false\ defect}$를 유발하지 않도록 최대한 코드에 영향을 미치지 않는 솔루션을 찾아야 한다.

테스트를 영상이나 스크린샷으로 저장하는 것에 지나치게 의존해서는 안 된다. 아울러 이런 작업이 약삭빠르게 업무를 진행하는 것처럼 보여서도 안 된다. 동영상 캡처 도구는 단지 테스트를 원활하게 진행하기 위해 사용하는 도구이며, 결함을 보고하기 위해 마지막으로 사용할 수 있는 하나의 도구일 뿐이다. 다음 가이드를 참조해 동영상 캡처 도구를 활용해보자.

1. 게임을 시작하기 전에 녹화를 시작하거나 소프트웨어의 '녹화' 버튼을 눌러라(생각보다 잊기 쉽다).

2. 재현할 수 없는 결함을 발견했을 때 이 과정을 다시 재생하고 해당 부분을 연구해보라. 문제가 발생한 부분을 동료 테스터와 테스트 리드에게 보여주고 해당 버그의 원인에 대해 토론해보라. 비슷한 환경에서 동일한 증상을 경험한 사람이 있는지 확인해보라.

3. 만약 확실히 결함을 재현할 수 없다면 해당 비디오 파일의 복제본을 결함 리포트에 파일로 첨부하라. 이를 개발자에게 이메일을 통해 전달할 수도 있고 추후에 참고하기 위해 프로젝트 폴더에 저장해놓을 수도 있다.

4. 비디오 캡처 파일의 용량은 금새 급격하게 늘어날 것이다. 이런 경우 PC의 로컬 하드 드라이브에 파일을 저장하는 대신 네트워크 백업을 활용하기를 권장한다.

자유 테스트는 명확한 목적이 있어야 한다. 완료된 테스트는 동영상 같은 수단을 통해 작업 내용을 구체적으로 설명할 수 있어야 하며 명확하고 간결한, 그리고 재현 가능한 결함 리포트 같은 문서로도 표현돼야 한다. 이런 작업들은 그 자체로도 충분한 가치를 지니고 있다. 다음 항목들은 자유 테스트를 수행하면서 흔히 저지르기 쉬운 실수들이다.

- 멀티플레이 게임에서 다른 테스터들과 경쟁하기. 개인적인 점수나 승리, 패배가 중요한 것이 아니다. 양질의 제품을 만들어내는 것이 중요하다.
- 싱글 플레이 게임에서 AI(혹은 플레이어 자신)와 겨루기
- 너무 많은 시간을 들여 실제 제품에는 포함되지도 않는 기능 테스트하기. 테스트를 위해 마련된 특정한 모드나 기능은 당연히 출시되는 게임에는 포함되지 않을 것이다. 자유 테스트의 범위를 현실적으로 설정해야 한다.
- 게임에서 가장 인기 있는 기능 테스트하기. 테스트 리드, 동료들과 자주 커뮤니케이션하며 어떤 영역과 특성, 그리고 모드들이 이미 커버됐는지 늘 확인하고 스스로 무엇을 담당해야 하는지 알아내야 한다. 게임에서 '탐험되지 않은 미지의 영역'에 시간을 쏟아부어야 한다.
- 너무 많은 시간을 들여 자주 사용되지 않는 기능과 특성 테스트하기. 몇 시간씩 RTS의 맵 에디터를 사용해 맵의 구석구석을 돌아보는 일들이 여기에 속한다. 하지만 단지 15%의 사용자만이 맵 에디터를 통해 맵을 돌아보며, 5% 이하의 사용자만이 새롭게 맵을 만들어본다. 물론 이런 성향의 플레이어들도 게임을 통해 좋은 경험을 얻어야 한다. 하지만 85%의 플레이어들에게 이 작업이 리스크가 된다면 굳이 그 많은 시간을 여기에 뺏길 필요가 없다.

집단사고를 피하라

애드혹 테스트는 테스터들 각각의 직감과 취향, 의견에 기반해서 수행되므로 테스트 관리자들은 테스터들이 자유롭게 생각할 수 있도록 환경을 조성해줘야 한다. 게임 플레이어들은 절대 하나의 특징, 하나의 그룹으로 분류될 수 없다. 마찬가지로, 테스트 조직도 하나의 특징으로 정의할 수 없다. 스스로를 하드코어 플레이어로 정의한 사람들로만 테스트 그룹을 구성한다면 모든 버그를 찾아낼 수도 없을뿐더러, 최고의 제품을 배포할 수도 없을 것이다.

사회심리학자인 어빙 재니스^{Irving Janis}는 어떤 압력하에 있는 집단이 종종 '정신적 효율성, 현실 적합성 그리고 도덕적 판단'이 결여되어 잘못된 결정과 행동을 하는 것을 집단사고^{groupthink}라고 정의했다[Janis 82]. 집단사고의 대표적인 양상은 자기 검열을 강화하는 것이다. 이 집단에 속한 개인은 비판받거나 외면받을 수 있다는 두려움에 의심이나 반대의 의견을 내지 않는다. 이는 게임 테스트에도 동일하게 적용이 가능하다. 게임 테스터로 일하기를 열망하는 사람들은 대개 20대 초반의 남자들이며, 이들은 아직 또래 집단의 사고방식을 그대로 따르려는 양상을 강하게 보이고 있기 때문이다(집단사고에 관해 좀 더 알고자 한다면 『Groupthink: Psychological Studies of Policy Decisions and Fiascoes』(2판)[Janis 82]를 참조하라).

 하드코어 플레이어를 하드코어 테스터로 만들어라. 하드코어하게 게임을 하는 것은 하드코어하게 테스트를 하는 것과 다르다. '하드코어' 게이머라고 부르는 사람들은 어느 정도 자기 학대 성향을 보인다. 이들은 게임이 배포되기 전부터도 게임 정보를 파악하기 위해 수많은 시간을 아낌없이 쏟아붓는다. 이들은 출시 당일 접속조차 힘든 서버를 기쁜 마음으로 견뎌낸다. 또한 패치도 기꺼운 마음으로 내려받는다. 이 책에서 설명한 기법을 동원해 하드코어 플레이어들이 버그 픽스 패치를 규칙이 아닌 예외로 받아들이도록 만들어야 한다. 필요한 것은 세심한 테스트 계획과 디자인, 그리고 수행뿐이다.

테스트 팀에서 다음과 같은 말을 자주 들을 것이다.

- "모두가 광대역 인터넷을 사용하잖아요. 그러니까 우리도 모뎀 플레이를 테스트할 필요가 없죠."
- "아무도 그 팀을 좋아하지 않아요. 테스트할 때 그 팀으로 플레이하지 않을 거에요."

- "모두 〈스타크래프트〉를 해봤으니 우리가 만드는 RTS에서 튜토리얼을 해보지는 않을 거에요."
- "깃발 뺏기 모드를 좋아하는 사람이 어디 있어요. 거기에 시간 뺏길 이유가 없어요."
- "아무도 근접 무기를 사용하지 않아요. 그러니 테스트에는 총만 사용할게요."

 테스터로서, 혹은 테스트 관리자로서 자신이 속한 테스트 팀이 어떤 것을 선호하고 어떤 것에 짜증을 내는지 잘 알아둘 필요가 있다. 다양한 관점에서 이러한 것들을 논의하고 각기 다른 의견과 방법을 존중하는 분위기를 만들 필요가 있다. 다양한 플레이 스타일을 권장하고 이들을 수용해야 한다. 스포츠 게임을 좋아하는 사람, 캐주얼 게임을 좋아하는 사람, 심지어는 게임을 좋아하지 않는 사람도 팀에는 필요하다. 테스트 팀에 다양성은 필수적이다.

수사 테스트

이번에 알아볼 애드혹 테스트의 카테고리는 지향 테스트다. 아마 이 방법을 가장 잘 설명할 수 있는 단어는 '수사 테스트^{detective test}'일 것이다. 무언가를 조사한다는 이 기법의 본질을 가장 잘 설명하고 있는 단어라고 할 수 있다. 지향 테스트에서 제기되는 가장 간단한 질문들은 다음과 같이 아주 구체적이다.

- 새로운 컴파일이 제대로 동작하는가?
- 모든 캐릭터를 사용할 수 있는가?
- 컷신을 건너뛸 수 있는가?
- 여전히 게임 세이브가 되지 않는가?

테스터가 재현하기 힘든 결함을 발견했을 때 좀 더 복잡한 형태의 지향 테스트가 수행돼야 한다. 테스터가 게임이 종료되는 문제를 발견했지만 어떻게 이런 증상이 발생했는지 모른다고 가정하자. 이를 살인 사건의 수사에 비유하자면, 테스터 스스로 사체(버그)를 발견하고 주변에서 목격자(테스터 자신)까지 발견한 경우와 마찬가지일 것이다. 하지만 살인 사건과는 다르게 테스트의 핵심은 '누가 했는가'가 아니다. 사건의 가해자는 코드 내에 존재하는 결함이다. 테스트의 핵심은 '어떻게 이런 일이 일어났는가?'이다.

지향 테스트는 일반적으로 한 명 혹은 여러 명의 테스터가 게임에서 '랜덤하게' 크래시가 발생한다고 보고했을 때 시작된다. 이런 크래시로 인해 테스트 스위트의 수행 자체가 지연되고, 크래시가 발생할 때마다 애플리케이션을 다시 시작하는 데 상당한 시간이 소모되므로 매우 곤혹스러운 상황이 아닐 수 없다. 특히 프로젝트 후반부에 불안정한 코드로 인해 이런 상황이 생긴다면 엄청난 스트레스를 받는 상황임은 불 보듯 뻔하다. 자, 여기서 또 첫 번째 원칙인 '공황에 빠지지 마라!'를 떠올리자. 침착하게 다음과 같이 사건에 대한 수사를 시작해보자. '랜덤하게' 발생한 크래시가 단지 한 번 저질러진 우발적인 단독 범죄인가, 아니면 '연쇄 살인마'의 작품인가?

 '랜덤' 크래시는 말 그대로 랜덤하게 발생하는 것이다. 이런 종류의 버그를 다시 재현하려면 지향 테스트와 과학적인 분석 방법을 동원해 수행했던 테스트 경로상에 존재하는 불확실성을 확실히 제거해야 한다. 재현 방법을 알아내야만 개발 팀에게도 버그를 수정하라고 요청할 수 있을 것이다.[2]

재현사[3]가 되는 방법

버그 리포트에서 가장 중요한 정보 중 하나는 바로 재현율$^{rate\ of\ reproduction}$이다. 버그 추적 시스템에서 이 항목은 재현도^{frequency}, 발생률$^{occurrence\ rate}$ 등의 단어로 표현되기도 한다. 여러 단어가 쓰이기는 하지만 모두 같은 항목을 지칭한다.

 재현율은 버그 리포트에 설명된 단계를 따랐을 때, 누구나 결함을 재현할 수 있는 비율을 의미한다.

---

2 일반적인 블랙 박스 테스트에서는 여러 방법을 통해서도 재현 경로를 찾아내기 힘든 경우가 종종 발생한다. 이 경우 결함을 발생시키는 직접적인 원인이 코드상에 존재하고, 해당 코드가 아주 적은 확률로 구동되는 경우일 수도 있다. 개발 팀에게 코드 리뷰 등의 방법으로 해당 버그의 원인을 찾아보게 하는 것도 효율적이다. – 옮긴이

3 '재현사(再現師)'라는 단어의 번역은 내 개인적인 경험에 기반하고 있다. 처음 테스터로 재직했던 팀에 재현이 힘든 크리티컬한 결함을 쉽게 재현해주는 시니어 테스터가 있었는데, 다른 사람들이 재현하기 힘든 문제도 그 사람에게 설명해주면 쉽게 그 경로를 찾아 재현해줬다. 그는 어떤 테스터보다 해당 제품에 대한 풍부한 경험과 깊은 인사이트를 갖추고 있었다. 당시 개발 팀과 테스트 팀 모두가 그를 '재현사'라고 부르면서 존경과 애정을 표시했던 것에 기반해 원문의 'repro man'을 '재현사'로 번역했다. – 옮긴이

재현율은 일반적으로 '한 번만 발생함'에서부터 항상 발생하는 100%에 이르기까지 주로 백분율을 사용해 표현된다. 하지만 여기서 오해가 발생할 수 있다. 예를 들어, 자유 테스트 도중에 심각한 결함을 발견했다고 가정하자. 좀 더 깊은 조사를 거친 다음 이를 재현할 수 있는 경로를 발견했다. 한 번 더 이 단계를 수행해보니 결함이 다시 나타났다. 이 경우 당연히 버그 리포트에 100% 재현된다고 기록이 될 것이다. 두 번 재현 시도를 했고 두 번 모두 재현됐으니 일견 이 수치는 합리적이다. 하지만 실제 버그의 재현율이 50% 이하에 불과하지만 운이 좋아서 두 번 연속 재현된 경우일 수도 있다. 동전 던지기를 해서 두 번 연속 앞면이 나온 것과 같은 셈이다.

이러한 이유로 대부분의 QA 팀에서 시도한 횟수 대비 실제로 버그가 발생한 횟수를 기록하게 하고 있다(예를 들어, 10회 중 8회 발생). 이런 식으로 표현하는 것이 좀 더 실용적이며 정확하다. 테스트 리드나 프로젝트 매니저, 그리고 팀의 누구라도 이를 통해 얼마나 많은 테스트를 수행해야 버그가 발견될 수 있는지 가늠할 수 있게 된다. 버그를 발견하기 전에 얼마나 많은 양의 테스트를 수행했는지 솔직하게 기록해야 한다. 재현을 단 한 번 시도해본 다음에 크래시 버그 리포트에 '한 번만 발생함'이라고 기록하는 것이 바람직한가? 신뢰받는 테스터가 되고 싶다면 이런 습관을 아낌없이 버려야 한다.

반면 아무리 경력이 없는 신입 테스터가 재현을 할지라도 반복 수행할 필요도 없이 재현율이 100%인 버그도 존재한다. 게임 내 텍스트와 같이 주로 게임 에셋과 관련된 버그들은 확실히 재현율이 100%라고 생각해도 무방하다.

'누구나'라는 단어는 **재현율**을 정의하는 데 아주 중요한 항목이다. 만약 버그를 발견한 사람만 버그를 재현할 수 있다면, 버그 리포트는 그리 유용한 도구가 될 수 없다. 게임 테스트는 종종 그 사람만이 가진 스킬에 의존하는 경우가 많으며, 이렇듯 한 사람의 테스터만 재현할 수 있는 버그를 게임 안에서 마주치는 일이 흔하지는 않다. 특히 스포츠 게임이나 격투 게임, 플랫폼 게임[4]에서는 이런 경우가 드물다. 오히려 테스터들이 100% 재현할 수 있는 버그야말로 라이브 환경에서 플레이어들이 흔하게 겪을 수 있는 문제들이다. 가장 이상적인 경우는 중요한 버그가 발견될 때마다 테스터들이 협력해 다른 테스터들도 버그를

---

4 플랫폼(platform), 말 그대로 '발판'이 등장하는 게임으로, 게임 캐릭터가 발판과 발판 사이를 뛰어넘어가면서 진행하는 게임이다. 〈슈퍼마리오〉나 〈동키콩〉이 플랫폼 게임의 대표작이라고 할 수 있다. – 옮긴이

재현할 수 있도록 재현 경로를 찾는 데 집중하는 것이다.

시간과 인력의 제약으로 인해 이것이 불가능하다면 버그 재현 과정을 동영상으로 만들어 개발 팀에 전달해야 한다. 이조차도 쉽지 않다면 테스터가 직접 개발 팀을 방문해 버그가 일어나는 경우를 보여줘야 한다. 이 또한 비용과 시간이 소모되는 일이다. 누군가가 오고 가는 것 자체가 시간과 비용일 뿐만 아니라, 테스터가 일정 시간 일하는 장소를 떠나는 것 자체가 프로젝트에서는 비용으로 처리된다.

결론은 다음과 같다. 재현이 쉽게 될수록 버그를 고칠 확률 역시 높아진다. 따라서 스스로 재현사가 될 수 있도록 피나는 노력을 아끼지 말아야 할 것이다.

과학적인 방법

테스터들이 일하는 사무실을 흔히 랩^{lab}(연구소)이라고 부르는 것은 우연의 일치가 아니다. 테스트 업무를 수행할 때도 일반적인 연구소와 마찬가지로 무언가를 조사하고 탐험하는 과정에서 과학적인 방법을 사용하기 때문이다. 테스트에 사용되는 과학적인 방법은 다음과 같은 경로를 거친다.

1. 특정한 증상을 관찰한다.

2. 증상의 원인이 무엇인지에 대한 이론과 가설을 세운다.

3. 가설을 바탕으로 예측한다. '만약 이렇게 하면, 이 문제가 다시 발생할 것이다'와 같다.

4. 가설의 단계를 밟아가면서 예측을 검증한다.

5. 가설이 '참'임을 증명할 수 있을 때까지 3단계와 4단계를 반복한다.

이런 단계를 통해 지향 테스트에 짜임새 있는 체계를 만들 수 있다. PC 게임에서 재현이 꽤 까다로운 결함을 발견했다고 가정해보자. 이 결함을 일으키는 조건은 스크립트 불량일 수도 있고 맵의 지형에 끼인 캐릭터일 수도 있으며, 이로 인해 오디오가 갑자기 나오지 않거나, PC에 복구가 불가능한 크래시가 발생할 수도 있다. 이때 해야 할 일은 다음과 같다.

첫째, 기록하고 리뷰하라. 결함이 발생했을 때 바로 전 단계까지 어떤 일을 수행했는지 머리에 떠오르는 대로 적는다. 그 어떤 정보도 상관없다. 테스트 과정을 녹화했다면 그 동영상을 리뷰해보는 것도 좋은 방법이다. 크래시가 발생하기 바로 전에 무엇을 수행했는지가 가장 중요하다.

둘째, 모든 정보를 검토하고 이를 통해 어떤 조합 혹은 입력값의 순서가 크래시를 유발했는지 논리적으로 유추하라. 단계를 다시 수행하기 전에 결함의 원인이 무엇인지 가정해야 한다. 크래시를 유발한 것으로 의심되는 입력값과 경로를 기록하라.

셋째, 앞서 기록한 단계를 만족할 수 있을 때까지 반복해서 검토하라. 이를 반복했을 때 결함이 재현될 수 있어야 한다.

넷째, 테스트 디바이스를 리부팅하고 게임을 다시 시작해 재현 단계를 밟아간다. 이 과정에서 크래시가 다시 발생했다면 훌륭하게 마무리된 것이다.

다섯째, 좀 더 자세히 써보라. 만약 버그를 재현하지 못했다면 경로에서 한 부분(오직 한 부분만)을 변경해보라. 그리고 다시 단계를 밟아가라. 이 과정을 버그가 다시 재현될 때까지 반복한다.

아무 도움 없이 이 모든 과정을 수행한다면 아주 오랜 시간이 걸릴 것이다. 문제가 발생했을 때 테스트 리드와 동료 테스터들에게 바로 도움을 청해야 한다. 정보를 더 많이 공유할수록, 브레인스토밍을 더 많이 할수록, 의심스런 경로를 더 많이 제거해나갈수록 버그의 실체에 더 빨리 접근할 수 있을 것이다.

게임 플레이 테스트

게임 플레이 테스트(혹은 플레이 테스트)는 이 장에서 지금까지 살펴본 테스트와는 완전히 다른 개념의 테스트다. 이 장의 앞부분에서 화두가 됐던 것은 게임 테스트에서 가장 중요한 질문, 즉 '게임이 동작하는가?'와 관련이 있는 부분이었다. 플레이 테스트를 통해 살펴볼 부분은 이와는 약간 다르지만 어떤 측면에서는 좀 더 중요한 질문일 수도 있다. 바로 '게임이 '잘' 동작하는가?'이다.

두 질문의 차이는 명백하다. '잘'이라는 단어는 사실 한마디 말보다 더 큰 의미를 내포하고 있다. 첫 번째 질문에 대한 답은 오직 두 가지, '예' 혹은 '아니요'로 답할 수밖에 없다. 두 번째 질문에 대한 답은 그 본질적인 특성상 양자택일로 이뤄질 수 없다. 이 질문은 더 많은 다른 질문으로 이어진다.

> 게임이 너무 쉬운가?
>
> 게임이 너무 어려운가?
>
> 게임이 배우기 쉬운가?
>
> 컨트롤은 직관적인가?
>
> 인터페이스가 조작하기에 명확하고 쉬운가?

그리고 가장 중요한 질문은 다음과 같다.

> 게임이 재미있는가?

지금까지 다뤄왔던 게임 테스트 기법과는 다르게, 게임 플레이 테스트는 사실이 아닌 판단과 관련된 문제다. 테스터에게는 가장 어려운 테스트 중의 하나가 될 것이다.

밸런싱 문제

밸런스는 게임 디자인에서도 가시적으로 표현하기 어려운 부분 중 하나이지만 가장 중요한 부분이기도 하다. 밸런스는 일반적으로 상반될 수밖에 없는 다양한 목표의 균형을 맞추는 것이 관건이다.

- 도전하기, 하지만 좌절하지 않기
- 쉽게 접근할 수 있지만 머물러 살펴볼 정도로 깊이가 있을 것
- 배우기 간단하지만 그 자체가 간단하지는 않을 것
- 복잡하지만 이해하기 어렵지는 않을 것
- 충분히 길 것, 하지만 너무 시간을 소모하지는 않을 것

밸런스는 또한 게임 안에서 경쟁 관계의 유닛들이 이루는 상성과도 관련이 있다.

- 돌격형 전사 vs. 원거리 전사
- 로그^{rogue} vs. 워록^{warlock}
- 스나이퍼 라이플 vs. 로켓 런처
- 코버넌트^{The Covenant} 5 vs. 인류
- 켄^{Ken} vs. 류^{Ryu}
- 플랜츠^{Plants} vs. 좀비^{Zombies}

프로젝트 라이프 사이클에서 언제라도 개발 팀 혹은 프로젝트 관리자가 테스트 팀에게 밸런스 테스트를 요청할 수도 있다.

 최소한 알파 테스트가 진행되기 전까지는 밸런스와 관련된 중요한 제안은 하지 않는 것이 좋다. 아직 핵심 시스템이 구현되지 않은 상태라면 그 어떤 것도 의미 있는 의견이 되기 쉽지 않다.

게임 플레이 테스트 준비가 완료되면 여타 결함 보고서와 마찬가지로 구체적이고 자세하게, 그리고 체계적인 방법으로 피드백을 주는 것이 중요하다. 밸런스 이슈를 일반적인 버그와 마찬가지로 간주해 동일한 버그 데이터베이스에 등록해달라고 요청하는 프로젝트 관리자도 있을 것이다. 또 어떤 관리자는 테스트 리드에게 게임 플레이를 진행하면서 밸런스 피드백은 버그와 구별해달라고 부탁하는 경우도 있다. 이 두 가지 경우 사실에 기반해 피드백을 주어야 하며, 이를 통해 객관적인 신뢰를 얻을 수 있어야 한다.

리퀴드 엔터테인먼트^{Liquid Entertainment}가 제작한 PC RTS 게임 〈배틀 렐름^{Battles Realms}〉의 밸런싱 테스트를 수행하는 동안 테스터들이 제공한 피드백을 한번 살펴보자. 플레이 테스트 초반부터 로터스 워록^{Lotus Warlock}이라는 유닛이 너무 강하다는 사실이 확실하게 판명됐다. 한 테스터가 다음과 같이 보고했다.

로터스 워록이 너무 강해서 너프할 필요가 있다.

---

5   〈헤일로〉 시리즈에 등장하는 외계 종족 – 옮긴이

게임 게시판을 둘러본다면 아마 이런 코멘트가 아주 익숙할 것이다. 이 코멘트에서 테스터는 사실을 구체적으로 명시하지 못했다. 얼마나 많은 대미지를 입혀야 너무 강한 것인가? 상대적으로 무엇에 비해 강한가? 너프의 의미가 '덜 강하게 만든다'라면, 얼마나 약하게 만들어야 할 것인가? 50%? 아니면 50포인트? 개발 팀은 이 피드백을 심각하게 받아들이기보다는 충동적이고 감정적인 반응이라고 생각할 것이다(아마 실제로도 그러했을 것이다. 테스터는 막 워록 러시 공격의 희생자가 된 참이었다).

로터스 워록의 공격에 5초의 쿨다운[6] 시간이 추가돼야 한다.

이 테스터는 너무 구체적이다. 그는 문제(워록이 너무 강하다)가 무엇인지 간파하기는 했지만 너무 멀리 가버렸다. 스스로 게임 디자이너인 것처럼 5초 동안의 쿨다운이라는 해결책을 제시한 것이다. 이 코멘트는 세 가지를 상정한다. 실제로 워록이 너무 강하다는 것, 그리고 디자이너는 이를 해결할 수 있는 최적의 솔루션으로 쿨다운 구현을 생각하리라는 것, 실제로 공격 간의 쿨다운을 구현하기 위해 코드 작업이 수행돼야 한다는 것이다. 이것이 아무리 효과적인 해결책이라고 하더라도 개발 팀에서는 이러한 가정을 기분 나쁘게 받아들일 수 있다.

로터스 워록은 다른 세 종족의 최상위 레벨 유닛보다도 강하다. 이들의 공격은 드래곤 사무라이나 서펀트 로닌, 울프 클랜 워울프보다 10%가량 더 대미지를 입힌다. 다른 종족의 헤비 유닛이 동시에 두 가지 공격을 수행하는 반면, 로터스 워록은 세 가지 공격을 동시에 수행할 수 있다. 로터스 종족을 선택한 플레이어는 75%의 승률을 보이고 있으며, 이로 인해 로터스 외의 종족을 선택한 플레이어들은 실망할 수밖에 없다.

이 코멘트는 충분히 사실에 기반하고 있으며 구체적이다. 프로듀서와 디자이너에게 유닛 밸런싱이 필요하다는 생각을 갖기에 충분한 정보를 제공하고 있다. 또한 이 문제를 어떻게 고쳐야 한다는 것에 대한 어떤 제안도 포함하지 않고 있다. 이 점 역시 중요하다.

---

6   유닛의 공격 이후 다음 공격이 시작되기까지 5초간의 지연이 발생한다는 것을 의미한다. - 옮긴이

앙상블 스튜디오(Ensemble Studio)에서 〈에이지 오브 미솔로지(Age of Mythology)〉, 〈에이지 오브 엠파이어 III(Age of Empires 111)〉, 〈헤일로 워즈(Halo Wars)〉 등의 대작에 콘텐츠 디자이너로 참여했던 카렌 맥멀란(Karen McMullan)은 플레이어들이 게임을 하면서 어떤 감정을 느끼는지가 플레이 테스트에서 가장 중요한 부분이라고 말했다.

"디자이너로서 내게 가장 유용한 일은 당신이 어떤 감정을 느꼈는지, 어떤 생각을 하고 있는지, 그리고 어떤 결정을 내렸는지와 그런 결정을 하게 된 이유를 내게 말해주는 것이다." 맥멀란은 '감정을 먼저 생각하고 그 이유는 그다음에'라는 룰을 기반으로 게임 플레이의 피드백을 주는 것이 좋다고 조언한다. 예를 들어, '내 진자부대가 보병에 지는 바람에 당황스러웠다. 기갑부대가 보병을 이기도록 되어 있지 않은가?'와 같이 피드백을 주는 것이 좋다(카렌 맥멀란이 인정한 피드백이다).

"단지 제안일 뿐이에요"

플레이 테스트는 결함을 찾는 테스트 과정에서 끊임없이 수행된다. 테스터는 로봇이 아니므로 무의식적으로라도 본인이 테스트하는 게임에 대해 의견을 가지고 판단을 내린다. 때론 개인적으로 판단한 내용들이 게임 디자인에 반영되면 좋겠다고 생각해 제안을 하기도 한다. 일부 조직에서는 이런 의견을 '제안 버그suggestion bug'라고 부르며 종종 무시해버리곤 한다. 프로그래머, 아티스트 그리고 프로젝트 관리자에게 버그는 그 종류와 상관없이 스트레스로 다가올 수밖에 없다. 그들이 보기에 테스터들의 이런 제안은 성가신 버그의 양을 늘리는 것 외에는 의미가 없는 것이나 마찬가지다.

만약 스스로 디자인을 변경할 만한 가치 있는 정보를 갖고 있다고 확신한다면 당신의 목소리에 다른 사람들이 귀 기울도록 다음과 같은 방법을 사용해보라.

1. 정말 변경할 만한 가치가 있는 사항인지 스스로에게 다시 한번 물어보라. '조로의 모자가 반드시 파란색이어야 한다'는 절대 의미 있는 변경이라고 할 수 없다.

2. 당신의 아이디어를 긍정적으로 표현하라. '포인터의 컬러가 좋지 않다'라고 표현하기보다는 '포인터의 색을 녹색으로 하는 것이 보기에 더 편하다'라고 표현하는 것이 도움이 된다.

3. 다음 날까지 기다려보라. 다음 날 아침에는 어제 한 생각이 그리 좋아 보이지 않을 수도 있다.

4. 동료 테스터들과 논의해보라. 만약 그들도 좋은 아이디어라고 생각한다면 테스트 리드와도 의견을 나눠보라.

5. 테스트 리드에게 이 변경에 대해 프로젝트 관리자나 리드 디자이너와 논의할 수 있는지 문의해보라.

6. 만약 테스트 리드가 개발 팀에서 당신의 의견을 가치가 있는 것으로 받아들이리라고 확신한다면, 이를 버그 데이터베이스에 결함으로 등록하고 다른 변경사항과 마찬가지로 추적 가능하게 만들어야 한다. 그렇게 하라는 동의를 받았을 때에만 이 과정을 수행한다.

이런 다양한 과정을 거쳐야만 테스터의 의견을 통해 게임을 바꿀 수 있다. 아이디어를 논의하고, 이를 팀이 가치 있는 것으로 판단하고, 버그 데이터베이스에서뿐만 아니라 개발자와 직접 커뮤니케이션함으로써 의미 있는 제안을 할 수 있게 되는 것이다.

쉬운 게임을 만드는 것은 어려운 일이다

개발 사이클의 후반부일수록 조정하기 힘든 게임 밸런스 요소 중의 하나가 바로 아이러니하게도 난이도다. 게임 개발에는 몇 개월 혹은 몇 년의 기간이 걸리기 마련이다. 전력을 다해 게임을 테스트해야 하는 단계에 진입하면 게임 테스터는 그 어떤 열성적인 게이머보다도 더 자주 게임을 수행해볼 것이다. 기획 팀과 개발 팀에서도 게임을 플레이하는 데 수많은 시간을 할애했을 것이다. 하나의 게임을 개발하는 과정에서 다음과 같은 일들이 벌어진다.

- 연습을 통해 스킬이 향상된다. 스케이트 보드 게임에서 처음에는 10피트 이상 레일을 탈 수 없었다면, 이제는 한 시간가량 그라인드 스킬을 구사하고 20 콤보 기술도 사용할 수 있을 것이다.

- AI의 패턴과 루트, 전략을 기억해버린다. 이미 AI를 상대로 수많은 시간을 투자했으므로 AI의 아무리 사소한 행동이라도 예상할 수 있게 된다.

- 퍼즐이 더 이상 어렵지 않다. 어드벤처 게임이나 퍼즐 요소가 있는 게임에서 한 번 퍼즐을 풀거나 숨겨놓은 아이템을 찾았다면 이를 모른 체하기가 불가능할 것이다.

- 튜토리얼을 통해 더 이상 배울 게 없다. 이미 배운 수업을 통해 무언가를 효과적으로 배운다는 건 거의 불가능한 일이다.
- 웃음거리도 재미가 없다.
- 한땐 신기했던 모든 일이 이제는 아주 익숙할뿐더러 식상해진다(이 장의 앞부분에서 논의했던 '신선한 시각' 절을 참조하라).

게임을 배포하는 날 개발 팀과 테스트 팀이 그 누구보다 실력 있는 플레이어가 될 수 있다는 것은 예기치 못한 장점이라고 할 수 있겠다. 하지만 이런 장점은 그리 오래가지 않는다. 온라인상에서 새로운 플레이어를 가르치며 의기양양해 하는 것은 아주 잠깐이다.

이런 양상의 단점은 바로 테스터와 프로젝트 팀의 동료들이 게임 배포가 가까워졌음에도 불구하고 실제로 게임이 얼마나 어려운지 객관적으로 판단할 수 없다는 것이다. 플레이어들에게는 신선하고 새로워 보일지라도 게임을 개발하면서 늘 이를 보던 사람에게는 더 이상 신선하거나 새로울 요소가 없는 것이다. 신선한 시각이 필요한 이유가 바로 이것이다. 외부의 게임 플레이 테스터들이 필요하다.

외부 테스트

외부 테스트는 테스트 팀이나 개발 팀이 아닌 사람들, 하지만 같은 회사에 속한 인원들을 통해 수행된다. 예를 들어, 마케팅이나 사업 관련 부서에서 테스트를 통해 게임에 대한 의견과 필요한 데이터를 전달해줄 수 있다. CFO에서부터 파트타임 근무자까지, 게임을 궁금해하는 지원자를 받는 것도 좋은 방법이다.

베르너 하이젠베르크[Werner Heisenberg]가 이야기한 "변화를 관찰하는 행위 자체로 인해 관찰되는 대상이 변한다"는 것을 명심해야 한다. 아주 어린 아이들도 포커스 그룹 테스트나 플레이 테스트에 참여하면 뭘 해야 한다는 것을 쉽게 눈치챈다. 이들은 누군가에게 칭찬을 듣기 위해 당신이 듣고 싶은 말만 할 것이다. 여러 책에서 수요 조사 차원의 이런 문제를 어떻게 관리해야 하는지 다루고 있다(수요 조사에 관한 좀 더 자세한 정보를 원한다면 수드만[Sudman]과 완싱크[Wansink]가 쓴 『Consumer Panels』[Sudman 02]를 읽어보라).

외부 인력을 활용해 게임 테스트를 수행하거나 이들의 의견을 모으는 것은 개발 팀이나 디자인 팀의 요구에서 시작하는 것이 일반적이다. 하지만 대부분 테스트 팀이 이런 업무를 관리하고 수행하게 된다.

고증 테스트

게임의 배경이 실세계의 과거나 현재를 다루고 있다면, 고증 전문가에게 게임이 얼마나 정확하게 그 세계를 그리고 있는지 고증을 받는 것도 좋은 방법이다. 어떻게 경험 있는 파일럿의 실제 경험이 게임 개발에 반영되는지는 [리얼리즘 테스트] 글상자를 참조하라.

리얼리즘 테스트

PC 제트 전투기 시뮬레이션인 〈플랭키(Flanker)〉를 개발하는 동안 퍼블리셔인 SSI는 미국과 리시아의 전투기 조종사 출신들로 구성된 소규모 그룹에게 인터넷을 통해 게임의 베타 빌드를 제공했다. 그들은 게임이 얼마나 현실적인지를 평가했고, 조종석의 다이얼에 새겨진 러시아어에 대한 느낌에 이르기까지 유용한 피드백을 제공했다.

이들은 암호로 보호되는 게시판에 의견을 올리고 이들이 올린 피드백은 세심하게 검증되고 저장되어 개발 팀에게 전달됐다. 이 게임은 발매 당시 소련 연방의 전투기를 아주 현실적으로 구사했다는 점에서 높은 평가를 받았다.

이런 전문가 그룹은 상대적으로 그 수가 많지 않은 대신, 관리하기에는 용이하다. 오히려 수많은 사람이 참가하는 베타 테스트를 효과적으로 관리하는 것이 더 어렵다.

외부 베타 테스트

외부 베타 테스트를 통해서도 유용한 정보를 수집할 수 있다. 하지만 적절하게 관리하지 못한다면 무용지물에 가까운 데이터를 제공할 수도 있다.

베타 테스트는 크게 클로즈 베타와 오픈 베타로 구분된다. 클로즈 베타 closed beta 가 오픈 베타에 앞서 수행되며 상대적으로 세심하게 관리될 필요가 있다. 클로즈 베타 테스터는 면밀하게 선정되며, 일반적으로 베타 테스트에 참가하기 위해 다양한 질문에 답해야 한다. 이 질문들은 컴퓨터 사양에 대한 기술적인 것에서부터 최근에 어떤 게임을 플레이해봤는지에 이르기까지 아주 다양하다.

가장 간단한 형태의 클로즈 베타 테스트는 콘솔 같은 오프라인 플랫폼에서 수행된다. 테스터는 단기 파트타임 형태로 고용되고, 사용자 장비에서 구동되는 수준의 베타 빌드를 수령한다. 테스트들은 게임을 플레이하고 나서 온라인 설문지에 답하거나 게시판을 통한 토론에 참가해야 한다. 또한 그들이 찾아낸 버그를 보고하기 위한 회의나 모임에도 참석한다.

오픈 베타 open beta 는 클로즈 베타가 종료되고 나서 수행된다. 오픈 베타는 참여하고자 하는 모든 사람을 대상으로 한다. 개발자들은 여전히 이런 대규모 그룹에서 유용한 게임 플레이 피드백을 받길 원하지만 사실상 이들이 수행하는 역할은 네트워크에 부하를 가하고 로그인 시스템을 파헤쳐보며, 원활하게 매치메이킹이 되는지, 전체 네트워크 상태는 안정적인지, 게임 내 경제에는 문제가 없는지 등을 살펴보는 것이다.

비록 모든 베타 테스터가 테스트 케이스를 수행하는 것은 아니지만, 발견된 결함을 보고할 수 있고 필요하다면 게임 플레이에 대한 피드백도 제공할 수 있다. 대부분의 베타 테스트 담당자는 베타 테스터들이 결함을 보고하고 코멘트를 추가하며 질문을 할 수 있는 별도의 결함 보고 사이트를 운용한다.

베타 테스터로 테스트에 참가한다면 다음과 같은 전략이 유용할 것이다.

- 무제한 점수와 재화, 경험치를 얻을 수 있는 방법을 탐색해보라.
- 게임 내의 환경에서 탈출할 수 없는 곳을 찾아보라. 예를 들어 핀볼 게임에서 2개의 범퍼 사이에 핀볼이 떨어지는 곳이 있거나, 어드벤처 게임에서 강으로 떨어진 다음에 탈출이 불가능한 곳이 있는지 살펴보라.
- 게임이 제공하는 모든 기능과 모드, 장소를 체험해보라.
- 하나의 기능과 모드, 장소에 모든 시간을 쏟아부어 보라. 제공하는 모든 옵션과 특성을 전부 체험해보라.
- 잠겨 있는 모드나 장소에 접근할 수 있는 방법이 있는지 확인해보라.
- 재화나 아이템을 구매하고 획득했을 때 어떤 일이 일어나는지 확인해보라. 지금 캐릭터보다 더 높은 레벨에서만 착용이 가능한 아이템과 스킬을 한번 사용해보라.
- 어떤 도전 과제를 게임에서 '처음으로' 달성해보라. 특정 건물에 처음으로 들어가 보고, 특정한 매치에서 처음 승리를 거두고, 처음으로 클랜 clan 을 만들어보라.

- 아머^{armor} 나 파워업^{power-up} 아이템처럼 한 번 사용해 캐릭터 스탯^{stat}을 올릴 수 있는 아이템을 장착해보고 활성화해보라.
- 승점, 포인트, 재화, 트로피, 소환수 등 게임에서 흔하게 볼 수 있는 모든 것을 활용해보라.

마찬가지로 베타 테스트를 진행하면서 다른 베타 테스터와 논의해 게임 개발자들은 마주하지 못했을 상황을 연출하기도 하고, 테스트가 불가능했던 다음과 같은 상황들을 확인할 수도 있다.

- 얼마나 많은 사람이 게임 안의 한 장소에 모일 수 있는가?
- 얼마나 많은 사람이 동시에 로그인할 수 있는가?
- 얼마나 많은 사람이 하나의 동일한 매치에 참여할 수 있는가?
- 얼마나 많은 사람이 게임 안에서 동시에 메시지를 보낼 수 있는가?
- 얼마나 많은 사람이 하나의 채팅 그룹에 참여할 수 있는가?
- 얼마나 많은 사람이 동시에 한 사람에게 아이템을 줄 수 있는가?
- 얼마나 많은 사람이 광역 마법의 영향을 받을 수 있는가?
- 얼마나 많은 사람이 동시에 한 사람에게 능력치를 올리거나 내리는 주문을 걸 수 있는가?

누가 결정하는가?

불행하게도 디자인을 변경하거나, 밸런스를 다시 잡거나, 기능을 더하거나 빼거나, 혹은 게임을 좀 더 가다듬기 위해 배포 일정을 늦추는 것과 같은 일들이 게임 테스터에 의해 결정되지는 않는다. 테스터의 역할은 이런 결정을 내리는 사람들과 이해당사자들에게 충분한 사실과 조언을 제공함으로써 그들이 최선의 결정을 내리게 해주는 것이다.

애드혹 테스트는 테스터가 미로를 헤매듯이 게임을 탐색하게 만드는 최적의 테스트 방법이다. 애드혹 테스트는 크게 두 가지로 구분된다. 첫 번째는 자유 테스트로, 게임 테스트 전문가들이 스크립트를 떠나서 즉흥적으로 테스트를 수행하게 만든다. 두 번째는 **지향 테스트**로, 특정한 문제를 해결할 수 있는 방법을 찾기 위해 활용된다. 게임 플레이 테스트는 플레이어의 감정과 재미 요소에 초점을 맞춘 좀 더 주관적인 테스트 방법이다. 외부 테스트는 게임 플레이의 피드백을 테스터가 아닌 비전문가들로부터 얻는 것과 같이 다양한 목적을 달성하기 위해 수행된다. 반드시 꼼꼼하게 모니터링돼야 하며, 이를 통해 획득되는 피드백 역시 면밀하게 분석돼야 한다. 이런 과정을 통해 개발 팀에게 유용한 정보가 전달될 수 있다.

연습문제

1. 프로젝트에서 장기간에 걸쳐 동일한 테스터가 동일한 테스트 케이스를 수행하는 것이 현명하다. 참인가 거짓인가?

2. 게임 테스터들이 게임을 '플레이하는 것'처럼 테스트를 하는 것이 비효율적인 이유는 무엇인가?

3. 자유 테스트와 게임 플레이 테스트의 차이점과 이를 통해 얻을 수 있는 산출물에 대해 논의해보라.

4. 결함 재현율을 표현하는 두 가지 방법은 무엇인가?

5. 당신과 7명의 동료 테스터가 온라인 FPS 게임의 데스매치를 테스트한다고 가정하자. 하지만 모든 사람이 일대일로 승부를 겨루는 개인전 모드처럼 게임을 진행했다. 이는 게임 플레이 테스트인가, 아니면 애드혹 테스트인가? 그 이유는 무엇인가?

6. 〈마블^{Marvel}〉 vs. 〈캡콤^{Capcom}〉 같은 유형의 격투 게임을 테스트하는데, 한 캐릭터가 다른 캐릭터들에 비해 유독 약하다고 가정하자. 당신의 가정을 증명하려면 어떤 애드혹 테스트를 수행해야 하는가?

결함 트리거

- 게임 동작 영역
- 결함 트리거의 6개 유형
- 결함 분류
- 테스트 디자인에 결함 트리거 반영하기

직교 결함 분류^{ODC, Orthogonal Defect Classification}는 결함이 생기는 원인을 분류하기 위해 여러 가지 결함 트리거^{Defect Trigger}를 분석한다. 트리거 역시 결함과 마찬가지로 테스트를 분류하는 기준으로 사용이 가능하다. 테스드 스위트가 모든 트리거를 고려하지 않은 채 작성됐다면 아마 게임 안에 내재되어 있는 모든 결함을 발견하기 힘들 것이다.

동작 영역

게임이 동작하는 부분은 크게 게임 시작^{Game Start}, 인게임^{In-Game}, 포스트 게임^{Post-Game}으로 나눌 수 있다. 이 영역들이 전부 게임에 반영될 수 있는 것은 아니다. 새로운 미션이나 시즌, 레벨과 같이 이 범주로 나눌 수 없는 게임 내 콘텐츠도 존재한다. 또한 하드웨어나

운영체제 같은 게임 환경은 프리 게임^{Pre-Game} 항목으로 분류가 가능하다. 게임을 시작하기 전에 관련된 부분이지만 게임 동작과도 깊은 관련이 있기 때문이다. 그림 13.1은 게임 동작과 관련된 여러 요소의 상관 관계를 보여준다.

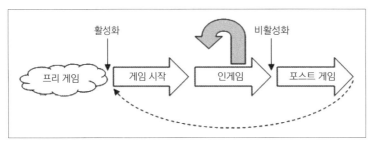

▲ 그림 13.1 게임 소프트웨어 동작 영역

프리 게임 영역

프리 게임 영역은 게임을 플레이하기 이전 단계를 의미한다. 콘솔의 경우라면 게임 디스크를 콘솔에 집어넣거나 로비에서 어떤 게임을 플레이할지 고르는 과정 등을 의미하며, PC나 모바일 게임의 경우라면 게임 앱을 시작하기 전의 과정을 의미한다. 카트리지 기반의 휴대용 게임기는 게임 카트리지를 삽입하기 전에 오퍼레이션 모드^{operational mode}를 수행한다. 이 모든 경우 사용자는 게임과 관련된 설정을 변경하거나 게임 플레이에 지속적인 영향을 미칠 수 있는 작업들을 수행할 수 있다.

게임 시작 영역

게임 시작 영역은 플레이어가 게임을 시작해서 게임이 플레이될 준비가 되기까지의 동작과 관련이 있다. 이 기간 동안 수행되는 동작들 중 일부는 다른 동작으로 인해 중단될 수 있다. 예를 들어, 게임의 하이라이트를 소개하는 시네마 시퀀스나 인트로 무비는 별도의 키 입력을 통해 넘어갈 수 있다. 반면 스킵하거나 빠르게 이를 건너뛸 수 없는 부분들도 있다. 로딩 프로세스가 진행되는 동안 출력되는 화면은 해당 동작이 완료될 때까지 넘어갈 수 없다. 이 기간 동안 게임 소프트웨어는 게임을 정상적으로 구동하기 위해 반드시 필요한 동작을 수행하지만 플레이어가 군이 이런 동작들을 확인할 필요는 없다. 이 프로세스가 완료되면 그제서야 게임은 '준비' 상태가 된다. 이제 플레이어는 버튼이나 키 입력을 통해 게임을 시작할 수 있게 된 것이다.

인게임 영역

인게임 영역은 게임을 플레이하면서 수행할 수 있는 가능한 모든 동작을 포함한다. 대다수의 기능이 게임을 진행하는 동안 여러 번 반복해서 수행되지만, 어떤 기능은 게임을 진행하는 동안 단 한 번만 수행되기도 한다. 또 어떤 기능은 플레이어가 특정한 조건을 충족했는지에 따라 발생 여부가 결정된다. NPC가 포함되어 있는 게임들은 인게임 기간 동안 NPC에 필요한 리소스를 관리하고 제어한다.

포스트 게임 영역

플레이어는 다양한 방법으로 게임을 종료할 수 있다. 저장 과정을 거치지 않고 게임을 종료하는 것은 게임을 저장하고 종료할 때보다 더 적은 연산 과정을 거친다. 플레이어는 게임을 종료하기 전에 캐릭터와 게임 진행 상황을 저장할 수 있는 기회를 충분히 가질 수 있다. 휴대용 디바이스에서 수행되는 게임은 종종 디바이스의 전원이 꺼짐으로써 게임이 종료되기도 한다. 만약 소프트웨어를 통해 디바이스의 전원을 제어할 수 있다면 전원을 내리기 전에 게임 소프트웨어에서 게임을 저장하고 해당 프로세스를 종료할 것이다.

스토리 기반 게임의 경우 사용자가 스토리의 마지막에 이르면 마지막 시네마틱 시퀀스와 엔딩 크레딧을 보여주기도 한다. 이 상황에서 일부 게임들은 숨겨졌던 스테이지를 공개해 사용자에게 새로운 게임을 즐길 기회를 제공한다. 이 부분을 담당한 코드는 원래의 게임이 완료될 때까지 한 번도 수행되지 않았을 것이다.

트리거

6개의 결함 트리거는 4개의 게임 동작 영역 모두에서 나타난다. 트리거는 테스트를 수행하는 동안 발견된 결함을 분류하는 방식을 설명해준다. 이와 함께 발생 가능한 모든 결함을 트리거를 통해 설명할 수 있다.

설정 트리거

일부 게임은 게임을 구동하기 전 프리 게임 동작 영역에서 설정이 가능하다. 게임 구동 전에 설정할 수 있는 디바이스 관련 세팅이나 환경 세팅이 여기에 속하며, 대표적으로 게임 플랫폼 소프트웨어 버전을 업데이트하는 것을 들 수 있다. 시간과 날짜, 스크린 해상도, 시스템 오디오 볼륨, OS 버전, 패치, 언어 세팅들이 이런 설정 트리거에 속한다. 그림 13.2는 PC 버전 매스 이펙트 3$^{Mass\ Effect\ 3}$에서 사용 가능한 비디오 설정 세팅 옵션을 보여주고 있다.

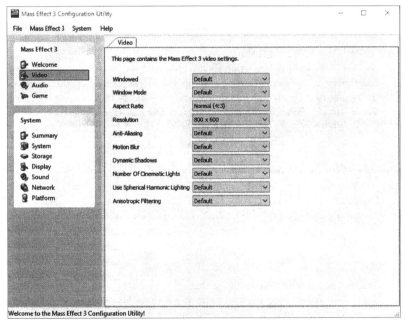

▲ **그림 13.2** 매스 이펙트 3의 PC 비디오 설정 세팅

게임 플랫폼에 사용되는 외부 기기의 설정도 여기에 포함된다. 게임 컨트롤러, 키보드, 마우스, 스피커, 모니터, 네트워크 접속과 관련된 부분들이 모두 설정을 테스트할 때 함께 봐야 하는 항목들이다. 일반적으로 이런 기기들은 다양한 커넥터 혹은 무선 연결을 통해 게임 콘솔의 I/O^{Input/Output} 포트와 연결되어 있다. 그림 13.3은 엑스박스 원^{Xbox One}의 예를 보여준다.

입력	출력
네트워크	
음성	오디오
동작	
챗패드/키보드	
게임 컨트롤러	
미디어 리모트	

▲ 그림 13.3 엑스박스 원의 I/O 인터페이스

 엑스박스 원 시스템의 전반적인 아키텍처와 인터페이스를 더 자세히 알고 싶다면 엑스박스 원 위키 온라인[WIKIPEDIA 16]을 참고하라.

게임 콘솔로 대표되는 이 외부 디바이스들은 디바이스 자체에 대한 설정과 디바이스 OS 버전 같은 속성을 갖고 있으며 물리적 연결이 가능하다. 심지어 게임 컨트롤러에 추가 장착이 가능한 장비와 동작 모드도 존재한다. 닌텐도 위 U^{Nintendo Wii U} 콘솔은 위 리모트^{Wii Remote}와 위 유 게임 패드^{Wii U Game Pad}, 눈처크^{Nunchuck}, 밸런스 보드^{Balance Board}, 위휠^{WiiWheel}이나 모션플러스^{MotionPlus} 같은 추가 장비와 함께 사용이 가능하다. 엑스박스 원 사용자는 표준 게임 컨트롤러와 함께 챗패드^{Chatpad}와 헤드셋을 함께 사용할 수 있다.

게임을 진행하는 동안 연결된 주변기기를 빼버리는 것도 설정을 변경시킨다. 게임을 진행하는 도중 사용자가 외부 디바이스를 빼버리거나, 설정이나 게임 플랫폼의 소프트웨어 버전을 변경하는 것과 같은 일은 개발자가 사전에 막을 방도가 없다. 설정 변경은 게임 소프트웨어의 동작 영역 안에서 언제든지 발생할 수 있는 일인 것이다.

강아지가 무선 라우터 전원 플러그를 뽑아버리는 것과 같은 갑작스런 사고로 인해 네트워크 접속이 끊어진다면 이를 수정하기 위해 다시 디바이스를 전원에 연결해야 한다. 배터리를 새것으로 바꾸고, 고장 난 장비는 수리를 해야 하며, 보이스 컨트롤 같은 새로운 기능을 사용하기 위해서는 이 기능이 추가된 헤드셋 같은 새로운 장비를 사용해야 한다. 이런 시나리오들이 게임 디자인 단계에서부터 고려돼야 하며, 당연히 테스트에도 반영돼야 한다.

설정 변경으로 인해 발생할 수 있는 결함들이 단지 '아무도 그런 일을 하지 않는다'라는 이유로 테스트에서 제외돼서는 안 된다. 만약 어떤 테스트를 요청했을 때 누군가가 이런 식의 "누가 그런 일을 해요?"라는 반응을 보인다면, 오히려 그 테스트를 적극적으로 수행하라. 아마 다른 사람들도 그와 비슷하게 반응할 것이며, 해당 부분에서 어떤 일이 일어나는지 크게 신경 쓰지 않을 것이다.

설정으로 인한 장애는 잘못된 설정이 적용된 바로 다음, 혹은 새로운 설정이 적용된 이후 시간이 조금 지나서 나타날 수 있다. 설정 변경으로 인해 전혀 상관없어 보이는 기능 장애가 사이드 이펙트로 나타날 수도 있다.

스타트업 트리거

스타트업 트리거는 특정 게임 기능이 시작된 다음, 혹은 코드상의 값이나 구문이 초깃값으로 바뀐 다음에 유발된다. "로딩 중입니다. 기다려주세요."와 같은 문구가 지속적으로 표시되거나, 스타트업 프로세스가 진행되는 동안 특정한 프로세스가 계속 진행되고 있다고 알려주는 메시지가 계속 뜨는 것과 같은 상황을 말한다. 입장한 레벨의 그래픽 콘텐츠가 모두 로딩될 때까지 기다리거나, 원격 서버에 접속해 게임 ID 인증을 기다리는 것과 같이 '화면에 표시되지 않는' 기간 동안 발생하는 이벤트가 여기에 속한다.

게임이 시작하는 기간에는 특정한 코드 취약성이 존재하기 마련이다. 이런 취약성은 게임이 구동되는 기간 동안에는 잘 드러나지 않는다. 코드 변수들은 항상 초기화된다. 그래픽과 관련된 정보들이 항상 로딩되고, 이를 버퍼에 저장하고, 이를 기반으로 렌더링 작업이 수행된다. 서버나 디바이스 메모리에서 이런 정보를 읽고 기록하기도 한다.

〈언리얼 엔진 4〉에서 하나의 새로운 레벨을 시작하기 위해 어떤 이벤트들이 발생하는지를 예로 들어보자[UNREAL 11].

1. GameInfo 클래스의 InitGame() 이벤트를 호출한다.

2. GameInfo 클래스의 SetGrammer() 이벤트를 호출한다.

3. 모든 액터의 PreBeginPlay() 이벤트를 호출한다.

4. 모든 액터의 존^{zone}을 초기화한다.

5. 모든 액터의 PhysicsVolumes를 초기화한다.

6. bScriptInitialized=false인 모든 액터는 PostBeginPlay() 함수를 호출한다.

7. bScriptInitialized=false인 모든 액터는 SetInitialState() 함수를 호출한다.

8. 액터의 AttachTag, bShouldBaseOnStartup, Physics 그리고 월드 충돌 설정에 따라 액터가 어태치된다.

게임이 시작되는 기간 동안 이런 여러 동작들이 짧은 시간에 같이 수행되면서 스타트업 결함이 발생한다. 이런 연산들은 사용자로 인해 촉발될 수도 있고 게임 플랫폼에서 수행될 수도 있다. 이런 시퀀스가 중단된다는 것은 핵심적인 연산이 완료되지 않거나 전혀 수행되지 않을 수 있음을 의미한다. 스타트업 트리거는 게임 초기화와 스타트업 프로세스를 거치는 초기 상황에서만 발생하는 버그를 말한다. 이는 곧 게임 안에서 처음 사용하는 기능이나 콘텐츠, 즉 새로운 맵이나 아이템, 주문들을 사용할 때 이런 버그들이 발생한다는 뜻이다. 이렇게 새로운 기능과 콘텐츠를 처음 사용하는 과정에서 발생한 버그들은 스타트업 결함으로 분류돼야 한다.

예외 트리거

예외 트리거는 게임 코드에서도 독특한 부분이라고 할 수 있다. 게임에서 예외 처리는 대부분 플레이어에 의해 감지된다. 게임을 진행하다가 문제가 발생하면, 일반적으로 경고음이 출력되거나 경고 상자가 뜬다. 사용자 입력을 제한하는 것과 같이 일부 예외는 게임에 의해 제어된다. 그 밖의 예외들은 네트워크 접속과 같이 게임 소프트웨어가 제어하지 못하는 외부 조건으로 인해 발생하기도 한다. 그림 13.4는 게임 〈갓빌 ^{Godville}〉을 실행하는 단말에서 인터넷 접속이 끊겼을 때 발생하는 경고창을 보여준다. 이러한 예외는 게임 구동 영역에서 언제든지 발생할 수 있다.

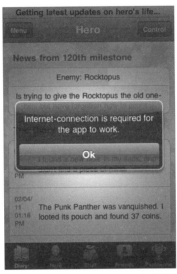

▲ 그림 13.4 〈갓빌〉 서버 접속 시 뜨는 예외 발생 경고창

스트레스 트리거

스트레스 트리거는 게임이 극한 환경에 처했을 때, 즉 하드웨어나 소프트웨어 리소스 상황이 극한에 달했을 때 발생한다. 메모리, 스크린 해상도, 디스크 용량, 파일 크기, 네트워크 속도 등이 사용자에 의해, 혹은 테스트를 통해 스트레스를 받을 수 있는 항목들이다. 단순히 어떤 한계점에 도달한다고 해서 스트레스 조건이 충족되는 것은 아니다. 또한 스트레스를 받으면 어떻게 스트레스를 받고 있는지 표시하기 위해 리소스가 사용돼야 한다.

일반 트리거

일반적인 게임 동작은 인게임 동작 영역에서 수행된다. 이 영역은 스트레스나 설정, 예외 조건과는 큰 관계가 없으며 데모를 만들거나 사용자 매뉴얼에 작성된 것처럼 게임 자체의 플레이와 직접적인 관련이 있다. '일반' 코드는 예외를 다루는 코드와 다르며, 설정 변경을 다루거나 스트레스를 받았을 때 동작하는 코드와도 구별된다.

대부분의 테스트는 일반 트리거를 사용한다. 플레이어들이 게임을 하는 방식과 유사하므로 크게 문제될 것이 없다. 테스트를 통해 단지 결함을 발견하는 것뿐만 아니라 때로는 게임이 의도한 대로 잘 동작하고 있음을 보여줄 필요도 있다. 일반 트리거를 사용하는 테스트는 각본을 따라가기 위해 코딩을 훈련하는 것과 같다. 실제 상황에서 사용자로 인해 발생할 수 있는 모든 결함을 발견해내지는 못할 것이다.

재시작 트리거

재시작 트리거는 게임을 종료하거나 중단할 때, 게임 디바이스 전원을 내릴 때, 게임 디스크를 디바이스에서 빼내거나 혹은 그 밖의 방법으로 동작하고 있는 게임 프로세스를 중단했을 때 발생하는 장애로 분류된다. 이런 상황에 대비가 잘되어 있는 게임들은 게임 시나리오나 미션, 레벨이나 진행 중인 전투에서 나가기 전에 중요한 정보를 즉각 저장한다. 게임이 종료될 때 일부 정보는 저장돼야 하고 불필요한 정보는 굳이 저장될 필요가 없다. 정보를 저장하거나 삭제하는 과정 중 하나가 부정확하게 수행된다면, 플레이어는 이로 인해 이득을 볼 수도 있지만 한편으로는 지금까지 진행했던 모든 과정을 날려버릴 수도 있다.

 게임을 종료하는 기간 동안 재시작 결함이 나타날 수도 있으며, 다음에 다시 게임을 사용할 때까지 기다려야 할 때도 있다. 타워 디펜스 게임인 〈리벤지 오브 타이탄(Revenge of the Titans)〉에서 보고된 버그 리포트에서 이와 같은 내용을 볼 수 있다.

"13레벨 사이너스 에담(Sinus edam)을 실패하고 나서 다시 시작했다. 팩토리를 클릭했을 때 버그가 발생하고 'level failed'라는 메시지가 발생했다."[REVENGE 10]

"한 레벨을 여러 번 다시 시작했을 때 다음과 같은 버그가 발생했다. 한 번은 보스가 내 기지를 파괴하고 바로 죽었을 때 발생했다. 다른 경우에는 어떤 타이탄도 스폰되지 않거나, 위협 수준이 아주 낮은 수준으로 유지되거나, 레벨 선택창에 붉은색 점이 표시되지만 실제로는 플레이할 수 없는 경우들이 발생했다."[STEAM 11]

게임 레벨을 선택하는 화면으로 돌아가거나, 미션에 실패한 다음 다시 세이브 파일을 로딩하는 것처럼 다양한 환경에서 게임을 다시 시작할 수 있다. 테스트 대상인 게임에 적용 가능한 다양한 재시작 방법을 하나하나 살펴볼 필요가 있다. 각각의 방법으로 게임을 재시작한 다음, 재시작으로 인해 기대하지 않았던 증상이 발생하는지 확인하려면 일정 시간 이상 게임을 플레이해볼 필요가 있음을 유의해야 한다.

결함 분류

결함 트리거를 사용하기 위해 다음 프로젝트를 기다릴 필요가 없다. 이미 만들어진 테스트 케이스나 결함 보고서, 혹은 새로 작성할 테스트와 결함 보고서에 키워드를 추가해 테스트와 결함을 분류해보자. 이런 정보를 활용해 발생하는 결함과 테스트가 놓친 것들을 알아낼 수 있을 것이다. 이미 발견된 수많은 버그들이 결함 트리거를 갖고 있으며 이를 흔히 놓쳐버리고 있다는 사실은 그리 놀랄 만한 일이 아니다.

 특정한 트리거를 가진 결함이 발견되기 시작하면 해당 트리거로 인한 결함이 더 자주 발견될 것이라는 신호로 간주하고 관련된 테스트를 강화할 필요가 있다.

표 13.1은 6개의 결함 트리거를 기준으로 결함과 테스트를 분류하는 데 사용 가능한 키워드 목록을 보여준다.

▼ 표 13.1 결함 트리거 키워드

트리거	키워드
설정	설정, 모델, 타입, 버전, 환경, 추가, 제거, 셋업
스타트업	스타트업, 초기화, 최초, 미초기화, 생성, 부트, 웜업, 웨이크업, 로딩, 변환
예외	예외, 에러, 위반, 초과, 널(NULL), 기대하지 않은, 리커버, 방지된, 블록된, 금지된, 활용 가능하지 않은
스트레스	스트레스, 로드, 비율, 가장 느린, 가장 빠른, 로우, 하이, 스피드, 용량, 제한, 긴, 짧은, 조금, 많이, 여러 번, 비어 있는, 가득 찬

트리거	키워드
일반	일반, 전형적인, 보통의, 일상적인, 기대한, 계획된, 기본, 디폴트, 특별 취급의(out-of-the-box), 허락된, 활용 가능한
재시작	재시작, 리셋, 리로드, 클린업, 꺼내기(eject), 파워 다운, Ctrl-Alt-Del, 정지

다음은 〈엘더스크롤 IV: 오블리비언The Elder Scrolls IV: Oblivion〉[ELDER 11]의 업데이트 목록에서 발췌한 사례들이다. 게임 기능이 제대로 동작하지 않는 것뿐만 아니라 특정 기능이 누락된 것 역시 결함으로 분류해야 한다는 사실을 잊지 말아야 한다.

"플레이어 캐릭터가 여성일 때 도난당한 아이템이 도난 상태로 표시되지 않던 이슈를 수정했음"

캐릭터의 성별은 게임을 진행하기 전에 결정되므로 이 이슈는 설정 이슈로 분류돼야 한다.

"물건을 훔치고 나갔다가 바로 다시 방으로 들어오면 크래시가 발생하던 이슈를 수정했음"

이 상황에서 문제는 특정한 장소에서 나갔다가 다시 들어올 때 발생한다. 재시작 결함으로 분류돼야 한다.

"의자에 여러 번 앉으면 발생하던 메모리 누수 현상을 수정했음"

스트레스 키워드 '여러 번'이 사용됐으며 문제는 의자에 여러 번 앉으려고 시도했을 때 발생했다. 스트레스 결함으로 분류돼야 한다.

"플레이어가 마비된 상태에서는 패스트 트래블(fast travel) 기능을 사용하지 못함"

패스트 트래블은 엘더스크롤의 지도상에서 게임 안에 존재하는 랜드마크를 찍어 빠르게 이동하도록 만든 기능이다. 캐릭터가 마비되는 것은 캐릭터가 설정된 다음 게임 안에서 발생하는 상황이며, 게임 안의 세계에서 발생하는 일(인게임 동작 영역)이므로 설정상의 이슈는 아니다. 또한 패스트 트래블 기능 역시 특정 설정상의 문제는 아니다. 이 이슈는 단순한 일반 결함으로 봐야 한다.

"게임을 저장할 때 문의 잠김/열림 상태가 잘못 저장되는 문제를 수정했음"

문이 잠기거나 열리는 것은 게임 안에서 발생하는 문의 '라이프 사이클'이라고 할 수 있다. 저장된 게임 데이터를 다시 불러오는 것은 플레이어의 캐릭터와 모든 게임 에셋의 상태를 '재시작'하는 것이라고 볼 수 있다. 이 재시작 과정에서 문의 상태가 적절하게 처리되지 못한 것이다. 이 결함은 재시작 트리거로 인해 발생한 것이라고 볼 수 있다.

"LOD 시각 품질이 향상됨"

버그로 간주되는 문제들이 꼭 게임 로직에서만 발생하는 것은 아니다. 여기서는 렌더링된 배경의 디테일 수준이 향상됐다고 표현했다. 특정한 조건이나 설정에 관련된 문제가 아니기 때문에 일반 결함으로 분류된다.

"월드에 진입하거나 나갈 때 LOD가 적절하게 로딩되지 않는 이슈를 수정했음"

게임 맵 역시 라이프 사이클을 갖고 있다. 예를 들어 맵 시작 — 맵 사용 — 맵 변경/맵 재시작 같은 라이프 사이클을 가질 수 있다. 맵이 재시작하면서 바람직하지 않은 수준으로 품질이 떨어진 맵이 로딩되고 렌더링될 수도 있다. 따라서 이 결함은 재시작 트리거로 인해 발생한 것으로 분류될 수 있다.

"로딩 화면이 진행되는 동안 아이템 획득 사운드가 계속 들린다."

여기서 '아이템 조사 라이프 사이클'이라는 또 다른 라이프 사이클이 등장한다. 살펴보려는 아이템을 선택하고, 이를 획득하고, 이를 살펴보고 저장하거나 버린다. 이 문제는 맵이 로딩되는 순간에 발생하므로 스타트업 트리거로 분류할 수 있다.

"로딩되지 않은 NPC를 선택해 전투에 참가하려 할 때 간헐적으로 발생하던 크래시를 수정했음"

하나 혹은 그 이상의 '활용 가능하지 않은' 리소스와 관련된 경우로 볼 수 있다. 예외 트리거로 인해 발생한 결함으로 분류한다.

"'오블리비언 게이트(oblivion gate)를 닫은 경우, 드래곤파이어의 불빛 속으로 적절하지 않은 문구가 표시되던 이슈를 수정했음"

게임 안에 등장하는 미션이나 퀘스트를 설정과 혼동해서는 안 된다. 퀘스트는 게임의 특성 혹은 기능으로 봐야 한다. 버그가 특정한 퀘스트에서만 등장한다고 하더라도 문제는 인게임 동작 영역에서 발생하고 있는 것이며 어떤 게임 설정과도 관계가 없다. 이는 일반 트리거로 인해 발생한 결함으로 분류돼야 한다.

하나 이상의 트리거가 원인으로 지목되는 문제도 자주 마주칠 것이다. 게임이 시작되는 구간에서 예외 처리가 제대로 되지 않아 발생하는 문제는 좋은 예가 될 것이다. 결함을 유발하는 가장 주요한 원인의 유형에 따라 어떤 것을 가장 먼저 해결해야 하는지가 달라진다. 만약 앞서 언급한 버그가 단순히 시작 구간에서 발생한 '예외'와 관련이 있다면 이는 결함을 유발하는 예외 트리거로 분류돼야 한다. 게임이 시작되는 동안 예외를 적절하게 처리해야 하는 코드가 존재해야 한다. 예외 조건이 발생하면 해당 코드가 실행되고 이를 통해 누락된 코드나 잘못된 코드가 있는지 발견한다. 이와 반대로 게임 전반에 걸쳐 예외 처리가 정상적으로 수행되고 있지만 단지 게임이 시작되는 동안에만 특정 기능이 정상적으로 수행되지 않는다면 게임을 시작하는 동안 예외사항을 처리해야 하는 코드가 정상적으로 수행되지 않거나 혹은 비정상적으로 수행된 것이라고 볼 수 있다. 트리거를 좀 더 명확하게 분류하기 위해서는 게임을 시작할 때뿐만 아니라 게임을 수행하는 전 과정에서 이런 예외 처리가 정상적으로 수행되고 있는지 확인해야 한다.

결함 트리거와 테스트 디자인

테스트 디자인에 포함된 각 요소들은 하나의 결함 트리거를 표현하는 것이다. 하나 혹은 그 이상의 테스트 디자인 기법을 사용한다고 하더라도 모든 결함 트리거를 충분히 테스트에 녹여낼 수는 없을 것이다. 적합한 트리거를 식별해내는 작업에도 적지 않은 노력이 필요하며, 이를 테스트 디자인에 반영하는 것 역시 만만치 않은 일이다. 모든 결함 트리거가 각각의 테스트 디자인에 반영돼야 하며, 또한 특정한 게임의 기능과 연관된 여러 다양한 테스트 디자인에도 모든 결함 트리거가 빠짐없이 반영돼야 한다. 만약 이미 수행된 프로젝트에서 데이터를 수집할 수 있다면 어떤 트리거를 통해 효과적으로 결함이 발견됐는지를 살펴보고 이들을 다른 트리거들과 함께 향후에 수행할 테스트 디자인에 포함시켜야 한다.

각 트리거가 얼마나 효과적인지는 테스트당 발견되는 결함으로 측정이 가능하다. 이는 또한 게임 코드가 각 트리거에 대해 얼마나 민감한지를 보여주는 척도라고 할 수 있다. 상대적으로 다른 트리거에 비해 특정한 트리거와 관련된 결함/테스트가 많이 존재한다면 이는 버그를 좀 더 경제적으로 찾아내고 수정할 수 있음을 의미한다. 또한 게임 플랫폼의 디자인 혹은 구현이 어떤 식으로 되었는지 이해할 수 있는 힌트도 제공해주고 있는 것이다. 만약 테스트를 수행할 수 있는 시간과 리소스가 제한되어 있다면 좀 더 효과적인 트리거를 포함하고 있는 테스트를 수행함으로써 소수의 결함을 유발하는 트리거, 즉 일반 트리거를 포함하는 테스트를 수행할 때보다 더 많은 결함을 발견해낼 수 있다. 이런 효율적인 트리거를 사용하는 테스트를 더 많이 생성하고 수행할수록 점점 더 많은 결함을 찾아낼 수 있을 것이다. 이런 과정을 반복해서 모든 종류의 트리거에 적용해야 한다.

튜토리얼

조합 디자인 트리거 예제

8장 '조합 테스트'에서 살펴봤던 〈헤일로: 리치〉 컨트롤러 메뉴 조합 테이블로 돌아가서 트리거를 추가해보자. 시선 감도는 기본, 최솟값, 최댓값이 테스트됐다. 최솟값과 최댓값은 각각 조이스틱의 움직임에 맞추어 게임이 가장 느리게 반응하거나 가장 빠르게 반응해야 하는 경우를 나타내므로 스트레스 값으로 분류된다. 다른 파라미터의 값들은 각각의 기능을 사용할 것인지를 결정한다. 이들 중 어떤 값도 설정상의 특정 값이나 스타트업, 재시작, 예외 혹은 스트레스 조건에 영향을 미치지 않는다. 그 결과 대부분의 테스트 값을 통해 일반적인 게임 동작만을 표현할 수 있게 된다. 이 테스트를 좀 더 효과적으로 수행하려면 스트레스 값뿐만 아니라 누락된 트리거들도 테스트에 포함시켜야 한다.

컨트롤러 옵션과 관계된 설정 리소스를 파악하는 것부터 시작해보자. 온라인 게임을 즐기는 플레이어들은 일반적으로 게임 컨트롤러와 함께 헤드셋을 함께 사용한다. 이는 게임 오디오가 출력되는 방식, 즉 헤드셋이나 게임 콘솔의 오디오 출력 부분에 영향을 미친다. 처음부터 일부 오디오 리소스는 메인 스피커로, 그리고 그 외의 오디오 리소스는 헤드셋으로 출력되도록 디자인되기도 한다. 컨트롤러는 무선 혹은 유선으로 연결될 것이다. 각 컨트롤러는 게임 콘솔의 특정 슬롯에 연결되어 있을 것이다. 옵션을 선택하는 동안 컨트롤러를 제거하거나 동일한 위치에 다시 접속하거나, 혹은 다른 컨트롤러를 동일 슬롯에 연결하는 것도 가능할 것이다. 무선 컨트롤러를 사용한다면 콘솔의 무선 리시버의 수신 범위를 벗어나 접속이 끊기는 것도 고려해야 한다. 또한 배터리가 다되었을 때, 사용자가 고의로 배터리를 제거했을 때의 경우도 함께 고려돼야 한다. 기타 액세서리와 연결되어 있던 컨트롤러를 제거함으로써 의도하지 않았던 결과가 발생하기도 한다. 레이싱 휠을 제거한다면 캘리브레이션calibration 값이 다시 조정될 수도 있다. 이런 가능성들로 인해 새로운 파라미터와 값들이 조합 테스트에 추가돼야 한다.

표 13.2는 업데이트된 테이블을 보여준다. 새로운 파라미터와 값이 추가되면서 복잡도가 증가했으므로 올페어즈 도구를 사용해 테이블을 생성했다.

▼ 표 13.2 설정 트리거를 고려한 컨트롤러 세팅 조합 테이블

테스트	시선 감도	시점 역전	자동시점 센터링	쭈그리고 앉기	클런치 프로텍션	컨트롤러 제거	컨트롤러 재접속	헤드셋 장비	컨트롤러 접속 형태
1	1	예	예	홀드	가능	1	1	예	유선
2	3	아니요	아니요	토글	불가능	1	2	아니요	무선
3	3	아니요	예	홀드	불가능	2	1	예	무선
4	1	예	아니요	토글	가능	2	2	아니요	유선
5	10	아니요	예	토글	가능	3	3	예	유선
6	10	예	아니요	홀드	불가능	3	4	아니요	무선
7	1	아니요	아니요	홀드	불가능	4	3	예	무선
8	3	예	예	투글	가능	4	4	아니요	유선
9	10	아니요	아니요	토글	가능	1	1	아니요	무선
10	10	예	예	홀드	불가능	2	2	예	유선
11	3	예	아니요	홀드	가능	3	3	아니요	유선
12	1	아니요	예	토글	불가능	3	4	예	무선
13	10	예	아니요	토글	불가능	4	1	예	유선
14	1	예	예	홀드	불가능	1	3	아니요	무선
15	3	아니요	아니요	홀드	가능	2	4	예	유선
16	1	아니요	예	홀드	가능	4	2	아니요	무선
17	10	아니요	예	토글	가능	2	3	아니요	무선

(이어짐)

테스트	시선 감도	시점 역전	자동시점 센터링	쭈그리고 앉기	클런치 프로텍션	컨트롤러 제거	컨트롤러 재접속	헤드셋 장비	컨트롤러 접속 형태
18	10	예	아니요	홀드	불가능	1	4	예	유선
19	3	예	예	토글	불가능	3	1	아니요	무선
20	1	아니요	아니요	토글	가능	3	2	예	유선

설정과 관련된 파라미터와 값들로만 조합 테이블을 만드는 것도 가능하다. 이 기법을 통해 새너티^{sanity} 테스트 같은 일반적인 경우를 주로 다루는 테이블을 만들 수 있게 된다. 게임이 새너티 테스트를 통과하면 다른 트리거로 테이블을 변경해 사용할 수도 있다. 이 기법을 통해 만들어진 컨트롤러 세팅 설정 테이블은 표 13.3과 같다.

▼ 표 13.3 컨트롤러 액션 설정 테이블

테스트	컨트롤러 제거	컨트롤러 재접속	헤드셋 장비	컨트롤러 접속 형태
1	1	1	예	유선
2	1	2	아니요	무선
3	1	3	예	무선
4	1	4	아니요	유선
5	2	1	아니요	무선
6	2	2	예	유선
7	2	3	아니요	유선
8	2	4	예	무선
9	3	1	예	유선
10	3	2	아니요	무선
11	3	3	예	무선
12	3	4	아니요	유선
13	4	1	아니요	무선
14	4	2	예	유선
15	4	3	아니요	유선
16	4	4	예	무선

다음 단계는 예외 트리거를 찾아내는 것이다. 선택되는 값들은 스크롤로 입력이 가능하므로 '잘못된' 값이 입력될 기회는 없다. 선택 메커니즘 자체에 문제가 발생할 가능성은 얼마든지 존재한다. A와 B 버튼을 사용해 옵션을 선택하거나 이전 화면으로 돌아갈 수 있다. 테스트 값을 선택하는 동안 X, Y, 왼쪽 트리거나 오른쪽 트리거를 사용할 수도 있다. '없음' 값을 추가해 새로운 열을 추가할 수 있으며, 표 13.4를 통해 이를 확인할 수 있다. 비록 그 양이 증가하기는 했지만, 여기서 보이는 28개의 테스트 케이스로 15,360개 조합의 경우를 모두 커버할 수 있다.

▼ 표 13.4 설정 트리거와 예외 트리거를 고려한 컨트롤러 세팅 조합 테이블

테스트	시선 감도	시점 역전	자동시점 센터링	쭈그리고 앉기	클런치 프로텍션	컨트롤러 제거	컨트롤러 재접속	헤드셋 장비	컨트롤러 접속 형태	동시 키 입력
1	1	예	예	홀드	가능	1	1	예	유선	없음
2	3	아니요	아니요	토글	불가능	2	2	아니요	무선	없음
3	10	예	아니요	토글	가능	1	2	아니요	유선	X
4	1	아니요	예	홀드	불가능	2	1	예	무선	X
5	3	아니요	예	홀드	가능	3	3	아니요	유선	Y
6	10	예	예	토글	불가능	4	4	예	무선	Y
7	1	아니요	아니요	토글	가능	3	4	예	무선	L
8	3	예	아니요	홀드	불가능	4	3	아니요	유선	L
9	10	아니요	아니요	홀드	불가능	1	3	예	무선	R
10	3	예	예	토글	가능	2	4	아니요	유선	R
11	10	예	아니요	토글	불가능	3	1	아니요	무선	Y
12	1	아니요	예	홀드	가능	4	2	예	유선	L
13	1	예	예	토글	불가능	1	3	아니요	무선	없음
14	10	아니요	아니요	홀드	가능	2	4	예	유선	없음
15	3	아니요	예	토글	가능	3	1	예	무선	X
16	1	아니요	아니요	홀드	불가능	1	2	예	유선	Y
17	3	예	아니요	토글	불가능	1	1	아니요	유선	L
18	1	아니요	아니요	토글	가능	4	1	아니요	무선	R
19	10	예	예	홀드	불가능	3	2	아니요	유선	X

(이어짐)

테스트	시선 감도	시점 역전	자동시점 센터링	쭈그리고 앉기	클런치 프로텍션	컨트롤러 제거	컨트롤러 재접속	헤드셋 장비	컨트롤러 접속 형태	동시 키 입력
20	10	예	아니요	홀드	가능	2	3	예	유선	R
21	10	아니요	예	홀드	불가능	2	4	아니요	무선	L
22	3	아니요	아니요	토글	가능	4	3	예	무선	X
23	1	예	아니요	토글	불가능	3	2	예	무선	R
24	3	예	예	홀드	가능	1	4	예	무선	Y
25	10	예	아니요	홀드	불가능	4	4	아니요	유선	없음
26	1	아니요	예	토글	가능	3	3	아니요	유선	없음
27	1	아니요	예	토글	불가능	2	4	아니요	유선	X
28	3	아니요	예	토글	가능	2	2	아니요	무선	Y

이런 방법은 거의 예외 없이 잠재적 위험 요소를 갖고 있다. 테스트 케이스의 대부분이 다른 테스트 값이 어떤 결과를 가져오는지 관찰할 수 없도록 하나같이 예외 행동을 유발하기 때문이다. 표 13.4에서는 1, 2, 13, 14, 25, 26의 6개 테스트만 입력 예외가 발생하지 않는다. 예외가 발생하는 경우만 따로 테이블을 만들 수도 있는데, 이는 표 13.5와 같다. 동시 키 입력 파라미터의 '없음' 값은 포함되지 않았는데, 이는 예외 트리거가 아니기 때문이다. 또한 앞서 살펴본 예외가 포함되지 않은 테이블에서 이미 충분히 검증이 수행됐다.

▼ 표 13.5 예외 트리거만 추가된 컨트롤러 세팅 테이블

테스트	시선 감도	시점 역전	자동시점 센터링	쭈그리고 앉기	클런치 프로텍션	동시 키 입력
1	1	예	예	홀드	가능	X
2	3	아니요	아니요	토글	불가능	X
3	1	아니요	예	토글	가능	Y
4	3	예	아니요	홀드	불가능	Y
5	10	예	예	토글	불가능	L
6	10	아니요	아니요	홀드	가능	L
7	1	예	아니요	토글	불가능	R
8	3	아니요	예	홀드	가능	R
9	10	예	예	홀드	불가능	X

테스트	시선 감도	시점 역전	자동시점 센터링	쭈그리고 앉기	클런치 프로텍션	동시 키 입력
10	10	아니요	아니요	토글	가능	Y
11	1	아니요	아니요	홀드	불가능	L
12	3	예	예	토글	가능	L
13	10	예	아니요	홀드	가능	R

시선 감도의 최댓값들은 스트레스 트리거로 분류가 가능하지만, 옵션을 선택하는 과정에서 특별히 스트레스가 가해질 만한 동작은 없어 보인다. 이 게임은 게임 컨트롤러 왼쪽의 아날로그 스틱과 오른쪽의 십자 키패드를 통해 옵션을 스크롤하고(수직적으로) 선택 항목을 결정할 수 있다(수평적으로). 이들을 동시에 조작해본다면 흥미로운 결과를 얻을 수도 있을 것이다. 스크롤 컨트롤 파라미터를 추가하고 아날로그 스틱, 십자 키패드, 그리고 두 가지 동시 입력값을 추가해 테스트 테이블을 만들어낼 수 있다. 앞서 트리거가 추가해 파라미터가 증가했을 때와 동일한 이유이며, 이를 하나의 테이블로 표현할 수도 있고 이 트리거만을 위한 별도의 테이블로 떼어낼 수도 있다.

이제 컨트롤러 세팅 테스트 케이스를 완성하기 위해 남아 있는 것은 스타트업 트리거와 재시작 트리거다. 이 특별한 세팅 항목들은 개별적인 플레이어의 프로파일과 연관이 있다. 이는 곧 테스트를 위해 새로운 프로파일을 생성하거나 이미 사용하고 있는 프로파일을 테스트에 활용할 수 있음을 의미한다. 새로운 프로파일을 생성하는 것은 스타트업 트리거에 해당할 것이다. 기존 테이블에 '프로파일' 파라미터를 생성하고 스타트업 트리거에 해당하는 '신규[NEW]'와 일반 트리거에 해당하는 '기존[EXISTING]' 값을 추가한다.

컨트롤러 세팅을 선택하는 동안 게임은 여러 가지 방법으로 재시작될 수 있다. 별도의 저장 없이 앞선 화면으로 돌아가기도 하고, 콘솔에서 디스크를 꺼내기도 하고, 간혹 콘솔의 전원을 내리기도 한다. 때론 세부 조정 화면에 들어가 설정이 어긋나지 않는지 확인할 필요도 있다. 이런 설정 항목들은 내부 혹은 제거 가능한 메모리에 저장되므로 외부 메모리에 저장된 정보들이 내부에 저장되어 수정된 값을 갱신해서 발생하는 '재시작' 이슈도 생길 가능성이 있다. 이런 상황을 반영하기 위해서 '재입력[Re-Enter]' 파라미터를 만들고 일반 트리거를 위한 '없음[NONE]' 값과 재시작 트리거로 '돌아가기[BACK]', '빼내기[EJECT]', '끄기[OFF]', '외부 메모리에서 불러오기[LOAD EXTERNAL]' 값을 설정해야 한다.

TFD 트리거 예제

TFD 트리거는 플로우를 따라 존재한다. TFD에서 결함 트리거를 어떻게 활용할지 설명하기 위해 부록 D에서 제공하는 Ammo TFD 템플릿을 사용할 것이다. 11장에서 만들었던 TFD에 비해 플로우가 좀 더 많긴 하지만, 모든 트리거를 '완벽하게' 묘사할 수는 없을 것이다. 〈언리얼 토너먼트〉를 사용해 이 부분을 살펴보자.

GetGun이나 GetAmmo, 혹은 둘 다 갖고 있지 않은 상황(NoGunNoAmmo)과 같이 다양한 일반 트리거 플로우를 포함하고 있는 템플릿으로 시작해보자. 동일한 이벤트라고 하더라도 플로우가 들어가고 나오는 상태의 정황에 따라서 각기 다른 트리거를 표현할 수도 있다. 예를 들어, 이미 가질 수 있는 최대한의 탄약을 보유한 상태라면 GetAmmo 플로우는 리소스(탄약)가 최대한일 때의 기능을 테스트하는 케이스가 될 것이다. 이 경우는 스트레스 트리거로 분류가 가능하다. 탄약 없이 사격을 한다면 탄약 리소스가 최소한의 경우(0)를 표현하는 것이며, 이 또한 극한 케이스가 될 것이다. 그림 13.5는 스트레스 트리거가 부각된 Ammo TFD 템플릿을 보여준다.

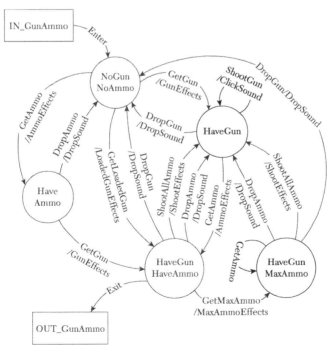

▲ 그림 13.5 스트레스 플로우가 부각된 Ammo TFD 템플릿

자, 그럼 이제 스타트업 트리거를 추가하는 방법에 대해 알아보자. TFD Enter 플로우는 매치에서 플레이어가 활성화되는 시점을 의미한다. 실제로는 '게임 준비^{PreMatch}' 기간이 존재하며, 이 기간 동안 플레이어는 매치를 초기화하기 위해 사격 버튼(일반적으로 왼쪽 마우스 버튼)을 누르기 전에 아레나 주변을 돌아볼 수 있다. 이 기간 동안 플레이어들이 무기나 아이템 위를 지나가면서 해당 아이템을 습득할 수 있는지 확인해봐야 한다.

'NoGunNoAmmo' 상태에서 유사 분열^{mitosis}을 통해 TFD에서 스타트업 프로세스를 표현할 수 있다. 이는 즉, 하나의 상태를 2개의 연결된 상태로 나누는 것을 의미한다. 한쪽은 원래의 이름과 플로우를 갖고 있으며(Enter 플로우는 제외), 다른 쪽은 시험 삼아 주변을 걸어보면서 카운트다운을 기다리는 부분을 표시하고 있다. 그림 13.6은 TFD의 일부를 나누는 과정을 보여준다.

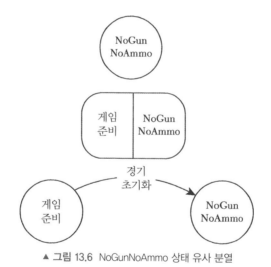

▲ **그림 13.6** NoGunNoAmmo 상태 유사 분열

게임 준비 상태가 TFD에 새롭게 추가돼야 한다. NoGunNoAmmo 상태에서 Enter 플로우를 떼어내고 이를 게임 준비 상태에 붙인다. 게임 준비 기간 동안 GetAmmo와 GetGun을 시도하는 플로우를 추가한다. 그림 13.7에서 보이는 것과 같이 이런 플로우들이 스타트업 트리거를 나타내고 있다.

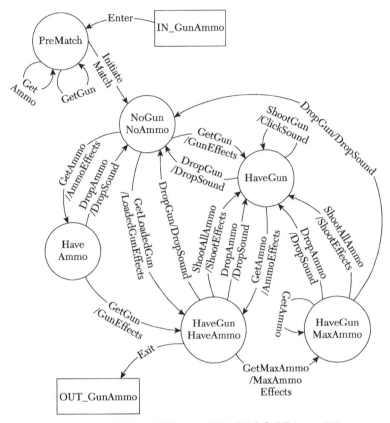

▲ 그림 13.7 게임 준비 상태와 스타트업 트리거가 추가된 Ammo TFD

다음은 다이어그램에 재시작 트리거를 추가할 차례다. 플레이어의 상태를 관람자^{Spectator}로 바꿨다가 경기 중간에 다시 참가하는 것도 가능하다. 관람자 모드는 당신의 캐릭터를 게임에서 제외시키며 카메라 앵글을 조작해 관람하기 원하는 플레이어의 뒤를 따라다니며 해당 플레이어의 플레이를 감상하게 만든다.

관람자 모드로 변경하기 전에 습득한 무기와 탄약은 진행 중인 동일한 모드에 다시 참가했을 때 초기화될 것이다. 관람자 모드에서 다시 게임에 참가하는 것은 카운트다운 없이 바로 가능하다. 대기 상태와 다시 게임에 참가하는 과정은 게임을 처음 시작할 때 진행하는 카운트다운이 완료된 이후에는 그 어느 때나 가능하다. 따라서 TFD의 인게임 상태에 SpectateAndJoin 플로우를 추가하고 이를 NoGunNoAmmo와 함께 연결한다.

NoGunNoAmmo 자체의 루프 플로우가 존재한다는 사실도 잊어서는 안 된다. 지금까지의 과정을 반영해 업데이트한 TFD는 그림 13.8과 같다.

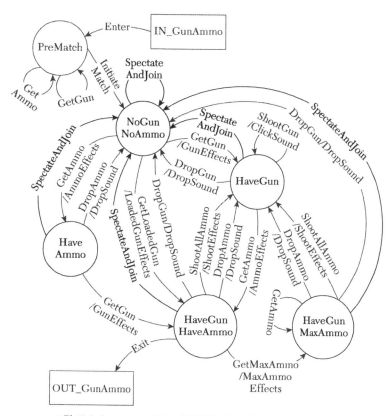

▲ **그림 13.8** SpectateAndJoin 재시작 플로우가 하이라이트된 Ammo TFD

NoGunNoAmmo 상태와 연결되는 플로우가 점점 더 많아지고 있다는 사실에 유의해야 한다. 이는 NoGunNoAmmo 상태와 다양한 상호작용이 발생한다는 뜻이다. 따라서 그렇지 않은 다른 상태에 비해 좀 더 중요하다는 사실을 반영하고 있다. 또한 이는 NoGunNoAmmo 상태와 관련된 기능이 제대로 구현돼야 하며 어떤 변경에는 민감하게 반응할 수 있음을 암시한다.

TFD가 점점 제 모습을 찾아가고 있지만 추가로 고려해야 할 항목들이 있다. 무기의 점사 같은 특수 사격 모드를 활용해 예외 트리거를 추가할 수 있다. 일반적으로 마우스 왼쪽 버튼은 일반적인 사격에 사용되고, 마우스 오른쪽 버튼은 점사를 비롯한 특수 사격 모드에 사용된다. 그레네이드 런처^{Grenade Launcher}와 같이 특수 사격 모드가 없는 무기도 존재한다. 이런 무기로 특수 사격 모드를 실행하면 사격이 되지 않을 뿐만 아니라 탄약의 소모도 없어야 한다. 이 부분에 예외 트리거를 활용할 수 있다. 'UnsupportedAltFire' 동작은 무기의 탄약 상태를 변경하지 않으며 무기와 탄약을 표현하는 TFD 상태에 루프로 추가될 수 있다. 그 결과는 그림 13.9의 다이어그램과 같다.

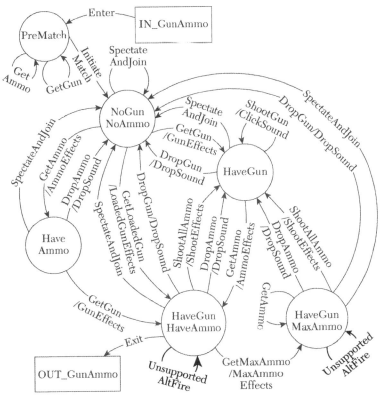

▲ **그림 13.9** AltFire 예외 플로우가 하이라이트된 Ammo TFD

마지막으로 설정 항목이 추가돼야 한다. 어떤 게임은 해당 무기를 좀 더 고전적인 스타일로 렌더링하는 옵션을 제공하고 있다. 앞선 시리즈를 보유하고 있는 플레이어에게 이런 부분이 어필할 수는 있지만 역시 이를 확인하기 위한 별도의 테스트가 필요하다. 게임이 진행되는 동안 무기 렌더링이 변경되어도 탄약의 양에는 영향이 없어야 하고, 기대하지 않았던 오디오가 출력되거나 무기가 겹쳐 보이는 것과 같은 잘못된 시각 효과가 표시되지 않아야 한다. ToggleWeaponSkin 플로우를 플레이어가 무기를 갖고 있는 모든 상태에 추가한다. 탄약의 양에는 그 어떤 영향도 미치지 않아야 하므로 이 플로우 역시 루프로 반복될 필요가 있다. 그림 13.10은 설정 플로우가 추가된 TFD를 보여준다.

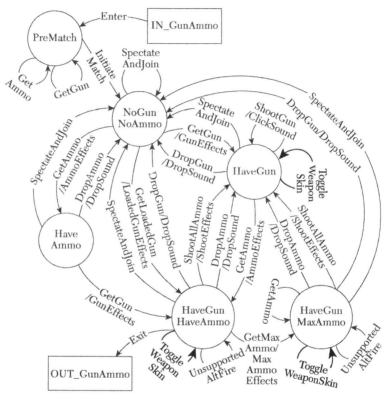

▲ **그림 13.10** 무기 스킨 설정 플로우가 하이라이트된 Ammo TFD

이제 정말 TFD가 복잡해졌다. 조합 테스트로 만들 수 있는 동일한 옵션들을 TFD와 테스트 디자인에도 적용이 가능하다는 사실을 기억하자. 이 밖에도 다양한 방법을 통해 이들을 테스트 케이스에 반영할 수 있다. 하나의 테스트 디자인이나 혹은 여러 개의 테스트 디자인에 트리거를 반영할 수 있고, 이를 통해 도출된 테스트 스위트를 통해 필요한 트리거를 커버할 수 있을 것이다.

각 테스트 항목에 대해 검증하고자 했던 트리거를 명시하는 것도 유용하다. TFD의 이벤트 이름 뒤에 레터 코드^{letter code}를 추가하거나, 조합 테스트에 파라미터 값을 활용하거나, 테스트 트리 디자인에 브랜치 노드를 사용하면 이들을 좀 더 쉽게 수행할 수 있을 것이다. 각 트리거가 얼마나 많이 사용되는지 확인하려면 그에 대응하는 레터 코드가 몇 번 등장하는지를 살펴보면 된다. 또한 이를 통해 테스트를 수행하는 동안 발견했던 결함을 분류하는 데도 도움을 받을 수 있다. 기존의 테스트 요소를 이동하거나 새로운 테스트 요소를 추가할 때 트리거를 다시 지정해야 하는 것과 같이 트리거를 유지보수하는 데는 어느 정도 번거로움이 따른다는 점도 주지하고 있어야 하는 사실이다.

테스트 디자인에 트리거를 사용함으로써 아주 큰 변화를 가져올 수 있다. 일거리가 더 늘어나는 것 아니냐고 생각할 수도 있겠다. 맞다. 하지만 그게 더 낫다. 결함을 찾기 위해 수행하는 테스트의 효과를 개선할 수 있을 뿐만 아니라, 게임이 모든 트리거를 사용한 테스트를 통과한다면 품질에 대한 자신감도 키울 수 있을 것이다. 결함 트리거는 하나의 특정한 테스트 방법론으로 만들어지는 것은 아니다. 결함 트리거는 처음 테스트를 시작할 때나 프로젝트의 마지막에 테스트를 수행할 때, 그리고 세심하게 테스트를 디자인할 필요가 있거나 혹은 다른 일과 병행해서 테스트 케이스를 작성할 때와 상관없이 항상 효과적으로 사용이 가능하다. 결함 트리거를 사용하지 않는다면 출시하려는 게임에서 중요한 결함을 놓칠 수 있는 리스크를 감수해야 할 것이다.

연습문제

지금까지 이 책의 내용을 잘 따라왔다면 스스로 의견을 제시해 팀이 테스트 전략을 수립하는 데 공헌할 준비가 되어 있을 것이다. 다음 연습문제를 통해 이런 부분을 훈련해보자.

1. 가장 선호하는 결함 트리거는 어떤 것인가? 그 이유는 무엇인가? 테스트 수행과 테스트 디자인이라는 측면에서 가장 반영하기 힘든 결함 트리거는 어떤 것인가?

2. 이 장의 앞부분에서 〈헤일로: 리치〉의 옵션을 선택하기 위해 게임 패드의 십자 방향키와 아날로그 스틱을 사용한다고 언급했다. 이들을 어떻게 조합해 테스트 스위트에 반영할지 설명해보라. 하나의 큰 테이블을 만들 것인가, 아니면 각각의 옵션 선택에 맞게 분리된 작은 테이블을 여러 개 만들 것인가? 각 선택에 대한 특정한 이유를 설명해보라.

3. 하나의 무기나 탄약 아이템 위에 서 있는 상태에서 〈언리얼 토너먼트〉를 시작하는 것은 매우 흥미로운 일이다. 3초의 카운트다운이 지나고 나면 게임은 자동적으로 플레이어 캐릭터를 원래 시작 지점으로 이동시킬 것이다. Ammo TFD에 이런 상황을 어떻게 반영할 것인지, 그리고 어떤 이펙트를 체크해야 하며 왜 그런지를 포함해 설명해보라.

4. 다시, Ammo TFD에서 조이스틱과 왼쪽 마우스 버튼을 동시에 사용하는 사람이 사격을 하는 경우, 어떤 플로우를 추가하거나 변경해서 이를 구현할 수 있는지 설명해보라. 게임을 진행하는 동안 이미 마우스와 조이스틱이 연결되어 있다고 가정하고 케이스를 설명해보라. 이 경우 어떤 트리거가 표현이 될 수 있는지도 함께 설명해보라.

5. 가상의 게임 혹은 실제 게임을 대상으로 각 트리거를 어떻게 반영할지 리스트를 만들거나 아웃라인을 작성해보라. 일반 트리거가 아닌 트리거들을 대상으로 최소한 3개의 값과 상황, 그리고 케이스를 만들어보라. 베팅 룰에 대한 테스트를 작성하고, 그 구조뿐만 아니라 승리 조건에 대해서도 테스트를 작성해보라. 카드 게임 룰에 익숙하지 않다면 트리거 리스트를 작성하기 전에 온라인상에서 규칙을 찾아보라.

리그레션 테스트와
테스트 재사용

리그레션 테스트

리그레션 테스트$^{regression\ test}$는 각 버전의 게임에 대해 어떤 테스트가 수행돼야 하는지 결정하는 전략을 의미한다. 버그 수정을 위해 배포되는 빌드뿐만 아니라 개발 중인 빌드에도 이 전략은 유효하다. 이 이름은 코드가 가장 최근의 빌드에서 발생한 변경으로 인해 '퇴행^{regressed}(앞 버전으로 돌아가는 것)'돼야 하는지 결정할 필요가 있다는 데서 유래했다. 수행해야 할 테스트를 최소화하고 새로운 버그와 함께 빌드에 잔존한 에러를 찾을 수 있다면 이를 가장 훌륭한 전략이라고 할 수 있을 것이다.

6장 '게임 테스트 프로세스'에서는 원활한 배포를 위해 리그레션 테스트 플레이가 얼마나 중요한지를 설명하고 있다. 한번 테스트가 시작되면 변경되는 요구사항이나 버그 수정으로 인해 수시로 업데이트되는 게임 코드나 에셋에 실시간으로 대응할 필요가 있다. 코드와 스펙에서 발생하는 새로운 변경 내용을 커버하기 위해 테스트 역시 수시로 조정돼야 한다.

A–B–C

리그레션 테스트는 앞서 실패한 테스트를 재수행하는 리테스트보다 더 복잡하고 할 일이 많다. 이에 대한 근거는 '소프트웨어 부패^{Software Rot}'라고 할 수 있다. 소프트웨어 부패는 크게 두 가지 유형으로 분류된다.

- **휴지기 부패**^{Dormant Rot} : 오랫동안 사용되지 않은 소프트웨어와 관련이 있다. 애플리케이션의 나머지 부분이 진화해가지만 이 부분은 점점 더 쓸모가 없어진다.
- **활성화 부패**^{Active Rot} : 계속 수정이 이뤄지는 부분에서 발생하며, 원래의 기능이나 코드의 통합에 버그 수정이 점점 더 많은 영향을 미치게 된다.

새로운 변경사항을 테스트해야 할 때마다 변경이 되지 않은 코드, 의도적으로 변경된 코드, 그리고 의도하지는 않았지만 변경으로 인해 영향을 받을지도 모르는 부분의 조합을 고민해야 한다.

코드 부패에 대응하는 방법 중의 하나는 앞서 말한 세 가지 부분에 대한 테스트를 구분하고 새로운 코드를 테스트할 필요가 있을 때마다 이 세 가지 테스트를 모두 수행하는 것이다. 전체 테스트 스위트를 상, 중, 하로 구분하는 것이 아니라 각각의 주요 기능에 대한 테스트를 세 가지로 구분하는 것이 좋다. 이를 통해 빌드에서 구현된 기능이 제대로 동작하는지 확인하기 위한 테스트 재설계가 쉬워지고, 코드가 부패하지 않았음을 증명함과 동시에 테스트 결과가 무의미해지는 것을 방지할 수가 있다.

부패된 코드에 대해 좀 더 많은 정보를 얻기 원한다면 위키피디아에서 '소프트웨어 부패(Software Rot)'[SOFTWAREROT 16]를 검색해보라.

카드를 구매하는 화면 하나와 덱에서 이를 조합하는 화면, 그리고 AI인 상대방과 결투를 벌여 승자를 결정하는 모바일 카드 배틀 게임에서 어떻게 테스트를 분산해서 수행할지 알아보자.

이 가상의 게임에서 카드 구매와 관련된 총 40개의 조합 테스트 케이스, 덱 조합과 관련되어 20개의 경로를 가진 2개의 TFD, 그리고 카드 배틀 테스트를 위해 6개의 경로와 15개의 수동 테스트 케이스를 가진 1개의 TFD를 만들어낼 수 있다. 표 14.1은 이 테스트를 세 가지로 분류해 각각 A, B, C로 나눈 것을 보여준다.

▼ 표 14.1 카드 배틀 테스트의 A–B–C 분산

카드 배틀 기능	테스트 패턴	'A' 테스트	'B' 테스트	'C' 테스트
카드 구매	조합	13	13	14
덱 구성	TFD	7	7	6
배틀 수행	TFD + 수동	7	7	7

좀 더 효율적으로 테스트를 분산하기 위해 각 항목을 더 세부적으로 나눌 수 있다. 카드 구매를 위한 조합 테스트가 각각 12, 12, 16개의 테스트로 구성되어 있다고 가정하자. 'A' 사이클은 첫 번째 조합 테이블에서 4개의 테스트를, 두 번째에서 4개, 그리고 세 번째에서 5개의 테스트를 골라서 구성한다. 두 번째로 덱을 구성하는 TFD 디자인이 11개와 9개의 경로를 가진 2개의 TFD로 구성된다면 첫 TFD에서 4개, 두 번째에서 3개의 테스트를 골라 3개의 사이클을 구성할 수 있을 것이다. 배틀 진행과 관련된 테스트도 동일한 방법으로 구성이 가능하며 'B'와 'C' 사이클에 대해서도 이와 동일한 과정을 수행하면 3개의 사이클로 수행할 수 있는 모든 테스트가 구성된다. 표 14.2에서는 구매할 카드의 선택, 카드 구매, 카드 인벤토리 업데이트 과정을 위해 만들어진 테스트의 A–B–C 분산을 확인할 수 있다.

▼ 표 14.2 카드 구매 조합 테스트 케이스의 세부 분산

테스트 디자인	A 사이클	B 사이클	C 사이클
팩 선택	테스트 1		
	테스트 2		
	테스트 3		
	테스트 4		
		테스트 5	
		테스트 6	
		테스트 7	
		테스트 8	
			테스트 9
			테스트 10
			테스트 11
			테스트 12
카드 구매	테스트 1		
	테스트 2		
	테스트 3		
	테스트 4		
		테스트 5	
		테스트 6	
		테스트 7	
		테스트 8	
			테스트 9
			테스트 10
			테스트 11
			테스트 12
인벤토리 업데이트	테스트 1		
	테스트 2		
	테스트 3		
	테스트 4		

테스트 디자인	A 사이클	B 사이클	C 사이클
	테스트 5		
		테스트 6	
		테스트 7	
		테스트 8	
		테스트 9	
		테스트 10	
			테스트 11
			테스트 12
			테스트 13
			테스트 14
			테스트 15
			테스트 16

버그 수정이 포함된 빌드에서 앞서 실패했던 테스트를 다시 수행하는 것과 함께 어떤 사이클이든지 상관없이 해당 버그를 대상으로 새롭게 디자인된 테스트를 추가로 수행하는 것이 좋다. 아울러 다른 기능들 역시 믿을 수 있는 품질을 갖고 있는지 확인하기 위해 현재 사이클의 남아 있는 다른 부분도 수행해야 한다.

결함 모델링

새로 수행할 테스트를 선택하는 것도 필요하지만, 기존에 작성되어 있던 테스트 역시 수정되거나 새로운 테스트가 추가될 필요가 있다. 알파나 베타 빌드, 혹은 라이브 이후나 패치에서 시시때때로 발생하는 새로운 이슈나 변경사항에 적절하게 대응할 수 있는 테스트를 미리 준비하지 못했다면 해당 버그나 변경사항을 적절하게 테스트할 수 있도록 테스트를 디자인해야 한다. 이미 만들어진 테스트와 마찬가지로 새로운 테스트 역시 변경사항이 의도한 대로 동작할 수 있도록 사이클 단위로 수행돼야 한다. 〈기어즈 오브 워 2^{Gears of War 2}〉의 패치에서 수정된 다음 결함을 테스트한다고 가정해보자.

줌 인, 줌 아웃 그리고 사격 시에 플레이어의 시선 감도(Look Sensitivity)가 줌 감도(Zoom Sensitivity)로 변경되는 이슈[UPDATE 2]

〈기어즈 오브 워 2〉는 무기 민감도와 관련된 세 가지 독립적인 옵션을 제공한다. 우선 시선 감도는 플레이어가 무기를 지닌 채 주변 환경을 둘러볼 때 얼마나 빨리 시선을 변경할 수 있는지 결정한다. 타깃 감도는 얼마나 빨리 무기를 들어 일반적인 조준을 할 수 있는지 결정한다. 줌 감도는 얼마나 빨리 무기를 들고 조준경의 줌으로 적을 조준할 수 있는지 결정한다. 예를 들어 스나이퍼 라이플을 갖고 있는 경우 신속하게 주변을 둘러보고 적을 찾은 다음, 원거리에 있는 적을 빠르게 파악하고, 조준경의 조준점을 세밀하게 움직여 적을 조준할 필요가 있을 것이다. 이와 같은 경우, 시선 감도 = 높음, 타깃 감도 = 중간, 줌 감도 = 낮음으로 설정할 수 있다. 결함으로 인해 시선 감도가 줌 감도에 영향을 받는다면 정상적인 상태일 때보다 아무것도 조준하지 않은 상태에서 주변을 검색하고 접근하는 적을 인식할 수 있는 능력이 현저하게 떨어질 것이다.

원과 선을 그린 다음 버그 리포트의 내용에 맞게 각기 다른 게임의 상태를 정확하게 연결한다. 버그 리포트는 정확하게 3개의 이벤트를 명시하고 있는데, 줌 인, 줌 아웃, 사격이 바로 그것이다. 줌 인 상태와 줌 아웃 상태를 모델링하는 것은 어렵지 않다. FireWeapon 이벤트와 ZoomIn 이벤트는 서로 변환되고 루프를 통해 반복 수행된다. 그림 14.1은 감도 리그레션 시나리오의 첫 번째 컷을 보여준다.

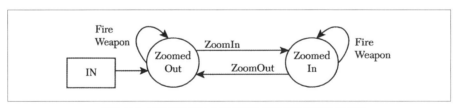

▲ 그림 14.1 시선 감도 버그 수정 검증을 위한 TFD 작성의 첫 단계

시작은 좋은 편이다. 하지만 아직까지 이전 버전에서 문제가 발생했던 LookSensitivity 파라미터와 관계된 상태나 플로우는 디자인에 반영되지 않았다. LookSensitivity는 플레이어가 무기를 사용하지 않는 상태에서 시선이 회전하는 속도에 영향을 미치므로 이 테스트를 위해 NotAiming 상태가 필요하다. 이 상태야말로 버그 수정을 확인하는 시나리오의 출발

점이 된다. 또한 플레이어가 무기를 사용하지 않을 때 LookSensitivity가 정상적으로 동작하는지 확인하기 위해 다시 점검해야 하는 상태이기도 하다. NotAiming 상태는 또한 OUT 박스와 연결하기도 용이한 상태다. 각 테스트의 마지막 부분에서 항상 LookSensitivity를 확인해야 하기 때문이다.

마지막으로, 매번 줌 상태가 될 때마다 어떤 것이 확인돼야 하는지 고려해야 한다. 여기서는 매번 줌을 사용할 때마다 적절한 감도가 세팅되어 있는지 테스트를 통해 검증돼야 한다. '바라보는' 동작을 수행함으로써 ZoomedIn 상태나 ZoomedOut 상태에 이르렀을 때 각 상태와 관련된 데이터 사전에서 테스터들이 바라보는 동작을 수행하고 적합한 감도, 즉 ZoomedIn 상태에서는 줌 감도 값을, ZoomedOut 상태에서는 타깃 감도 값을, NotAiming 상태에서는 시선 감도 값을 사용하고 있는지 확인해야 한다.

그림 14.2는 액션, 플로우 넘버, OUT 상태가 추가된 완전한 TFD를 보여준다.

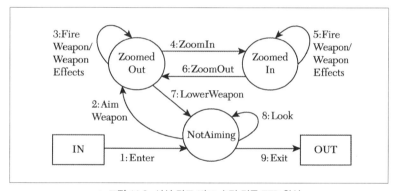

▲ **그림 14.2** 시선 감도 버그 수정 검증 TFD 완성

다이어그램을 완성하고 이를 확인한 다음 테스트에 필요한 경로를 설정해야 한다. 지금 상황은 이전에 테스트하지 않았던 새로운 것을 테스트하기 위해 TFD를 새로 만들 때와는 약간 다르다. 이 경우에는 버그 리포트에서 명시한 장애 시나리오를 그대로 수행할 수 있는 특정 경로가 필요하다. 장애를 일으키는 원인이 여러 가지라면 각 원인에 대한 경로가 설정돼야 한다. 이 작업이 완료되면 최소한 한 번 이상 각각의 플로우를 확인할 수 있는 추가 경로를 설정해야 한다. 지금까지의 테스트 디자인을 고려했을 때 결함 검증 경로의 첫 시퀀스에는 줌 인/줌 아웃이 포함돼야 하며 여기에는 플로우 4, 6, 3이 대응한다. 여기에 더

해 무기를 들지 않은 상태에서 LookSensitivity가 변경되지 않았음을 확인하기 위해 '바라보는' 동작이 추가될 필요가 있다. 이 모든 것을 고려하면 버그 수정을 위한 경로는 1, 2, 4, 6, 3, 7, 8이 된다. 이 경로가 TFD의 기본 경로로 설정될 것이다.

기본 경로에 더해 플로우 5를 포함하는 최소한 하나 이상의 경로가 필요하다. 또한 원래의 결함으로 인해 다른 부분이 영향받지 않았음을 증명하기 위해 다른 경로들 역시 추가로 고려돼야 한다. 기본 경로 안에서 하나 이상의 루프를 통해 반복되는 긴 경로를 만들거나 별도의 경로를 만든다. 예를 들면, 다음과 같다.

- **루프 구간**
  - a) 줌인 상태에서 무기를 여러 번 발사하고, 이후 줌 아웃한 다음, 무기를 내리고 LookSensitivity를 체크한다.
  - b) 기본 경로를 따라 ZoomedIn 상태로 진입하고, ZoomedOut 상태에서 무기를 여러 번 발사하기 전에 줌 인과 줌 아웃을 여러 번 반복 수행한다.
  - c) 기본 경로를 수행하기 전 NotAiming 상태에서 바라보는 동작을 여러 번 수행한다.
- **기본 동작 반복 수행**: 기본 동작을 수행하고 NotAiming 상태로 돌아온다. 그 상태에서 나가지 않고 다시 기본 동작을 여러 차례 반복해본다.
- **긴 경로**: 각기 다른 시퀀스를 통해 각각의 플로우를 세 번 반복한다.

결함을 모델링하고 늘 같은 패턴의 테스트를 수행하는 대신, 새로운 테스트를 디자인함으로써 처음 테스트를 통해 발견하지 못했던 연관된 결함과 수정으로 인해 유발된 새로운 결함을 좀 더 쉽게 찾아낼 수 있다. 이런 종류의 테스트는 원래의 이슈가 정상적으로 수정됐다는 것과, 이 수정 작업으로 인해 추가적으로 발생한 결함이 없다는 확신을 얻기 위한 안전망 역할을 수행하는 것이다.

시간은 간다

특정한 엔딩 없이 오랫동안 즐길 수 있는 게임도 있다. 특정 장르의 스포츠 게임은 매해 선수 명단과 유니폼, 스케줄, 경기장 등을 업데이트한다. 한 버전의 게임을 구매해 여러 시즌에 걸쳐서 즐기는 경우도 있고 새로운 버전을 구매하는 경우도 있을 것이다. 이런 상황에서 게임 내 동일한 부분을 계속 플레이하다 보면 의도하지 않았던 사이드 이펙트가 발생할 수 있다. 매번 재 테스트를 수행할 때마다 메모리를 초기화하고 세이브 파일을 지우는 것보다 하나의 시스템이나 드라이브를 지정해 세이브 파일을 저장해 분석이 시작돼야 하는 시점까지 진행된 정보를 축적하는 것이 좋다.

아주 오랜 기간 동안 반복적으로 테스트나 플레이를 지속함으로써 발생할 수 있는 상황으로는 어떤 것들이 있을지 생각해보자.

- 무기 가게의 아이템을 다 팔아서 인벤토리가 텅 빈다.
- 더 이상 나무를 심을 자리가 없다.
- 더 이상 표시할 수 없을 정도로 플레이어가 재화나 포인트를 모은다.
- 모든 차량이 사용하기 힘들 정도로 피해를 입어서 다음 지역이나 존으로 입장할 수 없다.
- 스탯이 최대치에 달해서 버프나 보너스가 아무 소용이 없게 된다.

시간이 흐름으로써 발생할 수 있는 이런 이슈들은 〈FIFA 11〉에서 버추얼 프로^{Virtual Pro} 기능을 여러 시즌에 걸쳐서 사용했을 때도 발생한다. 실세계에 존재하는 원래 선수가 계약을 갱신하지 않거나 은퇴하는 경우 어떤 일이 발생하는지 알아보기 위해 새로운 플레이어를 생성해보자. 새로운 플레이어에게 이름을 부여하고 각 팀에 여러 번 입단시킨다. 새로 생성한 플레이어의 경우 그의 이름을 소개하는 오디오 에셋이 존재하지 않을 것이다. 따라서 게임 내의 아나운서는 실제 로스트상에 존재하는 플레이어의 이름을 사용할 것이다. 만약 새로운 플레이어에게 아무 이름도 부여하지 않는다면 새로운 사이드 이펙트가 발생할 것이다. 플레이어의 이름이 비어 있는 것이 게임 화면과 결과 화면 곳곳에서 보일 것이다. 그림 14.3은 보헤미안 클럽의 레프트 센터 미드필더^{LCM, left center midfielder}의 이름이 비어 있는 상태의 화면을 보여준다. 플레이어의 이름이 표시되는 모든 게임 UI, 즉 플레이어가 골을 넣었을 때나 옐로 카드를 받았을 때 이름이 표시되는 공간이 비어 있거나 선수의 백 넘버만 표시될 것이다. 이런 증상은 여러 팀에서 발견되며 심지어는 이름이 없는 선수 한 명 이상을 보유하고 있는 팀도 종종 발견된다. 만약 테스트를 한 시즌만 진행하고 종료하거나 게임을 여러 번 진행하지 않는다면 이러한 장애를 발견하지 못할 수도 있다.

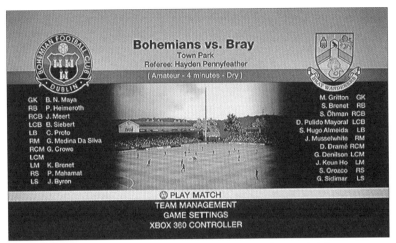

▲ 그림 14.3 이름 없는 선수가 등장하는 〈FIFA 11〉 매치 라인업

가능성 확장하기

리그레션 테스트는 새로운 에디션이 출시됐을 때, 예를 들어 확장팩이 출시되거나 온라인 스토어에 새로운 아이템이 추가됐을 때 원래 게임의 기능이 정상적으로 동작하는지 확인하는 데도 사용된다. 하지만 새롭게 추가된 항목에 대한 테스트를 기존의 테스트와 항상 통합할 수 있는 건 아니다. 〈기어즈 오브 워 2〉는 '올 프론츠All Fronts' 확장팩을 통해 19개의 맵과 한 명의 새로운 싱글 플레이어 캐릭터, 그리고 13개의 새로운 달성 과제를 추가했다. 예를 들어 '말이 씨가 된다Be Careful What You Wish For'라는 도전 과제는 멀티플레이어 레벨 8을 달성하고 호드Horde의 하이웨이 맵에서 모두 10번의 웨이브를 견뎌야 달성이 가능하다. 이미 레벨 8에 도달했거나 그 이상의 레벨을 달성한 사람이라면 10번의 웨이브를 완료하면 이 도전 과제의 달성이 가능하다. 게임을 구매하고 확장팩까지 추가로 구매한 사람이라면 아마 도전 과제 달성에 필요한 이 두 가지 과제를 거의 모두 달성했을 것이다. 10번의 호드 웨이브를 달성하기 전에 레벨 8에 도달하는 것도 가능하고, 레벨 8에 도달하기 전에 10번의 호드 웨이브를 완료하는 것도 가능하다. 확장팩을 구매하기 전에 이미 레벨 8에 도달한 사람들은 새로운 맵에서 10번의 웨이브만 완료하면 그만이다. 다양한 방법을 통해 도전 과제를 달성할 수 있는 조건을 테스트하기 아주 좋은 조건이다.

그림 14.4는 '말이 씨가 된다' 도전 과제를 위한 테스트 트리를 보여주고 있다. 트리를 통해 과제 달성에 필요한 레벨(레벨 8)이 어느 정도인지, 목표로 한 레벨 혹은 목표로 한 웨이브 기준을 언제 달성할 수 있는지, 또한 이 두 가지를 동시에 달성하는 기준과 하나의 조건이 충족되면 그다음으로 어떤 기준이 충족돼야 하는지 설명하고 있다. 그 어떤 터미널 노드 terminal node[1]에 도달하더라도 도전 과제를 성공적으로 달성할 수 있어야 한다.

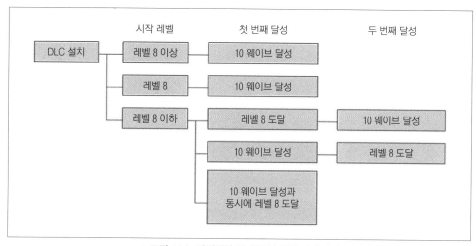

▲ 그림 14.4 하이웨이 맵 웨이브 도전 과제 트리

테스트 재사용

테스트 재사용은 게임의 변화에 발맞춰 테스트를 확장하고 이를 반영해 테스트를 디자인하고 수행하는 것을 의미한다. 하나 이상의 기능이나 버전, 더 나아가서는 게임 전체에 대해 테스트를 디자인하거나 스크립트를 작성하는 업무가 반복적으로 수행된다. 이를 성공적으로 수행하기 위해서는 테스트를 디자인하는 시점에서부터 기존 테스트의 재사용을 염두에 둬야 한다.

---

1   터미널 노드는 자식 노드가 없는 트리의 가장 끝부분에 위치한 노드를 의미한다. 여기서는 '두 번째 달성' 열의 '10 웨이브 달성'과 '레벨 8 도달'이 된다. – 옮긴이

TFD 디자인 패턴

게임 테스트 경험이 쌓일수록 모든 게임에는 반복되는 일들이 있다는 사실을 알게 될 것이다. 다양한 장르의 다양한 타이틀에서 종종 비슷한 일들이 벌어진다. 이런 상황은 오히려 새롭게 테스트를 디자인하는 방법을 최적화할 수 있는 좋은 기회라고 할 수 있다. 대부분 이런 상황들은 크게 2개 혹은 3개의 상태로 구분이 되며, 각 상태에서 상태 전환이 반복해서 이뤄진다. 테스트 플로우 다이어그램^{Test Flow Diagrams}은 이런 패턴을 기반으로 테스트를 디자인할 수 있는 훌륭한 도구다. 상태의 이름과 플로우를 변경함으로써 매번 다이어그램의 구조를 변경하지 않으면서도 새로운 테스트를 생성해낼 수 있는 것이다. 그림 14.5는 2개의 상태로 구성된 테스트의 뼈대를 보여준다.

▲ **그림 14.5** 2개 상태 TFD 디자인 패턴

1인칭 슈팅 게임에서 무기 전환을 검증하는 테스트에 이 패턴을 사용하는 방법을 알아보자. 상태 1은 기본 무기를 장비하고 있다. 따라서 이를 '무기 1'이라고 바꾸자. 상태 2는 기본 무기 대신 다른 무기를 장착한 상태다. 무기를 바꿈으로써 상태 1에서 상태 2로 갈 수 있으며, 마찬가지로 상태 2에서 상태 1로 돌아갈 수도 있다. 이 과정은 인벤토리에 있는 무기로 변경하거나 새로운 무기를 장비하기 위해 기존 무기를 버려야 하는 상황에도 사용할 수 있다. 그림 14.6은 이 패턴을 사용해 작성된 무기 변환 시나리오를 보여준다.

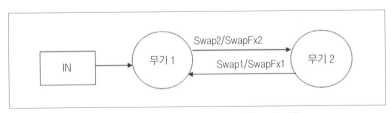

▲ **그림 14.6** 2개 상태 디자인 패턴을 활용한 무기 변환 TFD

다른 플랫폼에서 구동되는 동일한 게임에 해당 패턴을 재활용하기 위해서는 특정 플랫폼에 특화된 이벤트를 추가해야 한다. 동일한 게임이 PC에서 출시됐느냐, 혹은 모바일로 출시됐느냐에 따라 게임 컨트롤은 극명하게 달라진다. 무기를 바꾸는 동작은 키패드의 넘버 키를 눌러서도 수행이 가능하고, 모바일의 경우라면 스크린을 탭하는 동작을 통해서도 가능하다. 플랫폼의 특성에 따라 TFD의 각 이벤트에 서로 다른 이름을 부여할 수 있다. 혹은 좀 더 포괄적인 명칭을 부여한 다음 해당 동작을 동일한 버튼을 사용해 구현할지, 아니면 서로 다른 패턴의 컨트롤을 사용할지 유연하게 정의할 수 있다. 새로운 다이어그램을 생성하지 않고도 지원하는 모든 플랫폼에서 발생하는 이벤트와 액션을 정의하는 간단한 테이블을 만들어낼 수 있다. 표 14.3은 다양한 플랫폼에서 발생 가능한 무기 교체 정의의 예를 보여준다.

▼ 표 14.3 다양한 플랫폼상에서 발생 가능한 Swap1 이벤트 정의

플랫폼	Swap1 이벤트 정의
PC	숫자 키패드의 1번 키를 누른다.
콘솔	컨트롤러의 X 버튼을 누른다.
모바일	화면 왼쪽 아래의 '1' 버튼을 탭한다.

각각의 무기 유형과 플랫폼에 따라 무기를 교체하면서 발생하는 애니메이션이나 사운드 효과 역시 조금씩 달라진다. 무기만 그런 것이 아니다. 소환수를 바꾸거나 골프채를 바꿀 때도 동일한 방식이 적용된다. 패턴을 사용해 테스트 디자인을 빠르게 시작할 수 있고, 테스트하는 게임과 테스트의 목적에 적합한 상태의 플로우를 추가함으로써 효과적인 TFD를 만들 수 있다. 앞 장에서 설명했던 전문가 경로와 플로우 사용 프로파일 같은 기법을 추가해 사용하면 더욱 효율적으로 테스트 디자인을 수행할 수 있다. 사용자 기반의 테스트를 수행한다면 OUT 상태를 추가해 TFD를 완성한 이후 각 플로우에 숫자와 함께 백분율을 표시하면 된다. 경로가 완성됐다면 테스트를 시작할 준비가 된 것이다. 그림 14.7은 2개의 상태를 기반으로 작성된 예제 시나리오를 보여준다. 이 시나리오가 완벽한 것은 아니지만, 어떻게 하면 이런 패턴들을 테스트에 효율적으로 사용할 수 있는지 잘 보여준다. HasBall과 같이 일반적인 상태에서 시작하는 시나리오도 존재하는 반면, NotPoisoned와 같이 부정적인 상태에서부터 시작하는 시나리오도 존재한다. 어떤 상태에서 테스트가 시작하느냐

는 전적으로 모델링하고자 하는 상황의 초기 상태에 달려 있다. 테스트 디자이너로서의 입장을 반영해도 괜찮고, 자연스러운 게임의 진행 상황에 맞추어 초기 상태를 설정해도 아무런 문제가 없다. 예를 들어, 늑대인간이 등장하는 게임의 경우 게임 스토리는 아직 보름달이 되지 않은 시점에서 인간인 형태로 시작할 수 있다.

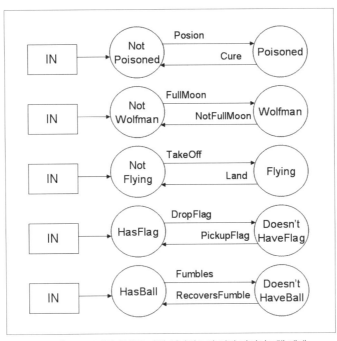

▲ 그림 14.7 2개의 상태를 가진 시나리오의 시작 다이어그램 예제

어떤 게임 상황에서는 세 가지 상태 패턴을 활용해 테스트가 가능하다. 기본적인 원리는 2개의 상태를 활용할 때와 동일하다. 세 가지 상태 패턴의 가장 큰 특징은 3개 중 한 상태는 단지 한 방향으로만 변환이 가능하며 다른 2개의 상태는 시작했던 상태로 돌아가는 플로우를 갖는다는 것이다. 모든 상황에 100% 적용이 가능한 것은 아니지만 가장 기본적인 패턴에서부터 시작해 각 플로우에 어떤 정보들이 추가되는지 알아보는 게 좋다. 기본적인 패턴을 만든 다음 간단함을 유지하면서 필요에 따라 더할 것은 더하고 뺄 것은 뺀면 된다. 그림 14.8은 3개의 상태를 기반으로 작성한 TFD 패턴을 보여준다.

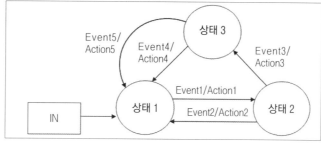

▲ 그림 14.8 3개 상태 기반의 TFD 디자인 패턴

앞서 살펴본 2개 상태 기반의 패턴과 마찬가지로 다른 플랫폼에서 구동되는 동일한 게임을 대상으로 이벤트와 액션, 그리고 상태를 각기 다르게 정의할 수 있다. 하지만 이를 위해 공간을 조정할 필요는 없다. 그림 14.9는 일반적인 게임 시나리오가 반영된 3개 상태 기반의 패턴을 보여준다.

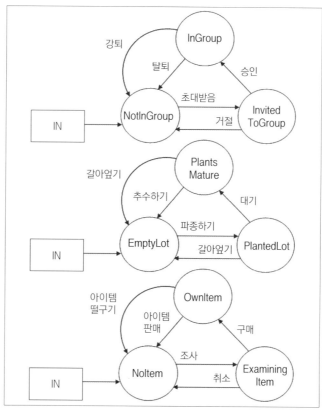

▲ 그림 14.9 3개 상태 기반 시나리오 스타터 다이어그램의 예제

2개의 상태를 기반으로 하든 3개의 상태를 기반으로 하든 모두 완벽한 것은 아니다. 즉, 이 패턴으로 모든 게임 시나리오를 표현할 수 있는 것은 아니라는 이야기다. 테스터로서의 경력이 쌓일수록 자기만의 테스트 디자인에서 벗어나 다양한 패턴을 습득할 수 있도록 노력해야 한다. 패턴을 재사용하고 그와 동시에 이를 진화시켜나가야 한다. 또한 패턴 기반의 테스트 수행에 만족하지 말아야 한다. 패턴 기반 테스트가 모든 상황에서 최적의 테스트는 아니기 때문이다. 패턴 기반 테스트는 테스트의 마지막 단계가 아니라 시작에 불과하다. 스스로의 사고와 업무를 제한하는 것이 아니라 기본적인 것을 빠르게 습득해 자신만의 테스트를 디자인할 수 있게 도와주는 것이다.

뒤돌아보고 미리 보기

〈기어즈 오브 워〉 시선 감도 버그를 위해 만들었던 TFD를 다시 살펴보자. 하나의 테스트 디자인을 5개의 무기에 적용해 테스트를 좀 더 완벽하고 효율적으로 수행할 수 있다. 해머버스트 공격 라이플Hammerburst Assault Rifle, 롱샷 스나이퍼 라이플Longshot Sniper Rifle, 볼톡 피스톨Boltok Pistol, 고곤 피스톨Gorgon Pistol, 스넙 피스톨Snub Pistol에 동일한 디자인을 적용할 수 있다. 다이어그램이나 경로를 추가하는 것과 같은 별도의 편집 과정을 거치지 않고 이를 효율적으로 수행할 수 있는 방법은 줌 기능을 가진 무기에 대해 해당 테스트를 반복 수행하는 것이다. 이 방식으로 테스트를 재사용하면 각 변종들이 테스트 인벤토리에서 각기 구별된 아이템으로 처리되며 A−B−C 수행 사이클 안에서 각각의 결과를 추적할 수 있게 된다. 이 기법은 무기와 경로를 조합해서 테스트해야 하는 경우에도 효과적으로 사용할 수 있다. 이를 통해 개별 무기와 경로에서 발생할 수 있는 결함도 발견이 가능해질 것이다. 표 14.4를 통해 시선 감도 TFD에 3개의 경로를 설정한 경우를 알 수 있다.

▼ 표 14.4 줌 가능한 무기를 위한 시선 감도 테스트 스케줄

테스트 디자인: LookSensitivity		
A 사이클	B 사이클	C 사이클
경로 1 – 해머버스트		
경로 2 – 롱샷		
경로 3 – 볼톡		
경로 1 – 고곤		
경로 2 – 스넙		
	경로 3 – 해머버스트	
	경로 1 – 롱샷	
	경로 2 – 볼톡	
	경로 3 – 고곤	
	경로 1 – 스넙	
		경로 2 – 해머버스트
		경로 3 – 롱샷
		경로 1 – 볼톡
		경로 2 – 고곤
		경로 3 – 스넙

이 장의 앞에서 살펴본 바와 같이 테스트 트리를 사용해 〈기어즈 오브 워 2〉의 확장팩에 나오는 도전 과제들을 테스트할 수 있었다. 개발 과정에 필요한 테스트들이 완료된 다음에 수행됐지만, 여기서도 테스트를 재사용함으로써 이득을 얻을 수 있었다. 유사한 요구사항을 갖는 7개의 도전 과제가 동일한 확장팩에 포함되어 있으므로 각 레벨에서 플레이어가 달성해야 하는 항목, 견뎌내야 하는 웨이브의 횟수, 사용돼야 하는 맵의 종류 등만 바꾸어서 재활용한 것이다. 7개의 비슷한 테스트 트리를 따로 만드는 것보다 7개의 테스트를 수행할 각 테스터들이 한 번에 이해할 수 있는 하나의 범용 테스트 트리를 활용하는 편이 훨씬 효과적이다. 그림 14.10은 이런 방식을 통해 기존의 도전 과제와 향후에 만들어낼 도전 과제에 동시에 적용 가능한 범용 테스트 트리를 보여준다.

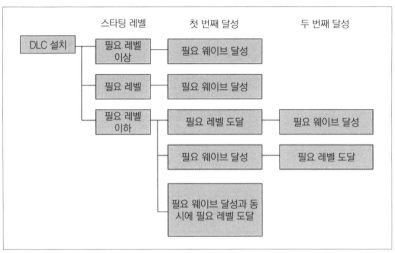

▲ 그림 14.10 일반적인 웨이브 완료 도전 과제 트리

 〈기어즈 오브 워 2〉 올 프론츠 컬렉션의 도전 과제를 좀 더 자세하게 알아보고 싶다면, http://www.ign.com/articles/2009/05/26/gears-of-war-2-all-fronts-official-achievement-list.html을 방문해 공식 도전 과제 목록을 확인해볼 수 있다.

조합 확장

게임은 시간이 흐를수록 업데이트되고 발전하면서 점점 복잡해진다. 테스트를 수행할 때마다 처음부터 모든 것을 다시 수행하는 것은 결코 생산적인 전략이라고 볼 수 없다. 조합 테스트를 활용한다면 새로운 파라미터와 값을 최소한의 노력으로 테스트할 수 있다. 이 방법이야말로 새로운 기능이나 업데이트에 발맞춰 테스트를 발전시킬 수 있는 최고의 방법이라고 할 수 있다.

EA^{Electronic Arts}의 FIFA 시리즈는 오랫동안 프랜차이즈를 유지하면서 매년 새로운 기능을 더해왔고, 이를 통해 시간이 지날수록 커져가는 축구 게임 팬들의 요구를 충족시킬 수 있었다. 엑스박스 360 버전의 〈FIFA 2007〉은 다음과 같은 게임 설정 옵션을 제공한다.

시간/점수 표시: 끔, 켬

카메라: 다이내믹, 다이내믹V2, 텔레, 엔드투엔드

레이더: 2D, 3D, 끔

경기 인트로: 켬, 끔

이 조합은 표 14.5에서 보이는 것과 같이 올페어즈 도구를 사용해 12개의 조합으로 줄일 수 있다.

▼ 표 14.5 〈FIFA 2007〉 비주얼 설정 조합 테이블

	카메라	레이더	TS 표시	경기 인트로
1	다이내믹	2D	끔	끔
2	다이내믹	3D	켬	켬
3	다이내믹V2	2D	켬	끔
4	다이내믹V2	3D	끔	켬
5	텔레	끔	끔	끔
6	텔레	2D	켬	켬
7	엔드투엔드	끔	켬	켬
8	엔드투엔드	3D	끔	끔
9	다이내믹	끔	끔	켬
10	다이내믹V2	끔	켬	끔
11	텔레	3D	켬	끔
12	엔드투엔드	2D	끔	켬

2008 버전에서는 경기 인트로 설정이 사라지고 HUD와 인디케이터 옵션이 추가됐다. HUD 설정에서는 '플레이어 이름 바'와 '인디케이터'를 선택할 수 있고, 인디케이터 설정에서는 '플레이어 이름'과 '플레이어 넘버'를 선택할 수 있다. 또한 카메라 설정은 게임 설정 – 카메라 화면으로 독립됐으며, 선택할 수 있는 값에 '프로'가 추가됐다. 독립된 카메라 모드는 각각의 다른 게임 모드에 적용이 가능하다. 싱글 플레이어, 멀티플레이어, 프로^{Be a Pro}, 온라인 팀 플레이에 적용이 가능했다. 단, 이번에는 예제의 목적에 따라 싱글 플레이어만을 다룰 것이다. 각 모드에 대한 테이블을 만들 때 하나의 테스트 디자인을 연달아 사용할 수가 있다.

2008 버전의 테이블을 아예 처음부터 다시 만들 수도 있다. 하지만 이미 올페어즈를 사용해 작성한 2007 버전의 파일을 변경하고 새로운 테이블을 만들어 사용하는 편이 훨씬 쉽다. 목록 14.1은 올페어즈 입력 파일에 사용된 〈FIFA 2008〉의 데이터를 보여준다. 표 14.6은 〈FIFA 2008〉에서 새롭게 등장한 비주얼 세팅 조합 테이블을 보여준다. 120개의 조합 테이블이 16개의 테스트 케이스로 줄어든 것이다.

▼ 목록 14.1 FIFA 2008 비주얼 세팅 변경 테스트에 필요한 올페어즈 파일

카메라	레이더	TS 표시	HUD	인디케이터
다이내믹	2D	끔	네임바	이름
다이내믹V2	3D	켬	인디케이터	넘버
텔레	끔			
엔드투엔드				
프로				

▼ 표 14.6 〈FIFA 2008〉 비주얼 세팅 조합 테이블

	카메라	레이더	TS 표시	HUD	인디케이터
1	다이내믹	2D	끔	네임바	이름
2	다이내믹	3D	켬	인디케이터	넘버
3	다이내믹V2	2D	켬	네임바	넘버
4	다이내믹V2	3D	끔	인디케이터	이름
5	텔레	끔	끔	네임바	넘버
6	텔레	끔	켬	인디케이터	이름
7	엔드투엔드	2D	끔	인디케이터	넘버
8	엔드투엔드	3D	켬	네임바	이름
9	프로	2D	켬	인디케이터	이름
10	프로	3D	끔	네임바	넘버
11	다이내믹	끔	끔	인디케이터	이름
12	다이내믹V2	끔	켬	네임바	넘버
13	텔레	2D	끔	네임바	이름
14	텔레	3D	켬	인디케이터	넘버
15	엔드투엔드	끔	끔	인디케이터	넘버
16	프로	끔	켬	네임바	이름

이 책에서 함께 제공하는 자료에 모든 FIFA 조합 테이블 예제의 파일이 포함되어 있다.

〈FIFA 2009〉 버전에는 비주얼 세팅과 관련해 아주 작은 변경만 더해졌다. 카메라 옵션에 '브로드캐스트' 옵션만 추가된 것이다. 목록 14.2에서 보이는 것과 같이 올페어즈에서 한 줄만 더 추가해 이를 반영할 수가 있다. 그 결과 표 14.7에서 보이는 것과 같은 테이블을 얻을 수 있다. 브로드캐스트 값을 추가하는 경우 오직 3개의 테스트 케이스만 추가된다.

▼ 목록 14.2 〈FIFA 2009〉 비주얼 세팅 변경 테스트에 필요한 올페어즈 파일

카메라	레이더	TS 표시	HUD	인디케이터
다이내믹	2D	끔	네임바	이름
다이내믹V2	3D	켬	인디케이터	넘버
텔레	끔			
엔드투엔드				
프로				
브로드캐스트				

▼ 표 14.7 〈FIFA 2009〉 비주얼 세팅 조합 테이블

	카메라	레이더	TS 표시	HUD	인디케이터
1	다이내믹	2D	끔	네임바	이름
2	다이내믹	3D	켬	인디케이터	넘버
3	다이내믹V2	2D	켬	네임바	넘버
4	다이내믹V2	3D	끔	인디케이터	이름
5	텔레	끔	끔	네임바	넘버
6	텔레	끔	켬	인디케이터	이름
7	엔드투엔드	2D	끔	인디케이터	넘버
8	엔드투엔드	3D	켬	네임바	이름
9	프로	2D	켬	인디케이터	이름
10	프로	3D	끔	네임바	넘버
11	브로드캐스트	끔	끔	인디케이터	이름
12	브로드캐스트	2D	켬	네임바	넘버

(이어짐)

	카메라	레이더	TS 표시	HUD	인디케이터
13	다이내믹	끔	켬	네임바	넘버
14	다이내믹V2	끔	끔	네임바	이름
15	텔레	2D	끔	인디케이터	넘버
16	텔레	3D	켬	네임바	이름
17	엔드투엔드	끔	켬	인디케이터	넘버
18	프로	끔	끔	네임바	이름
19	브로드캐스트	3D	끔	인디케이터	넘버

〈FIFA 2009〉에서는 카메라 옵션만 추가됐으므로 전체 테이블을 새로 만들기보다는 기존의 테이블에 브로드캐스트 값만 추가해 조합 테이블을 만들 수가 있다. 이런 방식의 이점은 이미 생성해놓은 기존 테이블을 지속적으로 활용할 수 있으므로 테스트 도구를 업데이트하거나 테스트 자동화를 위한 작업을 다시 수행할 필요가 없다는 것이다. 어떤 파라미터에 값이 추가되느냐에 따라 테스트 스위트가 조금씩 커져갈 것이다. 이 경우 새로운 카메라 옵션이 추가됨으로써 단지 3개의 테스트만 추가됐는데, 그 이유는 다른 파라미터가 가진 선택 가능한 수 중에서 가장 많은 값이 3이기 때문이다.[2] 새로운 조합을 만들기 위해 기존에 작성됐던 테스트의 다른 파라미터의 값들과 새로운 옵션이 조합돼야 한다. 만약 새로운 값이 카메라가 아닌 HUD 항목에 추가됐다면 카메라 항목이 가진 5개의 선택 가능한 경우의 수, 즉 다이내믹, 다이내믹V2, 텔레, 엔드투엔드, 프로와 조합되는 5개의 새로운 테스트가 추가됐을 것이다. 표 14.8은 〈FIFA 2008〉에서 작성된 테이블에 17~19 항목이 추가된 테스트를 보여준다.

▼ 표 14.8 〈FIFA 2008〉 테이블에 비주얼 세팅이 추가된 〈FIFA 2009〉 테이블

	카메라	레이더	TS 표시	HUD	인디케이터
1	다이내믹	2D	끔	네임바	이름
2	다이내믹	3D	켬	인디케이터	넘버
3	다이내믹V2	2D	켬	네임바	넘버

---

2   카메라 옵션을 제외한 다른 파라미터의 선택 가능한 수는 각각 3개, 2개, 2개, 2개이며, 이 중에서 레이더 항목의 3개 항목이 가장 큰 수이므로 3개의 테스트 케이스가 추가되는 것이다. - 옮긴이

	카메라	레이더	TS 표시	HUD	인디케이터
4	다이내믹V2	3D	끔	인디케이터	이름
5	텔레	끔	끔	네임바	넘버
6	텔레	끔	켬	인디케이터	이름
7	엔드투엔드	2D	끔	인디케이터	넘버
8	엔드투엔드	3D	켬	네임바	이름
9	프로	2D	켬	인디케이터	이름
10	프로	3D	끔	네임바	넘버
11	다이내믹	끔	끔	인디케이터	이름
12	다이내믹V2	끔	켬	네임바	넘버
13	텔레	2D	끔	네임바	이름
14	텔레	3D	켬	인디케이터	넘버
15	엔드투엔드	끔	끔	인디케이터	넘버
16	프로	끔	켬	네임바	이름
17	**브로드캐스트**	2D	**끔**	**네임바**	**이름**
18	**브로드캐스트**	3D	**켬**	인디케이터	**넘버**
19	**브로드캐스트**	**끔**	**끔**	**네임바**	**이름**

⟨FIFA 2010⟩의 경우는 ⟨FIFA 2009⟩의 선택 가능한 경우의 수를 그대로 유지하고 있다. 따라서 기존의 테스트를 변경할 필요가 없다. 그럼 ⟨FIFA 2011⟩에서 어떤 것들이 변경됐는지 살펴보자. 우선 '인디케이터' 비주얼 세팅 항목이 '플레이어 인디케이터'로 명칭이 변경됐으며, '게이머태그Gamertag 인디케이터'를 켜고 끄는 옵션이 추가됐다. 두 번째로 '넷 텐션Net Tension' 항목이 추가됐다. 이 항목에는 디폴트Default, 일반Regular, 루즈Loose 혹은 타이트Tight 값이 포함되어 있다. 마지막으로, '다이내믹V2' 카메라 세팅 값이 '코옵Co-Op' 으로 변경됐다. 올페어즈의 입력값 파일을 업데이트할 때 2개의 파라미터가 추가되어 모두 7개의 열과 6개의 새로운 값이 추가돼야 한다. 목록 14.3은 ⟨FIFA 2011⟩의 비주얼 세팅 테스트를 위해 필요한 올페어즈 입력 데이터를 보여준다.

▼ 목록 14.3 〈FIFA 2011〉 비주얼 세팅 변경 테스트에 필요한 올페어즈 파일

카메라	레이더	TS 표시	HUD	플레이어 인디케이터	게이머태그 인디케이터	넷 텐션
다이내믹	2D	끔	네임바	이름	끔	디폴트
코옵	3D	켬	인디케이터	넘버	켬	일반
텔레	끔					루즈
엔드투엔드						타이트
프로						
브로드캐스트						

이번에는 변경된 내용들이 기존 테스트 스위트에 미치는 영향이 솜 더 크다. 표 14.9는 추가된 6개의 테스트로 인해 〈FIFA 2007〉에 비해 거의 2배 가까이 늘어났다. 추가된 테스트로 인해 테스트를 준비하고, 수행하고, 자동화하고, 그 결과를 체크하기가 더 복잡해졌음을 고려할 필요가 있다.

▼ 표 14.9 〈FIFA 2011〉 비주얼 세팅 조합 테이블

	카메라	레이더	TS 표시	HUD	인디케이터	카메라태그 인디케이터	넷 텐션
1	다이내믹	2D	끔	네임바	이름	끔	디폴트
2	다이내믹	3D	켬	인디케이터	넘버	켬	일반
3	코옵	3D	켬	네임바	넘버	끔	디폴트
4	코옵	2D	끔	인디케이터	이름	켬	일반
5	텔레	끔	켬	네임바	이름	켬	루즈
6	텔레	끔	끔	인디케이터	넘버	끔	타이트
7	엔드투엔드	2D	켬	인디케이터	넘버	끔	루즈
8	엔드투엔드	3D	끔	네임바	이름	켬	타이트
9	프로	끔	켬	인디케이터	이름	켬	디폴트
10	프로	2D	끔	네임바	넘버	끔	일반
11	브로드캐스트	3D	끔	인디케이터	이름	끔	루즈
12	브로드캐스트	2D	켬	네임바	넘버	켬	타이트
13	다이내믹	끔	켬	네임바	이름	끔	일반
14	코옵	끔	끔	네임바	넘버	켬	루즈
15	텔레	2D	끔	인디케이터	넘버	켬	디폴트

	카메라	레이더	TS 표시	HUD	인디케이터	카메라태그 인디케이터	넷 텐션
16	텔레	3D	켬	네임바	이름	끔	일반
17	엔드투엔드	끔	끔	인디케이터	넘버	끔	디폴트
18	프로	3D	켬	인디케이터	이름	끔	타이트
19	브로드캐스트	끔	켬	네임바	이름	켬	디폴트
20	다이내믹	~3D	끔	인디케이터	넘버	켬	루즈
21	코옵	~2D	켬	인디케이터	이름	끔	타이트
22	엔드투엔드	~끔	켬	네임바	이름	켬	일반
23	프로	~2D	끔	네임바	넘버	켬	루즈
24	브로드캐스트	~3D	끔	인디케이터	넘버	끔	일반
25	다이내믹	~끔	끔	네임바	넘버	켬	타이트

게임에서 매번 바뀌는 콘텐츠에 따라 모든 테스트를 다시 수행하는 것은 아주 많은 비용과 시간이 드는 일이다. 이를 커버하기 위한 테스트 수행 방법에 따라 리테스트를 수행하고 새로운 코드를 검증하는 시간에 큰 차이가 날 수밖에 없다. 안정성과 기존 테스트의 커버리지, 그리고 직관이 한데 어우러져야만 리그레션 테스트가 원활하게 수행될 수 있다. 이런 문제를 해결할 수 있는 적절한 공식을 찾아냄으로써 높은 품질의 게임을 신속하게 런칭할 수 있다.

테스터들은 테스트 케이스를 일관적이고 합리적인 방식으로 작성하고 유지함으로써 테스트 업무를 효율적으로 수행하고 유지보수할 수 있게 된다. 현실에서도 견고하게 구성된 건물이 오래 가듯이 재활용 가능한 테스트들이야말로 오랜 수명을 보장함과 동시에 다양한 상황에서 유용하게 쓸 수 있다. 또한 가장 최소한의 노력을 통해 지속적으로 활용이 가능하다.

연습문제

1. 다음 〈기어즈 오브 워 2〉의 이슈에 따라 버그 수정을 확인할 수 있는 TFD를 디자인해 보라.

   '미트실드(meatshield)가 손상됐을 때 전기톱으로 적의 미트실드를 공격할 수 없는 이슈'

2. 뱀파이어 롤플레잉 게임에서 2개의 버블 타입 TFD 패턴을 사용해 테스트가 가능한 시나리오를 최소 3개 이상 찾아보라. 뱀파이어의 관점과 그 밖의 캐릭터의 관점 모두를 고려해서 상황을 구성해보라.

3. 이 책과 함께 제공되는 자료에는 그림 14.3에서 등장하는 두 팀으로 구성된 경기의 동영상이 포함되어 있다. 동영상 중에서 레프트 센터 미드필더^{LCM, left center midfielder}의 이름이 빈칸으로 등장하는 모든 상황을 찾아서 적어보라.

4. 표 14.9의 게이머태그 인디케이터 항목에 '3DTV' 값을 추가하고 페어와이즈 커버리지를 유지할 수 있는 최소한의 테스트 케이스를 추가해보라.

탐색적 게임 테스트

15장에서 다루는 내용

- 탐색적 테스트 개요
- 탐색적 테스트 기록하기
- 세션 기반 테스트

탐색적 테스트 개요

지금까지는 구조적인 관점에서 테스트 케이스 생성을 살펴봤다. 이런 방법들은 테스트 케이스를 만드는 데 필요한 명세와 요구사항을 정확하고 엄격하게 해석하는 것이 중요하다. 하지만 제품을 바라볼 땐 그저 정확하게 동작하는지, 혹은 그렇지 않은지를 우선 판단하게 된다. 앞서 살펴본 구조적인 방법들이 상당히 정형화되어 있음에도 불구하고, 출시된 다양한 게임에는 여전히 수많은 결함들이 나타나고는 한다.

탐색적 테스트는 테스터들에게 다양한 경로를 통해 명세와 요구사항을 탐험해보는 관광객의 역할을 부여함으로써 앞서 살펴본 구조적 기법들의 단점을 극복하려고 한다. 탐색적 게임 테스트의 목적은 다음과 같다.

- 게임과 게임의 기능이 어떻게 동작하는지, 게임 안에서 각 요소들이 어떻게 상호작용하는지, 사용자가 게임을 플레이하는 동안 게임의 기능들은 어떤 일을 수행하는지에 대한 이해를 늘린다.
- 게임 소프트웨어가 지닌 한계를 드러내게 한다.
- 게임에서 버그를 찾아낸다.

제임스 휘태커[James A. Whittaker]는 그의 저서 『Exploratory Software Testing』에서 다양한 '구역[district]'을 나누어서 테스터들이 이 구역을 살펴보고 탐험하도록 제안하고 있다. 이제 다양한 게임 장르에 기반해 활용할 수 있는 관광 경로를 살펴보자.

스포츠

경기장 투어[1]

스포츠 경기가 열리고 있는 운동장 혹은 체육관에 간다고 생각해보자. 무엇을 볼 수 있을까? 팬과 치어리더, 점수와 시간이 표시되는 전광판, 다양한 광고판과 관중들의 응원가, 심판의 호각 소리와 장내 아나운서의 멘트 그리고 야외라면 운동 경기가 열리는 곳의 날씨 등을 볼 수 있을 것이다. 이 중에 하나라도 제대로 구현되어 있지 않다면 게임의 현실성이 떨어질 것이다. 팀이 새로운 스타디움으로 연고지를 옮겨갈 수도 있고, 월드컵이나 스탠리컵, NBA 파이널, 슈퍼볼, 월드 시리즈와 같이 해외 경기장에서 열리는 이벤트도 있을 수 있다. 날씨 역시 야외에서 열리는 스포츠의 중요한 변수로 작용한다.

플레이어 투어

FIFA나 매든[Madden] 프랜차이즈는 선수와 심판들의 로스터를 끊임없이 업데이트한다. 모바일, 콘솔, PC 버전을 가리지 않고 로스터나 선수 카드 선택 화면에서 누락되거나 완벽하지 않은 항목들이 있는지 항상 검증해봐야 한다. 다음은 〈FIFA 15〉의 Ultimate Team New Season 화면에서 레프트 백 포지션의 선수 이미지가 누락된 화면이다.

---

1   여기서 '투어(tour)'라는 단어를 사용한 것은 앞서 탐색적 테스트를 하나의 관광으로 비유한 것에 연유한다. - 옮긴이

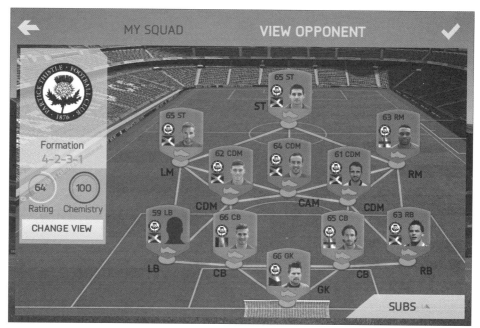

▲ 그림 15.1 비어 있는 선수 이미지

월드컵이나 토너먼트 이벤트와 같이 팀이나 선수들이 일시적으로 다른 경기장에서 경기를 할 때의 효과들도 세심하게 체크해야 한다. 팀은 상위 리그로 승격하거나 하위 리그로 강등될 수도 있다. 플레이어의 스탯 역시 시즌마다 상이하며, 스페셜 버전의 플레이어들이 단기 혹은 영구적인 속성을 가지고 등장할 수도 있다.

매니저 투어

감독과 같은 팀 매니저 역할을 수행하는 게임이라면 스케줄 변경, 토너먼트, 선수들의 부상, 벌금, 연봉, 출장 정지와 선수 로스터 변경 등을 신경 써야 할 것이다. 이미 예정되어 있는 경기 일정과 시간에 영향을 미칠 수 있는 휴일 같은 특별한 날들에 각별히 주의를 기울여야 한다. 다른 팀이나 다른 리그의 감독직으로 이동할 수 있다는 점도 감안해야 한다. 팀의 재무 관련 사항들은 이동 중일 때는 잠시 멈췄다가 이동이 완료되면 그에 맞게 조정돼야 한다. 벌금이 부과됐을 때, 연봉이 올랐을 때 혹은 보너스가 지급됐을 때는 팀 계좌를 반드시 확인해봐야 한다.

전투

밀리터리 투어

〈헤일로〉나 〈언리얼 토너먼트〉, 〈매스 이펙트〉 같은 전쟁 게임들은 무기와 차량, 탄약과 힐링 등에 상당한 영향을 받는다. 플레이어들은 그들의 클래스와 보유한 스킬에 맞는 무기와 탄약을 획득하고 활용할 수 있어야 한다. 또한 플레이어의 레벨과 보유한 역량에 따라서도 무기와 탄약 사용 여부가 달라진다. 만약 설정이 되어 있다면 플레이어의 주변 환경에 피탄 효과가 제대로 적용되는지 확인해봐야 한다. 피탄 효과 적용 유무로 차량이나 무기가 계속 작동할 수 있는지 여부가 결정되기도 한다.

사이드 스크롤러 투어

〈마블 올스타 배틀Marvel Contest of Champions〉이나 〈모탈 컴뱃Mortal Kombat〉 같은 사이드 스크롤러 게임들은 다른 레벨로 이동하거나 이어지는 게임을 진행하기 위해 필요한 플레이어의 에너지 양을 확인해봐야 한다. '스턴stun' 효과나 '수면sleep' 효과, 혹은 불충분한 에너지로 인해 전투에 필요한 스킬 수행이 연기될 수 있다. 또한 경기에 참여하기 위해 팀 동료나 적을 기다려야 하는 경우도 발생한다.

메딕 투어

힐러 클래스 플레이어들은 레벨에 따라 스스로를 치료할 수도 있는 경우도 있다. 힐러가 아닌 플레이어들 역시 힐링할 수 있는 장비를 갖고 있으면 힐링이 가능한 경우도 있다. 또한 힐러가 다른 힐러를 치료 가능한지도 확인해봐야 한다. 치료 시간과 치유량 역시 힐러의 레벨과 속성에 따라 달라진다.

에너지 투어

대부분의 배틀 게임들은 한 경기나 이벤트가 끝나고 대기 시간을 갖는다. 어떤 게임들은 이 시간에 다음 경기에 대비해 에너지를 구매하거나 아이템을 강화할 수 있게 해준다. 이 경우 살 수 있는 에너지 유형을 제한하는 것과 같은 제약이 있을 수도 있다. 에너지의 최대치와 낮은 에너지 상태일 때 경고가 발생하는지, 그리고 어떤 경우에 에너지가 전혀 없는 상태가 되는지를 확인해볼 필요가 있다. 게임 내 화폐나 현금 구매를 통해 에너지를 구매할 수 있을 것이다.

위와 같이 게임 장르에 기반한 투어를 갈 수도 있지만, 플레이어의 유형에 따라 투어를 구분할 수도 있다. 다음을 살펴보자.

카우치 포테이토 투어

카우치 포테이토^{Couch Potato} 족은 필요한 최소한의 행동만을 수행한다. 옵션인 항목은 항상 빈칸으로 비워두거나 그냥 디폴트 값으로 채워 넣는다. 카드 배틀 게임에서 이러한 카우치 포테이토 족들은 줄곧 일일 무료 카드만 기다리고, 갖고 있는 카드를 팔거나 교환도 하지 않는다.

▲ 그림 15.2 가치가 가장 높은 크리스탈 선택하기

〈마블 올스타 배틀〉을 예로 카우치 포테이토 족의 행동을 들여다보자. 이 게임에서는 다양한 크리스탈을 선택해 게임 캐릭터 레벨을 올릴 수 있다. 카우치 포테이토 족들은 가장 높은 가치(1300)를 가진 크리스탈을 선택해 레벨 업하는 것을 선호한다. 그보다 가치가 낮은 크리스탈 여러 개를 선택하면 추가적인 크리스탈을 장비하기 위한 슬롯을 얻을 수 있지만 이들에게는 아무 상관이 없는 일이다.

〈FIFA 15 얼티밋 팀〉에서 또 다른 카우치 포테이토 족의 행동들을 살펴볼 수 있다. 이 게임의 시나리오에서는 플레이어의 스태미나를 다시 채우는 옵션을 몇 가지 제공한다. 카우치 포테이토들은 선수 3명의 스태미나를 채우기 위해 카드를 세 번 구매하기보다는, 그보다 비싼 Squad Fitness 카드를 사용해 한 번에 스태미나를 채워버린다.

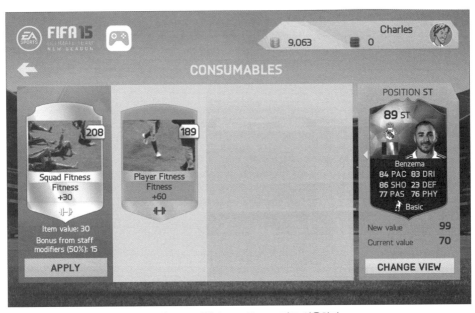

▲ 그림 15.3 비싼 Squad Fitness 카드 사용하기

선수가 부상을 입었을 때도 카우치 포테이토 족들은 힐링 카드를 사용해 부상당한 선수를 치유하고 다시 복귀시키기보다는 그냥 선수를 대체해 시즌을 마무리하는 편을 선호한다.

카우치 포테이토들은 〈FIFA 15 얼티밋 팀〉의 이적 시장 같은 컨텐츠에서는 아무도 기용하지 않고 어떤 이동도 발생시키지 않을 것이다.

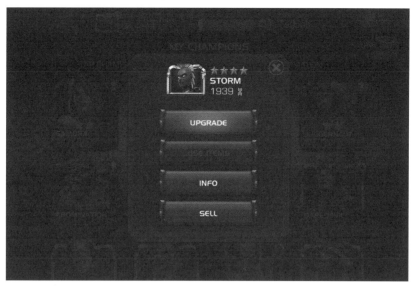

▲ 그림 15.4 기한이 만료된 이적 대기 선수

우천 연기 투어

우천 연기^{Rained-Out} 투어는 어떤 행동을 완료하기 전에 그만두는 행동 방식에 기반을 둔다. 이런 방식은 플레이어의 인벤토리에 보상 아이템이 적절하게 생성되는지, 혹은 온라인 매치 메이킹 게임에서 적절한 상대를 찾을 때까지 기다리는 것과 같이 시간이 걸리는 동작에 플레이어들이 어떻게 대응하는지 식별할 때 특히 유용하다. 예를 들어, 게임상에서 보상을 받을 수 있는 아이템을 모두 모았다가 그중 하나를 구매 취소하거나 복복에서 제거했을 때 보상으로 지급되는 카드나 코인을 받지 못하는지 확인할 필요가 있는 것이다.

우천으로 경기가 중지되어 있는 동안 사용 가능 기간이 만료되어 사라지는 아이템이 있을 수도 있다. 이런 민감한 타이밍과 수량도 세세하게 테스트 케이스에 반영돼야 한다.

택시 캡 투어

게임의 기능을 확인할 수 있는 방법이 하나만 존재하는 것은 아니다. 일반적으로 1개 이상의 방법이 존재하기 마련이다. 얼마 전 탐파^{Tampa}로 출장을 갔다가 호텔로 가는 길에 있는 흥미로운 관광지를 소개해주는 택시 기사를 만날 수 있었다. 덕분에 아름다운 경치를 즐기며 재미있게 택시를 탈 수 있었고, 아울러 호텔까지 안전하게 도착할 수도 있었다. 게임 테스트에서도 이와 마찬가지로 동일한 목적을 이루기 위해 다양한 루트를 고려할 수 있다. 그림 15.2에서 살펴봤던 〈마블 올스타 배틀〉의 크리스탈 문제로 되돌아가 보자. 플레이어는 인벤토리 탭, ISO-8 화면, 그리고 챔피언 업그레이드 바를 통해 크리스탈 구매창에 접근이 가능하다.

▲ 그림 15.5 업그레이드 바를 통해 접근한 크리스탈 구매창

이전 버전 투어

게임의 업데이트나 시퀄sequel, 보너스 콘텐츠나 스핀오프, 아니면 새로운 버전이 출시될 때 무엇이 변경됐는지 알아보기 위해 현재 버전의 테스트 케이스를 빠르게 수행해볼 필요가 있다. 이전 버전에만 존재하던 기능이나 특이 사항들이 무엇인지도 따로 명시해둘 필요가 있다. 이전 버전에 구현되어 있던 기능과 차량, 무기, 장소나 캐릭터들이 제거됐는지, 그리고 그와 관련된 효과나 사이드 이펙트 역시 발생하지 않는지를 면밀하게 조사해봐야 한다. 새로운 버전에서 새롭게 도입된 기능뿐만 아니라 남아 있는 것들도 온전하게 동작하는지 함께 살펴봐야 한다.

강박증 투어

이번 투어는 반복에 관한 것이다. 게임이 가진 하나의 측면에만 집착하고 동일한 전략을 계속해서 수행하는 것을 의미한다. 이는 AI와 사람 모두에게 해당된다.

- 타워 디펜스 게임: 탱크나 보병, 포병 혹은 닌자 같은 공격 가능한 유닛 중에서 계속 하나의 유닛만 생산하고 레벨 업한다. 수비할 때도 마찬가지다. 해자나 방벽, 전기 철조망, 구덩이 등 하나의 방어 유닛만 고집한다.
- 격투 게임: 가드를 올릴 생각은 하지 않고 계속 주먹만 날린다.
- 풋볼: 동일한 플레이를 내내 계속한다. 개인의 스탯과 팀 포메이션이 이런 플레이에 적합하도록 디자인됐을 때만 이런 전략이 유용하다.
- 야구: 사용할 수 있는 모든 포인트를 투수의 투구 속력 스탯에 쏟아붓고는 경기 내내 직구만 던져댄다. 이와 다르게 오직 너클볼이나 커브만 던지는 사람들도 있다.
- 농구: 3점 슛 숙련가들만 모아서 팀을 짜고 기회가 있을 때마다 3점 슛을 던진다.
- MMORPG: 하나의 아이템만 계속해서 강화한다.

탐색적 테스트 기록하기

테스트를 저장하고 관리하는 것과 동일한 방법으로 당신의 여행과 탐색적 테스트 결과를 정의하고 관리할 수 있다.

크롬 웹 스토어에서는 마이크로소프트의 'Test & Feedback' 같은 개발과 테스트에 아주 유용한 도구들을 제공하고 있다. 이 장의 나머지 내용을 따라가기 위해선 이 도구를 설치해야 한다.

우선 크롬 웹 스토어(https://chrome.google.com/webstore/category/extensions?hl=ko)로 이동한 다음, 확장 프로그램 검색 창에서 'Exploratory Testing'을 입력한다. Test & Feedback을 선택하고 + CHROME에 추가 버튼을 클릭한다.

그런 다음 크롬 브라우저에서 새 탭을 연다. 이 확장 프로그램은 '스탠드얼론Standalone' 모드와 '커넥티드Connected' 모드로 구별된다. 자세한 내용은 다음 글상자에서 설명한다.

모두를 위한 Test & Feedback: 캡처, 생성 그리고 협업

Test & Feedback은 캡처(capture), 생성(create), 협업(collaborate)이라는 간단한 세 가지 스텝으로 구성된다. Test & Feedback을 사용하면 팀의 누구라도 제품 관리자, 개발자, 테스터, UX 디자이너가 될 수 있으며 윈도우나 맥, 혹은 리눅스와 같이 플랫폼에 상관없이 크롬 브라우저가 실행되는 곳이라면 어디서든 웹앱에 대한 탐색적 테스트를 수행할 수 있게 된다.

- 캡처: 노트나 주석 없는 스크린샷, 이미지 액션 로그 등의 다양한 형태로 화면을 캡처할 수 있다. 클라우드에 기반해 리얼 디바이스 환경을 제공하는 퍼펙토(Perfecto)[2] 같은 곳을 활용하거나 브라우저 기반 에뮬레이터를 사용해 실제 디바이스 환경에서 구동되는 것과 동일하게 애플리케이션을 테스트할 수 있다. 캡처를 수행하면 아이콘 아래로 새로운 메뉴 바가 팝업된다. 각기 'Browser', 'Screen', 'Application' 아이콘이 순서대로 표시된다. 브라우저 아이콘을 클릭하면 현재 수행되고 있는 브라우저 화면을 캡처할 수 있다. 브라우저 전체 화면을 캡처할 수도 있으며, 임의의 영역과 크기를 설정해 캡처하는 것도 가능하다. 캡처가 수행된 다음, 해당 이미지에 설명을 더하거나 원이나 사각형 같은 도형을 추가해 부가적인 설명을 할 수도 있다. 다중 모니터 환경에서는 스크린을 선택해 원하는 모니터에 띄워져 있는 화면을 캡처할 수 있다. 앞서 브라우저 아이콘과 마찬가지로 이미지를 캡처한 다음에 간단한 편집 작업을 수행할 수 있다. 애플리케이션 아이콘을 선택하면 현재 시스템에서 수행되고 있는 애플리케이션 창을 선택해 캡처할 수 있다.

- 생성: 캡처된 모든 정보를 활용해 버그 리포트와 태스크, 테스트 케이스를 생성할 수 있다.

- 협업: 스탠드얼론 모드에서 세션 리포트를 엑스포트할 수 있으며, 당신의 산출물을 팀의 모두와 공유할 수도 있다. 팀 파운데이션 서버/비주얼 스튜디오 팀 서비스 계정에 접속해 E2E 추적성(traceability)을 확보하면서 개개인의 경험을 통합하고 공유하게 해준다. 이 과정에서도 버그가 중복되지 않게 해주고, 이슈의 추적과 분류를 간단하게 수행하며 탐색적 테스트 세션 전반에 걸쳐서 다양한 인사이트를 얻을 수 있게 해준다.

두 가지 모드로 이 익스텐션을 사용할 수 있다. '스탠드얼론' 모드에서는 다음과 같은 기능이 사용 가능하다.

- 웹 애플리케이션을 탐색하는 동안 스크린샷을 갈무리하고(주석을 달 수 있는 옵션을 제공함) 노트를 남길 수 있다.

- 갈무리된 노트와 스크린샷을 자동으로 첨부하는 버그 리포트를 생성할 수 있다.

- 생성된 버그 리포트를 포함하는 결과 보고서를 팀의 모두와 공유할 수 있다.

더욱 다양한 기능을 제공하는 '커넥티드' 모드에서는 다음과 같은 일들이 가능하다.

- 브라우저에서 바로 갈무리된 스크린샷, 노드, 이미지 액션 로그 등과 브라우저 정보를 자동으로 첨부해 버그 리포트 혹은 태스크를 생성할 수 있다.

---

2 https://www.perfectomobile.com/ – 옮긴이

- 이슈가 중복되는 것을 막기 위해 유사한 버그를 검색하고 이미 존재하고 있는 버그 리포트를 최신의 산출물로 업데이트할 수 있다.
- 생성된 버그와 태스크, 그리고 탐색 대상인 업무 아이템 간의 추적성을 보장하기 위해 업무 아이템들을 탐색할 수 있다.
- 간단하게 이슈를 추적하고 분류할 수 있다.
- 브라우저 기반 에뮬레이터를 사용하거나 퍼펙토 같은 클라우드 디바이스 공급자를 활용해 디바이스 환경에서 애플리케이션을 테스트할 수 있다.

이 장의 나머지 부분에서는 〈Bloons TD 5〉라는 게임에 대해 스탠드얼론 모드를 사용하는 탐색적 테스트 기법을 소개할 것이다. 다음의 크롬 스토어 링크에서 해당 게임을 설치할 수 있다.

https://ninjakiwi.com/Games/Tower-Defense/Play/Bloons-Tower-Defense-5.html#.WnReBCW5up0

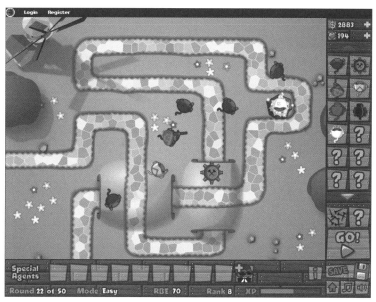

▲ 그림 15.6 블룬스 맵

탐색 팁

탐색적 테스트 세션을 최대한 활용하려면 우선 노트^{Notes}를 자주 사용해야 한다. 노트 아이콘은 패널의 왼쪽에서 세 번째에 위치하고 있다. 버그 리포트 생성^{Create Bug}과 스크린샷 캡처^{Capture Screenshots} 버튼에 대해서는 추후 더 설명하기로 한다. 버그 리포트 생성 아이콘은 느낌표가 있는 종이 모양이며, 스크린샷 캡처 아이콘은 카메라 모양을 하고 있다.

▲ 그림 15.7 아이콘 바의 노트 추가, 버그 리포트 생성, 스크린샷 캡처 아이콘

탐색적 테스트를 수행할 준비가 끝났다면 크롬 브라우저의 오른쪽 상단에 위치하고 있는 플라스크 모양의 아이콘을 클릭하자. 어떤 아이콘인지 확실하지 않다면, 마우스 커서를 올려 'Test & Feedback'이라는 문구가 뜨는 아이콘을 클릭하면 된다. 아이콘을 클릭하면 세션이 시작된다. 게임을 탐색하는 동안 이미지, 노트 그리고 비디오 버튼을 활용해 이벤트를 캡처하고 관찰한 내용을 기록으로 남겨놓을 수 있다.

게임 혹은 게임의 기능을 탐색하는 방법 중 가장 대표적인 방법은 하나의 게임을 관통하는 최소 3개의 경로를 마련하는 것이다. 첫 번째 경로를 초기 발견 단계^{initial discovery phase}라고 명명하자. 게임을 시작하기 전에 화면을 둘러보자. 어떤 요소들을 탐색할 수 있는가? 보유한 재화와 체력을 표시하는 카운터, 구불구불한 길, **GO!** 버튼과 **SAVE** 버튼 등이 눈에 띌 것이다. 아래쪽에 수상해 보이는 요원의 모습을 한 'Special Agents'라는 비어 있는 슬롯들도 눈에 띈다. 이런 부분들이 탐색해서 설명을 추가해야 할 부분인 것이다.

하나의 탐색적 테스트 세션을 진행하는 동안 다른 테스터는 전혀 다르게 관찰을 진행할 수도 있다. 만약 게임 테스트 업무를 맡은 사람이 당신 혼자라면 게임의 주요 기능을 분류하고 각 기능에 대해 독립된 탐색적 테스트를 수행하길 권장한다. 게임 테스트를 함께 수행하는 동료가 있다면 그들과 협력해 각기 다른 기능을 테스트할 수 있도록 탐색적 테스트를 순차적으로 수행해 비상시 백업을 할 수 있게 준비한다.

혼자서 일하든, 혹은 여러 명의 동료와 함께 일하든 상관없이 자신이 맡은 부분에 대해 3개의 경로를 만들어 게임을 탐색하는 것은 가급적 지켜져야 하는 효율적인 전략이다. 첫 번째 경로는 원천적으로 게임 자체를 탐색하는 경로이며, 이를 통해 더 깊은 탐색이 필요한 부분이 어디인지를 파악할 수 있게 된다. 두 번째 경로는 첫 번째 경로를 통해 선정된 부분이며, 주로 예기치 않았던 행동들을 탐색하기 위해 더 깊은 부분을 탐색하는 데 사용된다. 세 번째 경로는 게임에서 하나 혹은 그 이상의 목표를 달성하기 위해 필요한 방법의 조합, 혹은 정상적인 방법 외에 이를 달성할 수 있는 방법을 생각해보는 데 사용된다.

예를 들어, 이 방법을 살펴보자. 나는 〈Bloons TD 5〉의 게임 필드에서 Boomerang Thrower를 사용했을 때 부메랑의 비행 경로에 다른 슈터가 있다면 부메랑이 그 지점에서 멈춘다는 사실을 발견했다.

두 번째 경로를 사용해 탐색을 계속하면서 발견할 수 있었던 사실은 각각의 Thrower들에게 단축키가 부여되어 있다는 것이었다. 이를 통해 빠르게 슈터들을 게임 필드에 배치할 수 있었다. 잠깐동안 Fast Forward 기능을 사용해 게임 진행에 어떤 영향을 미치는지도 살펴봤다. 이 테스트들을 활용해 13장에서 언급했던 스트레스 테스트를 수행할 수도 있다.

탐색적 테스트 결과 보고

테스트 세션이 끝나면 붉은색 사각형 아이콘을 눌러 세션을 종료한다. 아이콘을 누르면 바로 '세션 보고서Session Report' 페이지로 이동한다. 이 페이지에서 세션 동안 생성했던 버그 리포트, 노트, 캡처한 이미지 등을 볼 수 있다.

다음 그림은 〈Bloons TD 5〉 테스트의 첫 번째 세션에 대한 보고서다.

그런 다음 1단계에서 미처 생각하지 못했던 새로운 '경로^{vectors}' 개념을 포함하고 있는 두 번째 탐색 단계로 넘어간다. 앞선 단계에서 Boomerang Thrower가 던진 부메랑이 스나이퍼에 의해 비행 경로가 차단된다는 사실을 알아냈기 때문에, 이 두 번째 단계에서의 목적 중 하나는 그 장면을 캡처하고 이를 '버그'로 보고하는 것이 된다.[3] 또한 부메랑뿐만 아니라 다른 것을 던지는 유형의 슈터에게도 동일한 문제가 있는지 살펴볼 필요가 있다. 우선 스나이퍼의 사선 앞에 1마리 혹은 2마리의 원숭이를 배치해 동일한 문제가 발생하는지 살펴보기로 한다. 특수 요원$^{Special Agent}$에 대해서도 더 많은 부분을 살펴볼 수 있다. 오랜 시간 게임을 수행해야 하므로 Save 기능을 사용해 두 번째 단계를 저장하고 마무리한다.

스크린 캡처 기능을 사용하기 위해 다시 플라스크 아이콘을 누르고 팝업된 메뉴 바에서 카메라 모양 아이콘을 클릭한다. GO! 버튼을 누른 다음 앞에 위치한 원숭이의 뒤통수를 노리는 스나이퍼를 캡처하기까지 시간이 얼마 걸리지 않는다. 캡처를 수행하면 하나는 전체

---

3   2018년 2월 5일자 실행 가능한 버전에서는 이 문제가 해결되어 있음 – 옮긴이

화면으로, 또 하나는 그림 15.8처럼 수동으로 직접 영역과 크기를 선택할 수 있도록 화면이 출력된다.

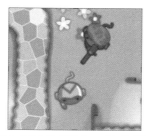

▲ 그림 15.8 수동으로 영역과 크기를 선택한 스크린샷

특수 요원과 관련해서는 요원 모양의 아이콘에 마우스 포인터를 올리면 '특수 요원 구매^{Buy} ^{special agents...}'라는 툴팁이 뜬다는 점 외에는 특별히 더 살펴볼 만한 문제는 없다.

게임을 저장하려고 하면 '게임을 저장하기 위해서는 로그인이 필요합니다'라는 문구를 확인할 수 있을 것이다. 계정 등록을 하려는 것은 아니기 때문에 해당 문구가 발생한 이벤트를 노트에 기록한다.

이런 과정을 거쳐 세션 타임라인에 2개의 새로운 스크린샷과 하나의 노트가 추가된 모습을 확인할 수 있을 것이다.

Screenshot-3.png

5/28/2016 10:43 PM

Screenshot-4.png

5/28/2016 10:47 PM

Note-11

5/28/2016 10:48 PM

버그 리포트 관리하기

마지막으로 우리가 수행해야 할 일은 스나이퍼 이슈에 대한 버그를 기록하고 이를 리포트로 제출하는 것이다. 테스트가 진행되는 동안 언제라도 버그 리포트를 생성할 수 있다.

Create bug 버튼을 누르면 New bug 다이얼로그 페이지가 표시된다. New bug 다이얼로그에는 테스트 세션 동안 생성된 노트의 목록이 모두 포함되어 있다.

보고서 생성이 완료되고 테스트 세션이 종료되면 메뉴 바의 가운데에 위치한 시계 모양의 아이콘(타이머)을 클릭해 세션 타임라인에서 발생한 이벤트들을 확인해보자. 세션 리포트 안에 버그가 기록되고, 순차적으로 버그에 매겨지는 숫자도 증가한다.

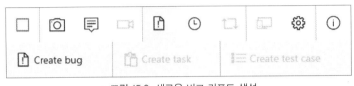

▲ 그림 15.9 새로운 버그 리포트 생성

세션 기반 테스트

세션 기반 테스트 역시 많은 사람이 사용하는 효율적인 탐색적 테스트 방법이다.

세션 기반 테스트를 수행하는 동안 각 테스터에게는 본인들이 테스트를 수행해야 하는 기능 영역을 정의한 '차터charter'가 할당된다. 예를 들어, 한 사람이 스코어링 기능을 테스트하는 동안 다른 사람은 게임 성능 부분을 테스트할 수 있는 것이다. 차터는 45~60분가량의 수행 시간을 가진 '세션'으로 더 잘게 쪼갤 수 있다. 테스트를 통해 커버돼야 하는 영역들이 사전에 미리 준비되고 정의돼야 하며, 테스트의 중요도에 따라 등급이 매겨질 수도 있다. 가장 중요하다고 판단된 테스트는 모든 세션이 종료되는 시점까지 이어질 수도 있다. 세션 기반 테스트를 통해 팀 구성원들에게 피어 리뷰를 맛볼 수 있는 기회를 제공할 수 있다. 아울러 기존 테스트 케이스들을 수행하기 전에 보완할 수 있는 기회가 될 수도 있다.

〈포켓몬고Pokémon GO〉는 탐색적 테스트를 수행하기에 적합한 다양한 기능을 제공하는 게임이다. 포켓몬고를 대상으로 탐색적 테스트를 수행한다면, 다음과 같이 차터를 구성할 수 있을 것이다.

아바타 차터: 아바타와 액세서리 선택/변경

- 성(性)
- 피부색
- 헤어
- 눈동자 색
- 모자

- 셔츠
- 바지
- 신발
- 백팩

도감 차터: 포켓몬 수량 체크

- 잡은 포켓몬 수
- 발견한 포켓몬 수
- 그리드에서 아직 잡히지 않았다고 표시된 포켓몬의 수

아이템 차터: 활용 가능한 각 아이템 사용해보기

- 상처약
- 좋은 상처약
- 고급 상처약
- 기력의 조각
- 행복의 알
- 향로
- 무한 부화장치
- 금속 코트

- 몬스터볼
- 슈퍼볼
- 루어 모듈
- 라즈열매
- 나나열매
- 카메라
- 부화장치
- 업그레이드

쇼핑 차터

- 몬스터볼
- 향로
- 행복의 알
- 루어 모듈

- 부화장치
- 가방 업그레이드
- 포켓몬 박스 업그레이드

부화 차터: 각기 다른 조건에서 알 부화하기

- 전체 알 슬롯 채우기

- 2km 걸어 알 부화하기

- 5km 걸어 알 부화하기

- 10km 걸어 알 부화하기

- 무한 부화장치에서 부화하기

- 부화장치에서 부화하기

보상 차터: 각기 다른 영역에서 메달 획득하기

- 동메달 획득

- 은메달 획득

- 금메달 획득

참고문헌

[FUNNYGAMES 16] Bloons TD 5.
https://ninjakiwi.com/Games/Tower-Defense/Play/Bloons-Tower-Defense-5.
html#.WnviKCW5up1

[MORENO 16] Exploratory Testing Chrome Extension.
https://marketplace.visualstudio.com/items?itemName=ms.vss-
exploratorytesting-web

[QUALITEST 16] Qualitest
http://www.qualitestgroup.com/resources/knowledge-center/how-to-guide/
write-exploratory-test-charter

[WHITTAKER 16] Exploratory Software Testing, Addison-Wesley, 2009.

연습문제 해답

2장 '게임 테스터 되기'

1. 아무도 믿지 마라.

3. c

5. 가장 먼저 인벤토리에 메가주카^{megazooka} 탄약이 존재하는지 확인하라. 다른 레벨이나 캐릭터에서도 동일한 문제가 발생하는지, 그리고 다른 탄약을 장착했을 때도 동일한 문제가 발생하는지 확인하라. 나이프만 갖고 있을 때와 메가주카 탄약만 갖고 있을 때도 동일한 문제가 발생하는지 확인할 필요가 있다. 탄약이 다른 인벤토리 슬롯에 있을 때도 동일한 문제가 발생하는지 확인하라. 메가주카를 버렸다가 다시 획득한 다음에도 여전히 탄약 수량이 '0'을 표시하고 있는지 확인하라. 메가주카를 장착하고 수동으로 이를 재장전해보라. 탄약이 없는 상태로 메가주카를 장착하고 더 많은 탄약을 획득해보라. 2개의 메가주카 아머 팩을 획득하고 비어 있는 메가주카를 획득해보라.

7. 아웃라인 텍스트:

타운 진입

트루퍼 편성

스위핑을 통해 다음 캐릭터 선택

스크롤을 통해 다음 캐릭터 선택

스위핑을 통해 이전 캐릭터 선택

스크롤을 통해 이전 캐릭터 선택

트루퍼 리스트의 마지막까지 스위핑하기

트루퍼 리스트의 첫 부분까지 스크롤하기

트루퍼 리스트의 마지막까지 스크롤하기

트루퍼 리스트의 첫 부분까지 스위핑하기

장점: 테스트 작성이나 수행에서 에러가 발생할 수 있는 기회를 줄이고 버전이나 플랫폼에 상관없이 재사용이 가능하며 각기 다른 테스터가 각자의 방식으로 테스트를 수행함으로써 서로 다른 유형의 결함을 찾아낼 수 있다.

단점: 각 단계를 수행하면서 확인돼야 하는 모든 것을 자세하게 설명하진 못한다. 각 단계별로 더 자세한 설명이 없다면 개발자들은 문제를 재현할 수 없을지도 모른다. 다른 테스터들 역시 정확하게 동일한 방식으로 문제를 재연하는 것이 불가능할지도 모른다.

장점과 단점에서 마지막으로 설명된 항목들은 테스트가 매번 다르게 수행될 때의 결과라는 점을 주목할 필요가 있다.

3장 '왜 테스트가 중요한가'

1. 그렇다.

3. 이 문제의 정확한 답은 다음과 같을 것이다. 게임 월드 내의 특정 장소에 위치해 있을 때, 게임 내의 플레이어나 타운, 펫 등에 이름을 부여할 때, 언어와 난이도 같은 게임 내 옵션을 변경할 때, 스킬, 레벨, 직업, 언락된 아이템 등의 새로운 능력치나 아이템을 얻을 때, 그리고 마지막으로 아이템의 판매 가격을 설정할 때.

5. `RespawnItem`의 가능한 결함 유형은 다음과 같다.
함수: 1번 라인에서 19번 라인까지(임의로 선택), 20~24(셋업과 플래그 사용), 25~26(리스폰 사운드 재생)

할당: 9, 10(2개의 인스턴스), 12(2개의 인스턴스), 15(2개의 인스턴스), 17(2개의 인스턴스), 20, 27

체킹: 2, 6, 11, 16

타이밍: 26

빌드/패키지/통합: 21

알고리즘: 14, 22, 23

문서화: 7(에러를 보고하기 위해 리터럴 스트링^{literal string}이 사용됨)

인터페이스: 0, 7, 24, 26

4장 '소프트웨어 품질'

1. 최종적으로 배포된 결함은 35 + 17 = 52개다. 표 4.1의 테이블에서 100,000라인에 대한 값은 존재하지만 200,000라인에 대한 값은 존재하지 않으므로 대략 100,000라인의 2배로 값을 계산한다. 결함 66개에 대한 수치가 4.9 시그마 레벨이며 48개는 5 시그마를 가리킨다. 52개의 결함이 발견된 경우라면 5 시그마에 미치지 못하므로 4.9 시그마 레벨이라고 볼 수 있다.

3. 요구사항 단계에서의 새로운 PCE는 0.69이다. 새로운 디자인의 PCE는 0.73이다. 새로운 코드 PCE는 0.66이다.

5장 '테스트 단계'

1. 리드 테스트의 주요 업무는 다음과 같다. 테스트 팀을 관리하고 전체 프로젝트의 테스트 계획을 수립하고 반영하며 버그 데이터베이스를 '소유'하고 관리한다.

3. 거짓

5. 거짓

7. 거짓

9. 간단하게 말하면 테스트 계획은 테스트 사이클의 전체 구조를 정의하고 설명한다. 테스트 케이스는 특정한 질문 혹은 코드가 동작해야 하는 조건을 의미하며, 그 결과가 평가 돼야만 한다.

6장 '게임 테스트 프로세스'

1. 기대 결과는 게임이 디자인 명세에 따라 동작해야 하는 방식을 의미한다. 실제 결과는 게임을 플레이했을 때 소프트웨어의 결함으로 인해 발생하는 변칙적인 행위를 의미한다.

3. 이전 빌드와 관련된 모든 저장 데이터를 삭제한다. 새로운 빌드의 스펙에 맞게 하드웨어 설정을 확인하고 새롭게 고친다. 그런 다음 새로운 빌드를 설치한다.

5. 거짓

7. 거짓

9. 참

11. 질문에 대한 해답은 다음과 같아야 할 것이다. 당신의 대답에서 아래 항목들이 빠지지 않았는지 체크해보라.

    a. 침대 옆의 테이블을 바라보라. 꼬인 모양의 코드가 옆에 붙어 있는 특이한 모양의 플라스틱 박스를 확인할 수 있을 것이다. 이를 '전화기'라고 부른다.

    b. 꼬인 코드는 전화기 위에 놓인 관 모양의 기구와 연결되어 있다. 관의 양 끝에는 둥근 컵 모양의 기구가 붙어 있다. 이를 '수화기'라고 한다.

    c. 수화기를 들어보자. 한쪽에 더 많은 구멍이 나 있음을 알 수 있다. 구멍이 적은 쪽을 귀에 댄다. 또렷하고 큰 '뚜' 소리를 들을 수 있어야 한다.

    d. 숫자 버튼을 다음 순서대로 누른다. 5 – 5 – 5 – 1 – 2 – 3 – 4. 상대방 목소리가 들리면 통화를 시작한다.

7장 '숫자에 기반한 테스트'

1. 두 명의 테스터, 즉 B와 Z는 목표를 달성하기 위해 적절할 정도의 충분한 비율로 진도를 나가지 못했다. 테스터 D가 1월부터 팀에 참가했지만 팀의 전체 산출물은 개선되지 못했다. D를 지원하기 위한 업무 때문이거나 그의 테스트가 정확하게 완료됐는지 확인하기 위해 추가적인 업무가 필요했기 때문일 수 있다. 1월 8일, B가 근무하지 않는 동안 C와 K가 업무에 투입됐다. C와 K는 그들이 무엇을 해야 하는지 잘 알고 있었으며 거의 목표에 근접하는 성과를 거뒀다. K와 Z는 C와 K가 참가한 이후 더 이상 작업에 참가하지 않았으며 산출물은 B가 돌아온 다음에도 증가하지 않았다. 최종적으로는 D 혼자 프로젝트에 남았으며, 아마 다른 사람들은 더 중요하다고 판단되는 프로젝트에 투입됐을 것이다. D는 12일에 혼자서 7개의 테스트를 완료했다. 하지만 그가 이 수준을 계속 유지해 추가적인 인력이 투입 가능한 시점까지 프로젝트를 유지할 수 있을지는 지켜봐야 한다. 여기서 관찰 가능한 두 가지 중요한 항목은 어떤 테스터를 동일한 테스터로 대체할 수 없다는 것이다. 각 테스터들은 각자 다른 역량과 스킬을 보유하고 있다. 또 다른 중요한 항목은 테스터를 추가적으로 투입한다고 해서 늘 추가적인 산출물을 얻을 수 있는 것은 아니라는 것이다. 특히 추가 인력이 투입된 처음 며칠 동안은 이를 기대하기 쉽지 않다.

3. 테스터 C는 그의 능력과 기회를 십분 활용해 주어진 테스트에서 가장 많은 결함을 발견했다. 그러나 B와 Z 같은 테스터들은 더 많은 테스트를 수행하고 아울러 더 많은 결함을 찾아낼 수 있었다. '베스트 테스터'라는 칭호는 테스트를 수행한 전체 시간과 발견해낸 결함의 수를 모두 고려해야 하므로, C는 대상이 되지 못한다. C의 성과가 경이적이라는 것은 주목할 만한 사실이다. 만약 B와 Z가 C만큼 효율적으로 업무를 진행했다면, 각 테스트에서 최소한 6개 이상의 결함을 추가적으로 발견할 수 있었을 것이다. 만약 그랬다면 이는 매우 놀라운 성과라고 할 수 있다.

5. 참여도와 효율을 측정했을 때 얻을 수 있는 장점은 다음과 같다. 어떤 사람들은 그가 주목받고 있다는 사실만으로도 더 많은 성과를 낸다. 어떤 사람들은 그들 스스로 데이터를 활용해 프로젝트 내내 성과를 개선하도록 동기를 부여한다. 또한 이를 활용해 진급 대상자를 선발하고 결함을 찾기 위해 개발자와 더 많이 협업해야 하는 특별한 프로젝트

에도 참가할 수 있는 '엘리트' 테스터를 선발할 수 있게 된다.

단점은 다음과 같다. 테스터 데이터를 수집하기 위한 별도의 업무와 보고 작업이 필요하다. 어떤 테스터들에게는 이 작업이 쓸데없는 것처럼 보일 수도 있다. 또한 멘토링 같은 방식으로 프로젝트에 기여할 수 있는 테스터들의 가치가 낮아질 수도 있다. 늘 경쟁에서 수위를 차지하는 테스터들을 질투할 수도 있고, 결함의 신뢰도에 대해 논쟁이 일어날 수도 있다. 이로 인해 협업과 협동이 저해될 수 있다. 어떤 사람들은 팀 전체의 테스트 성과를 개선하는 것과 상관없이 쉬운 테스트만 골라서 수행해 개인의 성과만 늘리는 방법만 고민할 것이다.

8장 '조합 테스트'

1. 전체 조합 테이블을 통해 모든 값이 각각의 값에 대해 조합할 수 있는 가능한 모든 경우를 구할 수 있다. 이 경우 표의 크기는 각 파라미터에서 고려해야 하는 값들의 곱만큼 커진다. 페어와이즈 조합 테이블은 다른 모든 값의 조합을 구해야 하는 전체 조합에는 적합하지 않다. 페어와이즈 조합은 전체 조합에서 어디선가 중복될 수 있는 조합을 줄인다는 면에서는 완벽하다. 따라서 페어와이즈 조합은 전체 조합 테이블에 비해 상대적으로 그 크기가 작으며, 때로는 수백 혹은 수천 배가량 적기도 하다.

3. 표 A.1을 만들기 위해 부록 C에 포함되어 있는 모두 2개의 값을 가진 4개의 파라미터와 3개의 값을 가진 3개의 파라미터 템플릿을 사용해보자. '*' 값을 가진 셀에는 '예'와 '아니요' 중 어떤 값을 넣어도 상관없다.

▼ 표 A.1 7개의 파라미터를 가진 〈FIFA 15〉 매치 세팅 테스트 테이블

행	전반/후반 길이	심판	날씨	난이도	경기장 상태	게임 속도	오프사이드
1	4분	관대함	맑음	아마추어	없음	느림	켬
2	10분	평균적	비	전설	높음	느림	켬
3	20분	엄격함	눈	아마추어	높음	빠름	켬
4	4분	평균적	눈	전설	없음	빠름	끔
5	10분	엄격함	맑음	전설	없음	빠름	*
6	20분	관대함	비	전설	없음	빠름	*

행	전반/후반 길이	심판	날씨	난이도	경기장 상태	게임 속도	오프사이드
7	4분	엄격함	비	아마추어	높음	느림	끔
8	10분	관대함	눈	아마추어	높음	느림	끔
9	20분	평균적	맑음	아마추어	높음	느림	끔

5. 올페어즈에 적합한 파라미터와 값을 입력했다면 표 A.2와 같은 결과를 얻을 수 있을 것이다. 만약 입력 테이블의 파라미터가 다른 순서라면, 표 A.2에서 얻을 수 있는 테스트 케이스의 수와 결과가 동일한지 확인할 필요가 있다. 540개에 이르는 전체 조합이 27개의 페어와이즈 테스트로 줄어들었다. 만약 결과가 동일하지 않다면 입력 테이블의 파라미터를 연습문제 3번에 나온 것과 같은 순서로 배열해 다시 한번 수행해보라.

▼ 표 A.2 〈킹턴 RPG〉 게임 옵션 설정

행	사운드	난이도	Perma Knockout	핀치 줌
1	On	캐주얼	On	가장 느림
2	Off	캐주얼	Off	느림
3	Off	노멀	On	가장 느림
4	On	노멀	Off	느림
5	On	전략가	On	디폴트
6	Off	전략가	Off	빠름
7	Off	마스터	Off	디폴트
8	On	마스터	On	빠름
9	On	킹	Off	가장 빠름
10	Off	킹	On	가장 느림
11	Off	캐주얼	On	가장 빠름
12	~On	캐주얼	Off	가장 느림
13	~On	노멀	On	느림
14	~Off	노멀	~Off	디폴트
15	~Off	전략가	~On	느림
16	~On	전략가	~Off	가장 빠름
17	~Off	마스터	~On	가장 빠름

(이어짐)

행	사운드	난이도	Perma Knockout	핀치 줌
18	~On	마스터	~Off	가장 느림
19	~On	킹	~On	디폴트
20	~Off	킹	~Off	빠름
21	~On	캐주얼	~On	빠름
22	~Off	캐주얼	~Off	디폴트
23	~On	노멀	~Off	빠름
24	~Off	노멀	~On	가장 빠름
25	~Off	전략가	~Off	가장 느림
26	~On	마스터	~On	느림
27	~Off	킹	~Off	느림

9장 '테스트 플로우 다이어그램'

1. 최소한 다음 내용들이 답변에 포함되어 있어야 한다.

   a. 'Ammo'를 'Arrows'로, 'Gun'을 'Bow'로 변경한다.

   b. 화살의 'DropSound'는 나뭇가지가 땅에 떨어지는 소리처럼 들릴 것이다. 이는 활이 풀밭에 떨어질 때 나는 '퍽' 소리나 자갈밭에 떨어질 때 나는 '탁' 하는 소리와는 달라야 한다. 따라서 DropArrowSound와 DropBowSound 이벤트를 구별해 사용해야 한다.

   c. 활과 화살을 둘 다 보유하고 있다면 활을 떨어뜨린다고 해서 화살이 없어지지 않을 것이다. 따라서 플로우 8은 'HaveAmmo' 상태와 연결돼야 한다.

   d. 장전된 활을 획득하는 것은 불가능하다. 따라서 GetLoadedGun 플로우(9)를 삭제한다.

   e. 화살이 없는 상태라면 ShootGun(지금은 ShootBow) 이벤트를 통해 '팅' 혹은 '쉭' 같은 소리가 날 것이다. 따라서 ClickSound를 NoArrowSound나 이와 유사한 다른 명칭으로 바꾼다.

f. 화살을 발사하는 과정은 총을 발사하는 과정보다 더 많은 단계가 필요하다. 화살통에서 화살을 꺼내는 단계, 활을 활줄에 거는 단계, 활줄을 잡아당기는 단계, 조준하는 단계, 활줄을 놓는 단계를 추가하기 위한 상태 추가가 필요하다. TFD를 작성하는 목적을 잊어서는 안 된다. 예를 들어 화살과 활을 모두 보유하고 있다면 ArrowLoaded 상태를 통해 화살을 장전할 수 있으며, HaveBowHaveArrows 상태를 통해 장전하지 않은 상태로 돌아갈 수 있다. 이 경우 화살의 개수가 줄어들지 않는다는 점에 유의해야 한다.

3. 연습문제 2번의 TFD에서 HaveGun 상태에서 새로운 HaveGunWrongAmmo 상태로 가는 GetWrongAmmo를 추가해야 한다. 또한 해당 상태에서 DropWrongAmmo 플로우를 통해 HaveGun 상태로 돌아갈 수 있으며, HaveGunWorngAmmo 상태에서도 ClickSound 액션을 수반하는 ShootGun 플로우를 통해 루프를 발생시킬 수 있다. 이는 HaveGun 상태에서 플로우 3이 하는 역할과 동일하다. 최소 경로에 새롭게 추가된 HaveGunWrongAmmo 상태를 지나가는 플로우가 반드시 포함돼야 한다. 그림 9.10의 기본 경로와 동일한 기본 경로를 수행하거나 혹은 새로운 경로를 지정할 수 있다. ShootGun 루프를 통해 HaveGunWrongAmmo 상태로 가는 경로가 필요한 경우도 있다. 동료에게 당신이 작성한 경로를 공유하고 서로가 만든 결과를 확인해보라. 경로를 크게 소리 내 말하면서 플로우를 따라가는 것도 도움이 될 것이다.

10장 '클린룸 테스트'

1. 정답은 독자에 따라 달라진다.

3. 클린룸 테스트 세트에서는 정확하게 일치하는 하나 이상의 테스트 케이스가 존재할 수 있다. 일반적으로 자주 사용되는 값들이 포함된 테스트 케이스에서 흔히 볼 수 있다. 하지만 복권처럼 아주 드문 조합의 경우도 발생할 수 있다.

5. 연습문제 4번에서 아마 다음과 같이 캐주얼 사용자 프로필의 역 사용 확률을 도출해냈을 것이다.
시선 감도: 1 – 32%, 3 – 4%, 10 – 64%
시점 반전: 반전 – 90%, 비(非)반전 – 10%

자동시점 센터링: 가능 – 70%, 불가능 – 30%

쭈그리고 앉기: 홀드 – 20%, 토글 – 80%

클렌치 프로텍션: 가능 – 75%, 불가능 – 25%

표 10.12를 만들기 위해 사용된 난수 세트를 활용해 다음과 같이 역 사용 테스트 데이터를 추출할 수 있다.

1. 시선 감도 = 1, 시점 반전 = 반전, 자동시점 센터링 = 가능, 쭈그리고 앉기 = 토글, 클렌치 프로텍션 = 가능

2. 시선 감도 = 10, 시점 반전 = 반전, 자동시점 센터링 = 가능, 쭈그리고 앉기 = 토글, 클렌치 프로텍션 = 가능

3. 시선 감도 = 1, 시점 반전 = 반전, 자동시점 센터링 = 가능, 쭈그리고 앉기 = 토글, 클렌치 프로텍션 = 가능

4. 시선 감도 = 10, 시점 반전 = 반전, 자동시점 센터링 = 가능, 쭈그리고 앉기 = 토글, 클렌치 프로텍션 = 가능

5. 시선 감도 = 3, 시점 반전 = 반전, 자동시점 센터링 = 불가능, 쭈그리고 앉기 = 토글, 클렌치 프로텍션 = 불가능

6. 시선 감도 = 10, 시점 반전 = 반전, 자동시점 센터링 = 가능, 쭈그리고 앉기 = 토글, 클렌치 프로텍션 = 가능

7. 역 사용 확률을 통해 만든 경로는 어떤 난수가 사용되느냐에 따라 달라진다. 주변 동료들의 도움을 받아 당신이 생성한 경로를 검토해보고 그 결과를 반영해보자.

11장 '테스트 트리'

1. 해당 버그 수정은 '사운드', '오크', '무기'에 영향을 미친다. 따라서 트리에서 아래 노드들이 연관된 테스트를 수행해야만 한다.

옵션 – 사운드

게임 모드 – 스커미시 – 종족(오크)

종족 – 오크

3. 이 문제의 핵심은 새로운 스펠을 얻기 위해 얼마나 많은 주문이 필요하며, 어디서 새로운 레슨을 얻을 수 있는지를 정확하게 설명하는 것이다. 정확한 트리는 그림 A.1과 같다.

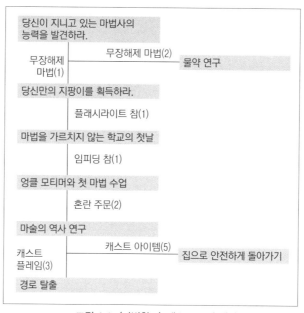

▲ 그림 A.1 〈마법학교〉 테스트 트리 해답

12장 '애드혹 테스트와 게임 플레이 테스트'

1. 거짓

3. 프리 테스트는 구조화되지 않은 탐색을 통해 소프트웨어 결함을 찾아낸다. 이를 통해 지금까지 발견된 버그 외에 추가적인 버그를 찾아낼 수 있다. 플레이 테스트는 품질, 밸런스, 게임의 재미 등을 평가하기 위해 구조화된 테스트 방법이다. 그 결과로 디자이너들이 게임을 수정하고 가다듬을 수 있는 피드백과 제안을 할 수 있다.

5. 게임 플레이 테스트로 볼 수 있다. 테스터는 게임을 플레이하고 있는 것이지, 게임을 테스트하고 있는 것이 아니다.

13장 '결함 트리거'

1. 정답은 독자에 따라 달라진다.

3. TFD에서 '스냅백$^{snap\ back}$'[1] 행위를 표현하려면 스타트 지점 위에 당신의 캐릭터가 서 있는 상태와 무기 혹은 탄약이 있는 지점 위에 서 있는 상태가 필요하다. MoveToGun 플로우를 통해 PreMatch 상태에서 standing 상태로 이동할 수 있다. PrematchTimerExpires 이벤트를 갖는 플로우를 통해 스탠딩 지점에서 NoGunNoAmmo 상태로 이동이 가능하고 아울러 '스냅백'을 통해 시작 지점으로 돌아가는 것도 가능하다. 최초 스폰되는 지점에서 이동하지 않는 경우에는 PrematchTimerExpires를 추가해 PreMatch 상태에서 NoGunNoAmmo 상태로 이동한다. 이 경우에 스냅백 액션은 없다.

5. 가상 포커 게임을 테스트하기 위해 지금까지 익숙하게 수행해왔던 일반적인 트리거 테스트 외에 결함 트리거를 활용하는 방법은 다음과 같다.

   스타트업: 인트로와 스플래시 스크린이 나오는 동안 수행할 일들, 첫 번째 핸드에서 모든 칩을 걸어보고, 인게임 튜토리얼을 진행하지 않고 게임을 플레이해보라.

   설정: 테이블에서 함께 게임을 진행할 사람의 숫자를 최소 혹은 최대로 설정해보라. 베팅 한도를 최소한 혹은 최대한으로 설정해보라. 설정 가능한 가장 낮은 난이도와 높은 난이도에서 게임을 실행해보라. 다양한 토너먼트 설정을 적용해 게임을 진행해보라.

   재시작: 핸드 중간에 게임을 중단하고 다시 게임에 진입했을 때 보유한 칩의 숫자가 변경되지 않았는지 확인해보라. 한 플레이어가 갖고 있는 모든 칩을 걸고 다른 사람들은 계속 레이즈를 하는 상황 같은 스플릿 팟$^{split\ pot}$ 상황을 만들어보라. 모든 칩을 잃은 상황에서 게임을 저장하고 다시 게임을 불러보라.

   스트레스: 모든 플레이어가 모든 칩을 건 상태에서 핸드를 플레이하라. 엄청난 양의 돈이 쌓일 정도로 아주 오랫동안 플레이를 진행해보라. 베팅을 하는 데 아주 오랜 시간이 걸리게 하거나 최대한 빨리 베팅을 수행해보라. 아주 긴 플레이어 이름을 입력하거나 이름을 입력하지 말아 보라.

---

1   어떤 조건을 달성하지 못했을 때 원점으로 돌아가는 행위를 말한다. - 옮긴이

예외: 당신이 갖고 있는 돈보다 더 많이 베팅해보라. 하우스 제한보다 더 많은 돈을 베팅해보라. 화면상에 표시되는 이름에 글자가 아닌 그 밖의 입력 가능한 기호나 숫자를 입력해보라.

14장 '리그레션 테스트와 테스트 재사용'

1. 결함 모델을 만드는 첫 단계는 그림 A.2와 같이 손상되지 않은 미트실드, 손상을 입은 미트실드, 파괴된 미트실드의 상태를 만드는 것이다.

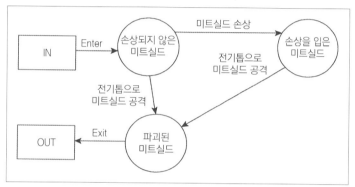

▲ 그림 A.2 미트실드 결함 모델 기본 TFD

미트실드가 떨어지거나 이를 주웠을 때 어떤 일들이 벌어지는지, 그리고 실제로 미트실드가 파괴됐는지 확인하기 위해 이와 관련된 상태와 플로우를 추가할 수 있다. 그림 A.3은 이런 요소들이 추가된 TFD를 보여주고 있다. 마지막으로, 적합한 액션을 추가하면 이 과정이 모두 마무리된다.

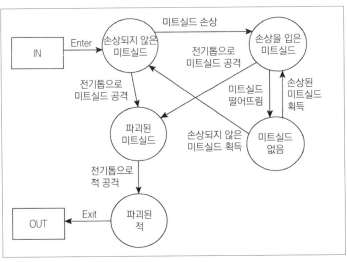

▲ **그림 A.3** 보강된 미트실드 결함 모델 TFD

3. 아래의 이벤트나 상황에서 플레이어 이름이 노출되지 않는다. 빈칸으로 보이거나 혹은 플레이어의 백 넘버 8번만 노출되기도 한다.

   a. 0:59 지점에서, 주장이 심판을 만난 이후 보헤미안 FC의 선발 라인업이 출력된다. 여기서 백 넘버 8번만 노출되고 이름이 노출되지 않는다.

   b. 1:03 지점에서, 보헤미안 FC의 포메이션을 보여준다. 역시 8번 숫자 밑에 이름이 노출되지 않는다.

   c. 1:32 지점에서, 팀 로스터가 스크롤링되면서 노출되며, 8번 선수가 주장 밴드를 차고 있는 것이 확인된다. 마찬가지로 이름은 노출되지 않는다.

   d. 게임이 시작되고 나서 각 플레이어들이 공을 소유하고 있으면 플레이어 위의 공간에 이름이 노출된다. 1:50부터 1:55 동안, 8번 선수가 앞으로 공을 드리블해 나가지만 이름이 표시되지 않는다. 마찬가지로 1:58부터 2:00까지 슛을 시도하는 동안에도 이름이 노출되지 않는다.

   e. 2:35 지점에서, 8번 선수가 다시 공을 잡지만 바로 파울을 당한다. 프리킥이 주어지고 이를 수행할 선수를 고르는 항목에서 8번 선수의 이름이 비어 있는 것을 확인할 수 있다.

f. 2:55부터 3:00까지 8번 선수가 프리킥을 하는 동안 그의 이름이 나타나지 않는다.

g. 3:20 지점에서, 미드필드에서 8번 선수가 공을 잡고 골대로 돌진해 3:28 지점에서 골을 얻는다. 팝업 배지가 화면에 나타나면서 골을 얻은 선수를 표시하지만 이때도 숫자 8만 보인다.

h. 3:42 지점에서 경기가 속행되며 골을 얻었다는 공지가 스코어보드 상단에 뜬다. 골을 넣은 시각은 정확하게 표시되지만 선수의 이름은 표시되지 않는다. 4:30 시점에 상대방이 골을 넣었을 때와 비교해보면 그 차이점을 확실하게 알 수 있을 것이다.

i. 경기 마지막에 나오는 비디오의 골 획득 장면에서도 8번 선수의 이름이 나타나지 않는다.

j. 경기가 끝나고 5:28 지점에서 나오는 플레이어 평가 화면에서도 플레이어 이미지 하단에 8번 숫자만 표시되고 이름은 표시되지 않는다.

기본 테스트 계획 템플릿

섹션 2: 테스트 절차

1. 기본 업무 방식

   a. 테스트 팀의 기본 업무

      i. 버그

         1. 빌드에서 결함이 발생하자마자 가능한 한 빠르게 이를 검출함

         2. 버그를 조사함

         3. 개발 팀에 버그에 대해 커뮤니케이션 수행

         4. 개발 팀이 이를 해결할 수 있도록 협업 수행

         5. 이 과정을 추적함

      ii. 데일리 빌드를 유지보수함

      iii. 단계별로 커뮤니케이션을 수행함. 테스트 결과가 커뮤니케이션되지 않는다면 그 결과는 아무런 의미가 없다. QA가 낼 수 있는 산출물의 범위는 다양하다. 공식적인 수준을 따라 나열해보면 다음과 같다.

         1. 대화

         2. 메신저 채팅

         3. 개별 이메일

         4. 그룹 이메일

         5. 일일 주요 버그 목록

         6. 개발 사이트의 상태와 정보

         7. BTS의 공식적인 보고서

2. 일일 업무

   a. 빌드

      i. 데일리 빌드를 만듦

      ii. 아래 '데일리 테스트' 항목에 기재된 내용에 따라 데일리 리그레션 테스트를 수행함

iii. 아무 이상이 없다면 빌드를 배포함

iv. 만약 이 과정에서 문제가 발생했다면 전체 개발 팀에게 새로운 빌드를 받지 말라고 메일을 보내고 이 문제를 해결할 수 있는 개발자에게 연락을 취함

v. 새로운 빌드를 배포할 것인지 결정

b. 데일리 테스트

i. 아래 명시된 행동들을 수행하면서 싱글 플레이어 레벨을 플레이함

    1. 레벨 #1

        a. 행동 #1

        b. 행동 #2

        c. 기타

        d. 일반적으로 가장 마지막으로 수행하는 것은 다양한 테스트 결과를 보고할 수 있는 자동화된 스크립트를 수행하는 것이며, 그 결과를 내부 QA 웹사이트에 포스트한다.

    2. 레벨 #2

    3. 기타

ii. 아래 명시된 행동들을 수행하면서 멀티플레이어 레벨을 플레이함

    1. 레벨 #1

        a. 행동 #1

        b. 행동 #2

        c. 기타

        d. 일반적으로 가장 마지막으로 수행하는 것은 다양한 테스트 결과를 보고할 수 있는 자동화된 스크립트를 수행하는 것이며, 그 결과를 내부 QA 웹사이트에 포스트한다.

    2. 레벨 #2

    3. 기타

      iii. 쇼 스토퍼 크래시 혹은 크리티컬한 에러 전부를 이메일로 공유함

      iv. 일일 주요 버그 목록에 쇼 스토퍼 크래시와 크리티컬 에러를 포스트함

3. 일일 보고

    a. 앞서 수행된 일일 테스트에서 자동으로 도출된 보고서를 내부 QA 웹사이트에 포스트한다.

4. 주간 업무

    a. 주간 테스트

      i. 아래 명시된 행동과 사전에 결정된 주요 지표를 기록하면서 게임의 모든 레벨 (일일 테스트에서 수행된 것들이 아닌)을 플레이해본다.

        1. 레벨 #1

          a. 행동 #1

          b. 행동 #2

          c. 기타

        2. 레벨 #2

        3. 기타

      ii. BTS에 한 주 동안 등록된 버그 리뷰

        1. 개발 팀에 의해 '수정됨'으로 처리된 결함들이 실제로 수정됐는지 확인한다.

        2. 개발 단계에 맞추어 버그 랭킹이 적합하게 부여됐는지 확인한다.

        3. 현재 게임의 상태가 어떠한지에 대해 프로듀서 및 부서 관리자와 함께 커뮤니케이션한다.

        4. 한 주 동안 수정이 확인되고 폐쇄된 버그에 대한 주간 보고서를 발행한다.

    b. 주간 보고서

      i. 한 주 동안 진행된 테스트에서 발생/보고된 버그 상황을 추적한다.

5. 애드혹 테스트

    a. 프로듀서나 테크 리드, 혹은 다른 개발부서 관계자가 요청한 특별한 테스트를 수행한다.

    b. 수행한 테스트의 결과를 누구에게까지 보고할지 커뮤니케이션 레벨을 결정한다.

6. 외부 테스트 그룹의 보고서를 통합한다.

    a. 가능하다면 모든 테스트 그룹이 동일한 BTS를 사용하게 한다.

    b. 마스터 목록을 어느 그룹에서 관리할지 결정한다.

    c. 각기 다른 그룹에서 보고한 각 보고서를 얼마나 자주 비교 분석할지 결정한다.

    d. 통합된 단 하나의 버그 리포트만 개발 팀에게 보고될 수 있게 한다.

7. 포커스 테스트(수행 가능하다면)

    a. 테스트 방법 결정

    b. 테스트 수행 장소

    c. 누가 이들을 관리할 것인가?

    d. 누가 이들과 커뮤니케이션할 것인가?

    e. 어떻게 이들의 피드백을 결정할 것인가?

8. 호환성 테스트

    a. 외부 제조사 선택

    b. 결과 평가

    c. 필터된 결과를 BTS에 통합하는 방법

섹션 III: 요구사항은 어떻게 만들어지는가?

1. 요구사항의 일부는 아래 계획에서부터 만들어진다.

2. 요구사항은 프로젝트 회의나 우선순위를 리뷰하기 위한 회의에서도 만들어진다. 매일 수행되는 테스트에는 사전에 정의된 우선순위를 사용한다.

3. 요구사항은 또한 BTS에 등록된 버그의 상태가 변경됨에 따라서 달라진다. 예를 들어 버그가 개발자에 의해 '수정됨' 상태로 변경됐다면, 누군가 실제로 이 버그가 해결되어 폐쇄될 수 있는지 확인해야 한다는 요구사항이 새로 발생한 것이다. '추가 정보 필요 $^{Need More Info}$'와 '재현 불가 $^{Can't Duplicate}$' 같은 상태 변경 역시 각각 QA 팀에게 버그를 더 자세하게 추적하라는 요구사항을 만들어내고 있는 것이다.

   a. 개발자가 게임의 일부를 QA가 확인해주기를 바라는 경우('애드혹 테스트' 참조) 요구사항이 발생한다.

섹션 IV: 버그 추적 소프트웨어

1. 이름
2. 프로젝트에 필요한 계정 수
3. 접속 및 로그인 방법(팀의 모든 사람이 버그 목록에 접속 가능해야 한다.)
4. 시스템을 사용하는 사람들에게 '어떻게 버그를 보고하는지'에 대해 교육한다.

섹션 V: 버그 분류

1. A 버그와 그 정의
2. B 버그와 그 정의
3. C 버그와 그 정의

섹션 VI: 버그 추적

1. 누가 버그를 분류할 것인가?
2. 누가 버그를 할당할 것인가?
3. 버그를 수정한 다음 어떻게 조치할 것인가?
4. 버그 수정이 확인되면 어떻게 조치할 것인가?

섹션 VII: 스케줄과 인력

1. 순환 참가 계획. 어떻게 테스터들이 프로젝트에 참여하고 이탈할 것인가? 제품 라이프 사이클 내내 '신선한 시각'을 가진 테스터가 참여하거나 혹은 주기적으로 이런 새로운 시각을 가진 테스터를 프로젝트에 참여하게 해야 한다.

2. 인력 계획. 프로젝트 라이프 사이클 곳곳에 얼마나 많은 테스터가 필요한지에 대한 계획을 수립한다.

섹션 VIII: 장비 예산과 비용

1. QA 팀 인원과 하드웨어 및 소프트웨어 비용
   a. 팀 구성원 #1
      i. 하드웨어
         1. 테스트 PC
            a. 사양
         2. 콘솔 디버그 킷
            a. 부수 장비(TV. 컨트롤러 등)
         3. 레코드/캡처 하드웨어 혹은 소프트웨어('탐색적 테스트 기록하기' 절 참조)
      ii. 필요한 소프트웨어 도구
         1. 버그 추적 시스템
         2. 기타
   b. 팀 구성원 #2
   c. 기타

2. 장비 구입 일정과 비용(누가 무엇을. 언제 필요로 할지. 그리고 얼마나 비용이 들어갈지에 대한 요약)

조합 테스트 템플릿

2개의 테스트 값으로 구성된 파라미터

▼ 표 C.1 각각 2개의 값을 갖는 3개의 파라미터

테스트	파라미터 A	파라미터 B	파라미터 C
1	A1	B1	C1
2	A2	B1	C2
3	A1	B2	C2
4	A2	B2	C1

▼ 표 C.2 각각 2개의 값을 갖는 4개의 파라미터

테스트	파라미터 A	파라미터 B	파라미터 C	파라미터 D
1	A1	B1	C1	D1
2	A2	B1	C2	D1
3	A1	B2	C2	D2
4	A2	B2	C1	D1
5	A2	B1	C1	D2

▼ 표 C.3 각각 2개의 값을 갖는 5개의 파라미터

테스트	파라미터 A	파라미터 B	파라미터 C	파라미터 D	파라미터 E
1	A1	B1	C1	D1	E1
2	A2	B1	C2	D1	E1
3	A1	B2	C2	D2	E2
4	A2	B2	C1	D1	E2
5	A2	B1	C1	D2	E2
6	A*	B2	C*	D2	E1

▼ 표 C.4 각각 2개의 값을 갖는 6개의 파라미터

테스트	파라미터 A	파라미터 B	파라미터 C	파라미터 D	파라미터 E	파라미터 F
1	A1	B1	C1	D1	E1	F1
2	A2	B1	C2	D1	E1	F1
3	A1	B2	C2	D2	E2	F1
4	A2	B2	C1	D1	E2	F2
5	A2	B1	C1	D2	E2	F2
6	A1	B2	C2	D2	E1	F2

▼ 표 C.5 각각 2개의 값을 갖는 7개의 파라미터

테스트	파라미터 A	파라미터 B	파라미터 C	파라미터 D	파라미터 E	파라미터 F	파라미터 G
1	A1	B1	C1	D1	E1	F1	G1
2	A2	B1	C2	D1	E1	F1	G2
3	A1	B2	C2	D2	E2	F1	G2
4	A2	B2	C1	D1	E2	F2	G2
5	A2	B1	C1	D2	E2	F2	G1
6	A1	B2	C2	D2	E1	F2	G1

▼ 표 C.6 각각 2개의 값을 갖는 8개의 파라미터

테스트	파라미터 A	파라미터 B	파라미터 C	파라미터 D	파라미터 E	파라미터 F	파라미터 G	파라미터 H
1	A1	B1	C1	D1	E1	F1	G1	H1
2	A2	B1	C2	D1	E1	F1	G2	H2
3	A1	B2	C2	D2	E2	F1	G2	H1
4	A2	B2	C1	D1	E2	F2	G2	H2
5	A2	B1	C1	D2	E2	F2	G1	H1
6	A1	B2	C2	D2	E1	F2	G1	H2

▼ 표 C.7 각각 2개의 값을 갖는 9개의 파라미터

테스트	파라미터 A	파라미터 B	파라미터 C	파라미터 D	파라미터 E	파라미터 F	파라미터 G	파라미터 H	파라미터 J
1	A1	B1	C1	D1	E1	F1	G1	H1	J1
2	A2	B1	C2	D1	E1	F1	G2	H2	J2
3	A1	B2	C2	D2	E2	F1	G2	H1	J2
4	A2	B2	C1	D1	E2	F2	G2	H2	J1
5	A2	B1	C1	D2	E2	F2	G1	H1	J2
6	A1	B2	C2	D2	E1	F2	G1	H2	J1

▼ 표 C.8 각각 2개의 값을 갖는 10개의 파라미터

테스트	파라미터 A	파라미터 B	파라미터 C	파라미터 D	파라미터 E	파라미터 F	파라미터 G	파라미터 H	파라미터 J	파라미터 K
1	A1	B1	C1	D1	E1	F1	G1	H1	J1	K1
2	A2	B1	C2	D1	E1	F1	G2	H2	J2	K2
3	A1	B2	C2	D2	E2	F1	G2	H1	J2	K1
4	A2	B2	C1	D1	E2	F2	G2	H2	J1	K1
5	A2	B1	C1	D2	E2	F2	G1	H1	J2	K2
6	A1	B2	C2	D2	E1	F2	G1	H2	J1	K2

3개의 테스트 값으로 구성된 파라미터

▼ 표 C.9 각각 3개의 값을 갖는 3개의 파라미터

테스트	파라미터 A	파라미터 B	파라미터 C
1	A1	B1	C1
2	A2	B2	C2
3	A3	B3	C3
4	A1	B2	C3
5	A2	B3	C1
6	A3	B1	C2
7	A1	B3	C2
8	A2	B1	C3
9	A3	B2	C1

▼ 표 C.10 3개의 값을 갖는 2개의 파라미터와 2개의 값을 갖는 1개의 파라미터

테스트	파라미터 A	파라미터 B	파라미터 C
1	A1	B1	C1
2	A2	B2	C1
3	A3	B3	C1
4	A1	B2	C2
5	A2	B3	C2
6	A3	B1	C2
7	A1	B3	C*
8	A2	B1	C*
9	A3	B2	C*

▼ 표 C.11 3개의 값을 갖는 1개의 파라미터와 2개의 값을 갖는 1개의 파라미터

테스트	파라미터 A	파라미터 B	파라미터 C
1	A1	B1	C1
2	A2	B2	C1
3	A3	B1	C1
4	A1	B2	C2
5	A2	B1	C2
6	A3	B2	C2

▼ 표 C.12 각각 3개의 값을 갖는 4개의 파라미터

테스트	파라미터 A	파라미터 B	파라미터 C	파라미터 D
1	A1	B1	C1	D1
2	A2	B2	C2	D1
3	A3	B3	C3	D1
4	A1	B2	C3	D2
5	A2	B3	C1	D2
6	A3	B1	C2	D2
7	A1	B3	C2	D3
8	A2	B1	C3	D3
9	A3	B2	C1	D3

▼ 표 C.13 3개의 값을 갖는 3개의 파라미터와 2개의 값을 갖는 1개의 파라미터

테스트	파라미터 A	파라미터 B	파라미터 C	파라미터 D
1	A1	B1	C1	D1
2	A2	B2	C2	D1
3	A3	B3	C3	D1
4	A1	B2	C3	D2
5	A2	B3	C1	D2
6	A3	B1	C2	D2

(이어짐)

테스트	파라미터 A	파라미터 B	파라미터 C	파라미터 D
7	A1	B3	C2	D*
8	A2	B1	C3	D*
9	A3	B2	C1	D*

▼ 표 C.14 3개의 값을 갖는 2개의 파라미터와 2개의 값을 갖는 2개의 파라미터

테스트	파라미터 A	파라미터 B	파라미터 C	파라미터 D
1	A1	R1	C1	D1
2	A2	B2	C2	D1
3	A3	B3	C1	D1
4	A1	B2	C1	D2
5	A2	B3	C2	D2
6	A3	B1	C2	D2
7	A1	B3	C2	D*
8	A2	B1	C1	D*
9	A3	B2	C*	D*

▼ 표 C.15 3개의 값을 갖는 1개의 파라미터와 2개의 값을 갖는 3개의 파라미터

테스트	파라미터 A	파라미터 B	파라미터 C	파라미터 D
1	A1	B1	C1	D1
2	A2	B2	C2	D1
3	A3	B1	C2	D2
4	A1	B2	C2	D2
5	A2	B1	C1	D2
6	A3	B2	C1	D1

▼ 표 C.16 3개의 값을 갖는 3개의 파라미터와 2개의 값을 갖는 2개의 파라미터

테스트	파라미터 A	파라미터 B	파라미터 C	파라미터 D	파라미터 E
1	A1	B1	C1	D1	E1
2	A2	B2	C2	D2	E2
3	A3	B3	C3	D1	E2
4	A1	B2	C3	D2	E1
5	A2	B3	C1	D2	E1
6	A3	B1	C2	D2	E1
7	A1	B3	C2	D1	E2
8	A2	B1	C3	D1	E2
9	A3	B2	C1	D1	E2

▼ 표 C.17 3개의 값을 갖는 2개의 파라미터와 2개의 값을 갖는 3개의 파라미터

테스트	파라미터 A	파라미터 B	파라미터 C	파라미터 D	파라미터 E
1	A1	B1	C1	D1	E1
2	A2	B2	C2	D2	E1
3	A3	B3	C1	D2	E2
4	A1	B2	C2	D1	E2
5	A2	B3	C2	D1	E2
6	A3	B1	C2	D1	E2
7	A1	B3	C1	D2	E1
8	A2	B1	C1	D2	E1
9	A3	B2	C1	D2	E1

▼ 표 C.18 3개의 값을 갖는 1개의 파라미터와 2개의 값을 갖는 4개의 파라미터

테스트	파라미터 A	파라미터 B	파라미터 C	파라미터 D	파라미터 E
1	A1	B1	C1	D1	E1
2	A2	B2	C2	D1	E1
3	A3	B1	C2	D2	E1

(이어짐)

테스트	파라미터 A	파라미터 B	파라미터 C	파라미터 D	파라미터 E
4	A1	B2	C2	D2	E2
5	A2	B1	C1	D2	E2
6	A3	B2	C1	D1	E2

▼ 표 C.19 3개의 값을 갖는 3개의 파라미터와 2개의 값을 갖는 3개의 파라미터

테스트	파라미터 A	파라미터 B	파라미터 C	파라미터 D	파라미터 E	파라미터 F
1	A1	B1	C1	D1	E1	F1
2	A2	B2	C2	D2	E2	F1
3	A3	B3	C3	D1	E2	F2
4	A1	B2	C3	D2	E1	F2
5	A2	B3	C1	D2	E1	F2
6	A3	B1	C2	D2	E1	F2
7	A1	B3	C2	D1	E2	F1
8	A2	B1	C3	D1	E2	F1
9	A3	B2	C1	D1	E2	F1

▼ 표 C.20 3개의 값을 갖는 3개의 파라미터와 2개의 값을 갖는 4개의 파라미터

테스트	파라미터 A	파라미터 B	파라미터 C	파라미터 D	파라미터 E	파라미터 F	파라미터 G
1	A1	B1	C1	D1	E1	F1	G1
2	A2	B2	C2	D2	E2	F1	G1
3	A3	B3	C3	D1	E2	F2	G1
4	A1	B2	C3	D2	E1	F2	G2
5	A2	B3	C1	D2	E1	F2	G*
6	A3	B1	C2	D2	E1	F2	G*
7	A1	B3	C2	D1	E2	F1	G2
8	A2	B1	C3	D1	E2	F1	G2
9	A3	B2	C1	D1	E2	F1	G2

테스트 플로우 다이어그램(TFD)
템플릿

파워업

파워업power-ups 아이템은 캐릭터에게 짧은 시간 동안 다양한 형태의 보너스를 제공하는 것을 의미한다. 해당 아이템 위를 지나가거나, 퍼즐에서 스페셜 아이템을 획득하거나, 게임 컨트롤러나 키 패드를 활용해 특별한 동작을 수행함으로써 파워업 아이템을 획득할 수 있다. 그림 D.1의 TFD 템플릿은 파워업 아이템을 획득하고, 이 능력을 사용하고, 파워업 기능을 취소하고, 파워업 효과가 다 되었는지 확인하고, 파워업 아이템을 쌓아두는 과정을 보여준다. 무기에서 단시간의 특수 효과를 누리거나, 아이템을 통해 특별한 능력치 부스트를 얻거나, 다른 캐릭터로부터 일정 시간 '버프buff' 효과를 얻을 때 다음과 동일한 템플릿을 적용할 수 있을 것이다.

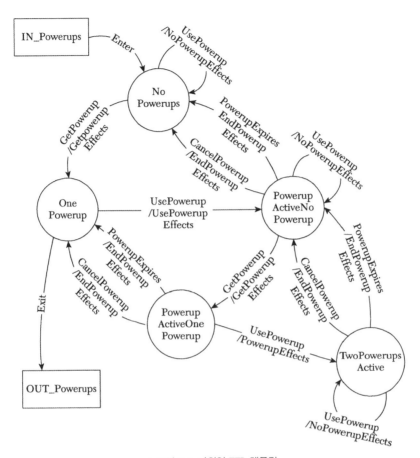

▲ 그림 D.1 파워업 TFD 템플릿

아이템 제작

게임에서 아이템을 제작하기 위해서는 특수한 재료와 함께 특정한 종류의 아이템을 제작할 수 있는 능력이 필요하다. 적합한 스킬을 습득하고 훈련하는 것과 함께 아이템 제작을 할 수 있을 정도로 캐릭터 레벨과 능력치를 올리는 것도 필요하다. 제작의 성공 여부에 따라 전체 혹은 일부 재료의 소모가 결정된다. 그림 D.2에 이런 항목들이 반영되어 있다.

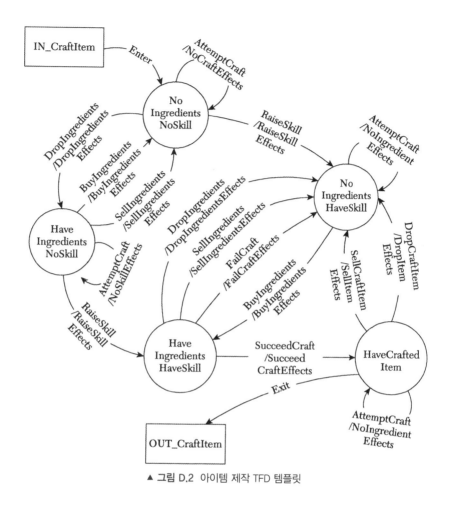

▲ 그림 D.2 아이템 제작 TFD 템플릿

캐릭터 힐링

위험한 미션이나 레벨, 혹은 전투를 수행하는 동안 메딕이나 마법사를 통해서, 혹은 잠깐 동안 휴식을 취하면서 적절하게 캐릭터를 치유하는 것만큼 좋은 건 없을 것이다. 당신을 부활시켜주거나 시작 지점으로 보내줄 친구가 항상 곁에 있어야 한다. 자동차를 몰거나 로봇을 조종하는 경우라면 그림 D.3의 TFD 템플릿상의 '힐Heal'을 '수리Repair'로 변경하면 된다.

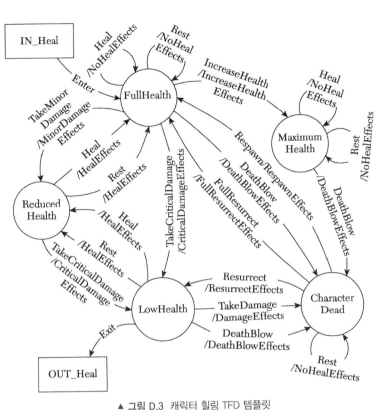

▲ 그림 D.3 캐릭터 힐링 TFD 템플릿

생성과 저장

게임 안에는 커스터마이징이 가능한 요소들이 가득하다. 캐릭터나 팀, 플레이북이나 노래 목록, 심지어는 스케이트까지 만들어낼 수 있다. 이렇게 생성된 아이템들을 다음 게임에서 사용하려면 만들어낸 것들을 제대로 저장할 필요도 있다. 그림 D.4의 TFD 템플릿에는 어떤 것을 만들어내고, 삭제하고, 세이브 슬롯에 이를 저장하고 혹은 변경사항을 저장하지 않고 게임을 재시작하는 경우와 같은 다양한 경우가 반영되어 있다. 캐릭터 생성 외의 항목에 이를 반영하려 한다면 '캐릭터'라는 명칭 대신 테스트하려는 대상의 이름을 바꾸면 된다.

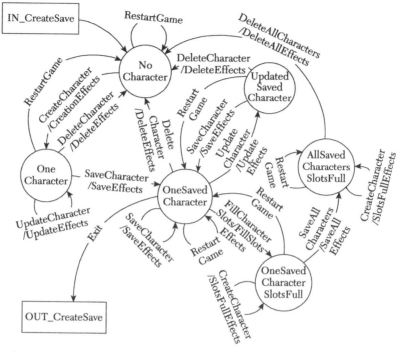

▲ 그림 D.4 생성/저장 TFD 템플릿

아이템 해제와 구매

대부분의 시뮬레이션, RPG, 어드벤처, 스포츠 게임에서는 아이템 구매에 필요한 능력치를 확보하고 이를 구매하기에 충분한 포인트를 보유해야만 특정한 아이템 구매가 가능하도록 디자인되어 있다. 이런 '아이템'은 무기일 수도 있고, 마법이나 의상, 가구, 새로운 차량이나 새로운 레벨, 심지어는 게임 안에 등장하는 미니 게임인 경우도 있다. 이들을 해제하기 위해서는 특정한 과제나 미션을 달성하거나, 특정한 상대를 물리치거나, 캐릭터 레벨을 일정 수준까지 올리거나, 특수한 환경에서 특정한 결과를 얻어야 한다. 그림 D.5를 활용해 이와 관련된 테스트를 진행할 수 있을 것이다. 게임 안에 명시되어 있는 기준도 있지만, 일부는 명시되어 있지 않을 수도 있음을 주의해야 한다.

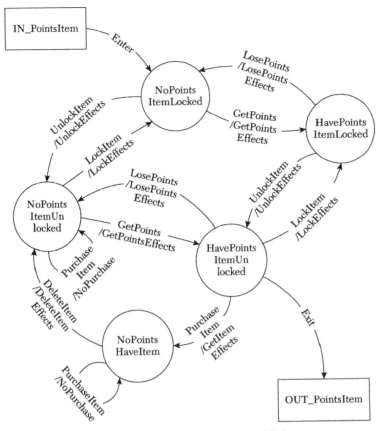

▲ **그림 D.5** 아이템 해제와 구매 TFD 템플릿

노래 목록 업데이트

게임에 인기 있는 음악이 업데이트돼야 할 때 효과적으로 사용할 수 있는 다이어그램이다. 카 오디오나 길거리 농구 코트에서 흘러나오는 최신 음악을 들어본 적이 있을 것이다. 댄싱 게임이나 악기를 연주하는 게임, 리듬 비트 게임 같은 장르에서 음악은 게임 플레이에 있어 필수 불가결이다. 그림 D.6의 TFD 템플릿은 노래를 추가하거나 삭제하고, 노래를 구매하고, 이를 게임 안의 이벤트와 연결하고 노래를 불러오는 기능들을 보여준다. 게임 안

에서 라디오를 사용해 음악을 듣는 것처럼 플레이어가 직접 이런 이벤트를 조절할 수 있는 게임도 있고, 홈팀이 터치 다운에 성공했을 때 음악이 나오는 것처럼 게임 안의 이벤트에 따라 음악이 바뀌는 게임도 있다.

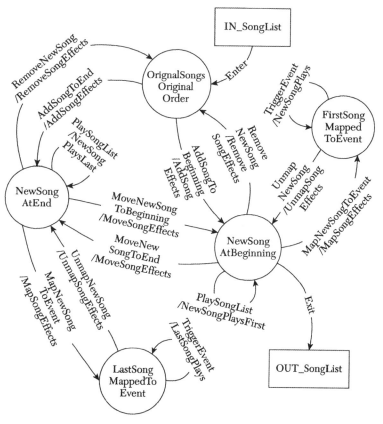

▲ 그림 D.6 노래 목록 업데이트 TFD 템플릿

미션 혹은 퀘스트 완료

대부분의 게임에서 특정 미션이나 퀘스트를 달성하면 그에 걸맞은 보상 포인트, 게임 머니, 아이템이나 게임의 새로운 콘텐츠를 즐길 수 있는 권한을 얻을 수 있다. 이런 미션은 여러 개의 더 작은 목표로 쪼개어져서 최종 보상을 얻으려면 각각의 목표를 모두 달성해야 하는 것이 일반적이다. 각 지역을 점령하거나, 리그전에서 승리하거나, 보너스 낱말 맞추기 게임에서 이기는 것과 같은 목표가 여기에 포함된다. 그림 D.7은 3개의 목표를 완료해야 보상을 얻을 수 있는 경우를 나타내고 있다. 만약 두 가지 목표만으로 구성된 미션이라면 Objective3을 제외하면 된다.

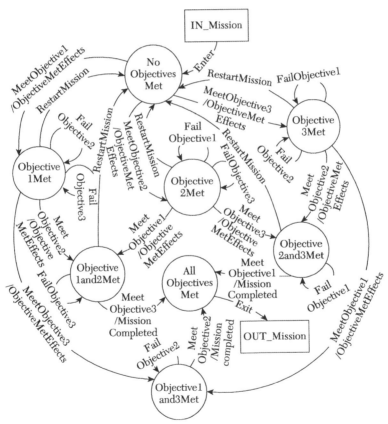

▲ 그림 D.7 미션 혹은 퀘스트 완료 TFD 템플릿

460

무기와 탄약 획득

그림 D.8의 TFD 템플릿은 9장에서 사용됐던 다이어그램을 좀 더 보강한 것이다. 무기에 탄약이 최대한 장전된 경우를 표현하기 위한 상태와 플로우가 추가됐다. 자동차와 연료, 혹은 마법과 마나 같은 관계에도 유용하게 동일한 템플릿을 사용할 수 있다. '무기'와 '탄약'을 적절한 단어로 치환하면 된다.

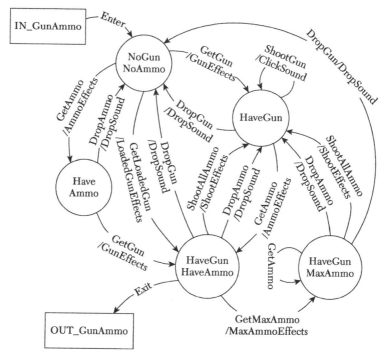

▲ 그림 D.8 무기와 탄약 획득 TFD 템플릿

이 책과 함께 제공되는 자료(http://www.acornpub.co.kr/book/game-testing)에는 다음과 같은 내용이 담겨 있다.

- 1장 – 심야 테스트 체크리스트
- 2장 – 테스트 성향 비교
- 4장 – 소프트웨어의 규모에 따른 시그마 테이블
- 5장 – 게임 테스트 킥오프 체크리스트
- 6장 – 지뢰 찾기 테스트 스위트 일부
- 7장 – 계획 및 실제 수행된 테스트 수행 진척도 데이터
- 7장 – 계획 및 실제 수행된 테스트 수행 진척도 그래프
- 7장 – 일별 테스터당 완료 테스트 비율
- 7장 – 테스터 가용도 계산
- 7장 – 테스트 효과성 측정
- 7장 – 테스트 효과성 그래프
- 7장 – 개별 테스터들의 TE 측정
- 7장 – 결함 심각도 추이 데이터
- 7장 – 결함 심각도 추이 그래프

찾아보기

게임 테스팅 3/e
한 권으로 끝내는 게임 테스팅

발 행 | 2020년 1월 2일

지은이 | 찰스 슐츠 · 로버트 덴튼 브라이언트
옮긴이 | 진 석 준

펴낸이 | 권 성 준
편집장 | 황 영 주
편 집 | 이 지 은
디자인 | 박 주 란

에이콘출판주식회사
서울특별시 양천구 국회대로 287 (목동)
전화 02-2653-7600, 팩스 02-2653-0433
www.acornpub.co.kr / editor@acornpub.co.kr

한국어판 © 에이콘출판주식회사, 2020, Printed in Korea.
ISBN 979-11-6175-371-3
http://www.acornpub.co.kr/book/game-testing-3e

이 도서의 국립중앙도서관 출판시도서목록(CIP)은 서지정보유통지원시스템 홈페이지(http://seoji.nl.go.kr)와
국가자료공동목록시스템(http://www.nl.go.kr/kolisnet)에서 이용하실 수 있습니다.(CIP제어번호: CIP2019047237)

책값은 뒤표지에 있습니다.